本书由南京大学建筑与城市规划学院资助

| 光明社科文库 |

茶村生计

——一个福建茶村的空间与社会变迁

黄华青◎著

光明日报出版社

图书在版编目（CIP）数据

茶村生计：一个福建茶村的空间与社会变迁 / 黄华青著. -- 北京：光明日报出版社，2019.12
（光明社科文库）
ISBN 978-7-5194-5137-0

Ⅰ.①茶… Ⅱ.①黄… Ⅲ.①乡村—社会变迁—研究—福建 Ⅳ.①C912.82

中国版本图书馆 CIP 数据核字（2019）第 288986 号

茶村生计：一个福建茶村的空间与社会变迁

CHACUN SHENGJI：YIGE FUJIAN CHACUN DE KONGJIAN YU SHEHUI BIANQIAN

著　　者：黄华青

责任编辑：曹美娜　黄　莺　　　责任校对：张　幽　姚　红
封面设计：中联学林　　　特约编辑：万　胜
责任印制：曹　诤

出版发行：光明日报出版社
地　　址：北京市西城区永安路 106 号，100050
电　　话：010-63139890（咨询），63131930（邮购）
传　　真：010-63131930
网　　址：http：//book.gmw.cn
E - mail：caomeina@gmw.cn
法律顾问：北京德恒律师事务所龚柳方律师

印　　刷：三河市华东印刷有限公司
装　　订：三河市华东印刷有限公司
本书如有破损、缺页、装订错误，请与本社联系调换，电话：010-63131930

开　　本：170mm×240mm
字　　数：329 千字　　　印　　张：19.5
版　　次：2020 年 1 月第 1 版　　　印　　次：2020 年 1 月第 1 次印刷
书　　号：ISBN 978-7-5194-5137-0

定　　价：99.00 元

序一　地区建筑学研究的视野

单军

（清华大学建筑学院教授、博导，副院长）

《茶村生计》一书是黄华青博士自研究生阶段以来长期扎根乡土、深入调研的成果。本书深受费孝通先生《江村经济》的影响，也可视为某种意义上的延续，试图对当代乡村的社会经济变迁及其与空间变迁的关联性进行深描。他从社会学与建筑学的跨学科视角，抓住聚落演变的多样性、当代性特征，将社会学的田野调查与建筑学擅长的空间分析融合为一种本体论意义的“测度”（mapping）方法，对于建筑学、社会学等领域的乡村研究都能带来不小的启示。

本书也是他在本团队的地区建筑学研究路径下的一次可贵探索，我作为黄华青博士的导师，在此有必要就地区建筑学的缘起阐明两个问题：其一，为什么要做地区建筑学的研究；其二，怎样展开地区建筑学的研究。前一个问题是关于地区建筑学研究的意义和价值，后一个问题是关于地区建筑学的特征和研究方法。

地区建筑学之所以成为建筑学研究的一个重要方面，是基于“地区性是建筑的根本属性之一”的事实。自从人类定居以来，建筑就是不可移动的，并且是与特定地区的自然气候、社会经济和文化习俗相契合的，换言之，建筑的地区性，除了自身建造和存在的地点性之外，是与更大的文明的地区性相关联的。甚至可以说，几千年来人类文明的演进，包括建筑与城市的发展历史，都是以地域的形态呈现的，这种地域形态也是文明多样性的基础。从本质上说，建筑的地区性，不仅展现了人与大地、建筑与环境整体和谐的价值观，也创造了富于特色和多样性的建筑文化，是传统和当代建筑学的核心价值所在。

然而，在近现代工业化发展，尤其是在当今全球化和经济一体化的背景下，随着人类认识世界，特别是改造世界能力的大大提升，建筑地区性所确立的人与环境和谐共处的价值观，受到了极大的挑战；人类在共享科技成果的同时，文化的单一性和趋同性现象也在加剧，由此带来的建筑与城市的特色危机以及环境危机，使得建筑的地区性重新获得了人们的关注，并已成为一个世界性的课题。

西方近当代对地区建筑的重新关注虽然可以追溯到现代主义建筑思潮的勃兴甚至更早，但其研究的发端，则始于20世纪60年代兴起的对乡土建筑的关注。以1968年法国“五月风暴”为标志的“二战”后成长起来的年轻一代对资本主义社会和现代文化的全面反思，以及非洲殖民地独立运动和第三世界的兴起，引发了20世纪60年代末以B. 鲁道夫斯基《没有建筑师的建筑》的展览和同名专著出版为标志的、欧美学者对乡土建筑的研究高潮。这一研究一直延续到80年代“批判的地区主义”理论的提出。从20世纪90年代至今，随着全球化背景下人们对地区性环境与资源、社会与经济、政治与文化等全面的关注与探讨，地区建筑学在越来越广泛的多学科交叉研究的基础上，呈现出更加开放和多元的趋势。

中国由于不同地区自然、气候和文化的多样性，在历史上曾经孕育出丰富多彩的地区建筑文化。随着20世纪末改革开放以来中国与世界的交流日益频繁，与文化艺术界的“寻根”运动相同步，建筑界以20世纪80年代乡土建筑的研究热潮为发端，开始了对地区性问题的关注。作为中国建筑界在20世纪80年代初最早提出“地区性”观念的学者，吴良镛教授于1989年《广义建筑学》一书中明确将“地区论”作为独立课题提出，并于1999年在主持编写第20次国际建协大会的《北京宪章》中，将建筑的地区性作为一个重要的内容重新推向了世界，得到了广泛的认同。自20世纪末以来，中国建筑界对地区建筑文化的关注，已经从最初的对“文化身份”的认同和确立的焦虑，逐渐演变为对“地区性”作为建筑学本质之一的、多元化探索的自觉，近十余年，更是在理论与实践上取得了全面的拓展。

我从1995年起，进行地区建筑学的理论与实践已近二十年。从最初师从吴良镛教授做博士论文独立研究，到十多年前开始指导博士生，并带领科研团队进行相关课题的理论与实践，随着对地区建筑学及其交叉学科领域研究的不断深入和拓展，愈发认识到地区建筑学所蕴含的丰富深刻的思想内涵和广阔多元的研究前景；尤其是，认识到在地大物博、历史悠久、人口和民族众多、气候与自然条件以及文化差异凸显、地区发展不平衡的中国，地区性课题所具有的重要的理论与现实意义；同时，也认识到地区建筑学及其相关交叉学科研究的课题群，急需一个可持续的科研团队，从不同的方面展开系统性研究，才能更加完整地展现其兼具深度和广度的学术价值和意义。

《茶村生计》一书便是本团队“地区建筑学系列研究”的成果之一，体现了我们对地区建筑学自身意义和特征的认识，以及具体研究中所注重的方法和模式的建构。

首先，地区建筑学的研究，是一个持续开放的体系，其研究对象具有多样性的特征。

研究对象的多样性，不仅源于建筑地区性自身的唯一性与独特性、具体性与复杂性等特征，也源于建筑地区性由共性与特性交织而成的在空间尺度上的多层次性。地区建筑学研究对象的界定，既可以是一个自然环境条件或社会文化基因相类似的地区，也可以是一个具有典型意义的特定聚落，还可以是同一建筑原型在不同地区文化下的比较研究等等。正如印度哲学中由于“梵”的概念难于把握，只能用多角度、钟摆式逼近的方式加以理解一样，对建筑地区性的认知，同样也希望通过研究对象的多样性、研究体系的动态可持续性和开放性，获得对地区性相对完整的图解。本书对桐木村近三十年乡村“厂宅”变迁所呈现的多样图景，便是一份精彩的例证。

其次，地区建筑学的研究，以传统聚落的动态演变为重点，并注重研究的当代性与批判性。

一方面，在传统聚落中，人与自然环境、社会经济与文化形成相对稳定的共同体，地区性的长时段性表现得最为充分，因此，以传统聚落为研究重点，更能揭示建筑地区性的特征。另一方面，对传统聚落的研究，必然是一种动态的研究，只有去探究其逐渐演变的规律，才能更深刻地把握地区建筑所蕴含的价值观，以及其材料工艺和建造方式等，延续至今仍然充满活力的原因。从动态研究的视角看，除了保存至今的传统聚落外，如桐木村这样的处在社会转型时期的当代聚居形式，也是值得特别关注的一个方面；两者的研究都需要以当代性和批判性的视角，探究随着文明形态的发展，在城乡发展一体化，以及城市、聚落和建筑互为参照的基础上，当代地区性所具有的新的特征和意义。

再次，地区建筑学的研究，强调田野调查的思想方法和研究方法。

作为文化人类学和考古学的基本方法，田野调查通过参与当地人的生活，在一个特定的空间和时间范围内，体验人们的日常生活和思想境界，来展示不同文化如何满足人们的普遍需求，是一个文化人类学学者必须具备的基本条件。我认为，田野调查不仅同样应该是一位地区建筑学研究者所必须具备的基本研究方法，而且更应该是一种思想方法。它需要考察传统聚落延续至今、“此时”仍然呈现的地区性特征，并结合文献研究等其他方法，将其还原到历史的语境中，去探究其“彼时”所展现的人与环境共存的深刻原因，从而把握地区性至今仍然“鲜活”的本质。黄华青博士在桐木村前后数年的持续跟踪、连续数月的入户生活，便彰显了田野调查对地区建筑学研究的重要意义，为我们展开了一幕幕传统建筑学研究很少触及的、与社会经济生活密切交织的空间图景。

最后，地区建筑学的研究，是以地区建筑学为核心的、学科交叉基础上的课题群研究，是地区建筑学研究的深化和拓展。

广义的建筑地区性，是建筑及不同空间尺度的人居环境，与地区性的自然环境与气候条件、社会经济与文化习俗等的、内在或外在的相互契合关系，因此，与其他研究相较，地区建筑学本身就具有多学科交叉的属性。它不仅强调从社会学、文化人类学、历史学、地理学、政治经济学，以及民族学、民俗学、行为学、心理学、美学、生态学、环境学、现象学等诸多其他学科的视角研究建筑，更强调在此基础上，地区建筑学与建筑学领域内相关研究的交叉拓展，形成例如地区－民族建筑学，以及地区－环境建筑学等交叉领域理论建构的初步探索。他山之石、可以攻玉，我们希望通过研究的交叉拓展，相互促进、共同激发，同时深化对地区建筑学和其他相关领域的研究和认识。本书对“空间与社会变迁”这一交叉领域的探索，已经很好展现了这一跨学科研究路径的价值。

在学术研究中一直存在着两种不同的观点。以史学研究为例，一种是中国古代“经世致用”的思想，做学问须有益于国事；与此类似的是法国年鉴学派所倡导的从现实问题出发研究历史的观点。另一种则主张学者应该强调学术自身的纯粹性，如梁启超“凡真学者之态度，皆当为学问而治学问……不必问有用与无用”，这也是其《清代学术概论》所秉承的基本学术思想。

从某种意义上讲，我希望本书及未来的地区建筑学研究能够承继上述两种学术研究思想的精华，兼具研究的基础性和应用性：一方面，我们希望主要通过对我国不同地区和不同历史阶段建筑地区性特征的研究，能够揭示地区性作为建筑根本属性所具有的深刻意义和规律；另一方面，我们也相信，在地区建筑的营造中所蕴含的人类智慧，尤其是其所展现的文化多样性，以及人与环境和谐共生的价值观，必将会对今天的人类建造活动具有重要的启发价值。

单军

2019 年 8 月

于清华园

序二　拓宽视角——建筑学研究的范式

丁沃沃

（南京大学建筑与城市规划学院教授、博导，前院长）

再次看到《茶村生计：一个福建茶村的空间与社会变迁》一书时，这部关于制茶人的茶乡、茶村、茶屋的研究已由最初的博士学位论文修炼成为一部内涵丰满的专著。尽管因参加黄华青博士的学位答辩而了解这部专著的大致内容，依然被生动的事实和优雅的文字带入了一个鲜活的茶的世界，一个全新的视角重审建筑活动的落点。读完了整部书稿，不得不承认从对一个茶乡的深入解析形成了对当下中国乡村的如火如荼的乡建现象有了更为清醒的认知，以至于产生参与其中讨论的冲动。感谢作者的邀请，有了这么一个正式的机会。

乡村，当下成为一个热词；乡建，对于建筑学来说，岂止是热词，简直就是建筑学的新战场，一个在城市化进程中正常萎缩的乡村，开始了轰轰烈烈的乡建。各种实验在乡村展开：传统材料的演绎乡愁如何留下，新建材解决农居还不够节能的问题，形式各异的乡建搭建展示着“潜力”二字。面对这些充满激情的建筑学的奉献和不少优秀的建筑实践实例，理论的表现近乎失语。仔细分析，似乎这个“失语”不是不想说而是不知说什么。就建筑形式的构成而言既有理论完全能够罩得住。刨除形式，又能说点什么呢？继续往深里刨那是社会问题，再刨就又发现制度问题，总而言之理论的失语不是不干活，是没法干。当然，研究者的思考从未停止，既然讨论的现象问题超出了传统建筑学的范畴，那么跨学科的研究必然开启。

“跨学科”（Interdisplinary）是美国哥伦比亚大学心理学家伍德沃斯（R. S. Woodworth）于1926年首创的一个专门术语，用于指代超过一个学科范围的研究活动。经历了将近100年的发展，跨学科研究已经成为研究领域中的寻常组合，跨学科的研究取得了令人瞩目的成果，甚至刷新了人们对自然界的认知。跨学科研究的难点不在于如何跨出去，而在于不同学科的研究范式如何结合，更在于是否解决了原先设定的问题。

建筑学科的主体知识涵盖面比较广，横跨了史学、艺术学和科学与技术，所以建筑学的研究范式已经比较多元，然而这个多元并非跨学科研究。尽管如此，建筑学研究的主要任务和其他学科一样，首先是解决认知的问题——建构建筑学理论或更新既有理论，其次是通过研究完善设计方法论。就理论建构而言，研究方法有两类，一类是基于建筑学传统语境直接建构，其次是依托批判完成建构。随着跨学科的研究越来越受到重视，很多新的理论则是基于跨学科研究的方法，完成了本学科的理论重构，或批判。所以必须清醒地认识到，跨学科研究是一种方法论，用跨学科的视角、方法或证据完成本学科既有问题的研究。然而，作为方法论，跨学科的研究不是万能的，不是一旦做跨学科研究就一定能解决问题。一些冠名为跨学科的研究实际上就是各相关学科低水平的集成，研究支离破碎，完全不能解决问题，失去了跨学科研究的初衷。就本书而言，恰恰给大家展现了一个非常丰满的跨学科研究的优秀范例。

这部专著生动地从社会学视角切入建筑的问题，以茶的制作技艺为知识主线而展开。社会学的研究范式成为解析当下建筑学认知的问题的主要方法，基于社会学研究的范式，专著不得不用大量篇幅仔细梳理茶乡的社会变迁，详尽地展现了社会组织构架的变迁和茶由饮品到商品的变迁。茶是主线，“菁楼”是载体，而制茶的技艺才是真正的核心。有了如此令人信服的铺程，和传统制茶技艺密不可分的“菁楼”就无法被简单地用几何形式定型归入建筑学的“雅”类，和现代制茶工艺相关的新楼也无法轻松地打入建筑学的“俗”类。当原真的“菁楼”沦落到名副其实的“符号”的时候，社会学的范式已经帮助建筑学完成了批判性理论论据建构的任务。此外，就社会学研究来说，由于建筑学的介入，“菁楼”就成为社会学言之有据的物证。再或者其他人去读这部专著，都会对乡村的今昔和承载乡愁的“载体”有了全新的恰当的认知，这是该跨学科研究的另一大亮点。

就建筑学而言，该部专著研究了建筑的类型学，体现了社会学的研究范式，补充了建筑类型学的分析方法。与通常建筑类型学的研究不同，它抛开乏味的平面或立面分析，而是大篇幅论制茶过程在菁楼内的空间分配、产量及价格，展现了一个饱受各种因素制约的楼宇－菁楼的形式生成、分解和变异的全部过程。社会学研究中叙事方法的铺程已将制茶的技艺和建筑类型紧密结合在一起，类型脱离了肤浅的几何范式变得更加生动和厚实，不再抽象。至此，另一个结论呼之欲出，即不再和制茶技艺相关的任何形式其实本质上都是符号，即便是木构的老房子也仅仅是符号！当我们的学者还在为甄别原真性而奔波时，茶农以自己的行动真实的处理了这一切：新楼用来制茶——从经济上考虑，菁楼用来揽客——从商业上考虑，各司其职。这就是真实，是建筑学原真性讨论回避不了的问题。不言而喻，简单的仅以传统建筑美学而划分的菁楼的“雅”和新楼的“俗”显得那么的幼稚和单薄。反思就此开始。这些“雅”类的形式正在被反复地、不惜成本地复制，复制原本无可厚非，也就是形式的生产而已，然而当我们意识到无限寄托的所谓文化和乡愁建立在简单的复制之上，岂不可悲。

最后，也是最重要的一点，跨学科的研究要返回来对本学科的研究有建树。该部专著主要讨论了对传统概念的认知和对原真性的认定，该任务的完成取决于严谨的研究构架——建筑学的知识内核和社会学的研究方法相结合。“空间志”完成了建筑学基本资料的遴选，再“从全球市场到地方社会”视角推出了建筑学讨论的载体——厂与宅的内涵与变迁。通过“地方”“身份”“家庭”“市场”“技艺”“生产”“他者”“符号”“社会”等一系列关键词从社会学的视角完成了建筑学的分析，其中“技艺”是关键词中的核心。制茶的技艺成就了菁楼的建筑学类型，构筑了对茶乡传统建筑的印象。事实上建筑类型学的基础就是人类因生产和生活之需并以适宜的材料和技能进行的建构活动，因此，在由社会学研究铺程的真实世界里，对原真性的认定反倒成了水到渠成的一件事。

或许作者想给原真性认定这件沉重的任务留下更多的讨论余地，或者作者也想给自己留下更多的思考的空间与时间，作者在给出自己的结论与观点的同时，留下更多的是建筑学的反思。

丁沃沃

2019 年 7 月

南京

序三　关于《茶村生计：一个福建茶村的空间与社会变迁》

朱晓阳

（北京大学社会学系教授、博导）

阅读黄华青博士的《茶村生计：一个福建茶村的空间与社会变迁》一书是令人愉快的。而考虑为这本书稿写一篇文字已经有一段时间了。这本专著是作者的博士论文，我参加过他的博士学位答辩，应该说对他的研究过程和这本书的内容还是有一些了解。但在写本文之前，我将这部书稿读了一遍，感觉作者已经对博士论文做了不少拓展。其中也包括答辩之后一些我们私下交流时，我提出的建议，作者都做了回应。

我不太了解从建筑学的角度如何来评价这部书。但是从我所从事的社会文化人类学角度，这本建筑学学者写的空间志可圈可点。我想从中挑出一些印象深刻的部分谈谈。

在书的第一章，作者称："（该书）力图从建筑的"风格变迁史"，走向社会与空间密切互动的"社会景观史"：藉由对当代乡土建筑空间的阅读，展现一个更真实、深远、广义的乡村生活世界；通过揭示乡土建筑变迁背后的社会动因及后果，更深入地理解建筑空间变迁的机制和内核。"通观全书，这一被当作方法论的论说，实则为书的内容目标，并且被始终贯穿。读者籍由空间志对于武夷山茶村社会的近现代史有了非常具体而确切的认识。而从家宅来讨论文化一直是人类学所重视的一个方面。因此，在作者进行博士论文答辩时，我曾开玩笑说：应该给他发一个人类学博士文凭。

本书将“厂宅”作为勾连地方历史物文化的中介来描述，使读者联想到莫斯关于“总体社会事实”的说法。作者试图用厂宅的演变来联系起整体性的地方世界，包括生活环境、生计技能、社会－经济制度和文化表征等。本书在这方面的调查堪称精准，也是本书让人印象深刻的一条线索。按照本书，福建武夷山的桐木地区的厂宅经历了从木构住宅，到菁楼，再到当代多元化的厂宅时期，在最近的阶段从住宅/厂宅还生成了家－店这种形制。本书试图将这种厂宅谱系与 20－21 世纪的政治－经济制度变迁相联系。这方面的论述显得有根有据的。在书中让人印象深刻的是关于“菁楼”这种建筑的社会和文化历史。这种在集体化生产，即公社/生产队时代才出现的，并与特别的地方环境和技艺，例如使用木材等条件相关的厂宅，今天成为桐木代表的金骏眉的一个地方技术标签。在书中，菁楼的本体性的意义和市场的炒作，乃至其被挪借作为表演场地等，都得到了“厚描”。例如关于菁楼及其技艺的相互依存，本书说：“实际上，与其说手工茶在技术和品质上一定比机械制茶有什么优势——菁楼的松木烟熏味当然是一个不可取代的因素——更不如说是菁楼这个不可取代的、经过亲身的度量和肌肤的热感所体验的空间，赋予了茶农与品茶者这种独特的优越感。这种空间中的劳作，而非表面化的空间或材料布景，才是菁楼这一技艺空间的内核。”

相比之下，本书对于家宅演变成家－店的描述和分析稍显简单了。

人类学的地方/空间研究中，测度（mapping）是受到较多提倡的进路。《茶村生计》一书自觉地将测度作为主要的方法论进路。在关于厂宅的变迁中，特别是在关于菁楼和家宅的形制演变中，测度得到了很好的运用。例如该书在讨论测度与菁楼时说：“空间志所揭示的主体的空间，借用现象学、地志学的认知视角，通过认知主体（民族志者）与客体共同的‘测度’，呈现更真实的社会－空间变迁过程。空间志的认识路径，希望矫正建筑学传统中的‘视觉中心主义’（ocularcentrism），借用听觉、触觉、嗅觉等感官来提供更真实、主体化的空间体验——例如对于桐木菁楼这一典型生产空间的认知，建筑学测绘所获得的尺寸、结构和空间模式不足以揭示传统技艺空间在当地人生活世界中的意涵，而需辅助以民族志者与制茶的‘青师傅’共同体验空间的过程体验——不完全燃烧的松木烟雾带来的肌肤灼热和眼睛刺激感、脚下透空竹编地板令人心惊胆战的呀呀作响、湿润的茶叶发酵过程中散发的混杂着青草和松木的独特香气……（见第5章）作为一个茶叶生产的空间，唯有通过劳作的感官体验才能为空间赋予本体性意义。”

在我看来测度不应当仅仅被视为方法论，而应当被从存在论或本体论意义上对待。这样一种改变将会使我们以根本性的眼光对待乡村社区那些栖居而成的厂宅。《茶村生计》的包括菁楼在内的诸多案例实际上已经体现出这种根本的正义观。

朱晓阳

2019年8月

于北京大学

目 录

CONTENTS

第一章　绪　论

第一节　入场

一、初入桐木村的“见闻”

初闻桐木村，是通过一部央视茶叶纪录片。关于红茶的一集中，桐木的出现以山区特有的阴郁色调为背景。山间烟雾缭绕，竹海茫茫，松林蓊郁，美轮美奂。面容沧桑、身着布衣的老茶农在昏暗古朴的老茶厂里，用粗糙的双手在颤巍的竹篦子上揉搓着茶青。菁楼上方，飘渺着温暖的白色雾气，仿佛还可嗅到掺杂着茶青汁液气味的浓郁松木香。

这是大多数怀揣着浪漫主义情怀的当代人所希望看到的景象。也正是对传统、乡愁的幻想，召唤笔者来到桐木村，开始田野调查。而随着研究的深入，这片假想的世外桃源逐步呈现出现实的沧桑色调——挂满蛛网的破败茶厂、四处可见的新房脚手架、西装挺括的富有茶商、来来往往的旅行大巴、愤愤不平的底层茶农。这，就是混杂躁动、矛盾重重的当代茶村。

桐木村，隐匿于横亘在闽赣之间的武夷山脉深处，古名“桐木关”，中原入闽的九大关隘①之一。桐木村虽隶属武夷山星村镇②，但距离武夷山核心风景区

① 《福建省志·武夷山志》载：“福建、江西两省边境的武夷山系，发育着许多沿西北方向延伸与山体斜交的大山隘口，由东向西依次建有岭阳关、焦岭关、寮竹关、温林关、谷口关、观音关、分水关、童子关、桐木关，其形成是流水由北西向构造线切割的结果。”（晁成林，2012）清代顾祖禹的《读史方舆纪要》对这些关隘亦有详细记载。其中历史地位最重要的为分水关；桐木关是今天仅存的、复建有城楼的关隘。

② 武夷山市旧称崇安县，是南平市管辖的县级市，在历史文献中也都以“崇安”出现。星村镇历史上包括上仁义乡、下仁义乡，下辖周村里、建平里、将村里、节和里，对应今天的星村村、黄村村、黎源村一带。

及市区尚有65公里，约一个半小时的山路车程。自星村镇一条盘山公路盘旋而上，在丛林密布的山谷与水珠跳跃的小溪间几次交叉穿越，海拔上升至600米左右，便来到武夷山国家级自然保护区的入口：皮坑卡。这既是保护区的一道关卡，也是桐木村海拔最低的皮坑自然村所在地。与皮坑卡两位孤独的守卫友好地打招呼并被放行后，向上的山路依然重复着此前的景致，但可明显感到原始森林的密度随海拔的增高陡然上升。即便在夏季，早晨的空气亦凛冽清寒，让人忍不住贪婪地吮吸。偶尔经过几个只由寥寥数栋农宅组成的簇状自然村后，便可抵达桐木村的行政中心三港——桐木村村部所在地，也是最大的自然村。此地海拔约1000米。包括三港在内，桐木共有12个村民小组①、33个自然村，总人口1869人②。从规模上说，桐木村在我国70万个行政村中毫不起眼。

继续向山上行进十余公里，又经过江墩、庙湾、关坪几个较大的村子，最后来到桐木关——始建于明代的石造城门依然敦实，只是上方的楼阁早已烧毁，重建为一栋啼笑皆非的仿古建筑。桐木关旁分设福建省和江西省的武夷山自然保护区管理站，负责监控该区林业资源。武夷山国家级自然保护区成立于1979年，于1999年纳入世界自然遗产的核心区域，因典型、完整的亚热带生物圈而闻名。武夷山脉最高峰是海拔2157.8米的黄岗山，为“华东第一高峰”。早在18世纪初，西方传教士和植物学家就曾来该地区大量收集植物样本，并将对中国社会的综合考察汇编成书（杜赫德 Du Halde，1736）；诞生了不少以桐木地名命名的动植物，如挂墩鸦雀、挂墩角蟾等。

登上桐木关不远处的一座为侦察火情而建造的瞭望塔，一时间壮阔的武夷大裂谷尽情展开于眼前，绵延数十公里而不绝。大多数时候，山间云雾缭绕，桐木村就点缀在这片由谷底的竹海、中部的阔叶林和高处的松杉林等不同深浅的黄绿色所编织而成的大地景观之中（如图1.1）。

---

① 村民小组是人民公社的遗产，今天仍是桐木村经常使用的行政组织方式。其12个村民小组为：三港、庙湾、江墩、关坪、七里、挂墩、龙渡、半山、古王坑、麻粟、皮坑、黄溪洲。其中前四个自然村人口分布最为集中，也是本书主要的田野调查地。

② 为村主任胡永飞2015年提供的数据。与大多数当代资料中的数据（1500人左右）相差不小，可看出桐木村近十余年来随着茶产业发展而导致人口增加。

(a)　　(b)　　(c)

图1.1（a）桐木村自然环境；（b）桐木关；（c）武夷大裂谷

来源：作者摄

令人疑惑的是，这片郁郁葱葱的森林中竟很难看到本书的主角——茶树。从盘山公路进入桐木村村界，可看见一座印着“世界红茶祖庭”的牌楼①。从“无处不茶”的武夷山市区、星村镇一路来到桐木村，道路两侧连绵的茶山逐步为陡峭的山壁和浓密的森林所取代，却很难见到茶树的踪影。这便是高海拔的桐木红茶产区与低海拔的武夷山岩茶产区的景观差异。桐木村的茶树与因岩茶大红袍而闻名的武夷山景区种植的茶树，虽皆为同一种“武夷菜茶”，但因长期不同自然环境的塑造，桐木村高山上种植的茶叶更适于制作红茶（见图1.2）。

桐木村号称“世界红茶祖庭”，是源于一则“正山小种”红茶于大约400年前的明末清初在桐木村发源的传说（邹新球，2006）。这种红茶曾在18—19世纪受欧美市场追捧，武夷山也成为后来英国人开辟印度、锡兰等殖民地红茶产区的茶种及技术源头，故谓“祖庭”——当然，这一辉煌历史究竟更多源自宣传资料还是史实仍需考证。② 实际上，桐木村直至21世纪之初还是个穷困的小山村，真正为世人所知并达到今天的显赫地位，归功于2005年新茶“金骏眉”的发明。通过龙头企业正山茶业公司以及几位参与创制的北京茶人的推广，这

① 这座简陋的牌楼似乎不能体现今天桐木村在茶叶界的地位，村主任胡永飞曾向笔者透露，桐木村正在征集方案为桐木村建造一座更为正式、宏伟的山门牌坊。

② 详见第三章、第五章。桐木村作为世界红茶发源地的地位并无严谨的史料支撑，可考史料多是以武夷山为整体叙述的，无法聚焦至桐木一村。笔者更倾向于认为这种“传统”是当代“发明”的结果。

种由传统正山小种工艺结合只采芽尖的高端绿茶工艺改良制成的红茶，竟在2007—2010年，也就是发明不到五年内，奇迹般地成为国内茶市无人不知的“头号明星”①。自此，桐木村因这从天而降的财富，走上了本书将描绘的剧变之路。

图 1.2　桐木村独特生态环境中的茶树

来源：作者摄

今日桐木村的人口结构，除了20世纪40年代前居住于此的“江肖梁叶高”几大姓为“原住民”之外，很大一部分皆为新中国成立前战乱期间或“文革”期间从江西、浙江等地逃来的难民，从江西铅山、广丰等地嫁入或入赘的采茶工亦不在少数。方言以建阳、黄沙、黄坑的土话为主，与武夷山方言有所区别；在日常生活中，江西铅山话也很常见——尤其在从同一个村嫁过来的媳妇之间。值得一提的是，桐木村有近三分之一的基督教信众，尤以三港、挂墩、七里等

① 在当地人口中，金骏眉的“珍贵”主要在于：金骏眉必须采摘“正山范围”（与桐木村村域范围基本重合）内、海拔1500～1800米的奇种在谷雨前后1周左右长出的“头芽”制成。除了地理限制之外，对人力的耗费亦是价格冲高的一种说辞：“500克金骏眉约需58000颗芽尖，需要20多个熟练女工采摘一天。”（实际上这种说法明显有为了商业包装而夸张的成分）金骏眉价格从2006—2007年初推出时的一斤2000元，到2008—2010年很快涨至5000元以上，一些大企业推出的顶级金骏眉甚至达到上万元一斤。

自然村最为集中。19世纪初传教士大卫①多次到访桐木村传教，曾在挂墩建造起一座天主教堂，后被烧毁；三港的天主教堂则重建于20世纪80年代，如今桐木村的基督教徒仍每周日早上到这里做礼拜。

桐木村的经济结构除茶产业外，近年来有越来越多的茶农开起了“民宿”——除少数是为科考旅行者设置外，大部分民宿都与茶叶销售密切相关，并非为对外经营的酒店业性质。副业方面，少量经营毛竹和土特产。毛竹是桐木村的主要副业，20世纪八九十年代还有人开竹制品厂，但今天大都已经放弃，原因是砍毛竹极其辛苦又赚不了多少钱②。一些经济效益较高的土特产养殖更受欢迎，如养蜂③。有些人家茶山少，靠养蜂为生，最多可养数十箱。香榧也是土特产之一，一棵树能带来数千元收入。④ 还有其他果实，如野生猕猴桃、红豆杉，当地人常拿来泡酒喝。养土鸡、土鸭也是农村常见的副业，大部分用于自己吃、送亲友，有客人住在家里时还可补充伙食——桐木村的饮食来源匮乏，买菜一般只能依靠一两个菜贩子每天开着“小皮卡”上山来卖。家中老人常在自留地开辟一方菜地种些日常青菜，如番茄、南瓜、萝卜、白菜等。饭桌上的蛋白质来源以红烧肉为主——当地无人养猪，猪肉稀缺，红烧肉做一次能吃很久。总而言之，在茶产业和旅游业的带动下，一户普通茶农的年收入一般都能达到近十万元乃至更多，经营副业的农民亦可赚到几万元，在闽北地区算是比较富裕的。

经村主任胡永飞介绍，我结识了重要的报道人胡必忠及吴长青。2016年我历时最长的一段田野调查即住在他们家，我也随胡主任称他们为“八叔”“八婶”。八叔是位雄心勃勃的茶农，身材高瘦的他，时常穿着并不合身的西装、球鞋，开着新买的“现代”牌轿车，奔走于武夷山各个乡镇寻求合作的茶农和茶

---

① 大卫（Armand David，1826—1900），法国传教士、动植物学家，在中国传教数十年，而其更大的贡献是将上千种中国动植物带入西方科学视野，包括1869年第一次发现大熊猫。

② 每年9月是砍毛竹的季节，笔者调查期间，看到一对云南夫妇在全村帮各家砍毛竹，这也说明砍毛竹的需求极低。当地雇工人来砍毛竹，一根毛竹工钱6.5元左右，可卖10~20元。砍毛竹需两名工人合作，上山砍一批12根，一天最多砍三趟，工钱240元左右（根据笔者2016年对工人的访谈）。

③ 一箱蜜蜂产量从一二十斤到七八十斤蜂蜜不等，一斤土蜂蜜卖到200元，一箱可赚3000~10000元不等。

④ 一棵香榧树能产30多斤香榧干，一斤卖100元左右。香榧不同于普通野生果树，大多数香榧树都是包产到户时就确立的“产权”。

商，活脱是一个当代“农民企业家”。作为胡家最小的儿子，他虽做茶时间最短，分到的茶山也最少，但茶叶年产量已有3000多斤。八叔常年在外奔走，与我日常交流更多的是八婶吴阿姨。八婶和八叔一样四十多岁，体态丰腴，热情而健谈。平日不仅要当卖茶老板娘，招呼到家来的茶客，还兼任家中客房的布草阿姨、采茶工的做饭阿姨、种菜养鸭养鱼的农妇等角色（如图1.3）。八婶是从星村镇嫁到桐木村的，这在当地并不常见。① 作为一位不卑不亢的“外乡人”，她不仅深晓村中各家的“八卦”，还常在聊天中冒出一些高屋建瓴的见解——不仅健谈，而且善谈。家中的长辈还常因为她的“多舌”而颇有微词，但八婶似乎对自己游离于家族内外的身份颇为得意。

图1.3　制茶的八叔和卖茶的八婶

来源：作者摄

未曾料到的是，真正帮我融入报道人，即关坪胡家大家庭的，竟是几次“二胡外交”。这源于一次饭后喝茶。二叔偶然发现我会拉二胡，要求我表演，还打电话叫来兄弟们，没想到这一家兄弟皆是“琴痴”。于是，在一个个伸手不见五指的农村夜晚，我的琴声从二叔家飘到五叔、七叔家，从茶余饭后的邻里闲聊到热闹非凡的同学会，我也借此熟识沉稳内敛的老三、缄默不语的老四、好大喜功的老五、开朗豁达的老七。作为资深书画爱好者的五叔偏爱温婉悠扬

① 在嫁娶方面，当地所谓“从上不从下”，过去大多数桐木男丁只能娶到来自江西更穷村子的采茶女。而像八婶这样从山下较为富有的星村镇嫁到桐木村，颇有“屈尊”之感。

的《枉凝眉》，自小在外闯荡生意的七叔则最爱沧桑无畏的《流浪歌》。经过这场“二胡外交”，我与他们的日常交流一下子扫除了很多客套的障碍，每次二胡表演，甚至都会成为他们满心期待的“仪式”。这“二胡外交”就像格尔茨在印尼观看非法斗鸡赌博（格尔茨，1973）、刘绍华在凉山和诺苏人共同“见鬼”一样（2015），使我以一个出乎意料却融入当地民俗的方式，偶然性地为这个群体所接纳，成为“自己人”。

除了日常衣食住行，我也在制茶季节随他们上山采茶、在茶厂和菁楼中学习制茶、在三姑镇的茶店里和客户吹牛。除了关注调研初衷——了解当地茶产业及相关建筑空间之外，我也越发被他们与做茶、卖茶深深交织的生活世界所吸引。乡村在我眼中，不再是孤立偏远的传统文化“博物馆”，而是一个急切与城市连接，渴望走向富裕与现代，混杂着政府、商人、农民、旅客、文人等多方诉求的躁动不安的当代社会。因此，了解与乡土空间密切相关的乡村生活，也就成了当代乡村研究中不可忽略、无法避开的主题，甚至是一项更为重要的使命。这或许也是研究者跳出传统陷阱，正视并理解当代乡村变迁背后的动机及后果的重要路径。

二、关于茶村的研究思路

费孝通在《江村经济》中写道：“本书让我们注意的并不是一个小小的微不足道的部落，而是世界上一个最伟大的国家……通过熟悉一个小村落的生活，我们犹如在显微镜下看到了整个中国的缩影。”通过解剖桐木村这只“麻雀”，本书同样渴望能够在一个哪怕极小，但真实的范畴，展现中国改革开放40年来当代乡土传统变迁和重建的图景。

本书的研究对象，包括茶村和“厂宅”两个核心概念。

茶村，指一类长期以茶产业——包括茶叶的种植、加工、销售为主导产业的乡村。茶对于中国乡村的意义不言而喻。茶产业是乡村兼具历史传统与当代活力的核心产业，对于乡村历史及发展的影响无处不在。本书聚焦于桐木村这个“茶村”，除了关注其在红茶发源及近代中西方茶叶贸易中扮演的重要角色外，更关注它自2005年金骏眉发明以来在全国红茶业引起的标志效应。桐木村的乡村空间及社会结构因茶而发生的建构和重建，使它成为研究“茶村”的理想样本。

“厂宅”，是笔者对桐木村4个自然村、165个乡土建筑样本进行全面调查归纳后提出的建筑类型，指在茶产业发展驱使之下，扎根于乡村家宅建设语境之中，将家庭空间（宅）、生产空间（厂）、经营空间（店）融于一体的当代乡土建筑。关于厂宅产生的背景，不得不提乡村“一户一宅”的宅基地政策①。村民为了满足茶产业发展过程中新出现的茶叶生产、经营需求，在极为有限的宅基地内将其融汇于家宅建设之中，进而形成“三位一体”② 的乡土建筑空间。

笔者通过样本统计发现，桐木村茶产业崛起的十年间，92.3%的茶农建造了新房或改造了老宅，其中具有生产功能和（或）经营功能的厂宅占比达90.3%。因此，本书提出“厂宅”概念，以概括当代桐木村最普遍的建筑类型——绝大部分是指兼具三种空间的厂宅，也包括少数具有两种空间，以及极少数只有一种空间的厂宅③。在当代桐木村，厂宅是村民生活、生产、经营行为所在的核心的空间，因而也是当代乡村空间与社会变迁的主要载体。

在“厂宅”营建的语境下，本书将研究的时间范畴主要定义于近现代。第一个时间段是自金骏眉发明的2005年至笔者调研结束的2016年，是桐木村厂宅空间与社会变迁最为急剧的阶段，也是本书90%的建筑样本来源的阶段。第二个时间段是改革开放以来的近40年。厂宅空间变迁虽集中发生在近10年，但改革开放以来的制度变迁和产业积累是桐木茶产业崛起的基础，对厂宅生产空间影响很大的菁楼、作为改建基础的木结构或砖木结构老宅等，也都在20世纪八九十年代出现。第三个时间段是清中期至民国的近代萌芽期，以桐木为代表的闽北茶村体系形成于18—19世纪盛极一时的中西茶叶贸易及民国时期奠定的茶业复兴事业，在很大程度上塑造了武夷山地区的生产、运销方式及空间体系，

---

① 《中华人民共和国土地管理法》规定“农村村民一户只能拥有一处宅基地，其宅基地的面积不得超过省、自治区、直辖市规定的标准”。“一户一宅”政策是一项适用于全国农村的政策。桐木村宅基地大多是在集体时期确立的，那时，茶农都在集体菁楼内制茶，住宅仅有纯粹的居住功能；而今天随着人口变化、生产和经营需求的提升，“一户一宅”政策带来的空间矛盾愈发显现。但是，该规定亦留下了模糊空间，如“一宅”是指村民拥有的宅基地必须是一整块土地，只要连续的土地就算是“一宅”。因此，如果是与居民原先住宅紧挨的自留地或空地，就有可能钻“一宅”的漏洞。这为今天桐木的多样化厂宅留下可能。

② 这一定义来自村支书胡主任对当代桐木村建房现象的一句概括性话语：“我们所有村民建房子都是‘三位一体’——同时要生活、生产、经营。”他也对“一户一宅”的农村土地政策表达了不满。

③ 只有一种空间功能的“厂宅”，如当地传统民居、传统茶厂，它们虽然在严格意义上不属于“厂宅”范畴，但其建筑原型可视为厂宅空间发展的前身，因此本研究中为了概念界定的清晰，将其归入“厂宅”。

故而这层历时性探讨，亦作为理解当代茶村厂宅变迁及社会内涵的前提。

第二节 文献

一、近代以来我国乡土空间与建筑的研究及文献

乡土建筑是一项跨学科的研究主题，以建筑学为中心，不断吸收文化人类学、民族志学、历史学、考古学、传播学、地理学、生态学等领域的视角和方法，形成了一大批开拓性的成果。

我国传统乡土建筑研究开始于20世纪30年代，营造学社学者刘敦桢、梁思成、龙庆忠等对西南、西北地区的典型民居做了测绘调研。中华人民共和国成立之初，全国被划定为六个地区，针对各地区民居进行采风和测绘工作。以原始资料收集为目的的传统乡土聚落及建筑研究一直是主要方向。清华大学单德启先生曾根据地区、基本特征、材料结构等要素将我国现存乡土民居分为22类（2004），为这类研究奠定了框架。20世纪80年代末，吴良镛先生等学者提出"人居环境科学"的学科体系，乡村作为我国最重要、最庞大的人居环境，也成为"人居环境科学"中不可或缺的部分。

20世纪80年代以来，众多建筑学者投身全国各地乡土聚落及建筑的研究，完成了大量抢救性研究工作。他们将乡土建筑作为理解乡土文化的窗口，也认为其是保存乡土文化的载体。清华大学陈志华先生、李秋香先生带领团队，扎根乡土，足迹遍布全国，积累了卷帙浩繁的一手田野资料。其研究在聚落和单体两个层面展开：聚落层面探索乡土聚落的选址、结构、布局与风水文化、社会经济、水路交通的关系；建筑层面则对建筑形制、功能，尤其是与社会活动的关系进行阐释（2012）；他们聚焦于浙、闽、皖等地的东南民居，对福建有多处布点。如李秋香团队撰写的《福建民居》一书，对于培田、石桥、楼下等典型村落的住宅形制、功能、结构、装饰等进行解剖和展现（2010）；李秋香、张力智等撰写的《闽台传统居住建筑及习俗文化遗产资源调查》对闽南、闽北、闽西个案的传统民居建筑及居住习俗进行研究，对建筑文化源流进行考察（2014）；其他与福建相关的成果还包括《楼下村》（陈志华，2007）、《西华片民居与安贞堡》（陈志华 等，2007）、《观前码头》（罗德胤，2009）等典型村落

的一手资料和个案研究。华南理工大学陆元鼎先生的《广东民居》从村镇布局、空间组合、材料构造、装饰细部等层面，提出了一套传统民居的研究方法（1990）；他引领编写的《中国民居建筑丛书》采取族群迁徙、文化源流的视角，从更广泛而完整的谱系梳理了中国民居建筑的分布和形成。戴志坚撰写的《福建民居》，梳理了福建的闽南海洋文化、闽东江城文化、闽北书院文化等各地建筑文化，分析各自的社会形态、聚落布局与民居形制，并以武夷山的下梅村和城村两个经典古村落为例阐述了闽北的民居特点（2009）。此外，同济大学陈从周在《中国民居》中，对于包括福建土楼、闽粤侨乡民居在内的各地代表性民居的艺术与文化进行生动而深刻地呈现（1997）；东南大学龚恺在对棠樾、瞻淇等徽州古村落及建筑的研究中，除了剖析村落形态外，亦对经典的宗祠、庙宇、住宅等徽派建筑进行详细的记录和描摹（1999）；段进运用空间发展理论，对西递的构成方式及空间效果的形成原因进行系统分析（2006）；天津大学张玉坤对于北方堡寨聚落的研究，以防御体系及社会形态为切入点，总结聚落生成及变迁规律（2016）；重庆大学黄光宇对于西南山地地区聚落及建筑形态的研究，总结山地城镇及乡村的人居环境模式和规律（2002）。

与传统乡土聚落及建筑研究相比，当代乡村研究尚处于摸索和起步阶段，可主要分为两个方向。在本体分析领域，当代学者引入跨学科交叉视角来对乡土空间和建筑的体系、机理、规律等进行探索，如《建筑文化与地区建筑学》（吴良镛，1997）、《西方乡土建筑研究的方法论》（罗琳，1998）、《地区建筑营建体系的“基因说”诠释》（王竹，2008）、《乡土建筑：跨学科研究理论与方法》（李晓峰，2005）等，为当代乡土研究拓展了视野和方法。清华大学单军教授的《建筑与城市的地区性》，发展了吴良镛先生的思想，建立了“地区建筑学”理论，其剖析国内外自 20 世纪 60 年代以来兴起的乡土建筑研究热潮的原因和进路，指明了地区建筑学的方法体系和研究方向（2010［2001］）。另一条创作路径，是以建筑师身份对乡土建筑转型以及当代乡土营建等问题集中思考的领域，如《从国际主义到批判的地域主义》（李晓东，1995）、《当代乡土建筑走向辉煌》（单军，1997）、《批判的地域主义》（沈克宁，2004）、《批判的地区主义批判及其他》（单军，2000）等。当代建筑师提倡对传统地域建筑的批判性继承，并以更为可持续的视角对乡土聚落及建筑的营建做出设计策略的深入思考。

自 20 世纪 30 年代以来的乡村空间及建筑研究大部分仍以前工业社会的传

统村落为对象，目的以收集一手资料为主。我国丰富多样的地域和民族文化，使得这条线索的基础工作还远远没有结束；但随着乡村转型和新农村建设热潮的兴起，学者和建筑师亟待将更多精力投入对当代乡村的研究。乡村当代营建的研究主要以变迁、实践的视角来研究乡村的当代更新。如清华大学王路教授指导的博士论文《浙江萧山南沙地区当代乡土住宅的历史、形式和模式研究》以萧山南沙地区的当代乡土住宅为研究对象，探讨乡土住宅的历史背景、形式规律和生成模式（段威，2013）。浙江大学王竹教授及其团队对长三角地区的新型农村建设营建体系的全面探索，其指导的博士论文如《村民主体认知视角下乡村聚落营建的策略与方法研究》（王韬，2014）从当代村民主体视角出发，借鉴认知图式的方法，在生态、社会、空间层面提出了具体的营建策略原则。南京大学丁沃沃教授及其团队对苏南村落形态特征的研究，从形态学层面归纳了村落形态、空间、视觉特征的要素，并作为村落整治规划的研究导则（2013）。西安建筑科技大学刘加平院士指导的博士论文《秦巴山区乡村聚落规划与建设策略研究》（许娟，2011）在对聚落形态的特征和肌理进行分析的基础上，总结了相应的规划和建设策略。

在我国乡土建筑学界前辈研究中，由于传统村落中建筑形制与历史文化的深刻交织，由社会到住宅的阅读收获颇丰；但在更为平庸化、日常化的当代乡土建筑中，建筑空间与社会生活的连接就会遭遇举步维艰的不可共度性即人类学学者所指出的，对于乡村建筑的阐释（概念图式）与当地人的生活和精神世界中的观察（观念图式）的不可互译。在西方（尤其是美国）乡土建筑研究中，则通过一种“日常化”“景观化”的方式，开拓了一条从空间到社会阅读的可能进路。

二、近代以来西方乡土建筑研究的取向

我国习惯将“vernacular”一词译为“乡土”，这个翻译暗含着“乡土建筑”就应该是原始的、古老的，与现代社会格格不入的。这一思路，在国内外的乡土建筑研究早期，都是普遍存在的。但在当代研究语境下，国外乡土建筑研究已跳脱这一惯性，转而将“乡土”视为一种“日常、地方、普通”的建筑

(Upton，1991)；而我国学者的转型则正在发生①。

西方乡土建筑研究的任务是研究未知及被忽略的建筑（Glassie，2000）[20]。这两种对象指向一个共同特点，即“没有建筑师的建筑”（Rudofsky，1964）。乡土建筑研究属“物质文化”研究体系之下，在多学科框架内展开，包括艺术和建筑史、社会史、民俗学、人类学、文化地理学、考古学、建筑理论、社会学等。随着1968年法国“五月风暴”学潮及工人罢工后引发的二战后西方年轻一代对资本主义文化的全面反思，以及西方列强在非洲、南美、东南亚等地殖民地的独立和第三世界的兴起，欧美学界掀起了乡土建筑研究的热潮（单军，2010)。这样的反叛性思潮使乡土背负起颠覆文艺复兴以来由建筑师统治的学院派建筑史的使命，强调其“平民史”（history from the bottom up）的地位（Upton，1991）。

在此背景下，1979年成立的国际乡土建筑论坛（Vernacular Architecture Forum）是乡土建筑研究的主要阵地之一。早在其成立之初，伯克利知名乡土建筑学者D. Upton就通过对过去近一百年的学术传统的总结，提出乡土建筑“并不局限于特定的建筑种类，而更应作为一种研究方法和视角”（1983）。他归纳了西方乡土建筑的四种方法取向：客体取向、社会取向、文化取向和象征取向，今天来看依然比较全面且准确，对于建构本文研究的位置亦有所帮助。

“客体取向”研究，专注对建筑本身的客观考察，是乡土建筑研究的根本。19世纪末的乡土建筑学者通过详细测绘来研究古老淳朴的本土殖民地建筑，看重建筑本身的视觉吸引力和作为历史遗产的价值，相关学者包括N. Isham、I. Lyon等（Isham，1895）。“客体取向”的代表性作品是艺术史学家A. Cummings的《马萨诸塞湾的框架住宅》(Framed Houses of Massachusetts Bay，1675—1725)(1979)，从考古学视角追寻美国早期殖民地建筑的风格、工艺等与英国传统源流的关联，并对建筑传统的历史变迁、建筑元素之间的关联做出富有洞察力的分析。虽然乡土建筑学者在这一方向进行了诸多扎实的一手资料

---

① 笔者认为，国内外研究的这种时间差，与社会发展的轨迹息息相关：1860年左右，西方国家初步完成工业化是乡土建筑研究的重要分水岭——1860年前的前工业住宅，其研究重点是在政治层面的“地区化表达”“乡土/民族身份”等话题（Hubka，2013）[41]；而工业化之后，各地区住宅建筑的区别大大缩小，住宅成为“国家类型之下的地方变体”，对建筑的解读进而转向考古、文化、社会等领域的解读——在我国，乡村工业化是1980年之后才开始的，也是当代乡土建筑开始迅速改变乡村面貌的时期。放在当下背景，这种对象和视角的转型已经十分迫切。

收集工作，但亦限制了乡土建筑学者探索其他相关问题的视野和精力。

“社会取向”研究，将建筑作为了解过去的社会生活的一条线索。相关研究将建筑，尤其是住宅置于物质文化研究的范畴中，通过对住宅大小的社会意义、住宅空间所承担的社会功能与日常活动的考察，折射出社会结构的转变。研究方式包括对住宅空间的考古以及对房间名字和功能演变的摸索。其研究方法依赖于对历史文献的广泛收集，如描述 19、20 世纪美国日常生活的风俗志、广告、商业目录、历史照片等。相关研究如 K. L. Ames 对维多利亚式住宅厅堂装饰的意义分析（1978）、G. Wright 对芝加哥住宅建筑与文化冲突关联性的分析（1980）等。这一研究方向与社会史研究息息相关，为当代社会研究提供了方法论支撑。

“文化取向”研究，将乡土建筑形式与社会及经济结构，以及人类学所定义的“文化”的变化相关联。H. Glassie 是这一取向的奠基者。他师承地理学家 F. Kniffen 大尺度范围的类型研究法，将乡土建筑空间模式的演变作为描摹文化传播的架构（1965）。对于各种住宅类型的混合与传播关系是这一研究路径的直接发展，比如 Glassie 提出的“乔治风格化”便是对 18 世纪美国乡土建筑结构演化的一种归纳（1968）。研究者并不满足于类型演化的表象，而是继续探索表象背后如结构语言学家 Chomsky 定义的“创新”行为的机制和原理。Glassie 的《弗吉尼亚中部民居》（Folk Housing Middle Virginia）（1976）是这一路径的里程碑作品。通过对弗吉尼亚州中部大量住宅的语法解构研究住宅演变的机理，突破了对于“类型”的肤浅定义，将它看作该区域内创造出的所有变体中较为流行的形式集合。他研究了该地区关于住宅建造的知识能力体系，接着来对照工匠的实际建造行为予以归纳分类，以人造物来探寻精神结构，探索了建筑形式与文化价值的关联性。

“象征取向”研究，着重于探索建筑语汇背后的意涵，源自 E. Leach 等人的象征主义（1976）。这一取向假设建筑的拥有者或使用者通过对设计过程的介入，将其意涵通过有限的建筑形式语汇表达出来，这种“密码”取决于，也加强了一个社会团体内的联系。如 E. Cromley 在对美国东海岸城市中住宅改造现象的解读中，探索了建筑材料的认知意义及象征内涵（1982）；更多理论家运用符号学原理来解释建筑的社会性，将形式语汇看作一种符号体系，表达了对某一特定社会团体的价值取向、地位的归属或反抗。而 R. Venturi、D. S. Brown 等建筑师将象征主义理论应用在日常商业建筑的分析之中，拉斯维加斯的赌场、路边的汉堡摊都是为了在车行速度和尺度之下以最迅速、最明确的方式传达建筑形式的意涵（1977）。将建筑客体看作符号和象征，提供了一条挖掘人工景观系统背后的联系和内涵的路径，有助于理解人们在建造或改造建筑时做出的选择（Upton，1983）[278]。

西方当代乡土建筑研究的四种取向并非孤立或互斥的，很多现有成果也无法被归入单一的门类中。Upton 也认为，对于正在建造和使用中的建筑的考察，或许是最具前景的乡土建筑研究方向（1983）[279]。

三、近代以来国内外社会人类学者对中国乡村社会变迁的研究历程

社会人类学的乡村研究聚焦于社会变迁。人类学学者是中国近现代乡村研究的先行者。19 世纪末至 20 世纪初，西方汉学家高延（J. J. M. de Groot）、葛兰言（M. Granet）、葛学溥（D. H. Kulp）等以田野工作方法对中国乡村的历史进行调查。20 世纪三四十年代，一批接受了西方教育的人类学学者回到中国乡村社区进行田野调查，从经济、社会、文化等层面广泛探索了农村转型时期的乡村，建立了乡村社区研究的中国范式。费孝通先生对吴江开弦弓村的蚕桑改良和缫丝新技术的深入调研，从经济、社会、文化等各方面分析了当时江南农村农业生态的模式，其《江村经济》（1986［1936］）一书开辟了乡土研究的经典功能主义进路。其他早期乡村研究如林耀华的《金翼：一个中国家族的史记》（2000［1947］）、杨懋春的《山东台头：一个中国村庄》（1945）等，也是对各自背景下乡村百态的全面记述；史国衡的《昆厂劳工》（1946）提出了农业经济蜕变为工业经济转型过程中，传统农业社会的农民如何转型为工人的社会问题。此外，美国学者施坚雅的《中国农村的市场和社会结构》（1998［1964］）在 1949—1950 年对四川地区的农村基层市场的调查基础上，提出了中国农村市场和社会结构的理想模式，对中国乡村经济生态的理论发展有深远的影响。

20 世纪六七十年代以来，对于中国乡村的人类学和民族志研究迈入第二段黄金时期。国外学者如波特（J. M. Potter）、裴达礼（H. Baker）、孔迈隆（M. Cohen）等，国内学者如折晓叶（1997）、庄孔韶（1996）、王铭铭（2004）、阎云翔（2006）、景军（2013）等，形成了丰富成果。从费孝通开创中国社会学派至今，人类学乡村研究一直力求从具体乡村微小社区进行解剖，探索中国乡村乃至整个中国社会认识的分析框架（郑海花 等，2008）。这为我国乡村研究确立了稳健的方法论体系和清晰的目标路径。其中，“社会变迁”是一条核心线

索。费孝通先生提出："社会继替是指人物在固定的社会结构中流动；社会变迁却是指社会结构本身的变动。"（1999）追寻这条社会变迁的视角，林耀华（2000［1947］）和庄孔韶（2016［1996］）笔下的湖口黄村、黄树民笔下的林村（2002）、阎云翔笔下的东北下岬村（2006）、王铭铭笔下的溪村（2004）、朱晓阳笔下的滇池小村（2003；2011）、卢晖临笔下的皖南汪家村（2004/2015）等，无不是通过某处具体村落的书写，展现特定年代及背景下政治、经济、社会、文化变迁的大格局。

乡村产业也是人类学乡村研究者关注的重点，除了《江村经济》对蚕桑养殖和缫丝工业的研究外，黄宗智的《华北的小农经济与社会变迁》（Huang，1988）将时间线贯穿于整个20世纪，研究乡村经济和商业化发展，尤其是人民公社时期的集体化改造、乡镇工业及村办企业的兴起等，对乡村社会产生的深远影响；庄孔韶的《银翅》（2016［1996］）则展现了1949年后乡村产业从集体经济走向个体经济、从传统农业走向现代农业的波折历程，以及"金翼之家"为代表的乡村社会和家庭的兴衰之路。他们都对笔者当代茶村的产业与空间变迁研究提供了启示。

四、当代学者对武夷山茶文化历史及产业的研究

关于武夷茶的茶产业历史及技艺的文献资料繁多。历史文献中，桐木村作为武夷山市（旧称崇安县）的一部分，其历史记载见于武夷山的地方志，如清代刘埥修，张彬纂编撰的《崇安县志》、民国刘超然编写的《崇安县新志》、清代董天工编纂的《武夷山志》，以及当代编写的《福建省志》《南平地区志》《武夷山志》等。但这些文献对乡村的描述十分有限，研究需将通过田野调查中获得的口述资料、族谱、账簿等资料作为历史信息的补充。

当代学者对武夷山的茶文化及产业研究比较活跃。民国茶学家林馥泉20世纪40年代在武夷山担任茶师时，对当地茶产业进行了较全面的考察，并出版《武夷茶叶之生产制造及运销》（1943）一书，涉及部分生产空间的记述，如茶山布局、茶厂建筑空间等；厦门大学庄国土曾研究闽北至俄罗斯万里茶路的贸易兴衰（1992；1995）；戴一峰对闽北山区茶叶、纸业、木材市场进行考察，指出近代以来闽北的种茶、制茶在生产技术和生产工具上一直还停留在封建时代的小商品阶段（1985；1988；2004）；陶德臣对武夷茶的起源、分类、产销过程亦有比较系统的研究（1999；2001）。此外，当地茶文化学者及爱好者也撰写了

一批介绍武夷山茶叶源流、技艺、茶文化的科普类书籍，如黄贤庚（2009）、杨荣郎（2008）、邹新球（2006）等。

还有与茶业有关的经济史、区域史和风俗志等研究。厦门大学人类学系对于闽北山区的社会经济史拥有良好的传统。傅衣凌早在20世纪三四十年代就对福建的社会经济史进行了详细考察（1980；1987）；20世纪80年代以来，杨国桢（1981；1988）、郑振满（2003）继续对闽北农村的乡族经济、社会结构等进行研究；彭兆荣团队曾对闽北地区的乡土社会进行开拓性的人类学考察，其中肖坤冰的博士论文《茶叶的流动：闽北山区的物质、空间与历史叙事》（2013）以武夷山天心村和桐木村为田野地，比较系统地对该地产业历史、社会空间、民俗文化进行历史人类学书写，剖析了茶业发展史上一些关键性的物质流动、人群流动、空间和意义建构等问题。其他地区的茶业田野文献，如张静红对于普洱茶叶贸易历史路线及当代建构的考察（Zhang，2013）、李灵玢对湖北羊楼洞因茶叶贸易而形成的繁荣城镇及社会的历史研究等（2016）。

对于近代中国茶产业的调研，在民国初年振兴经济的大背景下亦留下较丰富的成果。调研主要由政府背景的茶叶改良场等生产和研究机构牵头，如安徽省立茶业改良场编辑的《皖西各县之茶业》（1934）、吴觉农的《皖浙新安江流域之茶业》（1934）、经济部资源委员会主编的《湖南安化茶业调查》（1939）等①，研究集中在当时国内主要茶产区。其调研目的是寻求茶产业复兴的途径，集大成者是吴觉农、胡浩川编写的《中国茶业复兴计划》（1935）。此外，金陵大学农业经济系②在卜凯（John L. Buck）的带领下产生了一批值得注意的关于地方经济调查的学术成果：1921—1925年，卜凯及其团队对中国2866个农家经济状况的调查，形成《中国农家经济》一书；20世纪30年代，他又率领金陵大学师生对更宏观的农村经济进行普查，形成了《豫鄂皖赣四省农村经济调查报告》丛书，包括《祁门红茶之生产制造及运销》（孙文郁 等，1936）、《江西宁州红茶之生产制造及运销》（孙文郁 等，1936）。其研究内容包括：茶区范围与茶叶产额、茶叶栽培与初制方法、茶庄精制方法即制造成本、茶叶运销路线及

---

① 张妍等主编的《民国史料丛刊（经济·农业卷）》（2009）收录了部分民国茶业调查报告。

② 中国首个农业经济系，由美国农业经济学家卜凯在当时的教会学校金陵大学创立，与康奈尔大学、斯坦福大学有着十分密切的教学研究往来，在20世纪20、30年代形成了一大批国际一流的学术成果，为中国近代农村经济研究留下了丰硕宝贵的一手资料。

成本、出口贸易的手续及数量、近代茶业改良事业的进展等。由于民国茶业改良运动奠定了当代中国茶产业的基础，这部分文献对于理解当代桐木村及其他茶村的生产方式、产业结构有着较大意义。

由于茶叶背后敏感的政治和文化立场，前述文献大多难免偏见，缺乏关于空间、技术的文字或图像资料，对19世纪即武夷山茶叶生产的历史鼎盛期的茶叶生产很难有公正的记录。相较之下，19世纪西方科学家，通过对中国茶叶制作的自然条件及技术条件的实地探索，撰写巨细靡遗的记录性文字，目的主要是提供详细的操作手册，以“辅助那些在英属印度及世界其他地区正在进行的大范围茶叶种植尝试”（Ball，1848）[1]。尽管他们所记录的并不一定完整，也不乏“张冠李戴”之谬误，但大部分是客观而准确的。尤其是武夷山作为红茶发源地和主产地的地位，成为大多数西方文献在论述红茶生产方式时的样本。

这部分文献中，1843年荷兰人贾克布森出版《茶叶的生产与制作手册》是较早的茶叶技术书籍，目的是为荷兰在印尼殖民地开辟茶园提供指导。英国东印度公司也没有松懈对中国茶叶技术的考察，1840年在印度成立的“阿萨姆茶叶公司”，雇佣罗伯特·福琼、鸦片商人兼为茶叶委员会委员的乔治·戈登、长居中国的传教士罗弗伦德·戈兹拉夫，来确保中国能源源不断地输入劳动力及植物种苗（Besky，2014）[51]。在英国人委派的大量调查者中，萨缪埃尔·波尔的《中国茶叶种植及生产技术考察》（Ball，1848）和罗伯特·福琼的《两访中国茶乡》（Fortune，1853）最具代表性。20世纪初，美国人威廉·乌克斯在1910—1935年间广泛考察世界各地的产茶国时，汇集前人资料，其《茶叶全书》（Ukers，1935）是世界茶叶生产技术及文化研究的集大成者。

若将视野放大至国外汉学领域，茶产业作为近代经济史的一部分亦受到关注。循着费正清（Fairbank，1953）、珀金斯（Perkins，1969）、施坚雅（Skinner，1977；1985）等学者开创的中国经济社会史研究路径，Tsou（1947）、R. Gardella（1976）、W. Rowe（1985）、Y. Hao（1986）等学者对中西茶叶贸易史与中国社会（以福建为主）的互动发展进行了细致梳理。尤其是Gardella（1994）聚焦于福建，对清中后期茶叶贸易兴衰史做了细致考证，提供了关于武夷山及闽北茶叶种植、生产及贸易史颇有价值的一手、二手史料。

以上资料一部分来源于清华大学图书馆，另一部分受惠于加州大学伯克利分校的班克洛夫特珍本图书馆（The Bancroft Library/Archives）、东亚图书馆

(C. V. Starr East Asian Library)、生命科学及自然资源图书馆（Bioscience & Natural Resources Library）、人类学图书馆（Anthropology Library）、环境设计图书馆（Environmental Design Library）、麻省理工学院的杜威经济学图书馆（Dewey Library）、海顿社科图书馆（Hayden Library）提供的历史资料和研究文献。

第三节　方法

一、从"地志学"中引出"空间志"的研究路径

本书遵循的方法路径，力图从建筑的"风格变迁史"，走向社会与空间密切互动的"社会景观史"：藉由对当代乡土建筑空间的阅读，展现一个更真实、深远、广义的乡村生活世界；通过揭示乡土建筑变迁背后的社会动因及后果，更深入地理解建筑空间变迁的机制和内核。

民族志是乡村研究的重要方法，传统社会文化人类学通过实证主义的民族志来阐释"他者"，而传统乡土建筑学以民族志来辅助阅读他者的建筑文本。近年来，民族志研究呈现本体论转向。① 如朱晓阳的"地势民族志"及"地志学"，它与实证主义、功能主义或阐释学民族志的区别在于，景观、地志、形态不再是基于主客体二分前提下的"客观"描述，而是"试图通过融合他者的'地方性'视域来寻求更普遍的解释力"，成为一种"集实践、理论和写作表达为一体的综合知识"（2015）。阐释者与当地人不再是二分的，阐释者可通过"mapping"（测度）进入当地人的精神世界。

本书将"地志学"方法引入当代乡土建筑研究，结合乡土建筑领域从空间阅读社会的"社会景观"取向（Upton，1991；Groth，1997；Littmann，2004），提出"空间志"（"spathnography"②）的研究进路。顾名思义，"空间志"是关于"空间"的"民族志"，将建筑学基于平面及空间分析的空间分析方法与社

① 如朱炳祥提出了"主体民族志"的主张，其针对科学民族志及后现代民族志中缺乏主体反思、缺乏对"求知主体"整体展示、分隔主客体关系联结等弊病，主张用"主体民族志"质疑传统写作范式，同时认为在追问"谁在表达""为什么表达""怎样表达"等问题中达到"对人类前途的一种终极性关怀"（2011）。

② 笔者生造的一个词汇，是"spatial ethnography"（空间民族志）的整合。

会人类学基于社会阅读的民族志方法相结合，试图建立以建筑学为基础、融合空间和社会主客体关系的研究框架。

空间志将民族志的动态视角作为建筑研究的出发点。针对乡土建筑学者所面对的乡土建筑研究对象，主张关注空间的本质——不断变化、消亡、重建的空间，其中作为主体的使用者和作为客体的物质空间、作为文本的建筑空间和作为非文本的建造及栖居过程都是动态性的。空间志对长时段乡村建筑发展的探索，力图“获得不仅已经对象化的‘文本’——即建筑的稳定形式，而且能对这个地方的人的建房活动过程，进行历时性的穿梭”（朱晓阳，2011a）[124]。空间志尤其关注人在建房之后对空间的使用、互动、调整、衰败、复建的全过程，以此展现乡村生活世界的真实图景。

空间志强调建筑同时作为主体和客体的社会性意义。建筑作为一种“社会景观”——既包括建筑学意义上的聚落、建筑、景观各个层次的空间概念，也嵌套着从建筑建造到使用全过程中反映人际关系和人文生态的社会空间。空间志路径不同于民族志学者对当地人的建造世界的完整深描，而是将建筑学和社会学层面的空间概念置入可读的建筑平面及空间模式之中——它既是当地人生活着的客体，又是塑造并融入当地人生活和精神世界的主体。由此，空间志试图综合“关于建筑的民族志”中对建筑建造过程中的社会活动及关系的考察（高丙中，2006），与“以民族志为辅助的建筑研究”对民俗文化传统的他者阐释（陈志华、李秋香，2010 [1999]；陆元鼎，1990），进而将空间作为一种兼具文本和非文本意义的主体。

空间志试图引导一种认识论立场，而非提供一种狭义的方法。空间志的操作方法是基于田野调查和建筑测绘的“测度”（mapping）概念。传统建筑学乡村研究中，乡土建筑如同传统民族志的文本，而对不可读的非文本内容却无从了解。空间志的“mapping”，不只是传统乡土建筑研究中的“测绘”（这种方法并未跳脱传统民族志的主客二分性），也涵盖了社会人类学通过参与观察、切身接触和体验以实现本体论意义上的互译与共度的“测度”行为，以“栖居”视角来探索和融合过程与现象、非语言实践活动与地点建造之间的主客关系（Heidegger，1927；Ingold，2000），试图呈现包裹着认识主体的感官体验、栖居主体的日常生活、历史与现实的综合知识的丰富立体、不断变化、主客交融的空间①。这种兼具建筑学与社会学意义的“测度”，搭建起一道由建筑阅读社会生活的操作性桥梁（Glassie，1976；Carter et al，2005；Hubka，2013），转变建筑学者看待“他者”的概念图式，力图融入当地主体的观念图式之中。

空间志研究试图为建筑学和社会人类学探索一种更深层次的沟通路径，调解建成环境，尤其是乡土建成环境研究中空间和社会、主体与客体的二分困境。空间志强调地方视野的主客一体性，试图消除建筑阅读与他者阐释之间的文本与非文本的区隔，在动态性阅读中展现建筑和社会的紧密交织和相互重塑。简而言之，空间志关注的不只是乡土建筑演变的动因（以民族志辅助乡土建筑文本阅读的传统进路），而更需以乡土建筑的演变揭示社会变迁的深层表现和影响——建筑变迁带来的社会后果。

由此出发，或可将空间志研究的成果称作一种“社会景观史”（history of social landscape），一种从空间动机、使用、影响出发来深度阅读空间的方式。

二、研究思路

本书第一章为绪论。

第二章建立了认识论及方法论基础，将空间志主张放在社会科学认识论框架内进行辨析，分别在主客一体的空间、空间作为社会景观、空间的时间维度三个层面，探索一条沟通物质与感知、大众与精英、历史与现实的研究路径，使桐木村的个案研究获取人类学的认识论重构、日常性的空间呈现、地方史和世界史的互动建构等理论意涵。本章亦对研究载体——4个主要自然村165个厂宅样本、25个典型厂宅样本的测绘进行初步交代。

第三章是桐木村茶村厂宅变迁的历时性探讨，展现了地方史和世界史的“内外交织”，将桐木这一小茶村的空间建构与更宏大的区域历史地理过程联系起来。从历史地理学角度研究历史贸易路线如何使武夷茶成为世界贸易的主导商品，并在武夷山地区形成繁荣的茶村空间结构；进而展现近当代桐木茶产业如何在地方制度变迁中重建，使“宅”“厂”“店”一体的厂宅空间逐步成型。

第四至六章在共时性维度剖析空间与社会变迁在日常生活世界的微观表现。

---

① 用人类学家Ingold的话来说，客观世界在认识主体眼中不再是“占用的表面”（a surface to be occupied），而是一个“栖居的世界”（a world to be inhabited）（Ingold，2000）[155]。

其中，第四章在地方社会结构的层面，探讨了茶农“身份”认知变化带来的新型家庭关系，如何引发当代家庭空间的重构；第五章从茶叶市场出发，以生产“技艺”变迁为线索，探索厂宅面临新的生产方式及生产关系而激发的空间调试，揭示以菁楼为代表的传统生产空间的本质与当代生产空间和技艺矛盾的根源；第六章关注茶叶运销和茶旅游带来的“他者”，从空间“符号”化现象切入，研究茶村社区分化现象及其在厂宅经营空间之功能和风格之上的表征。

结论部分通过三个关于传统的问题，总结了研究的发现和立场，呼吁将空间与社会变迁的互动认知作为理解和介入当代乡村建设的出发点。

第二章　空间志

这些物，只存在于刹那之间，理解了你对它们的赞美；

These things, that live only in passing, understand that you praise them;

瞬息无常地，它们将目光投向我们，最为瞬息无常的人，祈求我们的救援。

fugitive, they look to us, the most fugitive, for rescue.

它们希望我们将其完全转化，置入我们难以捉摸的内心，成为

They want us entirely to transform them, in our invisible hearts

——噢，永恒地——成为我们的一部分！无论最后我们变成什么人。

into-oh, infinitely-into us! Whoever we finally are.

——里尔克，《第九挽歌》/ Rilke, IX Elegy①

茶，是茶农年复一年养护的作物、倾尽全力加工的商品、维持家庭生计的产业，亦是他们每日亲友聚会或个人沉思的消遣，更是他们世世代代繁衍不息的信仰。因此，围绕茶产业的"宅""厂""店"一体的当代乡土建造，成为一种独特而普遍的现象——它既属于桐木村，也见于更多的茶村，或更广义的因产业发展而兴起的当代乡村。这三种混合功能，在乡土住宅中产生界定清晰而又交错的家庭空间、生产空间和经营空间，承载着丰富的日常生活与人际关系。从与茶产业相关的空间营建和使用来观察乡村社会变迁也就提供了一种新的视

① 载于诺伯舒兹的《场所精神：迈向建筑现象学》（2010）。笔者参照英文版对翻译进行了微调。

角——如陈志华先生所言，“研究民间住宅，就得研究人们如何建造住宅，如何使用住宅，如何认识住宅，如何适应住宅。研究住宅，就要研究整个社会”（陈志华 等，2012a）[100]。

本章首先对“空间志”这一认识论主张进行阐述，探索在社会科学框架内，如何克服中国城乡结构不平衡所造成的“客体”与“主体”的区隔，在客体空间变迁与社会主体建构之间探索一条沟通物质与感知、大众与精英、历史与现实的研究路径。此外，也将针对“空间志”研究的载体——4 个自然村和 165 个厂宅空间样本进行深入田野调查，完成空间与社会阅读的初步准备。

第一节 空间—社会变迁的认知

一、主客一体的空间

西方社会科学的认识论，为解答流变的认知体验与客观世界的关系问题，走过了一个漫长的探索历程。涂尔干在其《社会学方法的规则》中指出：“当一种社会现象直接由一种心理现象来诠释，我们便可以肯定地说那种诠释是错误的。”（1999［1895］）涂尔干所建立的这种个体感知与集体意识之间的二元性，塑造了英国社会人类学的认识论体系，如利奇、道格拉斯等①，他们将认知行为分为两个阶段：第一个阶段是通过个体感官来接受客观世界中无意义的、瞬息变化的数据；第二个阶段是将这些数据建构为集体共识的、持久的一种表达（Ingold，2000）。集体表征与个体行动的二分，在博厄斯、克虏伯等人创立的美国文化人类学认知世界中，体现为“文化”和“行为”的区分。格尔茨在对文化的定义中走了与英国社会人类学相似的路径，即文化是一种象征意涵组成的框架体系，属于一个特定的社群，进而得以延续较长的时间，从而塑造了个体感知和体验（Geertz，1973）。为探寻造成这种文化差异的组织性原理，格尔茨

---

① 利奇将语言定义为一种“偏见网格”，它被叠置于客观世界的原始材料之上，使说话者将世界看作“由大量分离的、具有特定名称的事物所组成的”（Leach，1964）[34]。类似观点也出现在道格拉斯的著作《纯净与危险》中，她认为观察者从客观世界中只选取感兴趣的对象（这种兴趣受到其所处认知范式的影响），从而在不断变化的混沌印象中建立起每个事物皆拥有可识别形象的世界（Douglas，1966）[36]的意识。

认为它存在于社会语境下的公共空间，而另一支认知人类学的脉络则认为应致力于揭示个体思想中共享的一种概念图式。

布迪厄的实践理论是弥合这种二分性的一种尝试。他认为文化知识并不是由思想输出到体验之中，而其本身就是通过个体的生活实践过程所塑造的，人们通过这种介入行为获得了帮助他们适应环境、采取特定行动方式的性格和识别力，这就形成所谓的“惯习”（habitus）①。在布迪厄看来，不同文化的差异并非源于不同文化模式或认知图式对同一种感知体验的诠释，而是由于个体在不同的身体训练之中，形成了应对特定环境的不同感官。布迪厄的实践理论试图将感知和认知行为重新置入个体在日常生活中介入其所处环境的实践性语境之中，以此跳脱思想与自然、主体与客体、智识与感官之间的二分困境。这一尝试也体现于吉布森对人与环境的心理学认知关系的探索中，他主张打破“真实”环境和“感知”环境的区分，认为人类通过“居住”而使客观世界成为有意义的场所——也就是说，意义不是由主体的思想附加在客体之上的，而是内化于人类与其所居住世界之间一种实践性介入的互动关系（Gibson，1979）。

海德格尔、梅洛－庞蒂的现象学进路更深层次地调和了认识论的二分困境，他们试图扭转笛卡尔理性主义世界中一种本体论的优越性，尝试让哲学从抽象心智层面“重返于物”。海德格尔的理论前提是，每个人首先“在世存有”（being-in-the-world），而个体“开始存在”（coming-into-being）的进程就成为世界“开始存在”的一部分；个体通过“栖居”行为与世界融合（Heidegger，1962［1927］）。梅洛－庞蒂在此基础上提出的知觉现象学理论，将身体视为存在于世界的途径，拥有身体就是介入一个确切的环境中（Merleau-Ponty，1962）。也就是说，身体既非客体亦非工具，而本身就是感知的主体、文化的主体，也是文化的存在性根基。

顺着现象学进路，一批空间人类学（包括环境人类学）学者将空间或景观作为客观世界的主要载体，透过主体对客观世界的感知，弥合认知和诠释层面的主客二分性。Gray 曾在对苏格兰牧羊人通过山间巡游来定义地点名字的当地

① 布迪厄认为，关系并不体现于实践，而是存在于其中。他指向的是一种接近于技巧的实践知识，这种技巧是通过某些涉及特定姿势及姿态的日常任务的惯例性实践而获得的。无论是“一种行走动作、头部倾斜、面部表情、坐姿、使用工具的方式”等，都是成为一名熟练的实践者所必须掌握的，它们共同塑造了个体存在于世界的位置（Bourdieu，1990）。“惯习”因而成为联系个体与集体、主体与客观世界的一种可能性架构。

性意义的研究中，从现象学维度阐释了非语言实践活动和地点塑造之间的关系（2003）。Richardson 在对南美广场及集市的研究中，通过现象学意义的浸入观察，探索和感知这两种空间在当地人生活世界中的意涵，将境遇的感受投射在场景中，即“客体化”，由此场景（客体）不是独立存在的，而成为情境（主体）的一种物质形象，这两种空间场景在当地人的生活世界及感知图式中的意涵也得到了揭示（1982）。Ingold 基于对传统西方社会人类学这一“筑造”（building）视野①的批判（2000）[157-171]，提出一种“测度”（mapping）视野，主张认识主体与客体一起测度以发现地方视野的“场所”的意义，强调建筑或地景的“过程”或“生成”研究、非语言实践活动与地点建造之间的关系，从而消解主体与客体的二分（朱晓阳，2011a）[124]。

中国社会人类学家对当代乡村聚落的研究，运用了社会人类学强调的主体性，为建筑学，尤其是乡村聚落空间的研究带来启示。例如“家宅”空间这一建筑主题，阎云翔通过对一个东北农村家庭私人生活的调查，以住宅内部空间结构的改变，透视了当代农民家庭关系的三个重要变化：年轻一代独立、父权衰落和青年妇女意识觉醒。他认为，乡村家庭及生活转型的原因，是过去半个世纪以来在政治经济体制、公共生活、社会网络这三个层面的社会变迁。他以空间为索引，对田野中获得的信息进行反复审视和校准。在其对于新建住宅中私人空间的研究中，除了分析村民如何在新的家庭关系格局下安排私人空间，也关注新的空间安排如何反向塑造新的家庭关系②（2006）[129]。因此，分析农村住宅空间的本质，就是新型家庭关系和家庭空间的相互作用——这是一种将海德格尔式“栖居”投射于农村住宅的尝试。

朱晓阳对滇池小村数十年的社会变迁，尤其是当代乡村“建房竞赛”中剧变的跟踪，发现村民在平均主义的宅基地分配下通过建筑高度、装饰豪华程度

---

① 指在个体行动前已在意识层面“筑造”的、早已具有形式与意涵的世界（朱晓阳，2015）。

② 阎云翔的研究提出，农村住宅空间营建背后的逻辑，不能仅看作改革开放后经济条件改善的结果，住宅“不仅是物理意义上的空间，同时还包括社会空间；在房屋结构的背后蕴藏着更为深刻的社会空间原则，人们就是通过这些原则来组织日常生活和界定人际关系的”（2006）[139]。例如，住宅风格和规模的效仿反映了社会关系中的平均主义和攀比心态；内部家庭空间布局的变化则折射出家庭关系的变化——隐私需求上升后的家庭关系，使住宅空间结构从传统的南北炕转型为更尊重隐私权的单元房；而这种新的住房模式，又引起了家庭内部人际关系的变化，如父权的衰弱、年轻夫妻地位的崛起。

的竞赛来标志新的社会等级格局（2011a）[145]，透视从“新农村向城中村”发展中的地方政治隐忧。李耕（2010）则通过对西双版纳傣寨家宅换代的研究，提出家宅空间的再建造实质是一种社会关系的再生产，即从虔诚的“宗教消耗”到“仿照消费”型消耗的转变；住宅的象征意义也脱离了传统“人—居—宇宙”的同构关联，成为象征家庭声望的消费品。朱晓阳的研究体现了一种本体性或促进主客一体化的研究进路，他将其称之为人类学的“地志学”视角（topographic perspective），即关于地势的民族志（2015）。他援引 D. Davidson 提出的“彻底解释”（radical interpretation）方法，试图解决不同概念图式之间的翻译问题——建立言说者、解释者和共同世界之间的三角形关系，由此获得关于当地人的观念世界的“真值”（Davidson，1984）[125-139]。在“地志学”视角下，景观不仅包括人类活动的客观场景描述，还是“一种将地理、居住、政治性边界、法律现实、过去历史的踪迹、地方—名字等包容进特定空间的综合知识”。“通过抒写地志，能够获得对于农民所处的社会、经济、精神世界的深入理解，能够获得对于中国这个社会的转变与延续的深层逻辑的理解。”（朱晓阳，2011a）[3-9]地志的撰写，是从与地方表征相关联的物质性因素，如地景开始的。这指向一条由建筑空间进行社会学研究的路径。

因此，空间志所揭示的主体的空间，借用现象学、地志学的认知视角，通过认知主体（民族志者）与客体共同的“测度”，呈现出更真实的社会—空间变迁过程。空间志的认识路径，希望矫正建筑学传统中的“视觉中心主义”（ocularcentrism），借用听觉、触觉、嗅觉等感官来提供更真实、更主体化的空间体验，如对于桐木菁楼这一典型生产空间的认知，建筑学测绘所获得的尺寸、结构和空间模式不足以揭示传统技艺空间在当地人生活世界中的意涵，而需辅助以民族志者与制茶的“青师傅”共同体验空间的过程体验——不完全燃烧的松木烟雾带来的肌肤灼热和眼睛刺激感、脚下透空竹编地板令人心惊胆战的吱吱作响、湿润的茶叶发酵过程中散发的混杂着青草和松木的独特香气……（见第五章）作为一个茶叶生产的空间，唯有通过劳作的感官体验才能为空间赋予本体性意义。

这就是空间志研究要探寻的“主客一体的空间”——一个杂糅着物质和感知、客体描摹和主体体验的空间世界。

二、空间作为社会景观

哲学、社会科学领域对主客一体的认识论的探索，在建筑学、城市研究领域，表现为对空间“日常”经验的关注；在国际乡土建筑学界，从研究“没有建筑师的建筑”（Rudofsky，1964）到“日常、地方、普通”的建筑（Upton，1991）的传统，亦指引他们将日常空间延展为一种包裹着主体与客体之丰富互动内涵的“社会景观”。

对日常生活（everyday life）的关注，始于列斐伏尔、德塞图、德波等哲学家的理论探索，其主张让哲学走向物质，寻求理论和社会实践、思想与生活经验的关联路径。列斐伏尔认为，细枝末节的日常生活如同“一面投射着社会明亮与阴暗、权力与弱小的幕布”，构成了一切社会经验和政治抗争的基础（Lefebvre，1991b［1947］）。德塞图将日常生活中的对立性具化为空间中的“战略”（strategies）与“战术”（tactics），前者代表了当权者的空间实践，目的是创造“可划定自我边界的、可作为施加影响或威胁的外部关系之基础的空间”，后者则是没有固定场所的空间实践、“弱者的艺术”，见缝插针地蔓延于权力的场域中（de Certeau，1984）。德波通过对资本主义消费文化所塑造的“奇观社会”的批判（Debord，1970［1967］），掀起了一场“情境主义者”的日常生活革命：通过建构“情境”——“由统一的氛围和事件的游戏集结组织形成的一种真切的、刻意筑造的生命时刻”，追寻真实欲望的觉醒、体验生命冒险的感受、解放日常生活（Debord，1958）。

城市学者 J. Chase、M. Crawford 在前述哲学论述的基础上，定义了建筑学领域的“日常空间”：“日常公共活动的实体领域……与纪念性公共空间相反，往往是枯燥的、重复性的，它无处不在又难以寻觅、显而易见又难以察觉”。（Chase et al，1999）[8-9]他们提出对当代城市研究理论影响很大的“日常城市主义”（everyday urbanism），试图揭示列斐伏尔等人所指向的日常生活世界中的积极面，将日常生活体验而非形式上的延续性作为城市设计的指导纲要，主张设计者通过浸入当地的日常生活以获取更真实的设计参考，并将 20 世纪 60 年代知识分子的宏大野心替代以更适于当代社会的“谦逊、小尺度”的设计策略①（Chase et al，1999）[13]。

美国乡土建筑学派一直主张从精英的、纪念性的建筑走向平民的、日常化

① 该书作者 Margaret Crawford 先后在南加州建筑学院、哈佛大学设计学院、伯克利环境设计学院执教期间，指导学生完成的一系列设计研究作品，是对“日常城市主义”理论的践行。

的生活空间，他们对于日常生活世界的探索，克服了列斐伏尔、德波等马克思主义者不断回归至“生产关系”的局限，亦避免了日常城市主义过于聚焦于设计操作性的导向——在乡土建筑领域提出的“社会景观”概念，提供了一种在“物质文化”层面探索日常空间与社会生活互动关系的认识和操作方法。

景观（landscape）一词源自德语“landshaft”。1925 年美国地理学家索尔（Carl Sauer）将它引入地理学领域①，演变为自然景观和文化景观两部分。索尔和他创立的“伯克利学派”② 关注文化景观（cultural landscape）——它是附加在自然景观之上的人类活动形式的综合体，既包括聚落、建筑、道路等物质实体，也包括非物质的语言、习俗、艺术等人类文化；因而对文化景观的研究就是“文化与自然地理环境之间的互动关系”的研究（陈慧琳，2013）[127]。文化景观研究者深入探讨人类与环境的作用方式和背后的动因，将人类文化作为重要影响因子纳入地理学环境研究的视野。伯克利学派应用这一观点对人类聚落进行了分析，主要集中在聚落住宅的类型、布局、材料、技术等因素，并以此推测导致这种空间变化的人类社会变化。

乡土聚落和建筑一直是文化景观研究的对象之一，而同样来自伯克利的学者 P. Groth 则进一步强化了这一倾向，他提出“人类所有对自然的干预都可被看作文化景观”，强调对“日常景观”（ordinary landscape）的关注，将其看作反映社会品位、价值、抱负乃至恐惧的“自传史”（Groth，1997）[1-5]。

D. Upton 在《建筑史还是景观史？》（Architectural History or Landscape History?）（1991）一文提出了以“景观史”替代“建筑史”的思路，总结了自下而上的“景观”视角对建筑学研究的三大补充性意义：（1）建筑的意义并不是由建筑师意愿决定的，而是由观察者和使用者决定的；（2）我们对环境的感受是多感官的，不限于视觉，还包括味觉、触觉、听觉等；（3）现实环境极为复杂，

① C. Sauer 撰写的《景观形态学》（*Morphology of Landscape*）在地理学领域引入“景观”概念，定义为，“由包括自然的和文化的显著联系形式而构成的一个地区”（顾朝林，2012）[347]。

② C. Sauer 创立的“伯克利学派”主导了地理学重镇、加州大学伯克利分校的地理学发展，如今已延续至第六代。他们集中研究拉美及加勒比海地区的文化景观，产生了一大批对当代文化地理学影响很大的学者，如 Fred Kniffen（1930）、Peveril Meigs（1932）、James J. Parsons（1948）、William Denevan（1963）、Billie Lee Turner II（1974）。其中，Fred Kniffen 的学生 Henry Glassie 被视为美国当代乡土建筑研究的奠基者，另一位来自伯克利的资深学者 Paul Groth 的文化景观理论也是被当代乡土建筑研究者引用频率最高的理论。

设计者与使用者的感受都无法分离。这些论点都指向以文化景观来概括建筑研究的整体，其根本不仅是涵盖完整的建筑空间环境，更重要的是在时间维度，将建筑从设计至使用的全周期生命考虑在内——尤其是通过对“人类体验”的解读，在“比喻义和感官义”（rhetorical and sensual）的层面深入剖析建筑的内涵。Upton 在《另一座城：新美利坚共和国的城市生活与城市空间》（*Another City*：*Urban Life and Urban Spaces in the New American Republic*）一书中，就践行通过城市空间和城市生活的互动深读，呈现了生动精彩的美国城市社会史（2008）。

伯克利学派的文化景观理论仍在年轻学者中传承发展，如 Upton 指导 W. Littmann 的博士论文（2004），用“社会景观”概念对美国工厂建筑进行研究，提出了“工业景观”的定义。他认为，过去的工业建筑研究大多关注“工厂建筑的技术层面”及“设计如何促进大规模生产”，而将工业建筑作为“社会景观”，就是关注工人的日常工作及主雇关系如何影响工厂设计①。Littmann 不仅用社会关系研究提供了一种研究工业建筑的新视野，也用“社会景观”的解读为重现 19 世纪末至 20 世纪初工厂中的社会生活提供了可行路径。

除了乡土建筑学者将空间作为一种探寻“社会景观史”的路径，本文所关注的茶村社会景观亦不可忽略由茶这一特殊商品所引发的当代社会矛盾和危机——这就为“日常生活”的空间研究，增添了一层关于当代社会公平问题的维度。

“食品系统”研究活跃于当代西方社会学、人类学、地理学、政治经济学等领域，对于特定食品生产及消费体系中的社会问题提出敏锐的洞察和尖锐的批判。食品研究的开创者西敏司最早在其奠基性作品《甘蔗地里的工人》（Mintz，1960）中，就将目光投向西方日常生活中习以为常的糖这一商品的产地，揭示加勒比地区糖产业中甘蔗种植工人的艰辛境遇；在关于糖的历史人类学著作《甜与权力》一书中，他又将糖这种商品置于全球贸易圈中，展现了 17 至 19 世纪茶叶和糖的消费如何从精英阶层的特权，转变为英国新兴工人阶层的生活必需品（Mintz，1985）。

---

① 例如，以提高生产力、控制雇员的管理目的来设计建筑；提供周边城市的娱乐设施来进一步控制雇员日常生活；工厂在广告、工厂参观中以促进消费为目的的形象塑造（Littmann，2004）。

随着当代全球化背景下对食品公正、劳工权益、食品旅游等问题的日益重视，食品系统成为咖啡、葡萄酒、茶等代表性产业研究的重要视角。J. Guthman以“农业幻想”一词尖锐指出了隐藏在加州有机农业背后的存在于家庭小作坊与合作式大农场、农业生产力与社会公正及农村生计之间的矛盾，批判了大部分消费者眼中的“有机”生产方式被包装在由弱势少数族裔农民和劳工组成的浪漫主义躯壳之下（2004）。S. Besky则通过对印度大吉岭的茶叶生产运销体系与作为生产主体的尼泊尔族劳工群体的调查，指出地理标志认证、公平贸易和廓尔喀独立运动这三项在当地推动的促进公正的制度尝试。该尝试虽试图让茶工“介入市场”，以实现不同类型的“公正”，然而这样一个“公正”的市场即便真的存在，也是被某些人（强势的种植园主、消费者和政客）的想法所主导，而让另一些人（弱势的尼泊尔族工人）的诉求无从抒发。她警示西方社会：这些由发达国家消费端所构筑的“第三世界农业幻想”在改善生产端社会公平的进程中不仅作用微薄，还会催生出更多的社会危机（2013）。R. S. Mclean关于美国葡萄酒产地纳帕谷地的研究则着重考察食品旅游的维度，通过对不同生产空间（包括葡萄园、葡萄酒生产、品酒室）中的劳动民族志研究，分析空间的控制、让渡、争夺过程，揭示葡萄酒产业对移民农业劳工及当地社区的社会及文化影响（2013）。

食品系统研究对“空间志”进路的启发在于，要求“整合影响食物生产、分配和消费方式的全套理念、习俗和政策链条”（Guthman，2011）[19]。这将商品的生产、流通及其中间地带联系起来。在桐木村，除了生产端的生产关系之外（见第五章），象征着当代城乡二元关系的消费者与桐木村茶农的社会关系（见第六章）亦成为决定今日乡村空间及社会变迁的影响要素，展现了一个交织复杂却真实的、与茶叶生产密切相关的经济社会语境。此外，Besky所展示的当地人的“公平”愿景与他者的“公平”想象的矛盾，亦启发建筑学者融入当地主体的观念图式之中，这是对前面提到的空间志的“主客一体”进路的一种反向体现。

简言之，“空间作为社会景观”，就是主张将目光从精英世界的建筑表象，转而投向更广大的平民日常空间中的生活体验，进而为空间变迁及营建的理解提供一条互动性的策略途径。

三、空间的时间维度

在列斐伏尔、德塞图等学者的日常生活框架中，时间性是藏在空间背后的一个重要内涵——如德塞图的空间“战术”，就依赖于捕捉转瞬即逝的机会，空间可随时间灵活改变的临时性（de Certeau，1984）。列斐伏尔将日常生活的时间流逝区分为周期性和线性的两种模式——周期性的时间指生死、四季、昼夜等自然韵律，线性的时间则是一种同样重复的、可量化的工作生活时间表。除了这两种可预测的时间循环，列斐伏尔指出第三种更重要的时间——那些断续的、偶发性的时刻，如游乐、休息、爱的冲动等，这些断裂的时刻穿透于循环式的日常经验中，虽然转瞬即逝，但其中却蕴藏着日常世界的无限可能和带来社会变迁的能力（Lefebvre，1958）。这种偶发性、临时性的空间观，呼应着空间的另一层时间维度——历史、记忆、所谓的“场所精神”①（Genius Loci）——也是定义着场所的特性及本质、陪伴其一生的“守护神灵”（诺伯舒兹，2010）[18]。“场所精神”的时间性，除了经历岁月的沉淀而形成，同时隐含了一种应对当代变迁的内在机制——只要连续的历史情境需求不受阻碍，便具有容纳变迁的能力。诺伯舒兹将时间带来的变迁分为三类——实用的变迁、社会的变迁和文化的变迁，会对实体环境产生意义（2010）[180]。这引出如何在变迁中保持“场所精神”的问题，诺伯舒兹认为，关键是维持其方向感（orientation）和认同感（identification）。他进而指出：“尊重场所精神并不表示抄袭旧的模式，而是意味着肯定场所的认同性，并以新的方式加以诠释。唯有如此才能有一种活的传统……使变迁变得有意义。”（2010）[182]

空间的时间维度的第一层内涵是对空间变迁的接纳和考察，尤其是在当代的时间限域内。在无可避免的变迁面前，一味依附于历史传统容易陷入“浪漫返古”陷阱之中（Upton，2007）[8]，进而脱离乡村的当下现实和真实。具有时间性的空间，意味着一种“动态性”视角（dynamism），将空间的当代建构作为其意义生产的重要部分，从而让空间与乡村正在发生的日常生活产生更直观、更本质的关联。

空间的时间维度的第二层内涵是将空间视为兼具历时性和共时性的时间载体。“共时性”和“历时性”概念，出自索绪尔的《普通语言学教程》：“共时性”（synchronic）以考察结构为目的，研究“联系各同时存在并且构成系统的

① “场所精神”的概念来自古罗马。古罗马人相信每个“独立”个体都有自己的“守护神灵”，这种灵魂赋予人和场所生命，伴随着人和场所从生至死，并决定着他们的特性和本质。

成分之间的逻辑和心理关系"；"历时性"（diachronic）则强调演化过程，研究"联系各个不为同一集体意识所感觉到的连续的成分之间关系"（索绪尔，1980）。对于乡土空间变迁的考量往往从历时性视角出发，着重于总结社会环境的变化对空间的影响；而此后又必须回归到共时性视野下的结构、类型、模式考察，进而探索变化过程中可循的规律。

空间的时间维度的第三层内涵是将乡村置于地方史和世界史、地区性和全球性的双重构型下予以考量。空间的时间维度的综合考量，亦拓展了空间本身的意义范畴。空间的局部和整体观随着时间的绵延而汇聚，如伽达默尔所言："必须根据构成文本的各个部分来理解文本整体，又必须根据文本整体来理解文本的各个部分。"（2010）要理解当代乡村，就无法避免对乡村历史的解读。为了寻求历时性和共时性、永恒之道与发展规律间的平衡点，我们需将视野投向"地方"与"世界"的交织——在"地方"展现的是一种在地方社会文化体系中缓慢前行的厚重景观，而"世界"视野则将地方社会置于波涛汹涌的发展大潮之中①。

桐木茶叶史除了新中国成立以来的当代变迁外，其建构亦离不开从明末清初开始的涉及世界各国的"海上丝绸之路""万里茶路"，贸易之路的盛衰与沿线茶村的兴亡产生密切的交织。对于茶叶史的研究，既要延续费正清（Fairbank，1953）、施坚雅（Skinner，1977）、珀金斯（Perkins，1969）等人运用社会科学理论对宏观政治史、精英史的结构性分析，亦不能缺少魏斐德、周锡瑞（Esherick，1987）等对地方经济史、社会史以及底层的民众生活的微观考察。如魏斐德对华南鸦片战争及太平天国运动的研究中，从广东地方社会出发，揭示了中国在面临鸦片战争带来的西方挑战时，地方社会，包括士绅阶层和底层民众如何做出回应，进而展现一部不同于传统近代史中的"民众史"②——用魏斐德的话说，便是用一条横跨地方社会与世界历史的视野，用"不同地区历史的交错塑造此时此地的历史"（2017［1966］）[5]。

① 共时性与历时性，是东西方史学一种探寻永恒之道与探寻发展规律间的不同取向之体现，既反映了不同的方法论出发点，亦反映了中国传统史学与西方近代史学的视角差异——在中国史学，如《春秋》《史记》等，不同时代的人物可并列于同一主题，以探求"治乱之道"；西方史学则主要展现人类文明的发展和进步规律。（张文涛，2011）

② 周锡瑞，王平．世界的魏斐德：中国学研究的理论与方法——访周锡瑞教授．历史教学问题，2009（04）：28－29.

在空间的时间维度指引下，本书对桐木茶村变迁的空间志研究亦会从历时性的产业和空间建构开始，在共时性视野下探寻变迁的规律和机制。世界史和地方史的交织除了历史茶村空间结构的塑造之外，今天在桐木仍有着不可忽视的痕迹——无论是人民公社时期出现的菁楼与19世纪下半叶印度的大型萎凋楼之间的气候和技术关联性，还是当代桐木茶叶市场的社会问题对于世界食品系统研究的启示，都展现着将桐木这一小小茶村与世界茶叶贸易史不可切断的关联。本书试图在历时性和共时性、地方史和世界史的互动中，展现地方性和全球性的“内外交织”——当代茶村的诸多空间问题，如何在近代欧美列强殖民到当代后殖民时代的语境之下，形成一种“地方”既是“地方”，也是“世界”的辩证关系（单军，2010［2001］）[34]。

“空间志”在主客一体、社会景观和时间维度三个层面的理论架构，除了辅助展现更真实、更平民化、更活态的当代茶村社会及空间图景，亦将使桐木村的个案研究在人类学的认识论重构、日常性的空间呈现、地方史和世界史的互动建构等理论领域延伸出深远的意涵。

第二节　空间志的载体

以桐木村厂宅作为空间志的载体，其价值不仅在于某个建筑本身，更在于其时空上的双重多样性——如同一本形象生动的关于改革开放以来中国乡村变迁的社会史书，从平凡的乡土建筑中，揭示“更完整、更真实”（Glassie，1976）的当代乡村变迁史。

时间层面上，今日桐木村处在剧变转型期的临界平衡点，为厂宅空间的历时性研究提供了完整的变迁线索。改革开放40年来渐次出现的不同规模的木构住宅、砖石住宅、砖混厂宅，和近10年经济腾飞中出现的大茶企的豪华厂宅、小茶企的普通厂宅和小茶农未及改造的老宅，并置于这个不起眼小山村，如同地质切片上形成的密集纹路。空间层面上，农村常年不变的“一户一宅”政策与日益增长的厂宅空间需求的矛盾，在茶农间生发“各显神通”的空间战术。对于产量不断提升的当代机械化茶厂而言，木结构菁楼无法满足当代茶厂的生产需求，必须建造现代化的茶厂来摆放机械设备，但“工厂”功能在保护区内却被杜绝。[①] 因此，茶农有的在自家住宅中整合生产功能，有的利用遗存菁楼改造茶厂，呈现出多样化图景。另外，由于近年来茶旅游的兴起，茶农希望能直接在家中招待游客、售卖茶叶，使茶室、民宿等经营空间崛起为当代桐木乡土住宅的“第三极”。

笔者的田野调查主要在桐木的四个自然村[②]展开：三港、庙湾、江墩和关坪。这四个村作为桐木的政治、经济、文化中心，具有以下代表性。

（1）“宅”：人口集中，新建住宅普遍。在桐木村总共33个自然村中，这四个自然村（村民小组）人口排名在前四位，总人口接近全村一半；改革开放以来，这几个村子的人口都增加了不止一倍[③]。由于经济相对发达，这几个村是桐木村新建住宅最为普遍的地方，为空间志分析提供了丰富样本。

（2）“厂”：茶产业发达，茶厂集中。这四个自然村基本沿主干道线性分布，区位优势使它们成为茶产业发展进程中最早与外界发生密切互动的村落——20世纪八九十年代是在三港，20世纪90年代末至今则在庙湾和江墩，桐木村的龙头企业、大型茶企也基本云集于此。茶叶总量在全桐木占比80%以上[④]，厂宅样本也更多样。

（3）“店”：茶旅游发达，经营功能凸出。旅游业发展比居住、生产更依赖

① 据与保护区管理局相关人员访谈的内容得知，桐木村内除了一家龙头企业申请特批而获独立厂址外，基本不可能再批准建设任何“工厂”类型的建筑。

② 这4个居住组团，更接近于村民小组的范畴。村民小组，在划分上基本相当于人民公社时期的生产小队。人民公社时期，星村公社桐木大队共有13个生产小队，包括：关坪、庙湾、江墩、三港、七里、挂墩、龙渡、半山、古王坑、麻粟、排楼山、皮坑、黄溪洲。今天，除了排楼山之外，桐木村的12个村民小组皆与过去小队的划分相同。绝大部分中老年村民依然习惯将自己所在村称为小队，且在地理关联、亲属网络、生活关系上，小队发挥的实际划分作用要远高于自然村。例如，庙湾村民小组的庙湾和乌石岩两个自然村，在地理上完全相连，庙湾小队的集体菁楼也位于乌石岩；关坪小队所在的关坪自然村如今只有寥寥几户人居住，而大部分人都搬到了潭溪洲自然村。在笔者调研的4个自然村：“庙湾”包括庙湾与乌石岩两个自然村；“关坪”包括关坪和潭溪洲两个自然村；“三港”和“江墩”则是独立村民小组和唯一自然村。实际上，笔者调查足迹也遍及其他自然村，它们各自的特点也成为论述的佐证，如木结构厂宅保存最好的黄溪洲自然村；而武夷山三姑镇作为该区域茶业贸易和旅游的中心，是桐木空间营建模式的源头，也在研究范畴之中。

③ 除了人口自然生育带来的增长外，这里交通便利、茶产业集中，时常有采茶工、制茶工嫁入或入赘。另外，很多战乱期间和“文革”时期在山上避难的村民，改革开放后也陆续迁至这几个村子。相比起来，半山、排楼山、古王坑等处在深山中的自然村则不断萎缩，只剩寥寥数户。

④ 无官方统计，根据村委会报道人估计和笔者调研期间的观察统计得出。

于交通的便利性。无论是 20 世纪 90 年代黄岗山的生态旅游，还是近年来的茶旅游，这几个村子都是旅行者的必经之地。如果说新建住宅和茶厂的现象在其他自然村同样可见，那么桐木村的民宿、餐厅、茶室等旅游设施几乎都集中在这几个自然村。

这四个自然村看似有诸多共同点，又因各自的政治、经济、社会、历史因素而形成不同的村落肌理及功能，尤在厂宅层面各具特色。

三港是桐木村部所在地，也是人口最密集的自然村，常住人口 300 人左右。三港的村落形态呈狭长纺锤形，垂直于入村的主干道布置。穿过奔腾的山涧、绕过宽敞的保护区访客中心，我们可看到一条约 300 米长、5 米宽的主街，从村子入口可通往腹地的中心广场。这条主街如同村落之树的主干，两侧建筑林立，串联起全村的支路和其他住宅。三港村落中心围绕一个广场布置，广场一侧是 80 年代末建造的乡镇企业桐木茶厂；另一侧是村部。穿过村部的过街楼，有一座石筑天主教堂，从山形立面与尖拱窗可判断为简朴的哥特风格①。由于较早被传教，三港是桐木村天主教徒最多的自然村，天主教徒约占总人口的一半左右。

三港的 56 户住宅中，存在两个特点：餐厅、民宿等旅游经营功能较普遍，而生产功能相对较弱。三港在集体化时期曾是桐木茶产业中心，现仍保留 5 栋集体木结构菁楼，总间数达到 26 间，数量规模远超其他村落。三港的产业核心地位在 20 世纪 80、90 年代更为突出：1988 年，桐木村举全村之力建设的乡镇企业桐木茶厂就建于此，那时，大部分村民都将茶青送到桐木茶厂加工，或在此工作。三港是桐木村最早富起来的村落，20 世纪 90 年代第一波以砖石住宅为主的“建房热”就以三港最具代表性。然而，随着 1997 年桐木茶厂经营不善被个体承包，茶产业中心随之转移至庙湾、江墩。今天的三港难免显得萧条——集体菁楼荒废了大半，茶企也门可罗雀，甚至有不少村民放弃了做茶这门营生②。不过由于处在地理中心，三港仍是桐木村游客到访数量最大的村子，这为其留下了旅游这条生路。三港不少村民转而开设旅游设施来补贴家用——沿

① 这座教堂由美国多明我会传教士于 1924 年修建，20 世纪 90 年代烧毁后重建，唯一的实物遗存就是教堂前小广场上的一口青铜钟，钟上用英文镌刻着最初的建造信息。

② 当地人说，三港“人多地少”，很多 20 世纪八九十年代来桐木茶厂工作的外地人没有赶上包产到户时分茶山，导致三港人均茶田面积越分越小。而且桐木村的公建和工厂大多集中于三港，占掉村子大量住宅用地，人均用地极少，想要建造厂宅更加困难。

着村子主街两侧，开设着各种各样的民宿、餐厅、小商店，闲来无事的村民整日坐在商店门口唠家常，似乎社区氛围也较为亲密，与其他几个村显著不同。

只有居住和经营两种功能的厂宅在三港数量最多——放弃赚钱的茶叶生产而专心经营餐厅或民宿的现象，在整个桐木村看来，尤其是在茶产业繁荣的近十年，是很少见的。不过，由于建造资本有限，三港的民宿若论规模与豪华程度，也无法与另外几个自然村相比。毕竟其他村的民宿，是为把茶叶生意搞得更大、更好而建；而三港的民宿，则大多是茶产业萧条之后的无奈出路。今天的三港，和后面几个更发达的自然村比起来，已在“建房竞赛”中落在了后头。大部分住宅都是20世纪90年代的砖石建筑，大部分木构住宅早在那个时期就被更新淘汰了。近几年，为了撑起餐厅或民宿的门面，很多砖石建筑的立面上简单贴了一层瓷砖。走在略显凄凉的三港，怀想桐木茶厂曾经的人声鼎沸，不免令人唏嘘。

从三港上山前行，约五公里内会先后经过江墩、三港、关坪这三个沿主干道①布置的线性村落（三港村厂宅布局见图2.1）。

江墩村规模适中，20余户，人口不足150人。这个村的聚落形态特点很明显，住宅几乎都分布在主干道两侧，每家门面不大，但都挤着想在主路上“露个脸”。江墩是桐木少数遗存的血缘聚落，江姓、梁姓是最大的姓氏，而且两个姓氏之间有着千丝万缕的亲属关联②。相对单纯而亲密的人口网络，为这座小村子蒙上了一层融洽祥和的色彩：笔者在江墩与当地人聊天时，可以感觉到他们不像庙湾、关坪的茶商一样不自觉地透出商人架势，也不像三港茶农那样露出哀怨或愤世之气。

① 三港到桐木关的这条道路修建时间很晚，20世纪七八十年代才为了黄岗山上的军用机场而修建黄土路；此后经过一段时间的修修补补，直到2012年才全线拓宽为现在的6.5米宽的县道。

② 例如，江墩村知名茶人梁骏德，就是关坪村江金燕的伯父。她告诉我，当地人常把次小的儿子过继，梁骏德就是从江家过继到梁家的，村里的很多江姓人依然与他有亲属关系。

图 2.1　三港村厂示意图①

来源：作者绘

记得一个炊烟初起的傍晚，笔者正与一位编织竹篓的老手艺人聊天，一位身着粗布工装和凉拖鞋、挽起袖口和裤脚的老者，挎着一篮子显然是刚洗的青菜，从小河边陡峭的泥土路蹒跚地走上来，与我身边的老手艺人友好地用方言寒暄。我一眼便认出他是桐木村第二大茶企骏德茶厂的创始人、金骏眉的创制人之一、资深制茶师梁骏德。他走后，老手艺人说："那是我舅舅。"没人提及他的大名。我很惊讶，明显他的年纪不比梁骏德小，这也暗示着这个村子有着一个支系复杂的大家族。

后来梁骏德骄傲地告诉我，江墩是桐木唯一一个仍在大规模使用老菁楼的村子，原因就在于家族力量的相对强盛——其他村子的茶厂，早在 20 世

① 当地茶农的茶田范围是一个村民不愿提及的敏感话题，原因是武夷山自然保护区范围内禁止开垦新茶田，但不少村民鉴于近年来不断提升的茶叶价值而偷偷增加茶田面积。可能是由于触及武夷山茶产业的根本利益，当地政府也没有进行过桐木茶田具体位置的测绘。此外，村民的大部分茶田皆远在深山中，村落周边可见的只占一小部分。

纪80年代包产到户之后，就大都因“分赃不均”干脆拆掉菁楼卖木料，换成钱来分。因此，江墩村很少有人自建菁楼。不过，近年来随着生产规模的扩大，他们一般利用菁楼生产传统工艺的茶，又在家中增设紧凑的机械化生产空间。

和生产功能比起来，江墩厂宅的经营功能并不凸显，大多数人家只有简单的茶室，能够提供体面的住宿招待的只有两三家大茶企——它们是沿着主干道两侧最为气派的新建厂宅，建于2012年前后，采用“徽派”风格（江墩村厂宅布局见图2.2）。

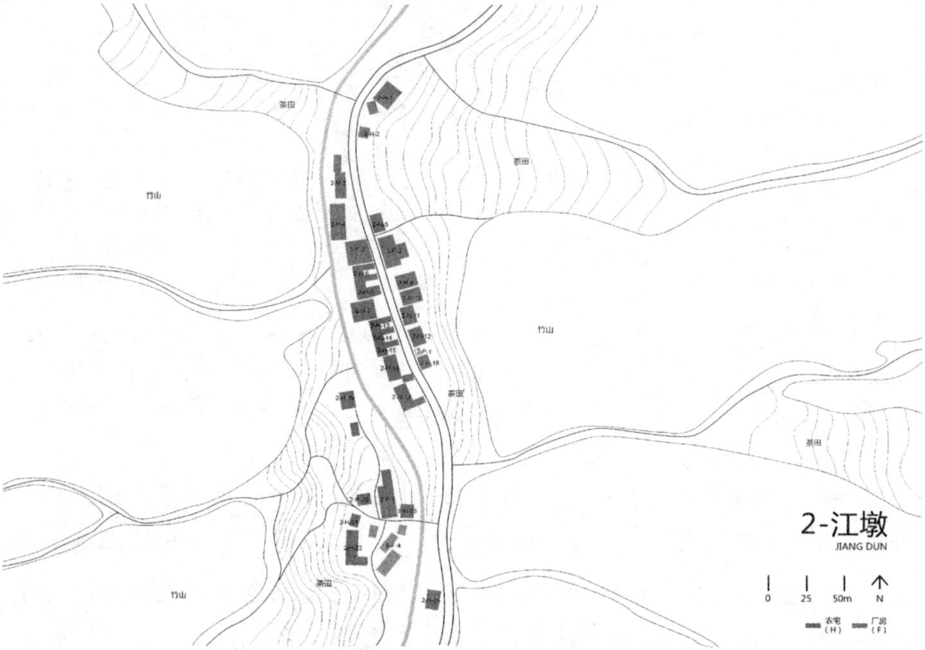

图2.2　江墩村厂示意图

来源：作者绘

从江墩往前行进几百米就到了庙湾。庙湾的人口规模在桐木村紧随三港之后，近50户，约250人。经济上，它是如今桐木的茶业中心。聚落形态布局同样沿主干道两侧线性分布，但有部分住宅已经延伸到了河对岸，形成道路和河流的双主干结构，将村落的住宅大致划分为三列。江、肖、叶等姓是庙湾较大的姓氏，和江墩一样，庙湾的村民也以原住民为主。

提到庙湾，不能不提茶业界的重要人物江元勋。桐木茶业的崛起几乎都得益于江家宗派“第二十四代”传人江元勋创立的正山茶业公司——该公司几乎凭借一厂之力，让金骏眉和正山小种闻名全国。在这家龙头企业的带动下，江家的亲族好友都跟着发达起来。尽管在村民口中颇具争议，但作为一手将正山茶业公司发展为全国红茶龙头企业的茶界大腕，江元勋是近十年来桐木村茶业腾飞的领航者，在桐木村的地位如众星捧月。虽然公司规模很大，经销商、分工厂遍及全国，但他仍将大部分时间都放在村里，平日任务除了把控茶叶生产、总控全国业务之外，还要招待不时前来参观的人①。从笔者与他的数次接触中可感觉到，他对于永不间断的访客有些厌烦，留在桐木是为了过上怀旧的村野生活，如今他已将公司业务主要交给儿子打理。

生产空间上，除却与村落组团尚有一公里距离的公司新址，庙湾唯一的大型生产空间是小队的集体菁楼。这栋菁楼放在整个桐木村，也是规模最大、保存最好的一座传统木结构菁楼，共10间。尽管菁楼仍是集体资产，每间菁楼皆由一家或几家村民共用，但它从2000年左右开始就被正山茶业公司通过支付租金或其他各种形式承包②，并在菁楼背后加建了一栋现代化厂房。正山茶业公司迁到新厂址后，老菁楼依然保留，并成为公司招待“寻茶”游客的重要空间。在集体菁楼遭到垄断的情形下，大部分村民不得不在住宅后院与河流、山体的空隙间建造菁楼或现代化茶厂。砖木结构菁楼多是20世纪90年代所建，较新的混凝土厂房则多是2010年后建的。

庙湾厂宅中的经营、住宿空间普遍追求气派，如金骏眉山庄、自然山庄等，都建到四五层楼的限高上限，装修也十分豪华。这些民宿的经营者大多与江元勋有亲属关系，或是其公司的资深员工。然而，表面上的气派并不能掩盖庙湾村日益增大的贫富差距：在冠冕堂皇的新建筑中，穿插着一些了无生机的老房子，基本没有经营功能。这些村民以出售毛茶或茶青的形式将茶叶生产依托于正山茶叶公司，转而从事养蜂、饲养家禽等副业（庙湾村厂宅布局见图2.3）。

关坪是通往桐木关主干道上的最后一个村子。距离三港大约十公里，距闽

① 正山茶业公司是来到桐木村的社会名流的必到之处，尤其是新茶厂前树立的两块镌刻着“正山小种发源地”“金骏眉发源地”的巨石，留下了江元勋和无数名人的合影，这些照片也都陈列在公司的大堂。

② 尽管一些村民仍声称自己可以去菁楼中做茶，但在笔者调查中发现这种情况极为少见，一个村民直截了当地说：“都说那栋楼是历史遗产，我们不敢用啊！要不小心烧了可担不起责任！”实际上菁楼不是任何级别的文物单位。

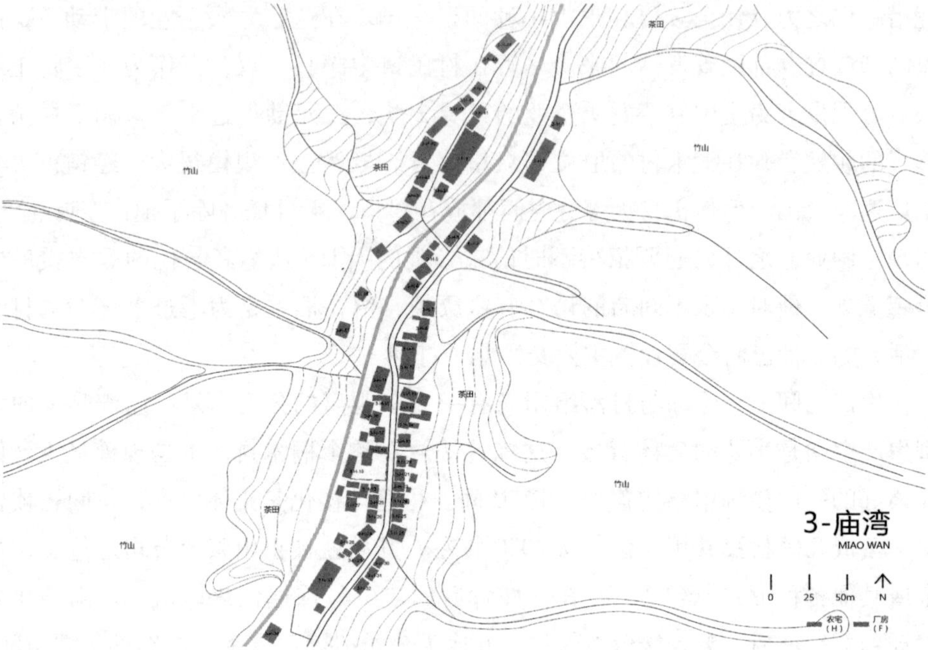

图 2.3　庙湾村厂示意图

来源：作者绘

赣交界处只有三、四公里。村落人口约 120 人，最大姓氏是胡氏①。关坪地处深山，环境比前几个人口密集的村子更优。过去关坪小队的村址，处在一片上坡弯路与河流围合而成的洼地，群山环绕，流水潺潺，不过场地狭小，更多人迁到了如今关坪村的中心——潭溪洲。贯穿桐木村的溪流在此一分为二，冲击形成一片肥沃的土壤，“潭溪洲”因此得名。村子主体处在河对岸，背靠着山，形成了独特的村落入口：蜿蜒的小路穿过溪流上的小桥和翠绿的茶田，远远可见八棵数十米高的巨杉②，像一排神圣的卫兵；由于与胡家“八兄弟”偶合，被其视为自家的风水树。村落由于地处山谷峡口，常年烟雾缭绕，宛如仙境。

关坪茶业一度处于全村边缘。当地人回忆，在 20 世纪八九十年代茶产业的

---

① 胡氏非本地土著，而是 1963 年从浙江逃难辗转至此，今天已发展为四代同堂、60 多个成员的规模。在胡氏家族的影响下，关坪村的重心发生偏移——过去关坪小队所在地，只剩下 4 户居民；而胡氏家族生息发展的潭溪洲自然村，却发展出近 20 户。出于彼此的不可或缺，关坪村是笔者调研的四个村落组团中唯一一个分为两部分的。

② 这八棵杉树已有数百年树龄，其中有三棵红豆杉和五棵孔雀杉。

低潮期，关坪小队的集体菁楼被拆除当木料卖掉，而建造新菁楼的茶农屈指可数，很多村民都放弃了种茶营生。最惨淡的时候，关坪村有 70% ~80% 的茶山都被荒废。近年来，全村茶产业迅速恢复，但由于保护区不让开荒，过去荒废的茶山一旦长了树木，就不能再开垦种茶。因此，如今关坪村的人均茶山面积在桐木村处于靠后的水平。然而，近几年来，不服输的关坪人却将村子变成了桐木村“建房竞赛”最密集而豪华的地方，原因主要有二。

其一，胡氏家族的迅猛发展带动了关坪的住宅建设。胡氏第二代的八兄弟，除了过继到麻粟的六哥外，全都住在关坪，宅宅相邻；再加上第三代中出了个村里为数不多的大学生，在他的策划下，自家和几个叔叔的房子都采用了宏伟的“徽派”风格，形成桐木村最气派的新宅组团，时常可听到其他村民羡慕的称赞；甚至吸引了很多茶客前来参观和小住，也带动了各家茶叶生意的发展。这样一种成功的互动促进模式，激励他们不惜花费重金，将自己的厂宅重建、装修得更加豪华。

其二，关坪户数较少，场地宽阔，户均宅基地较大。村民有更大空间来建造功能完备的新型厂宅。如胡必发宅，横跨溪流两岸，形成住宅、招待、现代茶厂、木构菁楼几个组合体量。不甘落于胡氏家族之后的其他村民，也在近五年纷纷建起类似的大型厂宅。由于宅基地有富余，他们不像其他村的村民那样需要原地拆除重建，而只需在后院的空地悄悄建设新房，逃过“一户一宅”的规章约束。在桐木村所有自然村中，关坪村是“宅 + 厂 + 店”模式的功能完整的新厂宅占比最高的村子，达到 85%。乘着这股积极向上的乐观风潮，人均茶山面积最少的关坪村几乎“消灭”了不从事茶叶生产的村民——大家或多或少，或是从外地收购茶青来做茶、卖茶，至少在表面上呈现出一派欣欣向荣的景象（关坪村厂宅布局见图 2.4）。

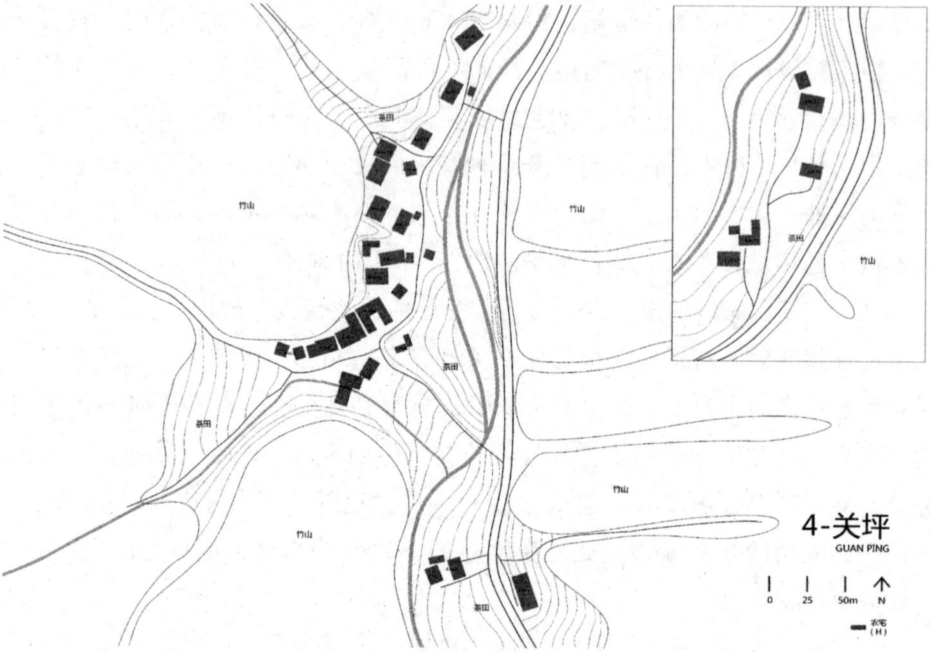

图 2.4　关坪村厂示意图

来源：作者绘

在田野调查中，笔者对三港、江墩、庙湾、关坪四个自然村的住宅、厂房和公建进行了全面调查，并根据其典型性程度的高低，采取建筑测绘、深入访谈、入户普查、建筑拍照等不同深度的抽样调查方法，形成 165 个厂宅样本①（图 2.5）。通过取样阅读，选取不同时期、不同类型的代表性厂宅（图 2.6），以点带面，观察和分析厂宅的演变模式及其背后的社会变迁。本书分析的基础，即“宅”（居住）、“厂”（生产）、“店”（经营）这三大功能在这些厂宅中的分布和交织——它不仅成了直接影响建筑的规模、平面布局、材料、风格等建造层面的因子，也折射出乡村日常生活中充满张力的家庭关系、生产关系、社会关系的交织和变迁。

① 为便于索引，全文采用一套建筑样本编号体系：如“1－H－2”，“1”指对应自然村（1－三港，2－江墩，3－庙湾，4－关坪）；“H”指建筑类型，（H－厂宅/住宅，F－厂房，P－公建）；“2”指在相应类型内的建筑序号。

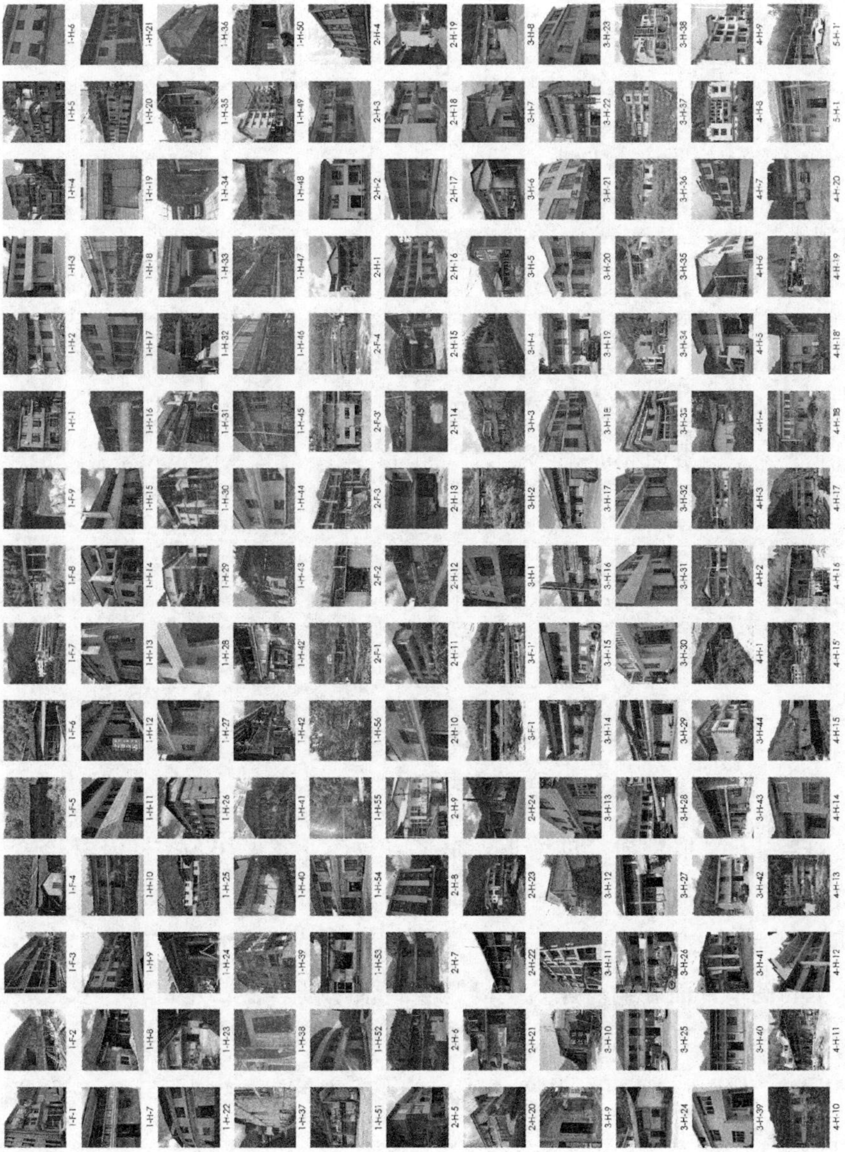

图 2.5　4个自然村、165个厂宅样本的田野调查

来源：作者摄

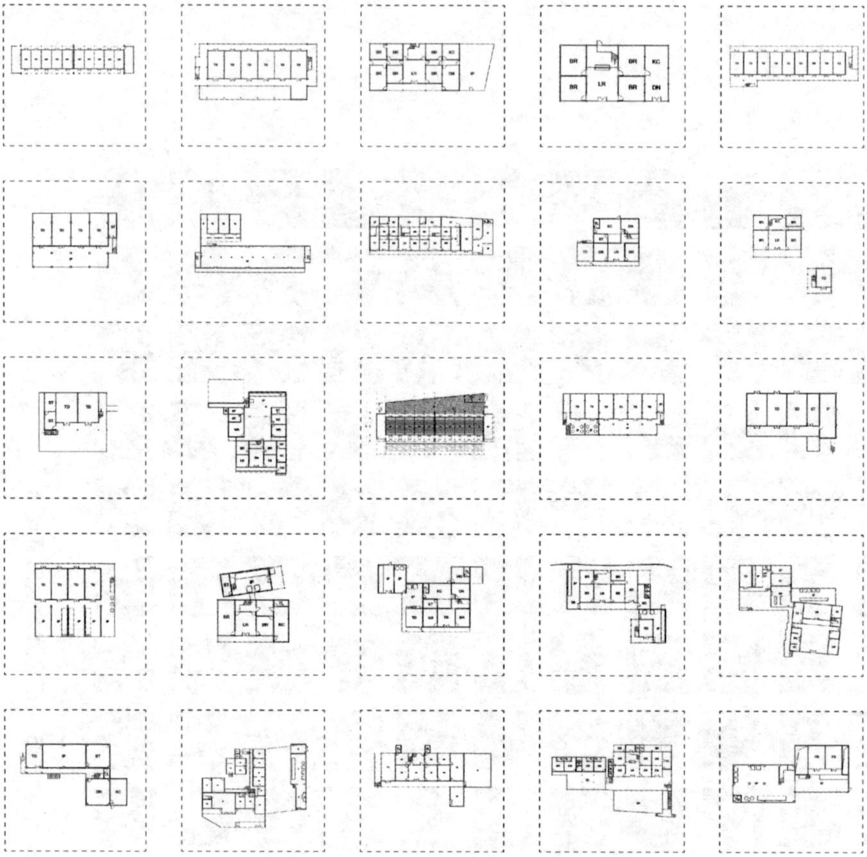

图 2.6　25 个厂宅样本平面的空间志阅读

来源：作者绘

这一空间与社会关联性研究的前提，是将乡村产业发展作为空间及社会变迁的主要动力。产业发展不仅改变着乡村的政治、经济、社会结构，亦重塑着乡村物质环境的面貌。此外，茶村厂宅中空间与社会的互动关系不仅表现为茶产业对建筑空间的单方面影响。建筑空间是乡村活动的容器，建筑营建水平是社会经济发展水平的标尺，也是了解乡村真实生活的一种自下而上的工具。正如民俗学家 Henry Glassie 所言，“用属于平民的乡土建筑揭示出更完整、更真实的历史”（1976）。

第三章　从全球市场到地方社会

江西逐渐抛在身后，

The province of Kiang - see had been shut out and left behind us,

福建在眼前徐徐展开。

and our view now opened on Fokien.

此生我从未见过如此宏伟、壮丽的景观。

Never in my life had I seen such a view as this, so grand, so sublime.

两侧的山峰高耸入云，

High ranges of mountains were towering on my right and on my left,

身前目力所及之处，

while before me, as far as the eye could reach,

遍布重岩叠嶂，奇峰怪石，高矮不一，形态各异。

the whole country seemed broken up into mountains and hills of all heights, with peaks of every form". ①

这段文字引自英国人罗伯特·福琼的游记。第一次鸦片战争后，被称作“茶叶大盗”② 的福琼于 1843—1845 年、1848 年两度乔装打扮来到中国，为在

---

① 基于英文版翻译（Fortune，1853）[171]，参考中文版（福琼，2015）[335]。

② 该称呼来自罗斯的历史纪实作品《茶叶大盗：改变世界史的中国茶》（罗斯，2015）。它并未直接出现在英文原著标题，而是中文译者根据英文书名 *For all the tea in China : how England stole the world's favorite drink and changed History* 的意译。在很多关于桐木正山小种的纪录片中（如《茶：一片树叶的故事》）也都大肆渲染了福琼从武夷山“偷走”茶叶的故事。笔者在田野调查中发现，“茶叶大盗”的故事在桐木村村民中亦很普及，成为村民骄傲的谈资。

印度开拓植茶区的英国东印度公司挑选中国最优的茶种和制茶技术。经过第一次曲折迂回的准备之后，他在第二次旅行中历经宁波、严州（今桐庐）、常山、玉山、广信（今上饶）、河口、铅山，一路数月翻山越岭，终于抵达其梦寐以求的顶尖红茶产地武夷山。19 世纪中叶，是中国向英国出口茶叶的巅峰时期，武夷茶又是英国人最为青睐的茶。彼时的福琼对于眼前景象的感受，想必超越了纯粹的视觉感官，粘连着让英国摆脱对中国近两百年茶叶依赖的满心欢喜，移情于这片早就令西方动植物学家心驰神往的自然山水之中（图 3.1）。

图 3.1　福琼所描绘的九曲溪两岸的武夷山

来源：(Fortune，1853)[203]

桐木村，藏匿于福琼眼前一望无际的群山之间。但彼时的桐木，比起周边繁荣的贸易城镇河口、崇安、星村来说并不知名。

要理解与桐木联系紧密的其他闽北茶村、厂宅空间的形成，有必要从红茶贸易史说起：在福琼所处的中西茶叶贸易盛期，贸易路线如何使武夷茶成为世界贸易的主导商品，并在武夷山形成繁荣的茶村空间结构？国际贸易走向衰败后，武夷山和桐木茶业又如何在地方制度变迁中重建？本章将从历史地理视角，描摹清代中叶至今区域村落空间结构和厂宅功能空间的逐步成型。

第一节　全球贸易与武夷茶村

1773 年 12 月 16 日深夜，北美殖民地门户波士顿港口。一群化装为印第安人的波士顿茶党成员潜入一艘英国东印度公司商船，将船上 342 箱茶叶悉数倾入大海，以示对其垄断北美茶叶市场并课以重税的反对——这便是大名鼎鼎的"波士顿倾茶事件"。史学家对被倾倒入海的茶叶种类的考据发现——武夷（Bohea）、工夫（Congou）、小种（Souchong），① 大部分皆来自闽北②腹地山区的武夷山。历史数据显示，1800—1830 年，英国东印度公司在闽北进口茶叶占到其总进口量的 70%—80%（Gardella，1994）[37]。正是东印度公司开辟的这个由闽北开始，经福州、广州、上海等港口通往欧美和世界各地的贸易体系，将闽北茶村之发展生息与庞大的全球茶叶市场紧密联系在一起。

同时，从研究清末福建茶叶贸易的学者 R. Gardella（1994）对 19 世纪末福建砖茶厂分布及同期福建主要城镇化增长点的对比研究中发现，外国资本带来的茶厂及茶产业，围绕着将闽北与茶港福州相联系的闽江流域分布，与闽北城镇（如建宁、洋口等地）的人口及规模增长产生了密切关联。这些信息，都引导我们将闽北茶村的空间建构，与中西方红茶贸易的历史联系起来阅读。

---

① 此处的"武夷""工夫""小种"皆为历史上武夷山地区所产的茶类品种（萧致治 等，1994）[139]，属于今日红茶的前身。在中西茶叶贸易统计中常被统称为"红茶"，故后文亦将其统称为红茶。

② 在中西茶叶贸易语境中，"闽北"基本与"武夷山茶产区"等同，后文中亦如此使用。当代闽北一般指南平市（下辖延平区、建阳区、邵武市、武夷山市、建瓯市、顺昌县、光泽县、浦城县、松溪县、政和县）。地理上闽北皆在武夷山脉覆盖下，历史上也是武夷山茶产区不可分割的整体。

一、武夷红茶的发明与红茶贸易的演进

闽北的村落发展，远早于红茶发明，但茶叶一直在地区经济中扮演着重要角色。武夷茶的记载可追溯至唐代孙樵的《送茶蕉刑部书》，书中提到唐代名茶“晚甘侯”产于“建阳碧水丹山之乡，系月涧云龛之品”①。五代至宋，建州（今建瓯）建立北苑贡茶，福建转运使蔡襄的《茶录》、丁谓的《建安茶录》等茶书对此大为推崇，所焙制“龙团凤饼”为朝廷御品。宋代，武夷山是程朱理学的核心地区和传播要道，在闽北兴办书院的朱熹于“鹅湖之会”后返回建州途中题写的《题分水关》②，说明这条横跨闽赣的贸易古道已然形成。元代，武夷山正式设立御茶园，并逐渐超越建州北苑③。这都为红茶的发明和兴盛奠定了基础。

据今人考证，红茶发明可追溯至明末清初。明初至明中，皇帝改团茶为芽茶，崇安茶人有了改良茶叶制作技术的契机。一种比较公认的说法是，16 世纪末④“崇安⑤殷令招黄山僧以松萝法制建茶”（邹新球，2006）[8-9]，绿茶炒青工艺与当地岩茶焙制技术结合，逐步形成红茶（陈椽，1981）[6-7]。当地人对于红茶出现的传说⑥更为传奇，然无历史依据可言。实际上，武夷山茶叶史中红茶

---

① 武夷山古属建阳，丹霞地貌的山壁之“丹”、九曲溪溪水之“碧”是武夷山引以为傲的山水特征。

② 南宋淳熙二年六月，朱熹与陆九龄、陆九渊在信州（今江西铅山县）鹅湖寺展开三天的学术辩论，即哲学史上著名的“鹅湖之会”。结束辩论后，朱熹经途武夷山分水关返回建州，写下《题分水关》：“地势无南北，水流有西东。欲识分时异，应知合处同。”分水关和桐木关一样，是武夷山自古以来的交通要隘。

③ 清代周亮工的《闽小记》记载：“建州贡茶自宋蔡忠惠始，先是建州贡茶首称北苑龙团……至元，设场于武夷遂与北苑并称。今则但知有武夷不知有北苑矣……御茶园在武夷第四曲，喊山台、通仙井皆在园畔。”（邹新球，2006）[146]

④ 《歙县志》记载，松萝茶发明于明隆庆年间（1567—1572 年），故红茶出现的年代应不早于此。

⑤ 武夷山市古名崇安县。在历史文献中，武夷山一般指山脉本身，而崇安则是武夷山地区的行政中心。

⑥ 桐木江墩江氏家族的传说是：“明末某年采茶季节，一支北方军队路经桐木村，驻扎在当地茶厂过夜。当时正值采茶季节，茶厂中铺满了绿色的茶青。经过一晚，茶青由于被士兵们压在身体下而错过了传统制茶时机，已经全部发酵。军队撤走后，茶青主人为了挽救损失，他们只能把茶叶搓揉，以当地盛产的马尾松柴块烘干，做出的茶叶呈乌黑油润状，带有松脂香味。老板随即将其送到星村茶市贱卖，不想送到福州口岸贩卖后大受欧洲商人的欢迎，第二年竟有人以 2～3 倍的价格订购该茶，红茶工艺随即逐步确立并越来越兴旺。”

与岩茶技艺长期混为一体，直至20世纪下半叶才逐步确立茶类的分野。

17—20世纪初是武夷山红茶在世界贸易中最活跃的阶段。武夷山山势险峻，对外出口主要依赖水路。闽赣交界的武夷山茶叶贸易路线大体分为两个方向：一是经崇阳溪、建溪达闽江，从福州、厦门等港口出口；另一个是翻越武夷山，经北坡的贸易河港河口镇，转运广州、上海等港口与英、美商人交易，或经鄱阳湖、长江至汉口，顺陆上“万里茶路”抵达中俄边境恰克图，转运俄国。

简单而言，茶叶从武夷山开始，向内陆贸易形成贯穿亚欧的“万里茶路”，海路贸易则融入连通世界的“海上丝绸之路”。“万里茶路”兴盛于17—19世纪中叶，是“丝绸之路”衰败后最重要的中欧陆上商道，由俄商、晋商控制；“海上茶路”始于17世纪初，19世纪下半叶至20世纪初走向鼎盛，主要由英、美等西方国家通过中国买办①控制。

图3.2通过对与武夷山地区相关的中国茶业贸易历史的梳理，试图建立红茶贸易及闽北茶村空间结构变迁之间的关联。中国至英国、俄国、美国三个主要国家的红茶出口量②变化基本可以反映中国茶业的兴衰，而红茶出口的盛衰直接决定着武夷山茶村体系的变迁③。茶叶出口量的演变受到中西方相关政策变化、政治事件的影响——这展现了地方视野下的茶村研究与全球贸易体系不可脱离的关联。

---

① 买办（comprador），中西贸易史上十分重要的商人阶层，茶叶运销链条上的关键一环，尤兴盛于清中期至清末。由于西方人的贸易行为被限于开埠港口，他们只能经由“买办”赴内陆采购商品。费正清在关于清末中国沿海贸易的研究中对买办阶层有详细论述（Fairbank，1953）。

② 英国、俄国、美国是17—20世纪与中国茶叶贸易的主要国家，也是下文关注的主要对象。尤其是英国，在19世纪中叶以前主导着世界茶叶贸易。纵观英国从中国的茶叶进口史，尽管有一段时间偏向于绿茶，但红茶一直占据绝对主导地位；19世纪峰值阶段，红茶更是占到英国茶叶总进口量的80%（Ball，1848）[40]。考虑到峰值时期进口量与其他阶段的巨大落差，由绿茶或其他茶类造成的偏差影响基本可以忽略不计。

③ 在19世纪中叶福建红茶产业开始传至宁州、祁门、安化等地之前，武夷山和福建周边地区是出口红茶最重要的原产地。而19世纪下半叶以降，虽然很难从出口总量中区分出各个产区的份额，但总体上的增长和衰减是保持同步的，一些特殊情况后文中还会提到。

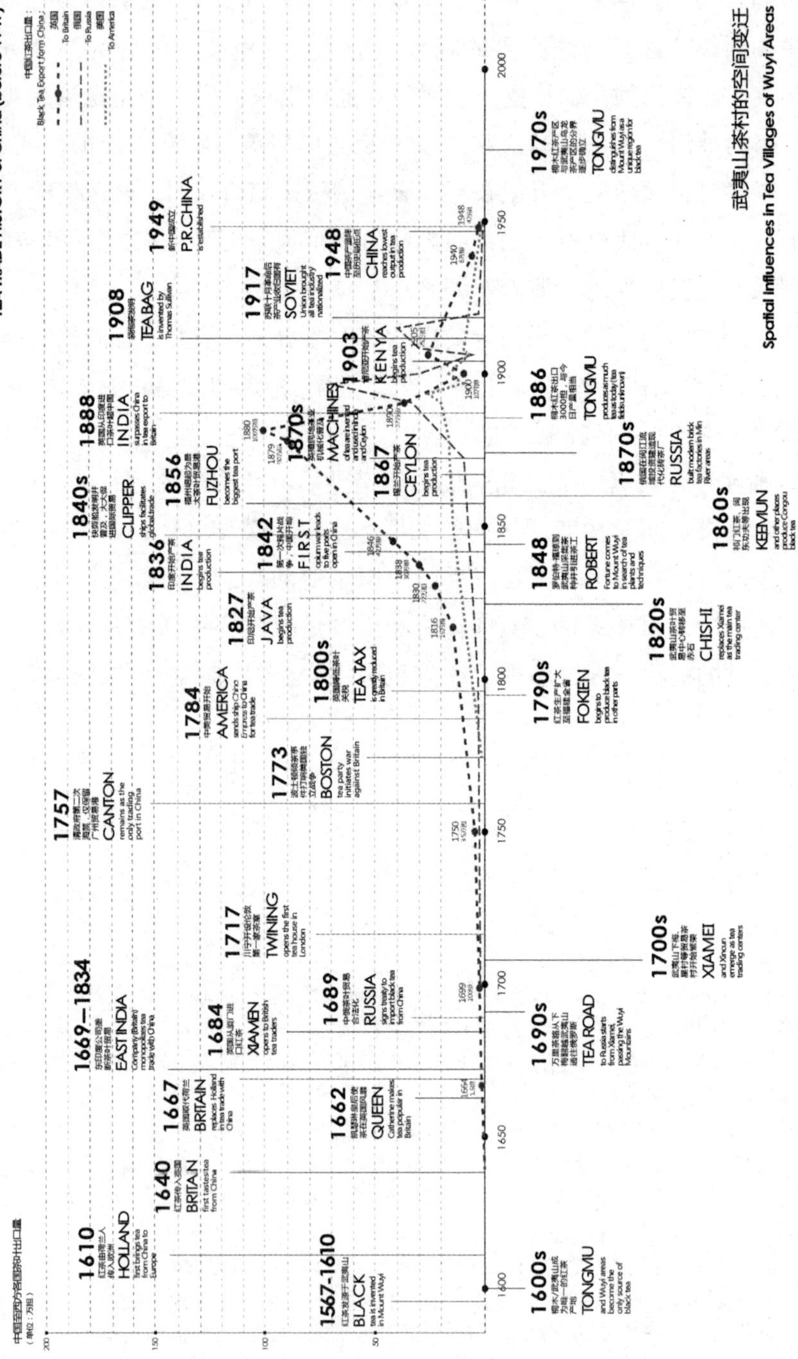

图 3.2　与武夷山茶村空间变迁相关的茶叶贸易历史线索

来源：作者绘

16—17 世纪初，茶叶随着大航海时代的开启进入欧洲视野，但茶叶在欧洲还只是上流社会才可接触到的奢侈品，中国红茶生产也还限于武夷山这个狭小区域。尽管葡萄牙人早在 1516 年就通过马六甲海峡航行至中国，将茶叶样本带回欧洲，① 但大多数学者认为，红茶贸易是从 17 世纪初由荷兰东印度公司起始的②。英国登上历史舞台相对更晚③，1644 年，英国人在厦门设立贸易买办，从荷兰人手中转购茶叶，后经过两次英荷战争④的胜利取代荷兰（邹新球，2006）[37]。1669 年，英国东印度公司崛起为东方贸易托拉斯，1684 年首次在厦门港直接进口茶叶，并于 1698 年获得英国政府授予的“茶叶专营权”，在 17 世纪末至 19 世纪 30 年代之间几乎垄断了东方茶叶贸易。不过，1699 年英国年进口红茶仅约 100 担⑤（13082 磅）（乌克斯，2011）[84]。

在茶叶贸易萌发时期，西方人与武夷山最早的直接接触来自 1710—1718 年来到这里的耶稣会传教士。在法国历史学家杜赫德（Jean - Baptiste Du Halde，1674—1743）百科全书式的《中国通史》中，提到武夷山“汇聚了大量的寺庙，也吸引很多的信众……武夷茶是全中国最著名的茶”（1736）。

18 世纪是中西红茶贸易的第一次增长期，中国红茶产量激增，生产范围从武夷山扩大至福建全省（邹新球，2006）[27]。17 世纪末，饮茶风尚在英国普及⑥。1700—1750 年，英国年均进口红茶 6500 担；18 世纪英国年均进口约 4 万担

---

① 1560 年，葡萄牙传教士加斯博·克鲁兹在书中提及茶叶，写道：“凡是上等人家大都以茶敬客，这种饮料以苦味为主，为红色，可以治病。”（乌克斯，2011）[21] 当然，这种“红色”的茶是否为红茶，抑或是不小心发酵的绿茶或乌龙茶，已很难考证。

② 不过荷兰人并未直接来到中国，而是在爪哇得到了由闽南私商从厦门运往巴达维亚（今雅加达）的武夷红茶（陶德臣，1999）[118]（乌克斯，2011）[26]。

③《清代通史》记载：“明末崇祯十三年（1640）红茶始由荷兰转至英伦。”（萧一山，1985）[847]

④ 对东方贸易权的争夺直接导致第一次英荷战争（1652—1654）和第二次英荷战争（1665—1667），英国两次获胜。

⑤ 担，我国茶叶贸易的基本单位之一，一担相当于 100 斤、约 133.3 磅。

⑥ 历史学家将茶叶的流行归功于凯瑟琳皇后——这位葡萄牙公主于 1662 年嫁给英皇查理二世，将茶叶当作嫁妆带去英国，因此在英国乃至欧洲皇室引领了饮茶风尚（Graham，1846）[44]。

(红茶占80%)(庄国土，1992)。① 18世纪80年代起，英国多次降低茶叶关税，茶叶价格不断下降，为茶叶的大众化打下基础(Graham，1846)[45]。不过，18世纪中叶的闽北茶叶在出口和国内市场的地位并不显著，雍正时期《崇安县志》亦提到该地区的茶农受困于茶商的欠款，生计艰难(Gardella，1994)[30]。

19世纪，红茶贸易进入第二次增长期，增长速度远超18世纪。② 除了英国的贡献外，俄国、美国的进口量亦大幅上升。海外需求不仅带动了武夷山地区茶业的繁荣，也使茶产地沿着茶叶之路拓展至江西、安徽、浙江、湖南、湖北等地(萧致治 等，1994)[146]。茶叶出口在19世纪下半叶的急速增长受若干因素影响，尤其是两次鸦片战争。鸦片战争被有些学者称作"茶叶战争"③，《南京条约》后开埠的五港中，福州、厦门的意图便直指英国垂涎已久的福建茶产区。福州距离武夷山产茶区只有300多公里，通过闽江相连，福州港的崛起直接导致武夷山茶产业空间结构发生质变④。福州在1853—1959年间迅速超过上海、广州，成为中国第一大茶港。福州港鼎盛时的1880年，武夷红茶和工夫红茶的出口总量达到63万担，占福州港出口茶叶总量的85%(陶德臣等，1999)[178]。同年，英国从中国的红茶进口量亦达历史峰值105万担(吴觉农等，1935)[89]。

---

① 这仅是官方数据，实际上，1766年仅东印度公司进口茶叶就达600万磅，其他茶叶走私更是无法计量。18世纪中叶，虽清政府采取闭关锁国之策，仅保留广州一港对外通商，但并未真正减少中西的茶叶贸易额，因除了正式设置海关的广州港外，仍有数以百计的口岸在进行海外通商(乌克斯，2011)[81]。

② 英国对茶叶的需求与日俱增，"十九世纪初叶二十五年内，则平均数增加值两千万镑，凡五十倍之……至嘉庆十八年(1813年)左右，其风气已通行全国矣"。(萧一山，1985)[848-849]至维多利亚时代(1837—1901年)，英国下午茶文化成形，上达皇室下至中下阶层，茶成为国民饮品。19世纪末至20世纪初，英国人均每年饮用一千多杯茶(人均年消费6磅茶叶)(邹新球，2006)[34]。这一时期，英国人口从1831年的1390万上升至1901年的3250万。也就是说，英国全国的茶叶需求量至少达到2~3亿磅。在巨大的需求面前，英国从中国的茶叶进口量一路飙升，从1800年的2000万磅、1830年的3000万磅、1846年的5650万磅，至1886年的历史峰值2.19亿磅(165万担)(莫克塞姆，2015)[212](陶德臣等，1999)[282]，其中红茶占60%以上、约100万担(吴觉农 等，1935)[88]。

③ 鸦片战争的渊源始于18世纪末，英国为了平衡从中国大量进口茶叶而产生的贸易逆差，将英属孟加拉地区种植的鸦片走私入华(莫克塞姆，2015)。鸦片走私在19世纪30年代发展到极为猖獗的地步，清政府任命林则徐为钦差大臣赴广州对鸦片"斩草除根"，英政府以此为借口发动鸦片战争。1840—1842年、1856—1858年的两次鸦片战争中，中国政府分别签订《南京条约》和《天津条约》，沦为半殖民地半封建社会。

④ 鸦片战争之前，茶叶主要翻越武夷山脉经河口，转运上海和广州出口。随着1853年上海小刀会起义致使红茶出口受阻，西方商号借机开拓福州口岸(Fortune，1853)[228]。

鸦片战争后，尽管中国向英国的茶叶出口保持了三十余年、百万担以上的历史较高水平（陶德臣等，1999）[381]，但以英国为代表等西方茶叶消费国不断在印度、锡兰、爪哇等海外殖民地开拓茶叶种植的可能性①。1886 年的中国出口鼎盛期，英国从印度进口茶叶达 57.6 万担，大约是从中国进口量的三分之一（莫克塞姆，2015）[212]。仅两年后，英国从印度进口的红茶第一次超过中国。印锡茶产区采用规模化种植、机械化加工，生产效率远高于中国，除满足本国消费外还可大量出口，结束了中国茶叶在世界贸易市场中的统治地位。

19 世纪下半叶，在英国对中国红茶的依赖迅速下降的情况下，俄国和美国的重要性随之凸显，将茶产业的命脉延续至 20 世纪初。俄国从中国进口茶叶的历史与英国人一样悠久。17 世纪初开始，“万里茶路”就源源不断地将武夷山茶叶运往俄国。1689 年中俄缔结《尼布楚条约》后茶叶贸易进入常态。18 世纪，华茶输俄数量逐步增长，最初交易量每年约 2700 担，至 18 世纪末达到 1.5 万担。1792 年，俄国在中俄边境城镇恰克图②设立海关，使它成为“万里茶路”的贸易中心。1820 年，俄国进口华茶 2.7 万担（吴觉农 等，1935）[97-100]。19 世纪中叶起，俄国利用《天津条约》在华开设砖茶厂，红茶进口量大大提升，逐步取代英国的位置，1897 年红茶进口量到达峰值 69 万担，至 20 世纪 20 年代基

① 从 1792 年英国人马嘎尔尼首次把中国茶树带往印度起，英国人就不断尝试从中国引进茶叶和茶业工人，在印度种植茶叶，但没有成功（莫克塞姆，2015）[88]。西方人开辟的第一个殖民产茶地是印尼，1827 年，荷兰人贾克布森（J. J. Jacobson）将中国茶种和工人带到印度尼西亚尝试茶叶种植。1833 年，印尼茶正式上市。而在印度，英国东印度公司实际行驶统治权，自从 1823 年在阿萨姆地区（Assam）发现当地野生茶树品种后，就不断在阿萨姆、大吉岭（Darjeeling）、杜阿尔斯（Doors）等与中国产茶区气候接近的喜马拉雅山麓地区探索种植茶叶的可能性。1836 年，第一批印度阿萨姆产的茶叶被送到加尔各答拍卖，大受欢迎。他们认为印度的茶叶不仅价格低于中国茶，而且总体质量也更高（西方学者也承认这很大程度是由于英国人的爱国热情）。19 世纪中叶，大吉岭成功种植中国茶叶。1867 年，锡兰（今斯里兰卡）采用鲁尔康特拉茶园引进的阿萨姆土生茶树，开始大规模种植红茶（乌克斯，2011）[203-205]；19 世纪下半叶，种茶地区进一步拓展，俄国、台湾地区开始大面积种茶，东南亚、欧洲、非洲、北美洲、南美洲等诸多国家也都尝试种植红茶（乌克斯，2011）[210]；1903 年，英国开始在肯尼亚种植红茶。

② 恰克图，俄语意为“有茶的地方”，18 世纪初建城，从 1792 年俄国在此设立海关至 1858 年，是“万里茶路”上最大的贸易中心（其衰弱原因包括俄商直接进入内地、西伯利亚铁路通车使贸易中心转移等）。中国在边境亦设立了对应的贸易城镇买卖城（Avery，2003）。

本都是中国最大茶叶进口国①。

美国则自19世纪下半叶成为中国第三大茶叶进口国。1850年，美国的茶叶进口量已达到英国的1/3左右（15万担）；1853年，美国“旗昌洋行”（Russell & Co.）最早派买办到武夷山所在的闽西北地区购买大量茶叶，用小船顺闽江运到福州，这这条路线只需8～10天即可抵达（同期茶叶运抵上海需要24天）(Gardella，1994)[52]。1880—1900年间，美国从中国的茶叶进口量在20万担至30万担之间。不过在美国人所购茶叶中，红茶仅占三分之一左右，其余为绿茶和乌龙茶（吴觉农等，1935）[93]。

20世纪初，在世界各地种茶业勃兴、中国战乱不断的背景下，中国红茶出口衰败的速度同样惊人。② 而桐木的正山小种，在1880年出口3000担，至1939年降为800担，抗战爆发后的1941年降至10担，临近解放的1948年也只有30担（邹新球，2006）[99-100]。不夸张地说，进入20世纪，风靡全球两百多年的武夷茶退出了历史舞台，至今也未在世界范围内重获曾经的地位。

不过，全球红茶贸易时代在武夷山地区留下的空间印记却延续至今，在21世纪后从国内市场重获一席之地的武夷茶村中依稀可见。

二、全球茶叶贸易对中国农村空间变迁的影响

全球性的茶叶贸易之路对作为茶产地的中国农村空间变迁的影响是十分显著的。如吴觉农所言：“川、滇、湘、鄂、皖、赣、闽、浙穷乡僻壤间的茶农，闽、粤沿海等地的茶商，无不仰仗每年出口茶产的收入，借以活动其农村间的金融。”(1935)[113]在武夷山，茶叶贸易带来的国内外资本，让这个闭塞山区在17—19世纪得到了长足发展——崇安县的水东、下梅、星村、赤石、城村、曹墩六大渡口，被称作茶叶贸易的“六条船”（崔如梅，2008），形成极具活力的茶村体系。

17世纪至19世纪上半叶，对武夷山地区影响最大的是晋商把持的“万里茶

---

① 直至1917年俄国十月革命后市场国有化，在华投资的俄商相继停业，俄国进口遂陷入衰落。

② 1900年，红茶出口总量相比十年前，从2.2亿磅骤降至1.1亿磅（Gardella，1994）[62,143]，福州港红茶出口亦削减一半有余，仅4130万磅（邹新球，2006）[99]；20世纪20年代末，中国红茶出口仅3000万磅（Gardella，1994）[143]，福州红茶出口仅426万磅（乌克斯，2011）[91]。该时期茶叶在中国主要农产品（包括茶、丝绸、粮食等）出口总额中所占比重从19世纪80年代的40%以上降至20世纪20年代的3%（Perkins，1969）[131]。

路”：始于武夷山下梅村，经江西河口转运内陆，① 至中俄边境的恰克图与俄商交易。1680 年，下梅村“盛时每日行筏 300 余艘，转运不绝”②。下梅邹氏通过与晋商的茶叶贸易而成为富甲一方的大家族，邹氏祠堂、宅邸就是这条繁华的“万里茶路”的佐证。19 世纪 40 年代，福琼顺着“万里茶路”从河口翻越武夷山，对繁忙的贸易场景发出感叹：“数不清的挑茶工在狭窄蜿蜒的山路上如同一列列蚂蚁军队一般艰苦前行，无数坐着轿椅的茶商赶往或返回于崇安或星村”（Fortune，1853）[173]。在同期的研究著作中，武夷山地区的景观第一次出现在英国茶叶贸易者的视野中，亦与茶产业下生产、劳动、贸易的厚重语境紧密交织在一起（图 3. 3—3. 4）。

图 3. 3　19 世纪“万里茶路”上穿行于武夷山脉、将茶叶运往河口的挑茶工

来源：（Fortune，1853）[165-166]

① 晋商以武夷山下梅村为中心，收购茶叶，雇佣茶工挑过高耸的武夷山脉，顺石溪水、铅山河等武夷山北坡河流抵达贸易城镇河口。茶叶在河口登上信江，驶向鄱阳湖，接着从九江入长江，经重镇汉口，继而一路向北抵达中俄边境恰克图，俄国商人再用驼队将茶叶运至西伯利亚、圣彼得堡、莫斯科和欧洲。亦可从九江转运广州、上海等港口。在福琼考察武夷山茶区的 19 世纪 40 年代，河口依然是“中国内陆最重要的商贸城镇之一，红茶贸易的中心”，茶号云集，人口大约有 30 万（Fortune，1853）[160]。说明这条路线的繁荣持续至此。

② 《崇安县志》记载：“康熙十九年（1680 年）间，其时武夷茶市集崇安下梅，盛时每日行筏 300 余艘，转运不绝……道光、咸丰年间……赤石经营红茶亦成市，遂由山西客至县采办，运赴关外销售。”

图 3.4　19 世纪中叶武夷山的茶叶种植景观

来源：(Ball，1848)[1]

19 世纪下半叶，俄国的茶叶贸易中心转移至汉口①，以出口两湖地区②茶叶为主，武夷山的河口一线贸易走向衰败；而经福州港出口的路线则转而兴

① 19 世纪中叶后，“万里茶路”生产贸易中心从武夷山转移至汉口，原因有三：其一，1851 年—1864 年，武夷山受太平天国的战争活动扰乱而茶产量锐减、茶叶运销成本骤升（李灵玢，2016）[130]；其二，1853—1959 年，福州港开埠后超越上海、广东，崛起为第一大茶港，武夷山茶叶不再从河口，转从闽江下福州出口；其三，1861 年汉口开埠，俄商以汉口为贸易中心、羊楼洞为生产中心，大大降低了“万里茶路”的耗时与成本。

② 包括江西宁州、湖南安化、湖北宜昌、羊楼洞等地所产的红茶和砖茶。

起①。这条路线比由挑茶工翻越武夷山的路线要快得多。② 由于闽江水系的地位上升，武夷山地区的茶叶贸易中心转移至距离崇阳溪更近的星村、赤石等渡口，《崇安县志》载“道光、咸丰年间（1821—1861）……赤石经营红茶亦成市”。刘埥《片刻余闲集》亦记载，“山之第九曲尽出有星村镇，为行家萃聚所”（邹新球，2006）[16]。

19 世纪，由于茶叶贸易的繁荣，茶叶种植、生产、贸易云集于武夷山，极大促进了茶叶相关村镇的人口、规模发展。一方面，闽北茶叶种植大幅增长，种茶者“不下数百家……岁所产数十万斤，水浮陆转，鬻之四方”（彭泽益，1957）[303]，一些稻田也被开垦为茶田③；另一方面，中外资本争相在此设厂：1872 年，俄国洋行（Ivanoff&Co.）在福建开设第一家砖茶厂，1873 年，又在建宁府开设了另一家茶厂（孙毓棠，1955），茶厂中工人达到上千人（Gardella，1994）[70]（图 3.4）；放眼整个闽北，“除阳崇不计，欧宁（今建瓯）一邑，不下千厂，每厂大者百余人，小亦数十人”（彭泽益，1957）[304]。

如嘉庆《崇安县志》记载，大量茶叶经营者、茶行工人从外地来到崇安、星村等地，塑造了昌盛的茶叶经济，亦让这些以茶为生的村镇繁荣起来，奠定了今日武夷山茶村体系的基础。

三、桐木村作为“红茶祖庭”的渊源及其考证

令人疑惑的是，在红茶贸易鼎盛的 19 世纪，关于桐木的历史文献几乎完全缺失，仅有当地人的片段传说④——这样的隐身，与今天桐木宣称为“世界红茶祖庭”的地位不符。笔者试图从深入山区村级层面的西方传教士、植物学家那里寻找蛛丝马迹。波尔在《中国茶叶种植及生产技术考察》中的一段记载，较全面地展现了 19 世纪武夷山红茶产区的空间形态，并提及“桐木关”，对理解武夷山茶村的空间结构来说有很大帮助，故引述如下（Ball，1848）[41-45]：

---

① 随着 1853 年福州港崛起、英美茶行通过买办深入武夷山购茶，俄国亦在 1869 年苏伊士运河开通后开始经福州采用海路运茶。（Gardella，1994）[72]

② 据福琼考察，用小船将茶叶从崇安县顺崇阳溪、建溪、闽江运至福州，8～10 天即可抵达；而翻越武夷山、经河口运抵上海则需要 24 天。（Fortune，1853）[228]

③ 1880 年，武夷山附近顺昌县洋口村的村民中，90% 在种植茶叶。（Gardella，1994）[77]

④ 据传，19 世纪末桐木庙湾人梁炳记创立的“品记”茶行，有 99 家茶厂之多，把茶行开到福州的三坊七巷。江氏祖先曾在“品记”茶行担任“秤手”（即掌柜）（根据江元勋的口述，2016 年 9 月）。

崇安县以北就是星村，有很多住宅，以及市场和集市，不少茶商和茶客住在这里……九曲溪两岸是武夷山。佛教和道教的僧侣在山中建造了数不清的庙宇和宗教住房，他们又在庙宇周围种植茶树，每年自己采茶。九曲溪以北的武夷山所产之茶最佳。武夷山是茗岩茶（Ming Yen Tea）和顶级小种茶（Souchong）的产地，这些茶很少卖到欧洲，或有极少量作为礼物。在欧洲它们被称作“僧侣小种”，因为它们是由僧侣种植的；或称“包种茶”（Pao – chong tea），因为它通常被包在小巧的纸包裹中；中国人也称之为“岩茶”（Yen Tea），因为茶树生长在岩壁或石块堆砌的梯田上。也有人称之为“内山茶”（Nei Shan Tea），意指它产于内部的核心山区……周边地区，延伸到二三十里之外的山脉，是武夷山的临近地区。这些乡村包括Csao Tuon（曹墩）、Hoang Pe（黄柏）、Chy Yang（四阳）、Kung Kuon、Sin Cheu（星村）、Tu Pa、Chy She① 等。在这些村子里，有很多茶叶萎凋棚（tea sheds）及熏焙房（roasting houses），也种植着不少茶叶。这片山的自然条件与武夷山相似，茶叶制作工艺也属上乘。此处所产的茶气味芳香，口感甜蜜。这里的茶被称作“普山茶”（Puon Shan Tea），或称“中山茶”，指中间山脉产的茶。这里的茶大都制为“小种”。东印度公司最好的小种茶应该都产于此地……距离武夷山约七十里的城镇，包括 Py Kung（皮坑）、Tien Czu Ty、Tong Moo Kuon（桐木关）、Nan – Ngan、Chang Ping、Shu – Fang 等。这里的茶叶又薄又小，品质不佳，使用再好的技术，做出的茶叶也没什么香气。这里的茶被制为工夫茶（Congou），称作“外山茶”。更远的地区，如 Yen Ping（延平）、Shau – U（邵武）、Keu – U、Geu Ning（周宁）、Kien Yang（建阳）、Heu Shan 等地，所产的茶叶就不适宜做茶了。不过有理由相信，这些茶叶会被混入那些低等级的功夫茶中，尤其是那些口味平淡、叶底红绿相间的茶。

这段文字基本反映了当时茶叶生产的空间格局。从中可读到以下信息——当时的茶叶生产，围绕着文化中心也是种植中心“武夷山”（即今天的核心景区）展开。核心区的茶叶由僧侣种植加工，价格昂贵，几乎没有出口，以生产岩茶、小种为主，被称作“内山茶”；较大批量的、包括出口英国的茶叶，则是

① 文中提及为古地名，应为崇安县周边地区的乡镇，括号中文为笔者推测的相应地名。有些村落名称已无法与今日地名对应，故用原文表示。

"武夷山"周边二三十里范围内的曹墩、黄柏等地区种植并加工的，以小种为主，茶叶质量与"内山茶"区别不大，被称作"中山茶"；再次一等，是"武夷山"周边约七十里的区域，包括今日桐木村（古名桐木关）所处的范围，生产工夫茶为主，茶叶质量较差，被称作"外山茶"。①

今日桐木人引以为豪的"正山小种"，竟曾被称为"外山茶"？实际上，此"正山"与彼"外山"所限定的茶，并不是同一"小种"。

这种矛盾的根源在于，波尔当时来中国寻找的不是当今意义上的岩茶、红茶，而是中英茶叶贸易史中的小种、工夫——它的种植、加工、运销都以武夷山核心景区及崇安县县城周边区域为中心，而桐木村并不在关注的焦点。1988年吴觉农与桐木茶人江素生的信中也提到："你做的红茶，实际应称为'星村烟熏小种'……"（徐庆生 等，2011）[35]笔者推测，在岩茶、红茶的空间结构明显分野之前，历史中作为整体的"武夷茶"的种植和加工都以武夷山市及景区周边为核心；即便到20世纪末，红茶贸易依旧以星村为中心。而桐木村，更像是一个"后起之秀"，借着金骏眉的走红而继承了被武夷山抛弃的红茶传统。

从茶叶加工技艺的角度，也可论证桐木村与武夷山的分野为当代形成，历史中的"小种"在产地和工艺上都不能等同于今日"正山小种"。桐木制作正山小种时使用松木熏焙的方式，而武夷山茶业历史文献中广泛提及的却是炭火熏焙。当地一位老茶人回忆："父亲12岁去武夷山天心帮人采茶（1912年左右），后来在桐木帮助'过红锅'（传统红茶的工序），还帮人带山。20世纪四五十年代时，家里做茶还是用炭焙的方式（典型的岩茶工序）。"用今天标准来说，这种红茶与岩茶工序的混合，是因为红茶和岩茶间界限鲜明的茶类标准、工艺、品味特征，几乎都是20世纪中叶之后才出现的。桐木村并未像今天一样拥有独立的红茶产业，而是作为种植地、劳动力来源地，围绕武夷山地区，作为整体的一小部分而构筑起来。

吴觉农的《茶经述评》也认为："福建红茶向外传播……可能是先由崇安传

---

① 清代崇安县令刘埥的《片刻余闲集》（1754）虽未提及桐木关，但亦记录了大致相似的茶叶分类："武夷茶高下共分两种。两种之中又各分高下数种，其生于山土岩间，其名岩茶，其种于山外地内，若名洲茶。岩茶中最高者曰老树小种，次则小种，次则小种工夫，次则工夫，次则工夫花香，次则花香；洲茶中最高者曰白毫，次则紫台，次则贡茶……"小种、工夫、武夷茶是17世纪茶类；在18世纪又出现了乌龙（岩茶）和白毫（陈椽，1981）[6-10]。不过，小种、工夫在类型上究竟属于红茶还是乌龙茶（也决定了武夷山的红茶和岩茶究竟谁出现更早），是茶界长期争论的焦点所在。

到江西铅山河口镇，再由河口镇传到修水后又传到景德镇，后来又由景德镇传到安徽的东至，最后才传到祁门。”（2005）[91]他论述的这条由崇安至祁门的红茶传播路线并未提到桐木村。从这些史料对桐木村的“忽略”可推测，要么是过去桐木的茶叶种植附属于崇安县，并无特别值得一提之处，要么是由于交通不便而让大多数历史研究者完全“没听说过”这个优良的产地，但吴觉农与武夷山、桐木村的茶人交往甚密（徐庆生 等，2011）[31-39]，后一种可能微乎其微。

为桐木村建构“红茶历史”传播最广的文献，是邹新球的《世界红茶的始祖武夷正山小种红茶》一书。但书中所引文献，很少直接提及桐木村，而是将历史上属于崇安的记载和数据“偷换”至桐木和所谓的“正山范围”①。实际上，将历史上红茶出口量与21世纪才划定的“正山范围”的产量做比较是毫无意义的，武夷山作为一个整体茶产区，无法将历史中的生产限制在桐木村，或是所谓“正山”的范畴。

要重现红茶发展渊源及这个时期的社会空间形态，涉及的文献卷帙浩繁②，非本书重点。但通过以上初步考据，或可达成一个针对桐木与红茶贸易史的关系的更公正的假设：桐木村的确一直处在红茶的主要产地，是武夷山茶产区的一部分；今天的红茶和岩茶，都是从历史中的“武夷茶”技术演变而成的；从全国范围来说，该地区作为红茶的发源地和质量最佳的产区之一无可争议，但若要将“原产地”框束在桐木村的行政范围之内，则缺乏必要的证据支撑。因此，笔者认为，应对“世界红茶发源地”“正山”这样的“传统”抱以谨慎的

---

① 如他援引出口数字：“17世纪末荷英二国年进口武夷红茶数量约225担，而正山小种中心产区……估其最大产量约5000担，足以满足17世纪末海外对红茶的需求”，推测“17世纪出口的红茶应都是正山范围生产的”（邹新球，2006）[26]。然而所谓“正山范围”是由21世纪的地理标志认证才确立的范围；产量和出口量上也完全不对等，若考虑到当时的红茶基本以出口为主，这样悬殊的对比无法让人信服。至18世纪末，武夷红茶出口量达到18万担左右，又远远超出了所谓“正山范围”的生产能力。

② 除了府志、县志等一手历史文献，针对18—19世纪中西茶叶贸易及福建社会经济情形的考察，还广泛见于20世纪下半叶的西方汉学家的二手历史文献中（Fairbank，1969；Hao，1986；Gardella，1994）。他们生动详细地重现了茶叶贸易鼎盛期福建茶叶的种植、加工、运销、出口链条中的社会生态，但在笔者考察的有限文献中，桐木村并未获得任何展现。

态度——所谓的“正山”，更多是当代建构的结果①，建构者包括与当地茶业有着千丝万缕关系的茶企和茶人——出于他们的精英身份，这种当代建构的传统虽然在表面上带来了一定的繁荣，但其强调符号、忽略空间和技艺本质的做法，在当代乡村变迁中的作用并不总是正面的。

第二节　统分制度与厂宅变迁

在全球贸易史中，桐木村作为武夷山茶产业的一部分，其生产方式和空间一直采取类似形制②。然新中国成立以来以降，地方政治、经济、农业制度的变化让桐木村茶产业走上了一条不同的道路，红茶技术的分野便是如此。今天看到的厂宅空间，便是与这段统分制度变迁激烈互动的结果。

本书将桐木村近 40 年的变迁分为三个时期：第一阶段是集体化时期③末端，可窥见由集体菁楼、私有木构住宅统摄的茶叶公社的生产图景；第二阶段是集体化向个体化的过渡期，桐木茶农在茶叶经济不景气的情况下，在个体化、乡镇企业、龙头企业等各种生产经营模式间徘徊；第三阶段是多元化时期，土地流转政策、金骏眉走红和茶旅游的发展，带来急速的资本膨胀，近 10 年的厂宅建造数量、规模都是前 30 年不可比拟的。

集体化时期桐木厂宅的普遍特征是“宅、厂”分立。中华人民共和国成立后，农村制度改革作为一项刻不容缓的任务，随着土地改革的大潮呼啸展开，

---

① 今天当地人挂在嘴边的“正山”，即正山小种的原产地保护，是由龙头企业正山茶业公司最早在 2002 年向国家申请的。而将正山小种核心产区划定于桐木村，可追溯的历史也就是人民公社以来，专业化的生产要求、极高的产量要求，迫使各个生产队集中力量生产一种茶类。

② 从 19 世纪英国茶叶“间谍”留下的历史图像资料中（Ball，1848；Ukers，1935）可见，当时武夷山地区常见萎凋棚（tea sheds）及熏焙房（roasting houses）这类简易茶叶加工构筑物——一种单层的、临时性、轻型的、半开敞式的建筑。当地人回忆，这种模式的构筑物一直延续到新中国成立初期。

③ 桐木村的集体化时期结束的时间点与国家宏观政策有一定时间差，原因是家庭承包责任制推行至南方山村的滞后性。

在闽北并无例外①。制度改革以社会主义改造为核心，主要包括三个阶段：互助组（1949—1951）、初级合作社（1951—1955）、高级合作社（1956）。互助组延续了农村本就存在的亲朋好友间互助农活的行为，从1949年《中国人民政治协商会议共同纲领》正式将互助组"合法化"开始②。互助组通常由10户左右组成，设组长、记工员各一人，有互助公约、开会学习等制度，土地归农户所有，农户之间以"换工"的形式相互帮忙耕种，一般实行变工、折工、计工和工票制度。结算时，工票少的补给工票多的工资。这种形式以农村原本的亲缘、地缘关系为基础，成为延续至人民公社乃至包产到户之后的稳定结构。

初级至高级合作社的发展则标志着农村社会主义改造趋于成熟。③ 初级社的管理方式为土地入股、按股分租；分配方式有按股分红和按劳分红两种。而1956年开始的高级社改革④，规模上升至100户左右，形式基本与初级社相同，但在管理上取消土地分红，不分男女，"同工同酬"，社会主义改造走向成熟。1956年，福建基本完成农业的"社会主义改造"（庄孔韶，1996）[113]。

1958—1984年实行的人民公社是成熟的集体化制度⑤，对于乡村行政结构及社会关系的影响延续至今。人民公社的推动与1957—1960年的"大跃进"息

① 1950年6月，中央人民政府委员会颁布《中国人民共和国土地改革法》（吴其乐，1999）[27]；1950年12月，福建省政府主席张鼎丞发布《为完成福建土地改革而斗争》的报告；1951年1月起，闽北地区正式开展大规模土改运动（庄孔韶，1996）[79]。至1952年4月，建阳专区和南平专区（1956年前，崇安县属于建阳专区，后并入南平专区）的土改全部结束。

② 详见国家农业委员会办公厅1981年发布的文件。至1951年8月，建阳专区建立14314个互助组，南平专区建立15998个互助组，人口占比达70%（吴其乐，1999）[54-55]。

③ 1951年12月颁布的《关于农业生产互助合作决议（草案）》，提出3种农民互助形式：临时性互助组、常年互助组、"以土地入股为特点的农业生产合作社"。1953年2月，中共中央通过《关于农业生产互助合作的决议》，合作社在民间迅速展开。

④ 1956年，中央颁布《1956年到1967年全国农业发展纲要（草案）》，提出要在1958年基本完成"高级形式的农业合作化"。1956年4月，建阳专区已办高级农业社596个，参加农业合作社的农户已达81.51%（包括初级社和高级社，其中高级社农户占比56.28%）（吴其乐，1999）[85-89]。

⑤ 1958年9月，《人民日报》发表《中共中央关于在农村建立人民公社问题的决议》，标志着政社合一的人民公社制度正式推行。1958年8月，闽北第一个农村"人民公社"成立；至1958年9月底，仅花费一个月时间，南平专区就将原来4000多个农业社转办为100多个人民公社。

息相关①。为提高生产效率，规模扩大至“一乡一社”，户数有千户至万户不等②。组织方式上，公社财产完全实行公有化，山林、果树、农具、自留地等生产资料无偿归公社所有，家畜家禽亦折价入社。分配方式上，贯彻“按劳分配、多劳多得的原则和工资制与供给制相结合的制度”，其中工资部分占比70%；工资采取评定工资级别与评工记分相结合的方法，有的地方也可只记“工分”（吴其乐，1999）[146]。在桐木，人民公社时期确立的行政划分于今仍基本延续，只是“公社—大队—小队—小组”的层级为“乡/镇—行政村—村民小组—自然村”所取代。

整体来看，集体化时期的社会主义农业改造对桐木村茶叶生产的促进作用十分有限。从积极方面来讲，集体化制度形成的规模化生产方式，为桐木茶产业奠定了基础，如菁楼这样的规模化茶厂、统购统销的贸易方式，提升了茶叶生产的效率和质量。但也要看到，集体化并未让桐木茶业迎来复兴，如同20世纪初的茶业复兴计划一样，由于根本性的生产结构悖论而陷入“没有发展的增长”僵局③（Huang，1991；Gardella，1994）。此外，学者公认的人民公社体制的主要弊病——由上级制定种植计划、内部平均主义分配的方式所导致的对农民“生产积极性”的极大压抑（Lin，1987/1988；李强，2008），亦无须重提。在内外交困之下，桐木村的茶产量在人民公社阶段继续坠入历史低谷。而此后家庭联产承包责任制的迅速推行，则是政策顺应民意的结果。不过，政策与民意的关系远不是那么简单、一帆风顺的。将显微镜放到一个具体的乡村之上，情况尤其如此。

集体化时期，桐木的厂宅空间还未形成，处于“宅、厂”分立状态，个体化的生产空间在集体经济模式下几乎是被杜绝的。

该时期的木构住宅大多是标准三间两进式或五间两进式，围绕堂屋布置，和历史上当地传统民居没有太大区别，如胡氏老宅（样本03，4－H－11）（图3.5）、梁有德宅（样本04，1－H－42），不过“祖辈的房子雕梁画柱，比现在

① 当时，民间充斥虚假乱报、“大放卫星”之风，崇安县武夷公社有1.07亩丰产茶，亩产茶叶3057公斤，位列全国茶叶大“卫星”行列（吴其乐，1999）[101]。

② 公社下划分为大队（200户左右）、小队（50户左右）、生产作业小组（10户左右）（吴其乐，1999）[123－136]。

③ 1950—1970年，中国红茶仍依赖对苏联、罗马尼亚等前社会主义国家与英国、荷兰等西方国家的出口，出口量不大，且闽东工夫红茶已取代武夷红茶成为主要出口红茶。闽东工夫红茶主要是“三大工夫”中的坦洋工夫、白琳工夫。1955—1960年，每年出口红茶2000～3000吨；1960—1970年，每年出口红茶1000～2000吨（杨江帆 等，2012）[130]。

看起来更好看”①。

图 3.5 传统住宅：胡氏老宅（4－H－11）②

来源：作者摄/绘

以菁楼为代表的规模化茶厂，是集体化时期最重要的遗产。当地人回忆，在20世纪50年代还以小作坊式的萎凋房、熏焙房为主；而人民公社运动后，桐木公社下属的若干生产小队为了提高产量，将单层、单间的萎凋楼、熏焙房合并为多层多间的“菁楼”，专为生产烟熏工艺的小种红茶设计。集体菁楼中的生产活动至今让很多桐木人印象深刻——当时每个小队至少有一座集体菁楼，每个小队一两百人，大部分人的工作是采茶，在菁楼中制茶的“青师傅”不到10人。③ 在笔者访谈中，大部分成长于那个时期的男性，十二三岁起就要代表家庭充当劳动力；而家中男性劳动力越多，工分越多，家庭生活水平也会相对较好。

集体菁楼形制类似。剖面上为三或四层（顶层常有夹层），一层烘焙室，上部萎凋室；平面为单元重复，一般5～10间，人口规模大的村子菁楼间数也较多。桐木保存至今的集体菁楼为数不多，如庙湾集体菁楼（样本01，3－F－1）（图3.6）、江墩集体菁楼（样本02，2－F－1），皆建于人民公社尾声。这一方面是由于1976年武夷山茶师陈德华在三港菁楼中引进了砖砌防火坑道设计，更早的菁楼大多因防火不过关而烧毁；另一方面原因是，尽管1979—1980年全国范围内家庭联产承包责任制已推行得如火如荼，但这项政策迟到了几年才贯彻到武夷山深处的桐木村。

① 为笔者2016年9月，于黄溪洲村对黄溪洲老宅（5－H－1）主人伊氏的访谈内容。

② 所有样本的详细信息、照片、平面图，请索引附录。

③ 集体时期的劳作按工分计酬。不同工种的工分不同，成年男性工人为10工分，妇女7工分、小孩3工分。在工资核算时，4工分换算为1块钱。

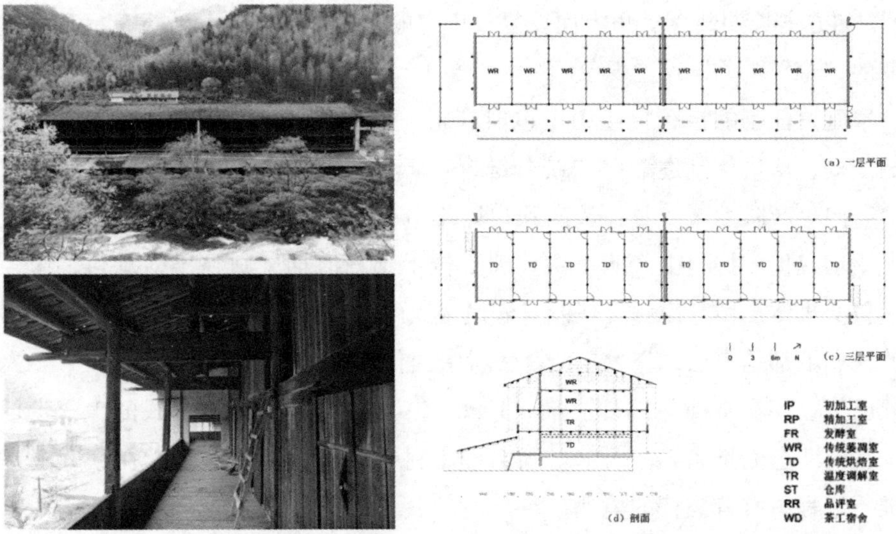

图 3.6　集体菁楼：庙湾菁楼（3-F-1）

来源：作者摄/绘

菁楼中的空间体验及生产过程的核心是每一间尺度相近的烘焙室及萎凋室。房间中的生产十分艰苦：当两侧的门关闭时，室内漆黑一片，只有下方“地火龙”透出的火光；空间中充斥着燃烧半干马尾松木产生的烟气，熏得人睁不开眼睛；层高很低，需要弓着背行进。可以想象，每年制茶季的繁忙时期，负责制茶的“青师傅”没日没夜地和茶叶一起置身于烤箱蒸笼般的菁楼中；直至乌黑发亮、条形饱满的毛茶从烘焙室中端出，青师傅方可与茶叶一起，从“炼狱”中涅槃——这样一种感知上的体验，是深入理解这类乡土空间不应忽略的维度。

1978 年 12 月，十一届三中全会讨论提出“坚决实行责任制”。这一制度调动了农民积极性，大大改善了农业凋敝落后的局面，之于农村的意义就像改革开放之于城市一样深远。① 但是，在桐木茶产业极为衰败的背景下，“统”与

---

① 林毅夫在对人民公社体制向家庭责任制转型的研究中提出，前者的不成功并不在于社会主义性质，而在于“农业劳动监督的困难”，而家庭责任制在根本上解决了监督难的问题，因而成为与社会主义经济生产过程的特性相匹配的、最广泛应用的制度（2014）[43]。家庭责任制的推行思路与新中国成立前 30 年其他政策的另一项区别在于，它不再是一刀切地席卷全国，而是赋予地方以自主选择权。中央的精神是“搞也可以，不搞也可以”，推行时机和执行程度都由各个公社、大队自己讨论决定。因此每个村子都能按照当地条件，经过充分民间讨论，选择最适宜的发展方向和转型节奏，这间接提升了农民的主观能动性。

“分”的方案长期共存、角力而反复，厂宅的雏形初现亦十分波折，呈现出过渡时期的“宅”“厂”并置现象。

家庭责任制的推行，经历了包产到组、包产到户、包干到户等不同承包方式的演变，从集体制逐渐向“统分结合”演化。最初的包产到组以生产小组为单位，向生产队承包产量；包产到户则细分到户，产量承包；以上两种承包方式，主动权仍掌握与生产队手中。到了包干到户时期，则是土地承包，向生产队承包交集体提留。家庭责任制对农民最大的诱惑在于，“上交国家的，留够集体的，剩下都是自己的”，它“紧密与中国传统家族主义原则相整合”，“人民公社已失去存在基础”。（庄孔韶，1996）[197-200]1982 年，不同形式的生产责任制基本在闽北全面推行①，桐木村则由于山村、茶产业的特殊性，在家庭责任制的推行过程中有着独特的境遇。

桐木村包产到组约始于 1979 年，包产到户则到 1982—1984 年才陆续推动到各个村子。包产到组时，一组由三到四户人家组成、20 人左右。分组是自愿结合的，一般以亲缘关系为原则，一些分布较分散的村庄也会以地缘原则来分组。

分组之后的首要任务是瓜分生产资料。桐木的生产资料包括两部分：固定资料主要是茶山、毛竹山、茶厂和农田；活动资料则包括牲畜、农具等。分组过程中，生产资料被分为上、中、下三等，按照各组户数、劳动力和人口数量分配，以组核算，操作时采取抓阄形式。分茶山是最重要的活动，规定也最为细致②，即便如此，依然很难保证公平。茶山划分时，面积根据亩产经验“照估”，一般每个人分到可制作 100 斤左右茶干的茶山。确定边界时，村领导组织农户代表在山中划定，没有精确的地图划分，而是以山头、水流沿线为界，在竹子上用红线画记号来标记。从某种意义上说，桐木茶山亦是一种当地人用栖居实践定义的开放性景观（朱晓阳，2011a）[124]。

分茶山是桐木村包产到户过程中影响最深远的活动，甚至决定了今天桐木

① 1979 年，南平全区实行包产到组、联产计酬的生产队达 5228 个，占总队数的 40.3%；至 1982 年 4 月，全区 14981 个生产队，实行包产到户的有 13143 个，占 87.73%；实行包产到组的有 486 个，占 3.2%。1982 年底，不同形式的责任制（以包产到户、包干到户为主），基本在闽北农村全面推行（吴其乐，1999）[243]。

② 每家的茶山至少都会有邻近的、较远的和特别远的三类，邻近的茶田和村落一样处于山谷间少得可怜的平地上，寸土寸金；较远及特别远的则分布在村落周围的山脉之中，近的走半个小时到一个小时，远的要走上两三个小时。此外，茶田还有高产和不太高产的分别，取决于茶田是处在阳面还是背阴面、山坡上还是水流充沛的山坳里等因素。

村的贫富差距。桐木村自1982—1984年完成“分茶山”任务以来，从未对土地承包权限进行调整①，但并非没有矛盾。在集体菁楼分配时，由于间数有限，难以在各户间分配均匀，村民干脆将菁楼拆掉当木材卖掉后分钱。20世纪80年代初分茶山时，茶叶并不值钱；而今天，桐木村民的家庭状况几乎都取决于茶山的多少，茶山多的家庭，只要卖茶青就可年收入十余万。村民间抱怨与冲突不绝于耳②。如今，20世纪80年代用简单记号、建立在村民互信基础上划定的茶山边界已岌岌可危，边界纠纷时常发生，以至于在采茶的时候，“老板娘都要带着雇佣的茶工去，自己把边界的茶树先采完，免得工人受欺负”。

既然意见如此之大，为什么桐木村一直没有重分茶山？村民意见难以统一，有人想重新分，有的人不愿重分。不愿意重分的人，大多是20世纪80年代初分茶山时占到便宜的家庭，如村中的制茶世家或是公社、集体茶厂的干部家庭，今天依然在村中掌握着话语权。农村的社会区隔远比想象中来得坚固。

庄孔韶曾将人民公社体制向家庭生产责任制的转换称为“政治对文化的妥协，即承认文化的连续性和否定文化中断的可能性”（1996）[3]，也有人通过各方面证据印证，家庭责任制的萌芽早已诞生在20世纪50年代初，只是由于人民公社化而中止（吴其乐，1999）[197]，因而这种转型可视为一种顺应名义的回归。那么在家庭生产责任制实行仅数年后，农村“集体化”呼声再现，并推动乡镇企业建设的现象，则又一次展示了自上而下的顶层政策与自下而上的民间调整之间的激烈互动。

20世纪80年代初家庭承包制推行后，桐木红茶不受国内市场欢迎，外销途径亦不畅，导致很多村民放弃茶叶转投其他副业。1984年，桐木茶叶的收购方福建省外贸公司提出了“红改绿”的建议，即让其转而生产更受市场青睐的绿茶，最后勉强在张天福等知名茶人的制止下，避免了这一历史悠久的红茶品类的消亡。

---

① 在全国范围来看，1982年前后确立了第一轮土地承包期限，规定为15年，土地所有权属于集体，经营权和收益权赋予农户，但在此期间村庄人口变动导致农村各地纷纷自发定期、不定期地重新划分土地；为了强调土地承包权的稳定性，1997年政策提出土地承包期限改为30年。2003年3月1日，中央颁布了《中华人民共和国农村土地承包法》，以增强土地承包期限的稳定性。（黄季焜，2008）[56]

② 很多人对分茶山的不公平表达过不满。例如，有的人“本来就三个儿子，还招个入赘女婿，现在一个人吃五个人的茶田”。20世纪90年代茶叶不值钱时，很多人都让自家茶山荒废，“后来别人把他的茶山开荒了，他又跑出来争地”。

实际上，家庭承包制推行后，集体的“影子”仍贯穿于桐木村茶产业的生产实践中。原因在于集体经济在村民脑中根深蒂固，农民在个体生产经营中一旦遇到瓶颈，就主动诉诸规模化经济寻求解决策略。很多20世纪80年代初农民自建的制茶菁楼仍是以互助形式集资共建的，如三港9间菁楼（样本5，1-F-4）、江墩4间菁楼（样本6，2-F-3）等。

合建菁楼的空间模式源于包产到组初期几户人共用一间菁楼的方式。① 集体化时期的大型菁楼本来就是在剖面上功能整合、平面上规模整合的结果，故而很容易分开使用——在庙湾、江墩集体菁楼的木门上，还可见黑色大字写的“张组”“李组”，这些都是包产到组时期的痕迹。集体菁楼被拆除后，如想继续做茶，村民必须建造菁楼。在人口密集的村落，没有空间在自家建造菁楼，只能以几户为单位联手合建。② 1979年保护区成立后，木材越发难以获得，故合建菁楼逐渐转向砖木混合结构。合用菁楼的方式，进一步印证了这种空间生产模式极高的效率和灵活性。茶农在集体菁楼紧锣密鼓的使用安排中，形成了亲密无间的合作关系，如今依旧延续于个体化生产时期的空间共用实践之中。

在家庭承包制不能完全支撑农业经济的背景下，国家政策层面也开始了新的现代农业模式的探索。1985年，宪法确立农村经济组织的“统分结合的双层经营体制”，明确了家庭分散经营和集体统一经营③的两个层次，最终指向乡镇

---

① 在集体菁楼较多的村，如三港，一般3~4户共用一间；而只有一栋集体菁楼的关坪，则8~10户共用一间。共用的几户一般是亲戚，在繁忙的制茶季节，各家利用采摘青叶时机的微弱差异，巧妙地错开制茶时间，如A户早上在菁楼三层萎凋，傍晚则移步一层熏焙，半夜或第二天清晨取茶；B户则傍晚萎凋，第二天清晨开始熏焙。

② 集体菁楼与合建菁楼看似形制相似，但有一种区分方式是：集体菁楼都位于临河地段，原因是20世纪六七十年代集体菁楼广泛采用水车揉茶，如已拆除的关坪集体菁楼遗址，当时引入河水来带动水车的水渠依然清晰可见；后期建造的菁楼只能在村落中另寻场地，且由于电力揉茶机逐渐普及，合建菁楼不再需用水力揉茶，也就无须选址在河边了。

③ 1995年，中央1号文件支持农民自发组织乡镇企业，并将这种经济形式命名为“股份合作制”；到1996年底，农村股份合作制企业已发展到113.7万户，其中农民组建的99.4万户，乡镇企业14.3万户（邓书杰 等，2005）。

图 3.7　合建菁楼：江墩 4 间菁楼（2－F－3）

来源：作者摄/绘

企业的所有制格局①。1988 年，桐木村由村级财政部门筹资成立“桐木茶厂”（样本 7，1－F－1），是个体经营受阻后回归集体方案的标志。桐木茶厂的主要创始人为傅华全、张美满、江元勋。作为桐木第一家现代化茶叶精制厂，它可以直接精制毛茶，省去了送到崇安、建瓯国营茶厂加工的烦琐工序，提升了桐木茶叶的市场竞争力。桐木茶厂的成立让桐木茶叶生产进入统分结合状态即家庭分散种植初加工、集体统一精制经营的模式。村民虽不像集体时期那样在茶厂中一起工作，但会将初加工的毛茶卖给茶厂，收购价最初为 2.2 元一斤，后涨到 4、5 元一斤。茶厂用集体资产购置现代化机械，将毛茶精制加工后出售给省外贸公司。桐木茶厂的高峰年产量为 40 万斤（3300 担左右），② 基本接近历史上桐木红茶生产的峰值。

桐木茶厂是桐木第一座大型现代化茶厂（图 3.8），分为初制厂和精制厂两部分。精制厂在 20 世纪 90 年代末私人承包后进行改造，为砖混结构。初制厂虽整体为砖混结构，室内仍保留传统木构萎凋间和熏焙间——这一空间类型是生产传统正山小种的必备结构。可见，在茶厂建造模式的演变中，营建模式的

---

① 包括个人、联户、村民组、行政村和乡镇在内的“五个轮子一起转”的乡镇企业所有制格局，在我国发展大致经历了三个阶段：1987 年，乡镇企业总产值首次超过农业总产值；1992 年，邓小平南方谈话，国家出台一系列支持乡镇企业的政策；1997 年亚洲金融危机后，乡镇企业加快体制创新和转型（李强，2008）[66-67]。我国最具代表性的乡镇企业，包括苏南的乡镇集体企业（“苏南模式”）和温州的家庭私营企业（“温州模式”）。在桐木，以上几种模式和阶段皆产生过影响。

② 来源：江元勋的自述内容（徐庆生 等，2011）[56]。

延续说明生产技术是空间布局、建筑材料极关键的控制因素。

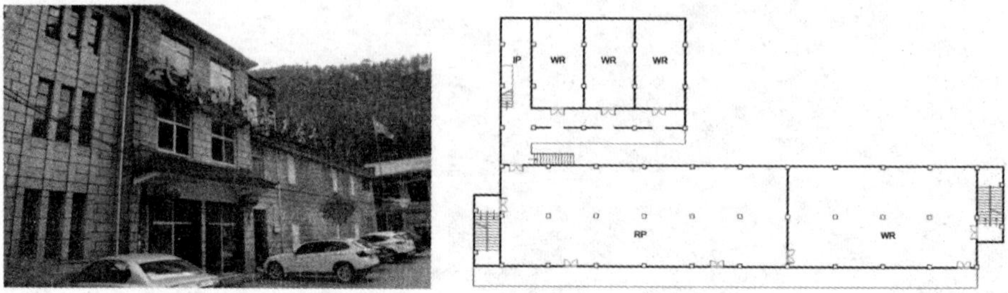

图 3.8　20 世纪 80 年代桐木的乡镇企业：桐木茶厂（1 – F – 1）

来源：作者摄/绘

1997 年底，因外销途径不畅，桐木茶厂破产；1998 年成立的元勋茶厂①以龙头企业的身份接过集体路线的接力棒。元勋茶厂开业之初却节节败退，当时正山小种几乎无人知晓，元勋茶厂一度改产乌龙茶。到 2000 年，库存的红茶与乌龙茶积压了上百吨之多。2000 年，武夷山官员祖耕荣来到元勋茶厂担任厂长助理，到任不到两年就帮元勋茶厂办成了三件大事：2001 年 6 月，成为福建第一家取得德国 BCS 有机认证的茶叶产品；2002 年，成为武夷山第一家拥有红茶进出口经营权的民营企业；同年，"元正牌" 正山小种红茶获得国家 "原产地标记注册"。这三张 "王牌"，为正山茶业公司乃至整个桐木村茶叶打开了国际和国内市场，也是 20 世纪 90 年代末逐渐从发达国家推广至第三世界农业的有机认证、地理标志认证等新兴食品系统理念在福建乡村的 "首秀"②。2002 年元勋茶厂更名为 "福建武夷山国家级自然保护区正山茶业有限公司"（简称正山茶业公司），并在政府支持下建造了保护区中唯一的一家现代化茶厂，建筑面积逾 4000 平方米，后多次加建扩张。正山茶业公司作为龙头企业，村民依然可以将茶青或毛茶送到正山茶业公司由其收购——这种 "半集体" 形式的生产方式，直到今天依然和繁荣的个体经营模式共存。

20 世纪 80 年代初的家庭责任制实施以来，桐木村茶产业一直在集体和个体

---

① 元勋茶厂创始人江元勋来自茶叶世家，其父江素生、祖父江润梅曾在集体化时期担任大队、茶厂领导。江元勋原于 1994—1996 年担任桐木茶厂厂长，他说："在代表工厂与省外贸公司谈判时，由于 '两毛钱之差'，便辞掉不干。" 1998 年，江元勋与好友徐善友、梁骏德、温永胜等一起，借款 8000 元，开办元勋茶厂。

② 为此，《闽北日报》上还刊登了一篇名为《祖耕荣复活了桐木红茶》的文章（徐庆生等，2011）[58-62]。

经济之间徘徊：村民在茶产业面临困境时，通过互助、乡镇企业、龙头企业的各种模式寻求生存之道；而茶叶热销时又立即分崩离析，各谋其利。因此，除了前面提到的乡镇企业，桐木也出现了与住宅并置的个体茶厂——可视为“厂宅”的雏形。这种模式最先出现在人口较少、分布较为稀疏的村落，① 如关坪、七里、黄溪洲等；后来，一些经济实力较强的“冒尖户”也开始建造独立菁楼——前提是，集体化末期村集体购置的茶叶机械②随着包产到户而分到各家之中，使机械化技术普及到个体茶厂。在营建方式层面，这种小型菁楼仍几乎照搬集体菁楼的剖面模式，只是平面单元从集体时最多十间减少到了一两间；材料仍以木结构为主，部分为砖木结构。

早期厂宅雏形有两种营建模式：第一类为“依附拓展型”（图3.9），即在传统三间两进式住宅旁边增设一开间作为菁楼，如徐氏老宅（样本8、3-H-2）、周炳球宅（样本9、4-H-18）。在加建菁楼时，进深受到住宅的限制，与住宅保持一致是普遍的做法。这种模式的优点就是与住宅共用一道墙，节约用地和成本，同时方便生产；缺点是在传统菁楼中制茶时会产生大量的烟气、热量，容易对住宅生活产生干扰——在木结构建筑中还可能带来火灾隐患。

图3.9　“依附拓展型”——周炳球宅（4-H-18）

来源：作者摄/绘

第二类厂宅雏形采用“临近并置型”（图3.10）。指新建菁楼临近住宅，但

---

① 这里一方面凑不齐那么多人来共建大型菁楼，另一方面，比起那些人口密集的村庄来说，也有较大的宅基地来建设个体茶厂。

② 尤其是体力消耗最大的揉茶，个体茶农想要达到一定生产效率及规模，揉茶机是必不可少的设备。

与之脱离。这种情形往往出现在宅基地尚有空余的家庭，集中在比较偏远、人口稀少的村落，如伊氏老宅（样本10，5－H－1）、朱氏老菁楼（样本11，4－H－15）、陈上荣宅（样本12、3－H－14）。“临近并置型”菁楼的优点是空间较宽敞，缺点是对宅基地空间、资金投入的要求较高，因此该类厂宅一般属于村中制茶的“冒尖户”，或是村镇干部。另外，这类独立菁楼在厂宅的进一步拓展中通常得到了保留，与现代化的生产空间、经营空间并置，并因其作为传统符号的展示价值而发挥了更大作用。

图3.10　“临近并置型”——朱氏老菁楼（4－H－15）

来源：作者摄/绘

这个时期的住宅，如关坪胡和平宅（4－H－4），与传统木结构住宅相比变化不大，仍采取三间两进或四间两进的平面布局。或是出于20世纪80年代实行计划生育后导致家庭人口减少的缘故，另一个可能原因是宅基地紧张。茶叶生产空间在大多数情况下依然是与住宅分离的。

近十余年是龙头企业与个体经济①并行发展的多元化时期，“宅、厂、店”融合成为该时期厂宅的突出特征。桐木村茶产业的迅速发展源于三大因素：一是农村土地制度改革打下的基础；二是金骏眉发明带动的需求提升；三是武夷山茶旅游带来的茶客资源。

2002年《中华人民共和国农村土地承包法》颁布，目的是“稳定和完善以家庭承包经营为基础、统分结合的双层经营体制②，赋予农民长期而有保障的

① 如果说龙头企业代表了集体化经济基因的某种延续，那么个体茶企则是个体化经济的代表（崔佳 等，2016）。与以生产资料私人占有和雇佣劳动为基础的龙头企业不同，个体经济是在劳动者本身具有生产能力的基础上，进行单独个体劳动或经营的私有制经济。个体经济的发展是家庭承包制的结果。

② 双层经营体制包含两个层次：一是家庭分散经营；二是集体统一经营。

土地使用权”。2014 年 11 月，中央进一步确立“土地流转”与适度规模经营的关联：以尊重农民意愿为前提引导土地规范有序流转，计划 5 年左右基本完成“土地确权”工作；并提出以农户家庭经营为基础，培育新型农业经营主体①。国家政策对土地承包制度的完善，目的是促进农村产业的规模化、多元化，提升农村经济发展动力。不过在桐木村，土地流转政策颁布之后，茶叶渐渐值钱起来，愿意将自家茶山流转的茶农其实很少，龙头企业的规模化经营是通过收购茶青实现的。

对于桐木而言更为重要的事件，是 2005 年金骏眉的发明——这一年被当地人视为桐木茶产业崛起的“元年”。这种由正山小种结合高端绿茶技艺进行改良后发明的红茶，很快成为国内高端红茶的“头号明星”②——在 2008—2011 年金骏眉最红火的几年，市场上的正宗金骏眉“一泡难求”，而桐木金骏眉产量又低，用当地人的话说，“只要敢做，就有人敢买”。金骏眉对于个体茶企的促进是显而易见的：2005 年以前，桐木红茶价格几块钱一斤、茶青几毛钱一斤依旧无人问津；而金骏眉的价格，从最初的一两千元，到 2011 年左右均价达到 5000 元以上③。诱人的利润，让很多在 2005 年前都已经放弃做茶的茶农重操旧业。

---

① 详见《关于引导农村土地经营权有序流转发展农业适度规模经营的意见》。

② 关于金骏眉发明和走红的故事，尽管今天各大茶企间出于各自利益关系都有所篡改，不过综合江元勋、梁骏德以及村民的描述，大致可以复原一个较为公正的故事：2005 年 6 月 21 日，来自北京的几位茶人张孟江、阎翼峰、马宝山等在正山茶业公司喝茶，与老友江元勋聊到当时桐木红茶缺乏高端产品的艰难行情，几人随即产生了模仿高端绿茶、只采芽尖、结合传统红茶工艺来制作一款高端红茶的想法。这个想法由当时担任正山茶业公司技术总监、茶师的梁骏德操刀制作。由于当时不确定这种茶能否成功，制茶人用的还是桐木人通常不采的夏茶的芽尖，以二斤六两青叶，做出了第一泡金骏眉，大约半斤左右。当时没有人能预料到金骏眉未来的走红。随着几位北京茶人利用其人脉进行推广，仅仅两三年后，金骏眉就在国内高端茶界大为风靡，成了礼品茶的新宠，当地人戏称为“买茶的人不喝，喝茶的人不买”；当然这也为“八项规定”推行后金骏眉市场的剧烈萎缩埋下了伏笔。

③ 金骏眉价格虽高，但生产成本相对透明。根据笔者 2016 年的调查，茶青 500～600 元/斤是公开价，每斤金骏眉需 5～6 斤左右的茶青，故而一斤金骏眉的成本基本在 3000 元左右。大多数茶农家里的金骏眉，不外乎低者 3500 元左右、高者 5000～6000 元，只有如正山堂、骏德这些大品牌的茶企可以卖到 10000 元左右的价格。金骏眉并不像其他的高端茶如普洱茶、武夷肉桂那样，被炒作至数万元乃至十几万元的天价，原因是金骏眉不像黑茶、岩茶那样可以储存很久，具有“越陈越香”的品性，很难产生奇货可居的炒作市场。

此外，武夷山旅游业的繁荣吸引越来越多的游客来到武夷山和桐木村，为茶企、茶农带来了传统农业社区很难获得的客源。武夷山旅游业在1999年申请“双世遗”成功后加速发展，同时也受到大红袍、金骏眉等茶叶走红的促进。武夷山的旅游资源为茶客所器重，优美而原生态的自然环境除了是优质茶叶的保证外，其景观的人文底蕴亦为武夷山茶叶增色不少。2010年以来，越来越多自发来到桐木的茶文化爱好者，带来了旅游民宿的商机。以茶为主题的乡村旅游，成了桐木茶农的另一项支柱产业。茶旅游与茶产业形成良性循环，是今天武夷山地区经济的主心骨。

在以上三个因素的引领促进下，桐木茶业进入多元化时期——规模化经营的龙头企业与分散化经营的个体茶企统分结合。桐木村的龙头企业，除了正山茶业公司（及旗下“正山堂”）、桐木茶厂（个体承包后改称“桐木茶叶有限公司”），比较受认可的还包括梁骏德的“骏德茶业”、张美林的“山尔堂”等。同时，在金骏眉走红而带动的茶产业复兴之风的吹拂下，20世纪八九十年代残喘殆尽的个体茶企，如同野火过后迎来春雨的草原一般迅速复苏。个体茶企发展初期，龙头企业和个体茶农的关系呈现为由龙头企业收购茶青、实现规模化生产及销售的“龙头企业+农户”的模式①。不过，随着越来越多茶农规模提升成为茶企，这种模式慢慢从相互依存走向了依存和竞争共存。②

更多个体茶企通过建造新厂宅来提升生产规模和竞争力——今天，桐木村80%以上的茶农独立制茶，90%以上的茶农建造了新房或改造了老宅；同时，龙头企业作为一个收购茶青和毛茶的潜在后盾，让茶农拥有放弃做茶的这一选项，这对于厂宅的建设动机也有潜移默化的影响。

然而，2012年以来一项国家政策再次让桐木村的茶产业改弦易辙——“八项规定”引发的反腐运动，使高端送礼茶金骏眉迅速遇冷。笔者调研期间，不少刚建起的茶厂空空如也，甚至成了“烂尾楼”。2015年，桐木村茶企的销量

---

① 在典型的“龙头企业+农户”模式中，龙头企业以经济手段联结农户和企业，开展农产品的加工、销售和服务，它的优势在于以合约的模式规避风险：农户的销售有了保障，而企业通过农产品合约也降低了价格变动的风险（农业部软科学委员会办公室，2013）[45-46]。

② 对龙头企业正山茶叶公司而言，茶青的收购随市场需求的改变而迅速变化，尤其是价格高昂的金骏眉，采取“雨天不收晴天收”“看质量收茶”的机制；对农民来说，个体经营情况的存在和行情的不稳定，也使得他们出售茶青的热情时高时低。因此，双方都没有很强的意愿来签订合约以维持稳定的合作关系及模式。

普遍骤降；而且过去几年盲目乐观的高速扩张，让大小茶企在面临市场突然刹车时措手不及。2015 年以来，村两委牵头成立农业专业合作社，致力于加大宣传，试图以更多元的路径延续茶产业发展势头，再次以“集体”的力量共渡难关。

空间营建层面，在茶产业迅速崛起的 2006—2012 年，最早重拾茶业的是经济实力较强、在村中或家族里地位较高的茶农。集体菁楼经过改造，加入机械化生产功能，重新融入当地的厂宅体系中。这样的改造可归为“承包改造型”（图 3.11），如元勋茶厂（样本 13，3－F－1’）、骏德茶厂（样本 14，2－F－3’），也见于其他一些较小规模的个体茶厂，如三港私有茶厂（样本 15，1－F－6）。

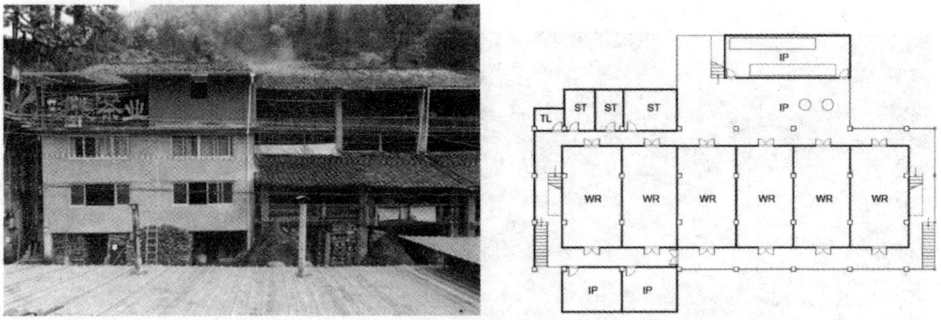

图 3.11　“承包改造型”——骏德茶厂（2－F－3’）

来源：作者摄/绘

第二类改造菁楼为“共用改造型”（图 3.12），如江墩 4 间茶厂（样本 16，2－F－2）。这类菁楼由于是各家共用，不能像前一类那样建造大空间，而是延续了包产到户后一些菁楼的共用模式，即每间分至一户或几户人共同使用。在改造时，这种单元式格局在加建部分依然得到遵循。

图 3.12　“共用改造型”——江墩 4 间茶厂（2－F－2）

来源：作者摄/绘

个体化生产推进后，独立茶厂只占很小比例，绝大部分村民早已放弃集体或合建菁楼。近十年来，重拾茶叶生计的茶农面临的首要问题是如何在有限的住宅空间中增加生产空间。在个体经济初期，以改造、加建等方式实现的厂宅模式都十分简单——茶农只需在家里腾出一个房间、购置几台茶叶机械，就可以加工茶叶；至今，一大批处于社会底层的茶农，无力更新建造更豪华的厂宅，仍依靠这种形式来维持营生。这类厂宅营建便利，构造简单而类似，是底层茶农真实群像的缩影，如胡和平茶厂（样本 17，4－H－4）（图 3. 13）、桐木正韵茶厂（样本 18，4－H－18'）。

图 3. 13　初阶厂宅——胡和平茶厂（4－H－4）

来源：作者摄/绘

2013 年以来，金骏眉“遇冷”让村民不得不在茶旅游中寻求发展转型的契机。在旅游招待成为新需求的前提下，传统住宅、菁楼的文化象征价值重新被挖掘，整合到新建厂宅之中，建筑的立面、室内装修风格受到重视；民宿、农家乐等经营功能作为走向多元发展的建筑应答，在新建厂宅中再度强化——带茶客到家中体验农家生活、观看茶叶生产，成为茶农发展潜在客户的重要手段。因此，个体厂宅建设走向了更加注重经营功能的多元化发展路径，使“宅、厂、店”融合的当代乡土厂宅建设呈现出百花齐放、更为完善的姿态。①

① 要总结这个时期厂宅建设的模式，首先要理解两个前提：一是因地制宜，由于地处山区，地块形状和地形高差都十分复杂；二是物尽其用，利用老宅改造的情况在后期新建的较大型厂宅中依然很普遍。

根据空间布局组织的不同方式，可将这个时期的厂宅营建模式分为三类：

第一类多元化时期的厂宅模式为“水平链接型”（图 3.14），即在平面上将居住、生产、经营功能串联起来，常见于宅基地比较宽敞的情形。如伊氏茶厂（样本 19，5 - H - 1’）。胡必发宅（样本 20，4 - H - 3）建于 2009 年，布局分区更为典型。

图 3.14 “水平链接型”——胡必发宅（4 - H - 3）

来源：作者摄/绘

第二类厂宅是“垂直叠置型”（图 3.15）。顾名思义，由于没有足够空间在水平上展开，而选择将居住、生产、经营等功能在剖面上叠合起来，如胡必忠宅（样本 21，4 - H - 12）、胡永飞宅（样本 22，4 - H - 7）。

图 3.15 “垂直叠置型”——胡永飞宅（4 - H - 7）

来源：作者摄/绘

第三类多元化时期的厂宅为“混合融合型”（图 3.16）。这里的“混合”有两层内涵：首先是在空间布局上，由于场地限制，综合采取了水平链接和垂直叠置两种模式，以此达到多功能并置的目的；其次在建造手段上，混合老宅改造和新建两种方式，呈现出更丰富的空间形态。总之，这是当代桐木厂宅建设中因地制宜、物尽其用的一种体现。如茗茶岸坊（样本 23，4 - H - 1）、有德茶庄（样本 24，1 - H - 42'）、朱氏茶厂（样本 25，4 - H - 15'）。像有德茶庄、茗茶岸坊这种利用木结构老宅来做民宿，朱氏茶厂重新利用老菁楼，胡必忠宅新建传统菁楼等案例，都可看作桐木村村民对厂宅不断提升的文化符号价值的回应。

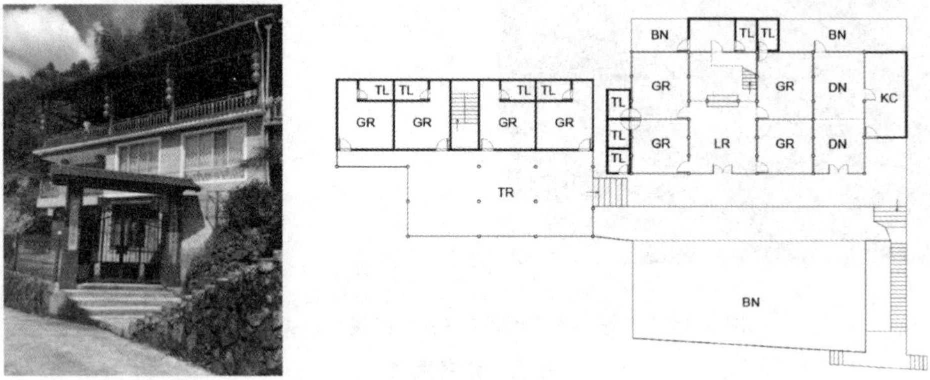

图 3.16　“混合融合型”——有德茶庄（1 - H - 42'）

来源：作者摄/绘

不妨用两张图表总结 1949 年以来的桐木村茶产业发展与厂宅空间演变的关系。图 3.17 在宏观层面，反映了厂宅营建受到制度在集体经济和个体经营之间反复徘徊的影响：在乡村，经济不景气时，农民往往倾向于集体抱团取暖；而一旦经济见好——哪怕仅露出些许积极态势，所谓的集体就会分崩离析，中国人缺乏社会契约精神、信奉家庭为中心的利己主义特点，立即暴露无遗。这是厂宅空间与地方社会变迁密切交织互动的一个机制基础。表 3.1 则对三个阶段茶产业相关的地方制度背景与厂宅空间的发展形成做出更具体的总结。

“厂宅”在集体化时期、过渡时期、多元化时期逐步发展成形的脉络可以梳理如下。

（1）集体化时期：独立木构住宅是主导的住宅形式，模式上与 19—20 世纪的木构住宅区别不大。早期的茶厂不成规模，一般是分散独立在茶山茶田之中的小型萎凋房、熏焙楼等（也不排除在住宅中存在小规模的茶叶加工空间）。现代意义上的“茶厂”可追溯到人民公社时期的集体木构菁楼，保存至今的集体菁楼基本都是 1976 年对菁楼燃烧方式进行防火改造后建成的。

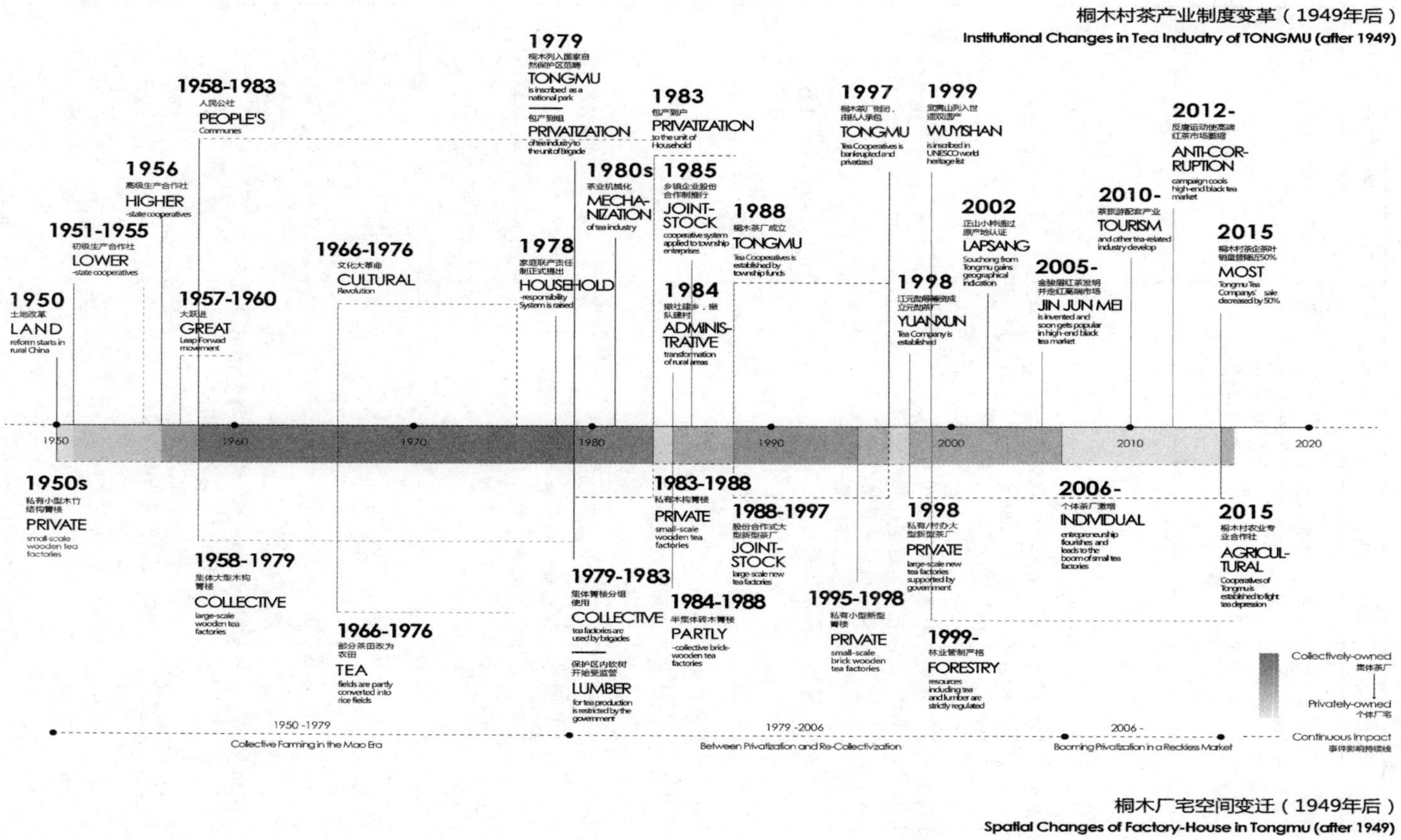

图 3.17　1949 年以来的桐木茶产业地方制度变迁与厂宅空间演变

来源：作者绘

表 3.1 桐木茶产业相关的地方制度演变与厂宅空间的形成

时间段	地方制度背景	茶厂营建模式	住宅营建模式	典型样本
清—民国	依附武夷山，茶产业出口为主，盛极而衰	小型单开间的萎凋楼和熏焙房；简易木架构，竹瓦屋顶	与中华人民共和国成立初期类似，但规模更小；整体木结构，竹瓦或树皮为屋顶	
1949—1979 集体化时期	（1）1950 年，土改后茶山和宅基地平均分配；（2）1958 年，开始人民公社集体生产，统购统销	20 世纪 50 年代延续之前的模式；60—70 年代开始出现大型集体菁楼；菁楼多开间，整体木结构、屋顶瓦片，后期局部砖砌坑道；选址靠近水边，依靠水车揉茶	三间两进、五间两进等标准模式；整体木结构，屋顶开始使用瓦片；“宅、厂”分立	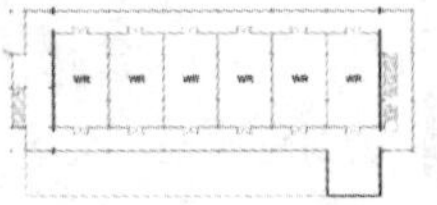 2－F－1［1977］ 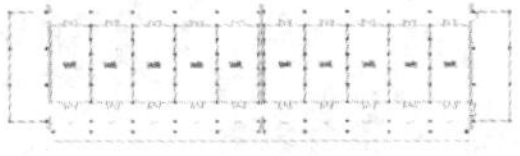 3－F－1［1979］  4－H－11［1966］ 1－H－42［1979］
1980—2004 过渡时期	茶产业衰败，个体化与集体化并存：（1）1980—1984 年，生产资料采取家庭承包制先后分产到组、包产到户；（2）亲友互助做茶；	原集体菁楼分户使用；几户联合建造新菁楼，形制与集体菁楼类似，逐步转向砖木混合结构	住宅与之前变化不大，依然与菁楼分离	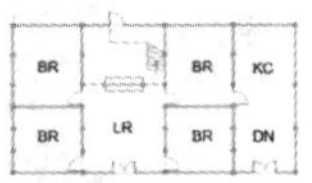 1－F－4［1987］ 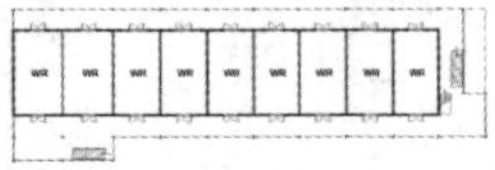 2－F－3［1982］
	（3）孤立村民不得不在自家小作坊做茶（4）机械化逐步进入个体茶厂	“厂宅”雏形：小型私有菁楼出现，剖面形制与集体菁楼相同；菁楼与木构、砖木住宅并置，包括“临近并置型”和“依附拓展型”		 3－H－2［1980］ 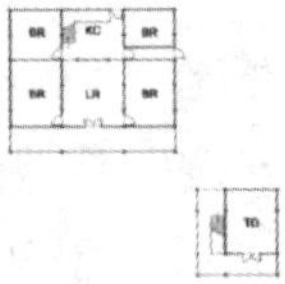 5－H－1［1983］ 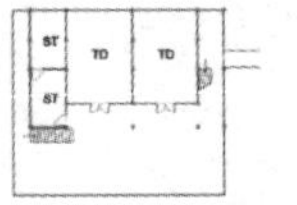 4－H－15［1985］

续表

<table>
<tr><th>时间段</th><th>地方制度背景</th><th>茶厂营建模式</th><th>住宅营建模式</th><th>典型样本</th></tr>
<tr><td>1980—2004
过渡时期</td><td>（5）1988 年，乡镇企业桐木茶厂；1998 年龙头企业正山茶业公司成立，整合茶叶生产</td><td>大型现代化茶厂，整体为砖混结构，保留木制萎凋间和熏焙间</td><td>茶厂员工、村干部最早建造砖木、砖石结构住宅；“厂宅”形制得以延续</td><td>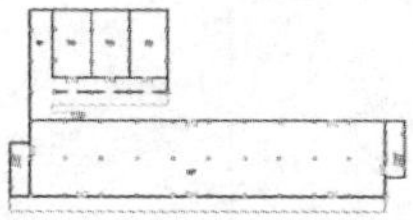
1－F－1［1988］
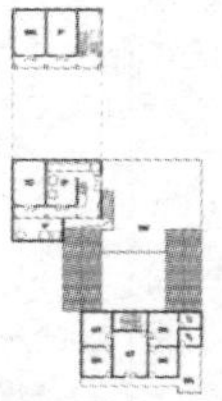
3－H－14［1993］
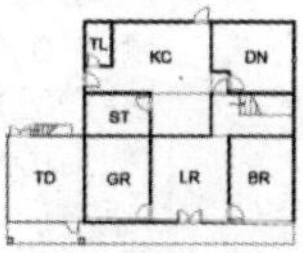

4－H－18［1987］</td></tr>
<tr><td rowspan="2">2005—2016
多元化时期</td><td rowspan="2">茶产业崛起，加速个体经营：
（1）2005 年发明的金骏眉热销，带动大小茶企涌现；
（2）金骏眉、赤甘等新工艺红茶实现机械化制作</td><td>茶企、茶农改造传统菁楼，加入机械化生产，包括“承包改造型”和“共用改造型”两类</td><td>新住宅大多采用砖混结构</td><td>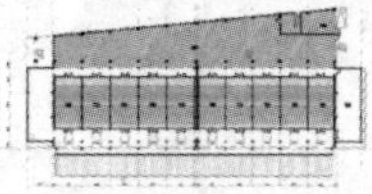
3－F－1’［2009］
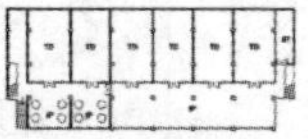
2－F－3’［2009］
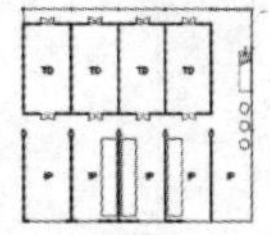
2－F－2［2010］
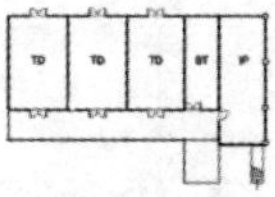
1－F－6［2012］</td></tr>
<tr><td colspan="2">“厂宅”普及：在住宅中增加现代生产空间、品茶和招待等经营空间，但经营意识还不高；新建筑材料以砖混结构为主，与传统木结构住宅或菁楼并置</td><td>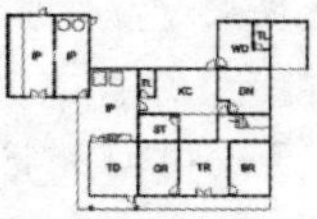
4－H－18’［2003］
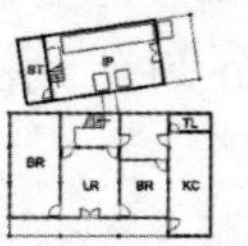

4－H－4［2012］</td></tr>
</table>

续表

时间段	地方制度背景	茶厂营建模式	住宅营建模式	典型样本
2005—2016 多元化时期	产业放缓与转型： （3）2012 年起，“八项规定”致使金骏眉为代表的高端红茶市场遇冷； （4）武夷山茶旅游、生态旅游发展带来新的契机； （5）2015 年，成立农业合作社，凝结集体宣传力量，探索多元产业发展	传统住宅和菁楼的象征价值重新被挖掘，整合在新的厂宅中；立面、室内风格受到重视； 民宿、农家乐等经营功能作为走向多元产业发展的营建方式，在新建厂宅中被进一步强化； 多样化的“宅、厂、店”融合模式确立，三种功能以不同的模式融合于厂宅中，可以分为三种类型：“水平链接型”“垂直叠置型”“混合融合型”		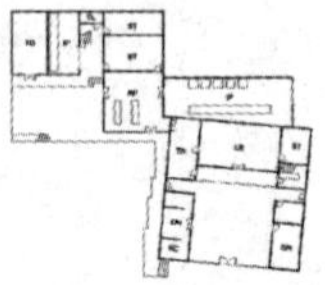 4－H－3［2009］ 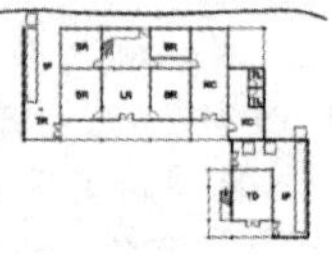 5－H－1［2013］  4－H－7［2012］ 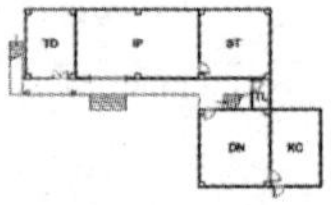 4－H－12［2014］ 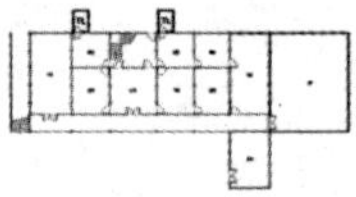 4－H－1［2014］ 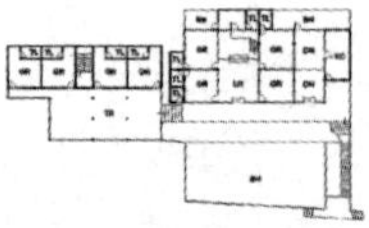 1－H－42［2013］ 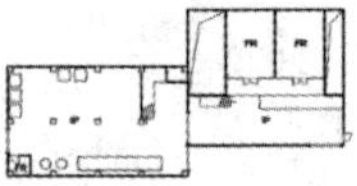 4－H－15［2014］

数据来源：作者绘①

（2）过渡时期：木构住宅依然延续，但随着武夷山自然保护区的建立，木材获取越发困难，在 20 世纪 80 年代末、90 年代逐步转向砖木住宅和砖石住宅。20 世纪 80 年代初的家庭承包制初期，大多数茶农沿用集体木构菁楼的模式，要

① 厂宅平面图详细信息参见附录。

么以一户一间的方式共用集体菁楼，要么几户合建私有菁楼。随着个体经营诉求的凸显，集体资产逐步消失，一些茶农开始在自家住宅旁，采用依附拓展或临近并置的方式建造单间小型菁楼，这可看作是厂宅的雏形。与此同时，一条与此并行的独立茶厂模式，是1988年出现的乡镇企业和1998年成立的龙头企业，在一定程度上承袭了集体化的茶叶收购、加工、经营模式。

值得注意的是，这段过渡时期内，乡镇企业和龙头企业的兴衰与厂宅的发展息息相关——在乡镇企业和龙头企业衰败的时期（如1993—1998年、2001—2004年），反而是早期厂宅出现较为密集的阶段。可见，在茶叶市场的繁荣到来之前，厂宅的建设大多是迫于生计的被动策略，这也解释了早期厂宅雏形比成熟时期厂宅要简陋得多的这一现象的原因。

（3）多元化时期：个体经济的繁荣，使厂宅真正意义上开始普及。在本书界定下，厂宅真正形成的标志是“宅、厂、店”三种功能齐备。“店”的发展始于20世纪90年代初，那时桐木村所在的自然保护区内刚开始发展生态旅游，出现少数早期的民宿（如全国各地的“农家乐”）。商业化基因随21世纪初的茶旅游热潮而迅速发酵，催生将茶叶生产、销售、住宿（仅部分具备）功能整合起来的初阶厂宅。初阶厂宅在砖石住宅、砖混住宅或厂宅雏形的基础上进行简单改造，一些经济条件拮据的茶农今天依然采取这种模式。

随着越来越多茶农富有起来，并有财力进行更大规模的加建或新建实践，从而产生了成熟时期的厂宅，包括“水平链接型”“垂直叠置型”“混合融合型”三种空间模式，更为完整多样地诠释了“宅、厂、店”的功能一体。

与此同时，“宅”的线索继续由砖石住宅发展为砖混住宅；不过需要区分的是，建造独立住宅的茶农有些是过于贫穷而没有生产需求，有些则是拥有独立茶厂的大中型茶企。这些独立茶企对于少数保留下来的集体菁楼或合建菁楼进行承包改造或共用改造，形成个体化的独立茶厂。

第三节 厂宅空间样本

经过厂宅空间的历时性探索，不妨再将144座乡土厂宅①放回四个自然村的当代地方视野，对于“宅、厂、店”的功能分布进行统计②：

表3.2 桐木村厂宅样本的居住、生产、经营功能统计

自然村	统计数量	宅+厂+店	宅+厂	宅+店	宅
三港	56	31	16	4	5
江墩	24	15	5	1	3
庙湾	44	26	12	1	5
关坪	20	17	2	0	1
合计	144	89	35	6	14

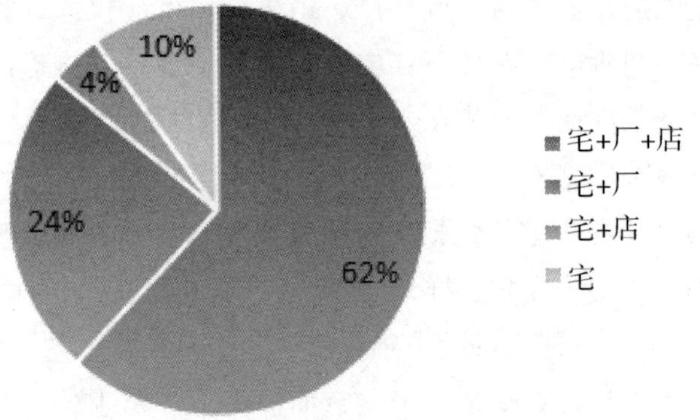

数据来源：作者统计绘制

新建或改造形成的厂宅，在四个主要自然村的占比达90%以上。纯粹住宅功能的住宅只占9.7%，其中还包括部分独立设厂的大户③。在这些厂宅中，具

① 此处排除165个厂宅样本中的纯茶厂建筑，因为它与以住宅为基础拓展的厂宅不同，在功能上一般不存在复合性，建造主体往往也不是个体。

② 住宅统计总量与官方统计的户数有细微不同，主要是子女分家或合住、外来人口等导致。

③ 如江元勋宅（3-H-8），作为拥有独立茶厂的企业家，没有必要在家中再做生产、经营。因此，这部分纯粹住宅的家庭并不一定没有生产、经营功能，且比例不占少数。

有茶叶生产功能的住宅比例为86.1%（124户），具有民宿、茶室等经营功能的住宅比例为65.9%（95户），兼具三种功能的新型厂宅比例则达到61.8%（89户）。尽管没有官方统计，但村主任曾估计，桐木村的400多户中，生产茶叶的大约在80%左右——这与4个典型自然村的统计数据是相符的。

表3.3 桐木村四个主要自然村的厂宅建造及改造年代分布

自然村	住宅总量	2005年前建造，至今未改造	2005年后改造	2005年后新建
三港	56	5	42	9
江墩	24	1	14	9
庙湾	44	4	27	13
关坪	20	1	11	8
合计	144	11	94	39

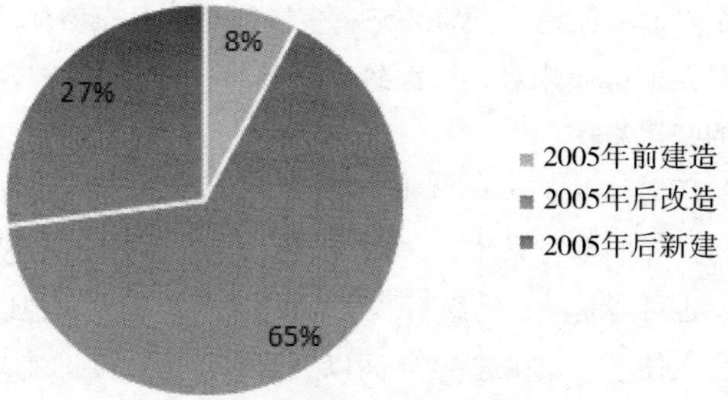

数据来源：作者统计绘制

厂宅现象，与近十年来桐木村茶产业的发展息息相关。表3.3以金骏眉“发明”的2005年为节点，来讨论厂宅的出现与茶产业的密切关系。桐木村厂宅主要有改造和新建两种营建模式，是否在2005年之后有改造或新建厂宅的行为，可以看作村民是否从迅猛发展的茶产业中获益的标志①。

整体来看，这四个自然村在2005年茶产业繁荣崛起之后改造或新建住宅的户数为133户，比例高达92.3%——可见，近十年来茶产业的迅速发展对于厂宅现

① 对比表3.3的第二栏与表3.2的第五栏数据可见，极少数住宅改造后未纳入生产或经营功能，这种情况要么是拥有单独厂房的大茶企建造的豪宅，如2-H-18；要么是人口增加无处容身的贫苦茶农，如3-H-9。

象出现的促进作用是决定性的。其中，通过改造老宅来增加生产或经营功能的占65.2%，新建厂宅占比27.1%。这进一步说明，能够出资新建大型厂宅的茶农还是少数，而大部分茶农，则通过或多或少、修修补补的改造方式，以传统农民的变通智慧，在极为有限的乡村住宅空间中嵌入这些功能。武夷山茶叶公会会长刘国英曾告诉笔者，近十年武夷山茶厂增加了数十倍①，桐木村生产茶叶的茶企和茶农也在300户以上（但有食品生产许可证的正式茶厂只有二十多家）。

从这些数字中还可读出四个村子各不相同的茶产业特征。2005年后没有对老宅进行任何改造的茶农，集中在三港和庙湾——恰是这四个村子之中茶产业最萧条和最繁荣的村子。三港容易理解，茶农茶山太少，在集体菁楼里做茶都嫌木头贵，也没有资金改造住宅，有些把茶青卖掉后就去外地打工；而庙湾，则是由于大茶企的垄断，少数茶农依赖于售卖茶青，也无须再做茶。另外，新建住宅比例最高的是关坪（40%）和江墩（37.5%）——前者是由于胡氏家族带动的邻里竞争和乐观风气；而后者则是血缘聚落中相互扶持和促进的结果。

乡村是一个看似单纯统一，却又充满多样智慧的复杂整体。从厂宅空间演变在三个不同时期的分布来看，可大致感受到乡土建筑变迁与茶产业的政治、经济制度之间的密切关联。

本书取样的厂宅样本皆建于20世纪70年代末改革开放至今的40年间。对于无数像桐木村这样的乡村来说，这是一个从传统走向现代，从封闭、落后走向开放、发展，也可能是湮灭的绝不平凡的40年。历史上动辄以百年为单位发生缓慢演变的乡土住宅，却在这40年间以短短数年为尺度迅速演化——折射出这40年间我国乡土社会发生的政治、经济制度的剧烈变迁。

值得进一步追问的是，什么导致了厂宅模式演变的多元现象，让村民做出某些特定的空间选择？这种变迁对茶产业以及更广义的乡村生活会产生怎样的影响？让当代乡村生活往更好还是更差的方向发展？是否可能在这个社会—空间变迁过程中总结一定的规律，从而为当代中国乡村无所不在的建设实践提供可参考的经验？要解答上述问题，在从历时性视野梳理茶村和厂宅空间的变迁过程后，还需回到当下、回到个体化、微观的厂宅之中，从“空间志”视角，呈现乡土空间与乡村社会密切交织的变迁图景。

---

① 武夷山市的茶叶相关企业：涉茶企业6000多家，茶企业3000多家（包括研究所等），茶叶生产企业1000多家，有食品生产许可证（QS）的正规企业500多家。

第四章　地方、身份与家庭

本章将在地方社会层面探索桐木厂宅的当代空间重构——尤其关注家庭关系和家庭空间这一对关系。家庭空间，指厂宅中涉及家庭生活的空间，包括家庭生活所在的堂屋、餐厅、卧室等；而随着核心家庭繁衍为扩大家庭，家庭空间也拓展至父母与分家成年子女的多个空间单元构成的场域。相应的家庭关系，既包括核心家庭的夫妻关系、父母与未成年子女的亲子关系，也包含扩大家庭的代际关系、兄弟关系等——家庭关系的主题深邃宽广，这里仅讨论与空间密切相关的变迁现象。

茶农“身份”认知变化的社会背景将在第一节予以论述，这源于当地茶产业在武夷山和桐木村两地的二元结构；第二节、第三节将分别关注“家店”错位带来的双重身份危机和经商文化造成的竞争意识，对厂宅家庭空间造成的影响。在核心家庭层面，经营功能的入侵让原本紧凑的家庭空间不得不做出牺牲，堂屋、卧房让步于茶室、客房，导致堂屋的“茶室化”、卧室的“宾馆化”现象；在扩大家庭层面，以分家问题为切入点，探讨当代桐木的分家建房如何改变住宅的单体格局和乡村的整体面貌。

家庭空间变迁对家庭关系的反噬是本章的另一主题。与城市紧密关联的茶叶生意，让核心家庭住宅成为“第二家店”乃至“第二个家”，父母、夫妻关系在变异的厂宅家庭空间中面临危机；同时，农村家庭分家矛盾因愈发敏感的金钱利益关系而激化，使代际关系、兄弟关系发生变质。

第一节　地方社会与家庭结构的分裂

沿着盘山公路前往武夷群山中的桐木村，会经过一处简陋而又很难被忽略的牌匾，上面印着“桐木村——世界红茶祖庭”的字样。村主任第一次驾车带我上山时，特地停下来提醒我拍照。近年来随着金骏眉、正山小种等红茶品类的风靡，闽北其他地区、江西、湖南各地的红茶产区都前来“争食”。对桐木村一度与世无争的茶农来说，这样的开放性，一方面让他们接触到数不清的商机，另一方面又令他们为有限的资源而担忧愤慨。因此，这拱门如同一道自设的“结界”，不只标记着桐木村行政区域的界限，也让桐木村与武夷山的二元结构愈发凸显。

今日武夷山茶产业分为两大区域：乌龙茶（岩茶）产区和红茶产区[53]。乌龙茶产区围绕武夷山风景区分布，核心产区是从武夷山风景区中迁出的几个茶村，如天心村、角亭村、九曲村等，外围产区则包括武夷山周边区域；红茶产区相对简单，以武夷山国家级自然保护区内的桐木村为主产地，外围产区则扩展至交界的建阳、邵武、光泽等县市。

为保护桐木村红茶产区的资源，他们通过国家质检总局的“地理标志产品保护体系”，对村中茶叶品牌进行保护。在正山小种获得全国性名声之前，桐木村仅有的两家茶企先后向国家质检总局申请获得原产地产品注册①。2005 年左右，由于越来越多村民的需求，正山小种红茶的原产地标记被拓展至整个村域，其地理范围大致与桐木村村域范围重合②。

笔者访谈时，茶农常提及“外山”茶的概念，指向那些使用正山小种或武夷红茶原产地标记范围之外所产茶青制作的小种红茶。很多桐木茶农抱怨说：

---

① 在国家质检总局发布的 2002 年第 7 号公告中，正山茶业公司申报的“武夷山正山小种红茶（元正牌）”获得注册；其竞争对手桐木茶厂，也在 2004 年让“武夷山正山小种红茶（桐木牌）”获得注册。

② 界定范围为东经 117°38′6″～117°44′30″，北纬 27°41′35″～27°49′00″，面积约 565 平方公里，东至麻栗，西至挂墩，南至皮坑、古王坑，北至桐木关（肖坤冰，2013）[66]。

桐木村一年产正山小种仅几十万斤，只占到在市场上流通的正山小种的千分之一①!“外山”茶遍及金骏眉、赤甘、传统正山小种的所有品类，虽模仿桐木村制茶工艺，但大部分质量低下，价格低廉。桐木村茶农为了对抗这种乱象，将自己的茶加以“正山”“本山”的称号以示区别，有时也明码标价地经营“外山”茶，不过价格上差距不小。尤其是金骏眉，“正山”金骏眉的价格在5000～10000元，而桐木茶农自己以“外山”茶青制作的金骏眉价格只需几百元。桐木茶农创立“正山/外山”的空间等级结构，是为了让传统正山产区的茶获得更高的价格，但这种等级结构完全取决于消费者的品鉴能力，在中高端消费群体之外的普通市场中显得步履艰难。

这种局面，随着近年来桐木与武夷山市区间日益交叉的“二元结构”逐步转变。由于桐木的金骏眉和武夷山的肉桂、水仙先后走红，两地茶人也认为这种僵化的分野不再有必要。2011年国家质检总局通过了更广义的“武夷红茶”地理标志产品认证②，定义为“在独特的武夷山自然生态环境下，选用适宜的茶树品种进行繁育和栽培，用独特的加工工艺制作而成，具有独特韵味、花果香味或桂圆干香味品质特征的红茶”。从这条定义中可以看到，原以“桂圆干香”为特色的传统“正山小种”，被扩大定义为“武夷红茶”，以容纳更多当地新品种，正山小种只作为其中的一部分。“武夷红茶”的保护范围也从桐木村扩大至武夷山市市域范围和保护区的合集；与2006年颁布的另一地理标志产品“武夷岩茶”相比，“武夷岩茶”的地理标志区域区别仅在武夷山国家级自然保护区内除桐木村之外的建阳、邵武、光泽的部分区域，这几个地区虽不属于武夷山，但其茶叶种植条件与桐木村类似。

红茶标记产区的拓展，为桐木茶农开启了武夷山的“花花世界”。作为旅游集散中心的武夷山三姑镇，距桐木大约一个半小时车程，亦成为桐木茶企对外拓展销售链条的重要窗口。三姑镇，得名于武夷山“三姑娘峰”，距武夷山市区约15公里，紧邻武夷山风景区核心区，是围绕旅游产业发展起来、大部分建于

---

① 这一数据出于茶农之口，有刻意夸张的成分。2012年，桐木村正山小种的产量达100～200吨，而国内红茶市场总规模为9.66万吨（杨江帆 等，2014）[243]，这包括所有省份、所有类别的红茶。这里所谓的“千分之一”的来源，或是以所有红茶的总规模为参照的，而正山小种的总销量很难估计。

② 据国家质检总局2011年第94号公告，根据《地理标志产品保护规定》（2005年7月15日颁布，替代原条款），批准对“武夷红茶”实施地理标志产品保护（福建省武夷山市及福建武夷山国家级自然保护区现辖行政区域）。

2000年之后的商业城镇。三姑镇主街为大王峰路，街道两侧由政府规划为统一的茶叶商业街，两侧充斥着风格和产品都同质化严重的茶叶商店；还有一条"大红袍步行街"，主要为茶叶市场。三姑镇的茶叶商店分为两类，一类是零售商店，大多由外地人（以武夷山之外的闽北人、闽南人、江西人为主）经营。这类商店大多采取中式装修，店内空间由一张硕大的根雕品茶桌主导。他们打着正宗武夷山大红袍、金骏眉的旗号，主要客户群为游客，除了少量散客外，这些店家和武夷山导游间建立了"互惠潜规则"①。其贩卖的茶叶大多用外地茶冒充当地茶，质量低下，针对以购买廉价礼品为目的的旅游团游客，处于武夷山茶产业的底层。另一类茶叶商店以批发为主，由当地人，或是将茶厂设在武夷山的茶企开设，客户群主要为各地合作茶商、熟客。由于经营性质不同，批发店面的位置不一定处在临街，装修风格也不那么浮夸。

这些年，不少桐木茶企都在三姑镇盘置一两个店面，作为对外联系的门户。如今，这种在桐木村把守"正山"名誉，而在三姑镇开拓游客和茶客资源的从业模式，逐步稳固为一种跨越武夷山和桐木村的二元结构。它也从茶产业领域，蔓延到茶农的日常生活之中，反向影响着桐木的厂宅营建模式，形成一种空间与心理双重层面的"家店"错位（图4.1）。

图4.1　三姑镇的店面（左）和桐木村的客厅（右）趋于同质化

来源：作者摄

桐木村存在一种"周末潮汐"现象：除了每年制茶季节外，平时村里人烟

---

① 据笔者了解，导游带一批游客到三姑的茶店喝茶、购茶，店家要把净利润的六成给导游，另外还要加人头费20～30元。如此惊人的"回扣"规则，只能让"羊毛出在羊身上"。

稀少，茶农生活清闲，只有老人在家；一到周末，村落立即变得熙熙攘攘，年轻人、孩子们都回来了，还有很多来参观的茶客或游客；而周末一结束，这些人又纷纷离开，村中就像退了潮的海滩一般回归宁静。

这一现象，是桐木村茶农生活和经营功能错位的体现。第一，越来越多的茶客和游客来到桐木村，希望从茶叶原产地、茶农的手中直接购买茶叶。这样的商机来之不易，推动了乡村传统家庭空间中“家店”混合的大改造风潮。茶农为了抓住一切可能的客户，纷纷将家中的堂屋、卧室等装修为品茶室、产品陈列室、客房，而在新建厂宅中，这样的商业意图更表现得毫无遮掩。第二，随着很多有一定经济基础的桐木人在三姑镇置办茶店，茶农为了子女教育、医疗条件等，决定在武夷山市区安定下来。因此，一年中更多的时间，大多数年轻人或一家之主要么在三姑的茶店照看生意，要么在武夷山的公寓中照顾在市区上学的子女，只有到了每年4至6月的茶季才会比较长期地待在桐木做茶。

另一个“家”的出现，使桐木厂宅中的家庭生活功能减弱，“家”作为“店”的作用甚至超过了其本身的功能。当地在三姑做生意的桐木村的年轻人回到桐木家中时，往往也带着城里来的顾客，到老家看看做茶的淳朴环境，使“家”成了“店”的延伸；而周末一结束，他们纷纷飞回市区的花花世界，回归那个逐渐熟悉的新“家”。在“家店错位”的新产业模式影响下，传统家庭空间逐渐解体。经营功能的入侵使原先十分紧凑的家庭空间不得不做出牺牲，如堂屋、卧房等生活空间让步于茶室；农村家宅的生活居住功能不断弱化，卧室不再是一天辛苦劳动之后期待的温暖港湾，而是如同一个任人来来去去、不带个人痕迹的宾馆房间。

家庭空间的嬗变，加速着家庭关系的衰退。堂屋的核心地位、卧室的温暖氛围，原是传统家庭中维持家庭成员良好沟通的关键机制，而随着这些空间特征的消逝，家庭空间作为家庭关系载体的地位在根本上发生动摇。当代家庭空间，似乎无法再支撑传统的家庭关系。随之，父子、夫妻，如同是同一家店的合伙人、雇佣者和劳动者而已，各司其职、来去自由。这些现象，都回归到最初那个根本问题：桐木，对于这些在一个小时车程距离之外经商的茶农来说，究竟是第二个家，还是第二家店？

第二节 “家店”错位：二元结构下的家庭空间

在近十年的“建房竞赛”之前，桐木村传统住宅一直维持着较为缓慢而延续的发展。无论是20世纪六七十年代的木结构，还是八九十年代的砖木结构到砖石结构，其平面功能一直遵循着农村核心家庭或扩大家庭的使用模式，家家户户没有太大差别。在桐木传统住宅的发展中，最凸显的线索是建造材料的变化。桐木住宅不同于闽北地区农村常见的土坯房或砖宅，而是经历了从木结构、砖木结构、砖石结构的清晰演变过程。其材料选择的逻辑主要取决于各种材料获取的难易程度。

最初，村民“靠山吃山”，建造住宅的材料以当地所产的杉木为主①。例如，伊氏老宅（5－H－1）是一座典型木结构住宅，老宅建于1983年，与原址上的祖辈老屋形制相近。平面来看，伊氏老宅是一座三间两进式住宅，面阔三开间（不计后加建的偏房），中开间面宽4.8m，两侧开间皆为4.0m；第一进进深为5.3m，第二进为4.0m；门廊宽度为2.0m。从中间正门进入后就是堂屋。堂屋，是老宅中陈设最庄严、地位最崇高的空间。堂屋中央摆放着圆形餐桌，表明它同时兼具餐厅功能；入口正对神龛（现为电视机柜所替代），龛上挂中堂画（现为毛主席像），两旁的楹柱上贴着两幅楹联。堂屋两侧为父母卧室和长子卧室。从堂屋的楹柱两侧皆可进入下一进，背后是通往二层的楼梯间。楼梯下堆放杂物，曾经兼做灶房，旁边的小门通往后院。由于排烟系统不畅，后院做饭在老宅中很常见，有些住宅干脆在后院加了一进作为灶房。楼梯间两侧为客房和女儿卧室。在东侧卧室和第一进的卧室之间留下一道走廊，通往侧面的偏房。所谓的偏房，原为双坡屋顶两侧披檐下方的半室外空间，后主人将其围合作为灶房和制茶间，空间仅三面封闭，保留了房屋背面和后山岩壁之间的一条约1.6m宽的走廊，也是住宅的后杂院。

从楼梯间上到二层，堂屋上方空间无太大实际用途，作为交通空间及堆放茶叶和杂物。二层的四个房间也作储藏间。在房间外、门廊上方是二层走廊。

① 这一生长于温润多雾环境的亚热带树种，在桐木村所处海拔高度的武夷山区十分常见，木材的硬度、耐腐性能较适合建造住宅和制作家具。

过去，农家木屋的二层一般都不会住人，偶尔的客人或未婚嫁的成年子女才住在楼上。今天随着茶业发展，逐渐可在其他厂宅中看到对此空间的利用。

1979 年武夷山自然保护区成立，对保护区中木材的使用限制越来越严格。20 世纪 80 年代末至 90 年代初，村民大多转向砖木结构或砖石结构住宅。变化过程简单来说是这样的：20 世纪 80 年代末，一些住宅保持大部分木构架而仅在立面上局部或全部以砖墙替代木板（3 – H – 40）；到 20 世纪 90 年代初，住宅整体改为砖结构，仅保留木结构屋架，甚至有些住宅改为平屋顶、在立面使用石材（3 – H – 17、3 – H – 14）；到了 20 世纪 90 年代末至 21 世纪初，砖混结构普及，木材退出历史舞台，但平面和空间依然延续集约模式，水泥、抹灰、瓷砖成为村民装点立面的新选择（1 – H – 15）。

值得注意的是，乡土住宅材料的演变一般先出现在立面，也是农民建造住宅时的“门面”，再缓慢向其他部分蔓延。当然，这指的是 20 世纪 80 年代后依次出现的砖、石、抹灰、瓷砖等外饰面材料——木材作为稀缺资源，并不在此规律之列。一个典型例子是石材作为替代材料的出现：据说在 20 世纪 80 年代末，有一段时间附近的浦城县来了一支采石队，于是当时村里一些先富起来的村民（如村干部等），最早盖了一些石头房子。在访谈中，上荣茶厂的陈老板就骄傲地说，他们家在 1993 年建造的房子（3 – H – 14）是当时庙湾村最早的石材住宅之一。

砖木结构住宅主体为青砖，只有屋架，或少部分建筑的楼板仍采用木结构，如周炳球宅（4 – H – 18）。该住宅建于 1987 年，2003 年加建了背后的灶房和旁边的砖木茶厂，并在 2015 年进行过翻新，主要是在室内局部装修（粉刷墙壁、楼梯油漆、将二层卧室装修给未嫁娶的儿子住）和粉刷立面（侧立面依然裸露砖木结构）。住宅的支撑体系主要依靠四周的砖墙，而楼板和屋架仍为木构架。据户主回忆，当时自然保护区给村民一栋自建房可批准 8 米木材，并不足以建造纯木结构住宅，从外地买木头又成本过高，因此使用了当时还算少见的砖木结构。建造方法是：先平地起一层砖墙，墙厚两皮砖（24cm），墙上做箍梁，再把木梁和檩条固定在梁上，以此铺设二层楼板。接着以同样的方式建造二层的外墙和屋架。屋架也是木结构，瓦片原为灰色陶瓦，后翻修时改为蓝色筒瓦（图 4. 2）。

图 4.2　前后两年建造的住宅虽然材料不同，但基本保持相同的平面形制和空间功能

来源：作者摄

陈志华先生曾总结："一座乡土性住宅，它的各种功能性空间中，最重要的是厅堂、卧室、厨房和院落，此外还有宅门。"（2012a）[127] 在桐木村，传统木构民居大多较小而简陋，拥有院落、宅门的情形并不多见；而厨房虽重要，但对于传统家庭空间的影响还不显著。总体来看，桐木传统家庭空间和大多数乡土住宅一样，其空间内核主要在堂屋和卧室两个元素中体现（图 4.3）。

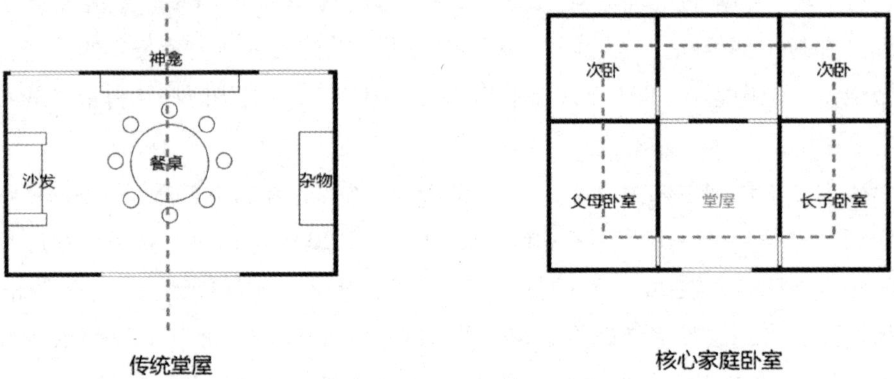

图 4.3　堂屋轴线和卧室秩序是传统家庭空间的两个内核

来源：作者摄

首先是堂屋，它不仅是供奉信仰的场所，又是家庭成员在重要家庭活动中聚集的空间。堂屋发挥着礼仪功能，其三要素神龛、中堂画和楹柱（楹联）在传统家庭空间中扮演着精神中心的角色。当然，神龛上的祖先牌位和香火会逐渐被摆设、茶叶获奖证书甚至电视机所取代，中堂画和楹联的主题也从宗教主题的观音、财神、耶稣，到政治主题的毛主席像，再到文化主题的书画作品乃至喜庆世俗的宣传画。但空间中不变的是家庭对美好生活的虔诚向往——只要餐桌、沙发等起居家具摆放在这里，它就仍是家庭生活的中心。

如庙湾徐氏兄弟老宅（3－H－2）的堂屋，2015 年儿子结婚时刚刚装修过，简洁有序，宽敞亲切。正对的神龛、中堂画和楹联，传递出祈求家族兴旺的愿望；中央的圆桌刚够一家五口人（父母、女儿、儿子和媳妇）就餐，每天热腾腾的食物从背后有些潮湿阴暗的灶房端到这里，农村特有的煮白米饭的香味让这个不大的空间膨胀着幸福感；两旁装饰的文人画呼应着中堂画的主题，楹柱两侧的通道入口处挂着朴素的门帘，营造出文雅的起居氛围。堂屋、餐厅和起居室，看似矛盾的功能在此以不同的向度交叉着，互不干扰，安静祥和。

堂屋在平面上的统摄地位在传统木结构、砖木结构和砖石结构住宅一直延续。不妨拿木结构的胡和平宅（4－H－4）、砖木结构的周炳球宅（4－H－18）及砖石结构的陈上荣宅（3－H－14）对比。三者皆为三间两进式。从空间尺度来看，胡和平宅的面宽依次为 3.5m、4.2m、3.5m；周炳球宅的面宽依次为 3.6m、4.4m、3.6m；陈上荣宅的面宽为 4.0m、4.6m、4.0m；进深上，胡和平宅两进的进深依次为 4m、3.4m，走廊深 1.3m；周炳球宅的两进依次为 4.8m、2.4m，走廊深 1.2m；而陈上荣宅进深为 6m、2.5m，走廊深 1.2m。而论平面形制，胡和平宅与周炳球宅的第一进皆为堂屋和两侧的主人卧室；唯一区别在于第二进，传统木结构住宅的木楼梯位于堂屋正后方，而周炳球宅采用现代化的双跑楼梯，位于堂屋后方偏东侧。陈上荣宅的第一进堂屋两侧的房间现为起居室及茶室，过去曾作为小卖铺使用，而主人卧室则退居第二进，楼梯与木结构住宅一样位于堂屋正后方（图 4.4—4.5）。

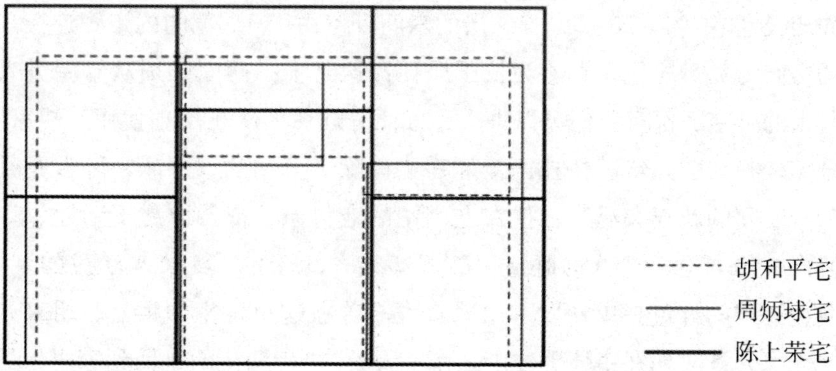

图 4.4　胡和平宅（木）、周炳球宅（砖木）、陈上荣宅（砖石）的平面尺度对比

来源：作者绘

图4.5　堂屋在传统木结构、砖木结构、砖石结构住宅中始终是最重要的空间

来源：作者摄

其次是卧室，空间的秩序和温馨象征着父母和子女之间尊重和关爱的微妙平衡。传统住宅采取对称层进式布局，形成明显的秩序感，体现传统家庭的长幼尊卑关系。堂屋两侧的卧室条件最好，由父母居住（农村的老人有时会分房住），或长子居住；其余卧室的地位随着向后方、两侧推进而逐步降低，作为其他子女、客人居住的地方。过去农村子女多，一层卧室基本按照这样的秩序在成年或刚成家的子女中分配。二层相较一层来说地位更低一等，年长后需要独立房间的孙辈才安排住在二层；砖结构住宅中二层条件有所改进，才被开辟为子女卧室。在传统家庭空间中，父母和子女的关系即使不一定亲密，至少也存在着长幼尊卑约束下的尊重和互助。

如胡氏老宅（4－H－11），一层的六间卧室由1.3m宽的内走廊连接。堂屋左侧的房间为父母居住，右侧为长子居住，这是唯一两间必须从堂屋进入的卧室。其余的卧室，都有侧门可以进入，方便分灶后的次子单独使用。胡家七叔、八叔分家较晚，前几年还住在西侧厢房中。除了分明的秩序感，卧室亦凝聚着父母和子女间的羁绊和温存：住在老宅中的老母亲，依然原封不动地保存着前几年搬出去的老七、老八的卧室，破旧却整齐的床单、泛黄却活泼的装饰画、露出黄色海绵的红色亮皮沙发，似乎叙说着曾在这里发生的生活。胡家老大曾回忆，人民公社时期在集体菁楼中工作一天后，“最期待的是回到家里，母亲用湿海带贴在眼睛上”，缓解在菁楼中烟熏一天后眼睛的疼痛。这个散发着独特气息的卧室，这就是家的港湾。

而在今天的桐木村，堂屋作为家中唯一的公共空间，不得不承担茶叶经营中茶室的功能。“店”的重要性不断增长，堂屋的生活功能被经营功能所取代，餐厅等家庭核心生活空间发生转移。堂屋中泡茶的场所、空间、礼仪都在商业化趋势下从“以家庭为中心”转向了“以客户为中心”。

在传统住宅改造中，堂屋的“茶室化”现象随着改造资金和能力的提升而逐步凸显。起初，茶农只是在堂屋中简单添加一张品茶桌，如睿茗轩老宅（3－H－10）。传统的堂屋空间比较大，依然能保持餐桌放在正中央神龛前方的仪式性形制，而品茶桌在旁边与之并存。在堂屋餐桌前的神龛上，供奉着“天地国亲师”的牌位，这在桐木已经很难看到。一幅幅红彤彤的对联，装点着这个还算宽敞的堂屋。只不过，这样的堂屋只能存在于被视为落后象征的木结构老宅中。

在当代厂宅茶室中，除了品茶桌的招待客人功能外，又衍生出产品陈列等功能，像三姑的茶叶店铺一样五脏俱全。堂屋空间日益局促，不足以让就餐功能与不断膨胀的茶室功能并列而置。于是主人干脆把堂屋完全作为品茶室，在家中另辟餐厅。茗茶岸坊（4－H－1）就是如此，2014 年他们刚刚将老宅翻修一新，偶尔招待从武夷山带回来的客人。老宅的堂屋并不大，在放了品茶桌之后，便放不下什么。和前面的睿茗轩老宅一样，除了作为茶室的堂屋外，他们还利用旁边的一间主卧设置了另一间更豪华的茶室。他们又利用老宅前院，建了一栋简单的小木屋作为餐厅。餐厅一面墙上挂着“家和万事兴”的十字绣，侧墙则摆放着一些酒水——这些原本是堂屋中的摆设，随餐厅一起移到了旁边一座不起眼的棚屋中。

随着新用餐空间的开辟，堂屋只需承担经营功能。然而在客人并不多的普通茶农家中，这一功能鲜有用武之地。堂屋丧失作为家庭生活空间的功能后，变得无所适从。如周炳球宅（4－H－18）的堂屋，除了神龛上的圣母耶稣画像之外，所有的摆设皆与茶相关：左手边摆放一张大理石方形茶桌，周围有六张仿古的靠背椅；茶桌对面是博古架，“生意兴隆”的装饰画分外惹眼，除此之外是各种各样的茶叶产品、茶具，还有加入“桐木村农业专业合作社”的挂牌、合影。周炳球宅的餐厅已从堂屋移至楼梯间北侧的小房间中——餐厅空空如也，再无神龛、中堂画，只有一张大圆桌。实际上，像周炳球这样的小户茶农，家里有茶客登门拜访、用得上品茶桌的机会寥寥无几。可是，在邻里建造风气的带动下，他们仍旧选择将每顿饭都要使用的餐厅移到一个憋屈的角落，而在堂屋中营造一个冠冕堂皇，却人迹罕至的“门面”。堂屋那种温暖、热闹而又庄重的氛围，在常年无人问津、冷冰冰的品茶桌和积满灰尘的陈列架的主宰下消失不见了。

堂屋空间的异化，在新建厂宅中更展露无遗。作为“第二家店”的新宅客厅，其尺度、装饰都更接近市区的店铺，各家纷纷在新宅客厅（或许不能再称之为堂屋）的装修上痛下血本，如购置豪华的品茶家具、营造文化氛围的仿古摆设等。这种建造竞争的潜台词是：谁家客厅的品茶桌豪华，谁家茶的品质就更值得信赖。① 例如，关坪胡七叔（4－H－3）和五叔（4－H－8）兄弟二人，厂宅建于近五年间，家里的客厅都装修得很气派。从七叔家正门进入，不小的客厅有近半空间被一张巨大的樟木根雕品茶桌占据，周围环绕着 13 把品茶凳——这种夸张的仿古根雕家具，是最受武夷山茶企喜爱的品茶桌。七叔羡慕地告诉我：“我五哥家里的茶桌更厉害，是红豆杉的，可花了大价钱哩!”② 大品茶桌背后还有一台高脚桌，上面放着小小的香炉和蜡烛。正面墙上原本悬挂中堂画的地方挂着一幅朱熹题写的“诚信”二字的拓片。客厅右手边，两台木制博古架上，摆满各种各样的茶产品、茶具、证书、奖杯，大概将自家的看家宝贝都陈列在这里了（图 4.6）。

图 4.6　新建厂宅中豪华的客厅与尺度巨大的品茶桌

来源：作者摄

---

① 最初的规律是，茶叶卖得好、生意做得大的茶企、茶农买了比较大的品茶桌；而后来，这种模式的装修成了试图入行的新茶农的“门槛”。因此，很多茶农不惜痛下血本、用装修符号来营造出生意好、茶好的意象。

② 七叔显然也对自己家的茶桌很中意，每次有客人来，他立刻端坐在茶桌后面，给客人泡茶。客人也喜欢他这张桌子，朝向客人座位的木节已经被客人的手抚摸得锃亮。

当代厂宅中客厅的目的，就像任何城市中的茶叶商店或其他任何高档商店一样，试图通过它写满文化符号的空间和陈设，提升消费者对经营者、品牌的信任度，也提升他们对其茶商品的购买欲。在堂屋“茶室化”的过程中，这样的心理机制，正是当代桐木茶企、茶农在营建新宅过程中不惜使用超出自己能力的重金也必须搭建好这一“门面”的原因。

虽然“茶室化”的堂屋如同店铺的空间一味追求豪华，却越发不适应传统的家庭生活。一天晚上，笔者受邀去一位村民家里喝茶。偌大的客厅正中间，摆放着一张古董桌子和一对太师椅，背后的高脚台上放着几尊金灿灿的佛像、两个象征着财源广进的宝葫芦；客厅右手边，是一张由盘根错节的红豆杉树根雕刻而成的巨大品茶桌，作为招待茶客的主要空间。这样硕大笨重的品茶桌，在泡制功夫茶时，泡茶人常要站起来给客人添茶，而坐在两侧的客人也够不着桌上给自己倒的茶，不得不弓着腰、撅着屁股去取，一不小心还会把小小的茶杯打翻；且由于客厅太大，坐在品茶桌这边喝茶的人，和坐在那边沙发上的人说话，隔着近十米，不得不扯着嗓子才能听到对方的话——若忽视这种切身的空间体验，便很难察觉冠冕堂皇的“茶室化”堂屋与传统堂屋空间的疏离。

进一步探究堂屋“茶室化”的原因，除了家庭空间作为“第二间店”，也与其沦为“第二个家”的境遇息息相关。男主人常年在三姑镇开店，家中用餐的人就成了由妻子、儿女、茶叶工人、做饭阿姨和偶尔加入的茶客组成的混杂群体。用餐，从一项重要的仪式变成日常生活的过场。曾经承担着家庭团聚功能的餐厅，如今只作为纯粹的功能性空间，甚至在一些茶农眼中“不登大雅之堂”①。因此在新建厂宅中，餐厅经常与厨房、杂物间等后勤空间并置，无论装修还是内部空间比起过去的堂屋都相形见绌。

空间对于人的行为塑造有着奇特魔力。良好的家庭空间能够增强家庭关系的纽带，而消极的空间作用恰恰相反。过去的堂屋，作为礼仪性空间和功能性空间的微妙平衡，构筑起一个适宜各种家庭生活的多义性空间，也奠定了它作为家庭核心的地位。随着茶室取代餐厅，品茶桌取代餐桌，堂屋从作为“家”的家庭空间转变为作为“店”的经营空间。随着堂屋一起陷入危机的，还有依托于堂屋的家庭生活，和密切生活所维系的家庭关系——在用金钱堆积起来的新型客厅中，在看似热闹喜庆的品茶表演中，曾经的堂屋中朴素、祥和、稳定

---

① 在笔者访谈中不少茶农提到，厨房和餐厅油烟大，不宜放在新房中。

的父子、夫妻关系，也随着空间特质的消失而沦落。

同时存在的还有一种卧室“宾馆化”现象。由于家作为“第二间店”的功能，大多数家庭在装修老宅或建造新宅时，加入农家乐住宿功能，同时为契合城市人品味而仿造城市宾馆的标间格局：两张床，卫生间，一台电视机，一组窗边的沙发或桌椅。无论是改造老宅，还是建造新居，当地人往往会顺便把全家的卧室装修成一样的标间模式。于是农家的卧室，在空间类型上与宾馆类同起来。而空间的类同，也为意识上的等同埋下了伏笔——家里开宾馆之后，家，无论从起居空间感受还是心理意义来说，竟也与“宾馆”越来越接近。

枕水茗居（3－H－5）的主人张良是“80后”，为人热情好客。两个女儿在武夷山和建瓯上学，周末偶尔回来。新宅依附着父母老宅，建于2012年，也是一家较正规的民宿。新宅规模不大，共3层，9个房间，其中7间客房，另外2间是夫妻俩和女儿的卧室。客房装修简单，标间价格200元左右，在桐木算是比较便宜的。他说，这“和自己家住的没什么区别”——不过，究竟是住宅模仿了宾馆，还是宾馆模仿了住宅？笔者进入其中一间卧室，看格局来说，像极了宾馆的标准双床间；然而，粉红色的床上用品，又暗示着它不同于其他那些使用白色床单的标间。或许这是两个女儿的房间？或许女儿一直在外地读书，也是难得回家，所以房里没有什么摆设？当然，从表面区分究竟哪一间是客房、哪一间是女儿卧室，也不是件轻易的事情。对于刚刚经历天翻地覆的空间改造的农民来说，像宾馆一样的空间或许没什么不好，有些人巴不得天天住宾馆呢！然而，“宾馆化”带来的归属感的下降，或许也是今天农村住宅建造和拆除越发随意的原因。当代乡村的住宅空间，不再像传统住宅那样充满神圣感，象征着家族的尊严，也凝聚着家庭的温暖和记忆。或者说这些感受对当代人来说都已不再重要？

宾馆般的空间，对农家的影响远不止与住房空间的暧昧不清而已。如胡永飞宅（4－H－7），2016年刚把几年前建的厂宅中的十几间客房装修一新。在新家中，户主的卧室位于三层，它的位置对应着一层的客厅和二层的茶室，面积远大于其他的客房——配有卫生间、阳台、品茶室，也契合他一家之主的地位。这间卧室又不同于家中其他的卧室，与父母、妹妹的卧室脱离，混杂在客房区，门口挂着房间牌号，门上装着电子锁，从外面看来和客房并无区别。虽然是家中最大的一间卧室，户主在武夷山市区工作繁忙，很少回来住。因此他的卧室，也就让母亲当作其他客房一样来维护。

一天早上，二叔兴冲冲地告诉我：“晚上永飞要回来了！”一家人随即忙开，二婶一会儿到自家菜地里摘些平时很少吃的新鲜蔬菜，一会儿跑上三层儿子的卧室，为他铺上床单——由于当地气候潮湿物品易发霉，他的房间床铺和其他客房一样平时都是空荡荡的状态。可是，到了下午晚饭时，二叔遗憾地宣布："永飞不回来了，工作还是生意上有事脱不开身。"晚上回房时我才发现，二婶不知道什么时候已经默默把早上铺好的床单被罩又拆下来，整齐地叠好放在一边。父母对游子的思念，尽管只隔着一个多小时车程的距离，却丝毫没有减弱。回家的距离很短，可一家人真正见面的时间却少得可怜。对于常年在外奔波的儿子来说，家中的卧室，也成了一个与宾馆没有太大差别的场所。很难说家中的卧室是因为被装修得如同宾馆，才使它在游子的心目中成为宾馆；还是说游子在装修卧房的时候，已预料到自己只会是家中的过客？

"家店错位"带来的空间异化，也重塑着桐木年轻夫妻的关系。年轻夫妇为了照看生意，不得不常年两地分居；而年纪较长的中年夫妇，感情的羁绊亦随着生意上已小有成就的丈夫的漂游而愈发孱弱。妻子在村里家中，扮演着民宿管理者、布草阿姨、做饭阿姨的多重角色；光鲜亮丽的丈夫只是偶尔带着一拨又一拨的客人回家，甚至还带上在三姑店面聘用的暧昧不清的"泡茶妹"。很多妻子抱怨自己在家里"只是个帮佣"。夫妻分房而居的现象愈发常见，装修成宾馆的房子，自然不缺这一间"客房"。丈夫在武夷山的"店"，成了他真正的"家"；而村里这空空荡荡的宅子、忙忙碌碌的妻子，只是经营着丈夫的第二个家，甚至只是"第二间店"而已。

如今，城市人到乡间住几天农家乐，只是为满足一时兴起的怀旧情绪。在物质冲击之下来不及招架的农民，只能任由自己对家庭空间的定义随波逐流，任由卧室淹没在一间间冷漠的标间之中。卧室空间的"宾馆化"，象征着在外经营茶叶生意的游子与家庭的漠然关系，加剧着儿子和父母、丈夫与妻子之间割裂的速度，也颠覆着由错综复杂的家庭社会关系所编织的"乡愁"。

第三节　身份的竞争：茶农分家的空间博弈

分家和继承，历来是农村家庭面临的重要问题。成年儿子结婚后另起炉灶，构筑起独立的家庭空间；对于有不止一个儿子的农村家庭来说，分家又涉及宅基地和茶山的继承分配问题——这是当代桐木村分家的矛盾中心。在家庭空间的重构和分解下，家庭关系的变迁似乎不可避免。尤其近十年来在资本入侵的产业化时代，分家变成纯粹的经济利益划分，其中的矛盾正在导致空间和关系上的传统家庭关联被迅速切断，代际和兄弟之间的关系面临严肃拷问。

费孝通在《江村经济》中，提出分家是父母向子女传递财产的仪式，也是年轻一代开始享有父亲部分财产专有权的标志（1936），一般围绕家族中的成年男性子嗣中展开①。林耀华的《金翼》记录了辛亥革命后闽西黄村“金翼之家”的家族分家过程，尤其是兄弟间分配财产时存在的矛盾与冲突②。分家的过程需先在长辈的调和下解决各种争执点，这个过程漫长而困难；然后择一吉日，在家族长者和仲裁人的见证下举行隆重的分家仪式（2000）[110]：

> ……仪式的最后一部分是将两个木制的锅供奉在祖先的牌位前。锅里盛着蒸熟的米饭，象征富庶。东林和大哥作为两个分支平等世系的家长，在祖先牌位前跪下，然后各捧一锅回到各自的厨房。就这样各自的炉灶立起来了，终于分家了……第二天早上，两个新灶各烧各家的饭。老祖母则轮流到两家吃，头三天在“文房”家吃饭，后三天便到“武房”家……

分灶而食，遂成为分家的标志性事件。③ 然而分家过程远不如看起来那么轻松祥和。在《金翼》描写的时代，长子继承制虽是主要原则，但父辈和长者不希望兄弟间分配太不均，长子的欲望膨胀容易催生长子与其他兄弟间的冲突。各方利益划分争执的初始，多次出现几个兄弟间大打出手、妻子间彼此互骂的情状。好在家族长辈仍维持起码的尊严，在长辈东林的主持下才勉强调和了他们的矛盾。

伴随着新中国成立，土地改革后的土地制度使农民的私有财产变得非常有

---

① 在较正式的分家中，一般由长子延续宗族主线，而次子成立的新家庭被称之为“房”，形成围绕主线的若干支线，并随着血脉的绵延而发展出血缘关系远近不一的庞大家族支线系统。

② 农村分家时涉及的财产，按今日的说法也可分为不动产和动产两部分。不动产包括土地、农田、房屋等，动产则包含家中的存款、经营商店的股份等。

③ 灶台在乡土住宅的空间地位，如陈志华先生指出，厨房在传统乡土住宅中拥有着与堂屋、卧室一样重要的地位，是一家生活的后勤保障。“厨房的核心是灶，有了自己的灶，才算有了自己的家。”（2012a）[143]

限，分家时的可分财产越来越少，焦点转至分家时的宅基地分配上。朱冬亮关于闽西北将乐安仁乡分家方式的研究中记录道，家庭分家时需向生产队或大队提出申请以批准拨出一块田地供其使用（2003）[215]。这种模式在“搞单干”后并未被推翻，桐木村的情况也基本如此——村民在给分家的儿子谋划新的宅基地时，往往从老宅周边自家的茶树地，或小块用于种植蔬菜的自留地中，申请批准一块来置办新房。不过，《金翼》描述的对有限共同财富的争夺依然存在；且由于茶叶等稀缺资源的加入而变得越发敏感——林耀华曾感叹，分家中矛盾重重的原因或可归结于“对于共同财富的无止境的贪欲”。这样的贪欲，如果说在传统农村还因家族间的尊卑秩序能够得到控制，那么在愈发商业化的茶村社会，则变得几乎不可驾驭。

影响当代桐木分家行为的一个前提是日益强盛的经商文化对茶农“身份”的建构。商人之间的“身份”竞争转化为厂宅营建浪潮中的空间竞争，使得原先以“分灶”为基础的空间改建，演变为在规模和风格上都愈发浮夸的厂宅新建行为——这种以“身份”竞争为目的的厂宅建造竞赛，源于20世纪50年代土改以来在农民心中根深蒂固的“平均主义心态”和集体化时期均贫生活所产生的“攀比心理”（阎云翔，2006；卢晖临，2006）①。正是平均和攀比的心态，将大多数农民裹挟进盖房竞赛的“潮流”之中。

而桐木村村民扮演的另一层“商人”身份色彩，则将这场“建造竞赛”推上了愈演愈烈的道路。厂宅，出于向潜在顾客、竞争对手展示经济实力的目的，成了桐木茶农奋力撑起的门面。在茶产业一度萧条的关坪，胡家八兄弟在分家后，一个个的茶企越做越大，各家的厂宅亦越建越豪华，早已超出传统分家所需的空间标准，在桐木村堪称一景（图4.7）。这甚至吸引了很多茶客前来参观

① 关于当代乡村的“建房竞赛”，20世纪90年代的阎云翔、卢晖临等社会学者就曾进行剖析。在阎云翔所调查的东北下岬村，1991—1999年修建的近80所房子，无一例外都采用当时流行的新设计，形成了“你追我赶的住宅装修热”（阎云翔，2006）[139]；在卢晖临对皖南汪家村的调查中，1994年全村的81户人家中，有42户居住在砖块砌筑的多层楼房里，其余人住在土方和平顶房中；到了2003年，只剩下大约10户住在土房中了。他用人民公社时代两户农民相互攀比将土房建得更高，最后致使两家人四处举债过上苦日子的“趣事”，提出这种集体化社员经历的心理结构依然是今日住宅建设的潜在驱动力（卢晖临，2006）[162-163]。近十年的语境下，还可见李耕（2010）对西双版纳傣寨家宅换代现象的社会学研究、段威（2015）对萧山当代乡土住宅形式与模式的建筑学研究等。

或小住，带动了各家茶叶生意的发展。这样一种互动促进模式，是很多桐木家族共同建设更多、更豪华的厂宅的激励因素。

图 4.7　宏伟的关坪胡氏兄弟住宅

来源：作者摄

同时，在看似繁荣的建房竞赛背后，也不能掩盖传统分家会遇到的空间博弈。兄弟分家后建造的厂宅规模越来越大，在有限的宅基地内尽量盖得更高，然而在地处自然保护区的桐木村，宅基地和茶山资源的稀缺，不免渗透到分家时兄弟继承的竞争之中。最终，不断拉锯而固化的社会分层结构，导致兄弟之间在建设竞赛中空间境遇、社会境遇的差距不断拉大——“先富者”的砖混住宅奢华宏伟，春风得意；未能成为“后富者”的贫苦茶农依然住在几十年前的木构老宅中，苟延残喘。分家时的家族秩序，与愈发不平等的空间秩序，生发出一道发人深省的社会—空间隐喻。

2005 年前，大多数桐木家庭经济条件拮据，农村分家首先在有限的老宅空间中发生。父母和已婚子女住在同一屋檐下，仅靠增添一间厨房以适应分灶而食，是常见的分家模式。如庙湾徐氏住宅（3－H－2），是建于 1980 年的木结构老宅，随着分家，产生了三个厨房和对应的餐厅。这座两层的木宅有十间，面宽近 50 米。从远处看，木宅稳稳地盘踞在路旁的一块高地上，背靠蓊郁的茶山和毛竹山。这座厂宅的尺度在全村可算数一数二，它是由徐氏兄弟二人合力修建的，各自使用其中的四间两进，以中轴线镜面对称，并列相连；后来双方又在厂宅两侧加建一间菁楼和一间灶房，形成今天看到的十间结构。兄弟二人共用的除了中间的一道墙和菁楼之外，其余空间都分开使用；尤其是灶房，分设于各自堂屋背后的后院中。

大哥徐善开的家庭住在靠北的五间房。大哥家有两个儿子，以做茶为生，哥哥和弟弟常年穿着沾满灰尘的绿色工装，与桐木村很多其他平日穿着西装、光鲜亮丽的新茶农比起来显得过于朴实，也暗示着他们在产业发展的道路上走得并不如意。随着儿子分家，在这五间房中产生了两个厨房——大儿子的厨房位于原先堂屋背后，就是原先父母用的厨房，餐桌则摆在堂屋；小儿子的厨房是在四间房的北侧加建的一间。大儿子继承了围绕堂屋的饮食空间，似乎被默认为老宅的继承人；而小儿子，则在离老宅北侧不远处，建起了新家。小儿子的新建厂宅虽有足够的空间，但他还是把饮食空间设在了老宅中——“厨房油烟大，放在老宅好些”，他这么告诉我。或许这样，保留着他在老宅中的存在感，分家的可能性也尚未终结。两个儿子用各自的厨房，在老宅中标记着自己的身份；徐善开老两口分食于两个厨房和餐厅，分别由两个儿子赡养。同一屋檐下的两个厨房，将这个家庭从父母、兄弟到子嗣切分为泾渭分明的两个部分。尽管父母和两个儿子平时生活的路径依旧相互交织，但分家、分灶，却是必经的仪式路径（图 4.8）。

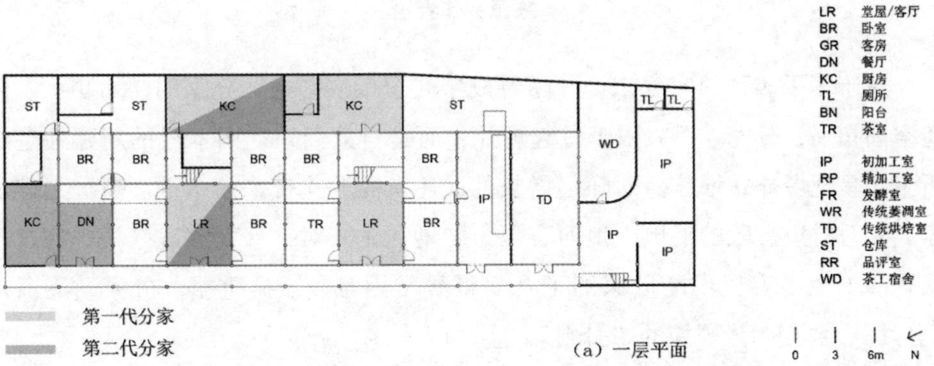

图 4.8 徐氏兄弟住宅（3－H－2）两次“分灶”的过程

来源：作者绘

而住在靠南五间房中的弟弟，生活要简单一些。他只有一个儿子和一个女儿，去年儿子刚结婚，结婚后依然和父母同住。女儿尚未出嫁，仍住在家中。在农村，一个儿子和两个儿子对家庭境遇的影响是本质性的。弟弟的独子结婚时，一家人欢天喜地地把这栋老宅子装修一新，用胶合板将老宅早已被油烟熏黑的木墙和地板赋予了新的面貌，婚房也用上了家里最大、位置最好的一间卧室。其他人不会有异议，因为不管将来儿子是否还住这栋宅子，都是属于儿子一个人的。

于是在同一屋檐下，不需进入室内，就可看到外观上的差别：弟弟家的外墙经过洗刷，在窗户、楼板等关键位置贴上黄色胶合板，迫不及待地将室内的焕然一新展露到室外；而哥哥家的外墙，且不论被熏得发黑的木墙，光是看门廊上堆得乱糟糟的柴火、杂物，就可感受到截然不同的生存状态。一个儿子能够装修，两个儿子反而没人来装修（图 4.9）。

图 4.9　同一屋檐下，装修一新的弟弟家（左）和破败落寞的哥哥家（右）

来源：作者摄

对于多子多孙的家庭来说，随着成年儿子依次结婚，分家的压力更大。随着空间拓展，分家，不只限于另起炉灶，而是自立门户。桐木村的新建住宅在近十年呈现爆炸式增长。而随之增长的，还有商业化带来的贪欲。越分越碎的家族，对村里有限的平坦土地而言压力陡增；尤其对一些大家庭来说，在日益紧张的土地中安置不断分家的子女变得异常困难、矛盾重重。分家，逐渐从“分灶”，演变为赤裸裸的“分财”。

关坪潭溪洲村的胡氏大家族，其分家过程不仅影响着兄弟间的新宅营建，甚至主导着其所在自然村的形态变迁。胡家九兄妹，除了自小被过继到麻粟的六哥、嫁到星村的九妹，其余七位男性成员都住在关坪的潭溪洲自然村。胡家老母在笔者访谈时已经 86 岁，她回忆说，刚来关坪时，家门口没有路，周围都是荒地。经过几个月在邻居家的寄居，胡家开始建造新家——工程从 1964 年持续至 1966 年，他们从温州老家请来木匠，全家热火朝天地参与其中。木屋的卧室一间间被成年的子女占满。老八出生时，老大已到婚嫁分家的年龄。到最后老七和老八分家，一直持续至三四年前。

胡家儿子挨个分家，建造新房，引领了村落的空间增长——胡家刚来时全村只有二十几口人，如今，光是四代同堂的胡家，就有六十多口人。分家带来的村落空间扩张轨迹大概是这样的（图 4.10）。

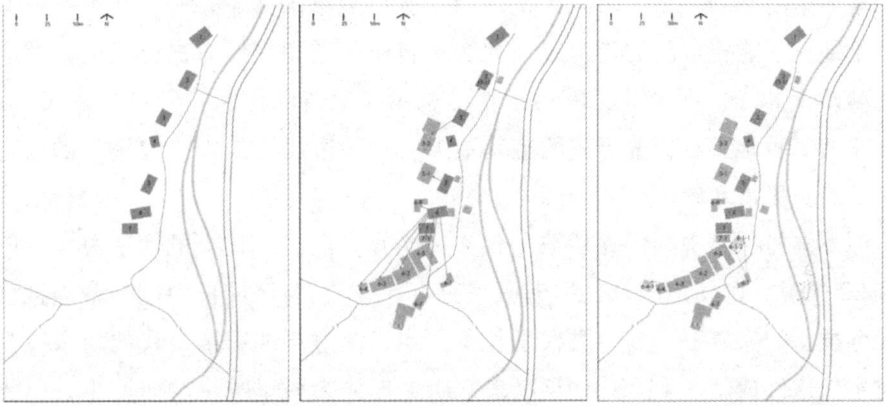

图 4.10 潭溪洲自然村住宅受分家影响下的代际空间拓展

来源：作者绘

第一阶段是第一代人的住宅营建。从 1964 年胡家搬来到 20 世纪 80 年代，村子住着七户人家，各家间也无亲属关系，包括朱、伊、林、胡等姓氏。人民公社时期，关坪小队的中心在潭溪洲村往北的地方，因此，搬到这里来住的大多是新来不久的外地人，如同定居在一片偏远的“流放地”。

第二阶段是第二代人的分家。始于 20 世纪 80 年代，但有不少都是近几年才完成的。在桐木村整体富裕起来前，成家的子女和父母共住仍是普遍现象。胡家最早分家的是老大（图 4.10，下省略图注），1986 年建造新房。接着，老二、老三、老四、老五先后分家。刚开始，他们的新宅和老大一样为传统木结构住宅；而在 2010 年以来的建房大潮中，各家都将原先的木房子重建为砖混住宅。新厂宅的体量从两三层到四五层不等；但从平面上看，各家的宅基地大小和胡家老宅相差并不大。除了胡家，另外两个人口较多的朱家和林家分家建房都是近三年的事情了。①

① 朱家的两个儿子关系比较亲密，至今仍共用茶厂；林家的三个儿子都在外地工作，也没有在当地建房的需求，女儿招了个入赘女婿帮忙做茶，2015 年才开始建造新房。

第三阶段是2010年以来，随着第三代逐渐成家，开始了家族的第二轮分家。第三代人的分家建宅活动尚不活跃。原因在于，其父辈受计划生育影响，大多只有一个儿子，与父母同住并不困难；而且第三代年轻人，基本为“80后”乃至“90后”，更愿意去城市里买房，在农村建新宅的动力变小。即便如此，第三代人分家的难度和冲突却比他们父辈更大。随着保护区的政策紧缩，宅基地的申请越来越难。老大为了让两个都已成家的儿子盖房，又苦于没有新的宅基地，只能将自己的老木屋迁到旁边自己的茶田里，而把位置更好的宅基地让给两个儿子。两个儿子的房子是工整紧凑的砖混住宅（6－1－1、6－1－2），小心翼翼地挤在原先老屋的宅基地上。和旁边几位叔叔“宏伟”的大宅比起来，难免显得寒碜。

潭溪洲村从新中国成立后第一代人的7户，经过三代人的两次分家，已发展到20户了。尤其是胡家，尽管搬来只有50年，但已成长为能与本地江、梁等大姓抗衡的家族——其话语权增长的顶点，莫过于胡家第三代的胡永飞当选为村主任这件成就了①。2010年以来，胡主任作为村里唯一的研究生，引领几个叔伯将宅子建成“徽派”大宅，形成的组团蔚为壮观，成为村里人津津乐道的一道风景。这片过去外地人的“流放地”，随着一个家族的成长分家而成了村里炙手可热的“风水宝地”。

然而欣欣向荣的景象背后，并不总是风平浪静。兄弟分家后争先恐后地建房，房屋越建越大，风格上越发浮夸浪费。建造住宅的花费从十年前的几十万，涨到后来的两三百万之多。是茶农们真的赚了这么多钱？还是说背后隐藏着兄弟们互不服输、争要面子的心态？放眼全村，兄弟、邻里之间的建房竞赛，搭上了茶业资本膨胀的顺风车，竟在不到十年间就把桐木村半数以上的住宅都重建或翻新了个遍，甚至出现一些体量巨大的厂宅，据说是茶叶公司通过各种融资方式建造的。而近两年金骏眉资本市场的泡沫破裂，使融资公司难产倒闭，留下几栋崭新、宏伟却空荡荡的烂尾楼。

在厂宅建造中不断追求浮夸表面的行为，折射出当代茶农由商人“身份”带来的心态变化。房屋越高大，就表明这家人越有钱，在兄弟、邻里间的地位

---

① 虽然当地人自称“民富村穷”，很多人对在村里做小领导不屑一顾，但胡永飞这位敢作敢当的年轻村主任，还是用自己的才干得到了村里大多数人的认可。

也随之更高。而在兄弟之间，这也可视为他们对分家不公的逆反心理的表现。① 当长子分得更多的茶山，年纪较轻的弟弟们分到的茶山往往少得多。弟弟为了显示自己的生活并不差，争相建造更好的厂宅以维护颜面，甚至不惜举债建房。例如，胡家的七哥、八哥，他们在建房中的"表现欲"远高于年长的二哥、三哥。

茶叶资源作为一种分家财产的纳入，也改变了过去以房屋为核心的分家结构。父母似乎有意通过茶叶，来寻求房屋划分时的平衡。当大儿子获得更多的茶叶资源时，小儿子可能就会继承老宅。这样的分家思路，导致了继承权在茶叶和房屋间互斥的情形：更早继承茶青的儿子早早自立门户，较年幼的儿子虽然与父母同住，却不拥有父母茶山的茶青，反而要自己去向其他茶农收购茶青。这种方式看似为了公平，其实无论大儿子还是小儿子都心有不满。分家——"分家"，兄弟间的关系也越分越远了。

如果要找一个故事作为对分家秩序的注解，莫过于长子的没落。刘老大家的住宅和茶厂，无论是外部结构还是内部陈设都十分破败，就和他越发佝偻的身躯一样。他在兄弟间也不仅没有赢得兄长的尊重，反而因较差的经济状况而被看不起。家里和村里人仍然称他为"老大"，但这样的称呼却不再带有字面意义上的尊敬。他自称"量大福大"，仿佛遭受了很多的冤屈和不公。弟弟和弟妹们谈到他，都哭笑不得，劝我少和他说话，说他"酒喝多了烧坏了脑袋"。

老大的成长史一般是几兄弟中最苦的。20 世纪 60 年代，胡家初来桐木，安家建房，他刚年满十六岁。当时村里还处于集体做茶的阶段，每家要派出劳力，挣工分，以换取全家老小的口粮。他作为家中最大的儿子，很长时间里都是家里唯一的工分来源，供养父母和嗷嗷待哺的弟弟们。他回忆说，自己在菁楼里没日没夜地焙茶，眼睛被松木烟熏得通红，每天回去感觉要瞎了一样，母亲不得不用两片海带放在他的眼睛上缓和症状。除了做茶，砍柴、挑米也都是他一个人的活。也许是青春期做多了重活，他今天是八兄弟中最矮小的一个。

20 世纪 80 年代他最早分家，本应茶山地最多，但当时茶叶不值钱，于是很

① 近十年来，桐木村茶农纷纷依靠卖茶发家，而茶山作为保护区内的稀缺资源，不能再开垦扩张，只能通过继承来获得。因此，分家的过程中，在子女间分茶山也成为一个极为敏感的财富分割过程。集体茶山包产到户是在 1983 年左右，然而，村中家庭很多子女都是在那之后出生。这些年轻子女成年结婚后，家中茶山在更多的人口面前只可能越分越少。

多茶山地被荒废。到了21世纪后茶叶崛起的光景，步入老年的他茶山荒废了大半，也未得到家中兄弟的支持，成为落后于时代的牺牲品。我一直好奇，为何他的住宅会位于一片茶叶地中。他说，自己的老木宅是前几年为了给儿子腾宅基地时搬迁的。“那为什么不让儿子的新房直接靠着老房子建呢？那时候应该旁边还有宅基地吧?”他指了指对面那家兄弟。原来，这个兄弟的宅基地原先并不临街，在获得大哥家旁边这块宅基地后，才得以把门面延伸至街边。不仅如此，兄弟中不知哪家装修，施工队把装修的垃圾堆在老大的木屋门口。或许施工队也在潜意识中认为，这栋破破烂烂的老木屋，比起周边几兄弟的新宅来说，是唯一可以与建筑垃圾“和谐并置”的地方了吧。老大拉着我，让我评评理，不停地摇头，嘴里碎碎念着一些气话。

这种“落寞的长子”，在桐木并不少。在产业化进程中，兼并、竞争使得乡村的兄弟关系受到前所未有的冲击。在利益诉求下的“分家”，演变为以茶产业为核心的家庭财产的继承和瓜分。林耀华在《金翼》中，曾借东林之口感叹，“家庭的历史恐怕就是这样周而复始的循环”。即便像黄氏金翼之家这样在乡村显赫一时的家族，也不得不在一次次的分家和分裂中渐渐衰微（2000）[112-113]。上一代的分裂，在下一代中也无从幸免，兄弟中总要分为贫富两支，贫者逾分逾贫，再无法摆脱饥饿与贫困，与曾经的兄弟间的关系也越来越疏远。

曾有一位老茶人乐观地说：“只要家庭不消失，工夫茶就万寿无疆了。”他所信赖的就是中国茶文化与家庭生活的密切交织。然而通过本章的描摹，可以看到桐木的家庭分明在“消失”；且讽刺的是，让家庭岌岌可危的，恰是茶文化的商业化带来的社会空间变迁。

厂宅家庭空间的变迁，其本质动因是在茶产业的商业化趋势影响下，家庭关系、宗亲、神明的家庭信仰沦陷，而对茶叶、生意（究其根本即金钱）的信仰迅速升起，成为决定家庭空间营建的核心要素。家庭空间的变迁，也加剧着当代家庭关系的异化——作为家庭繁衍扩张方式的分家建房行为，在赤裸的经济利益划分面前，显得矛盾重重，致使空间和关系上的单体家庭间的关联被切断，代际和兄弟间关系面临危机；在家庭内部，堂屋的“茶室化”、卧室的“宾馆化”等空间现象，使传统家庭中维持家庭成员间良好沟通和密切关系的核心空间机制发生了动摇。父子、夫妻，如同茶叶生意的合伙人，甚至是老板和雇员一般。

归根结底，究竟是家庭关系的异化导致家庭空间的变迁，还是不断演变的家庭空间促成了家庭关系的变质？在笔者看来，这种变迁是互动性的。一方面，若反思家庭关系中的"传统"，会发现其具有强烈的空间依附性，如堂屋的轴线、卧室的格局、厨房的位置决定了家庭日常生活的品质，这种空间内核的消失导致了家庭生活的消失和家庭关系的异化。另一方面，对于空间的理解亦不可局限于表象，如在堂屋中，以家庭信仰为主题的传统，由摆放保佑家庭平安的宗教画与楹联、"天地国亲师"牌位等构筑；而新的一种茶文化传统，则由文人山水画、古玩等符号来表现。尽管从风格上依然延续了一定意义上的"传统"，但从日常生活视角看待，客厅的尺度越来越大、装饰越来越浮夸，远远超出传统意义上家庭生活的需求，甚至在很大程度上已不适用于家庭生活。同样，在那些装修一新的农家乐中，浸润着茶文化的精致氛围，然而这些卧室对于生意越做越大的茶企和茶农家庭来说，不再是夫妻、子女的心理归宿——正是表面上延续性的风格传统，掩盖了生活传统走向异化的危机。

"空间志"可使我们阅读家庭空间和家庭关系的互动变迁，也揭示了空间的形制语汇和其中发生的日常生活的内核。对于乡村建设者而言，需要警惕的不只是变迁的表象，更应反思空间和风格背后异化的乡村生活。无论从空间形式还是空间活动出发，保持和恢复这两者的互动关系才是重建传统的本质问题。

第五章　市场、技艺与生产

本章将从社会变迁中的茶叶市场维度出发，以“技艺”变迁为线索，探索厂宅中的生产空间面对不断变化的生产方式及生产关系所发生的空间调试。这里的生产空间，是指在“厂宅”中至关重要的“厂”这一角色——除了从集中化到离散化，并逐渐与住宅融合并置的茶叶加工空间之外，也涉及采茶工这一“游牧居民”的临时宿舍。相应的生产关系，除了茶叶生产中的茶农与采茶工，也将茶青纳入其中，探索生产者（茶农）与生产资料（茶青）间的“跨物种”关系及对生产空间的影响。

第一节解析桐木村所处茶叶市场的深层结构——营造具有标志社会地位、区隔社会层级的作用的“区隔之味”。“技艺”是茶叶市场演变过程中生产空间建构的关键词，第二节以典型的生产空间青楼为例，探究这一代表性生产空间的历史渊源，提出建筑及与之相关的正山小种工艺实际应源于近代工业基础。第三节，“正山”和“外山”茶青并置导致生产空间中发生的多元建构，使茶农对于制作茶叶时严谨、虔诚的“父子”关系的坚持，在大茶企所营造的竞争环境下日益衰微。第四节则透视从“定居”到“游牧”的茶工居住空间中，采茶工和茶农关系的潜在危险，指出维系传统的情感关联是这种附属居住空间的关键。

本章试图在空间中摸索茶叶技艺的本质，呈现与高品质加工技艺相关的生产空间内核，批评在产业化竞争中流于表面的“发明传统”等现象。

第一节　茶叶市场结构与传统技艺的合法性

桐木村一直是武夷山茶叶市场的一部分。历史上武夷山茶产业曾长期依赖出口，这种情形甚至持续至21世纪初①。而今天，随着茶叶市场的结构性变革，武夷山茶叶市场发生了两大转变：外销转向内销，低端走向高端——这是研究当地生产空间及生产模式的前提。

武夷山茶产业转向内销，得益于近十年来我国“名优茶”② 市场的膨胀。“名优茶”指有一定品牌效应、品质优良的茶叶，如西湖龙井、太平猴魁、大红袍、金骏眉等。2015 年，名优茶产量占总产量的 43.6%，而产值占比达到 68.3%（杨江帆 等，2012）[140]。名优茶市场让众多茶企从传统出口转向内销，表现最抢眼的就是红茶，而金骏眉扮演着引领性的角色③。国内市场的红火扭转了红茶以外销为主的模式。国内消费者对茶叶的价格承受能力远高于国外，利润丰厚④。2005 年，红茶外销比重还高达 74.7%，至 2012 年，内销茶在红茶销量的比重攀升至 73%，内销与外销的地位彻底扭转（杨江帆 等，2014）[243]。而将范围缩小至近十年的福建⑤来看（表 5.1），红茶和乌龙茶引领增长，尤其是红茶，其增长拐点 2008—2009 年恰是金骏眉全面走红的时期。2008—2012 年⑥，红茶产量增长了近 10 倍，在福建茶业总量占比也从 1% 增长至 11.7%。

---

① 至2005 年左右，用武夷山茶叶同业公会会长刘国英的话来说，“茶叶还很不值钱，武夷岩茶只卖几十块一斤”。根据笔者 2016 年 8 月，于岩上岩茶厂对刘国英的访谈内容所写。

② “名优茶”通常涉及手工采制，对茶叶的产地也更加讲究，以内销为主；与之对应的是以出口为主的大宗茶，往往采用机械化以压缩成本。

③ 2005 年来，金骏眉的走红带动了正山小种和其他传统工夫红茶的复苏，在全国引发一场“红茶热”。红茶市场份额从 2005 年的 2% 增加到 2012 年的 6%（杨江帆 等，2014）[21]。2015 年，红茶产量增速依然排在各茶类前列，达到 10% 以上。

④ 2012 年，中国红茶的出口价格每千克均价仅 3.3 美元（约 20 元），而普通的正山小种每千克价格至少也是数百元，更别提单价上万元的金骏眉了。

⑤ 福建是我国茶产量及产值都排名第一的产茶省（杨江帆 等，2014）[5]。

⑥ 虽然 2012 年后“八项规定”导致金骏眉销量受挫，但整体上，国内消费者对红茶的饮用习惯已形成，正山小种、三大工夫红茶依然能够保证红茶产量的稳步增长。

表 5.1　2005—2014 年福建茶产业经济数据一览表

年份	产值（万元）	面积（千公顷）	总产量（万吨）	红茶（吨）	绿茶（吨）	乌龙茶（吨）
2005	359783	155.23	18.48	1652	88923	85924
2006	426935	159.82	20.01	2042	93388	97084
2007	623329	169.76	22.39	2479	101978	111138
2008	741939	189.07	24.73	2765	108278	126273
2009	794188	194.84	26.57	6545	109187	139082
2010	995813	201.20	27.26	13473	102438	147789
2011	1100000	211.34	29.60	22707	106376	157450
2012	1616605	221.46	32.10	27365	110064	172690
2013	1840155	232.29	34.70	36866	109899	188038
2014	2083475	242.93	37.21	43359	114859	197461

数据来源：2005—2014 年《福建统计年鉴》，2013 年《中国农村统计年鉴》

武夷山茶叶市场的高端化特征，更高于全国以及福建的平均水平。武夷山茶叶总产量仅占福建总量的 2%，总产值却占近 8%①。究其原因一方面是武夷山茶文化历史带来的附加值，另一方面也在于世遗旅游促进下对茶叶种植面积和产量的严格限制②。如桐木村，作为武夷山红茶产业核心区，其茶叶种植面

---

① 2014 年，武夷山市茶叶种植面积共 14.8 万亩，年产量 7800 吨，总产值 15.8 亿元。（数据来源：根据笔者 2016 年 1 月，于岩上岩茶厂对武夷山茶业同业工会会长刘国英的访谈内容所写。）

② 例如武夷岩茶中价值最高的“正岩茶”，指以武夷山风景区约 70 平方公里面积内种植的茶叶为原料所制作的武夷岩茶，种植面积仅约 2000 亩。“正岩茶”按平均每亩产量 50 斤计算，总产量仅在 50 吨左右。尤其所谓“三坑两涧”（通常认为，“三坑”指慧苑坑、牛栏坑、倒水坑，“两涧”指流香涧和悟源涧），是最受茶人追捧的几处产区，尤以牛栏坑所产的肉桂为“极品”（俗称“牛肉”）。据当地茶人描述，正宗“牛肉”产地只有 20 多亩，最终制出的成茶也就几百斤（以茶青产量 1 亩不到 50 斤，且 8 斤茶青才能制作一斤成茶计算）。“牛肉”价格近年来扶摇直上，精制茶成本价就要 4000～5000 元，知名茶师以牛栏坑肉桂所制的茶，可卖到数万乃至十几万一斤的价格。“牛肉”作为近些年武夷山茶叶市场的代表作，接过了 2012 年前金骏眉的风头，延续了其市场的高端化特征。

积不到1万亩，其中，正山小种产量约150吨，产值1387万元（2012年）（杨江帆 等，2014）[242]。尽管桐木村的红茶业增长迅猛，但放在整个武夷山茶产业中，无论从种植面积、产量还是产值来说都不到武夷山的十分之一。桐木村地处国家级自然保护区之内，几乎不能进行新的茶田种植和茶树种植，走向“高端化”似乎成了村民的唯一选择。如桐木“正山”金骏眉，需要5斤茶青才能制作一斤成茶；当地人说，每年全桐木“正山”金骏眉的产量一般就在5000斤左右，成茶价格每斤在5000～10000元左右。

是什么支撑着武夷山和桐木村动辄数千、上万元一斤的高端茶①？笔者询问当地茶商为何出口越来越少，他们总骄傲地说：“外国人消费不起我们的‘茶文化’!”纵观琳琅满目的茶产品，无论是凝聚着西湖人文气息的龙井、披着国礼光环的大红袍，还是底蕴深厚的普洱茶饼，背后的“茶文化”越深厚，茶的消费价值往往越高。“茶文化”作为从生产到消费传统的集合体，成为决定茶叶价值的关键性因素。

“茶文化”的实质，就是具有社会属性的茶叶价值体制，一种“区隔之味”，使这种消费成为士绅阶层提升社会地位、固化阶层划分的工具。如阿帕杜莱所言，能够传递社会信息的物品，不易受供给和价格的影响，反而更接近于一种政治操纵的产物（Appadurai，1986）[33]。中国社会结构一直有“重仕”的传统，士绅阶层的消费方式对民众有着极大的影响。与阿帕杜莱提到的甘地对布类消费的影响类似，在“茶文化”历史上，不乏乾隆皇帝御赐“龙井”之名使其成为一代名茶、“六安瓜片”因周总理喜爱而闻名的故事。士绅阶层对茶叶消费的影响，在桐木金骏眉的走红故事中再典型不过了。当地茶人告诉我，正是依托几位北京茶人的政治圈关系，使金骏眉作为一种新兴茶类开始在政治圈走红，只花了两三年的时间，金骏眉就被捧为新贵礼品茶。动辄每斤上万元的正

---

① 当然，今天武夷山和桐木茶叶市场并不只有高端茶，且高端化经营也伴随极大的风险。高端茶市场在2012年“八项规定”推行以来严重缩水，且掩盖、甚至导致了产量远比高端茶高的中低端茶危机。在武夷山，产量很低的高端茶产量处在供不应求的乐观状态，而武夷山6000多家涉茶企业，真正有能力生产、销售高端茶的茶企凤毛麟角，广大中小茶企生产的中低端乌龙茶，品质良莠不齐，销售困难。访谈中有资深茶人透露，2015年底，武夷山茶叶市场存量至少在2000吨左右，约四分之一茶叶的年产量存在滞销危险，其中大部分是中低端茶。

山金骏眉、肉桂大红袍，也成为具有奢侈品性质①的商品。

中国茶，常以“风雅之物”的姿态出现。明代文震亨的《长物志》对士绅文人推荐的风雅之物鉴赏指导中就包括“香茗”。柯律格基于对“长物”的研究，将文化奢侈品消费与布迪厄、阿帕杜莱等人的商品价值理论联系起来，论证了明代物质世界与社会士绅所认同的社会等级之间的关系。他指出，文人拥有的一幅艺术作品“作为一种浓缩的资产……其拥有者可得到对于成功的仕途生涯而言至为重要的社交关系保障……在晚明和清代，若不做个‘好古之人’，在士绅圈子里是让人难以接受的”。明代文化市场的成熟体现了差异对维系社会和文化层级所起的作用（2015）[83-123]。在柯律格的语境下，士绅文人所推崇的风雅之物背后的社会性，凝练为一种布迪厄所谓的“区隔”意象。

伴随“区隔”社会还出现了“品鉴”行为。“品”的概念源自8世纪陆羽《茶经》中对茶盏类型的品鉴（柯律格，2015）[83]。品鉴行为将同类商品分为“三六九等”，固化了商品消费背后所代表的社会层级。宋元时期，武夷山建立的“御茶园”，使得顶级茶叶只为宫廷及官僚阶层所享。政治力量在控制时尚和品位的过程中，也控制了社会阶层的流动性，标记社会等级和进行歧视，将消费者置于由社会顶层的“口味制造者”及所属的“专家”所决定的不断变化的“游戏规则”中（Baudrillard，1981）。特定阶级将“品鉴”建构为一种需要专业知识参与的“解码”过程（deciphering），实现“将社会差异合法化的社会功能”（Bourdieu，1984）[1-6]。鲍德里亚的“游戏规则”和布迪厄的“解码过程”，皆指向“品鉴”背后的社会机制——茶文化中品茶的能力、喝茶的茶道，便是很难掌握的游戏规则；往往只有拥有更多社会资源的士绅阶层，才能够接触到

① 中国高端茶叶的社会性，可与西方的“奢侈品”文化研究联系起来。桑巴特最早提出奢侈品的象征性和社会性范畴：他认为奢侈品源自11世纪“爱的世俗化”，并随着文艺复兴时期女性阶级的解放，作为一种与性冲动相关的、刺激感官的精致体验，在宫廷及社会中流行开来。桑巴特归纳了早期奢侈品的5个特点：（1）限于社会精英；（2）很难获得；（3）传递复杂的社会讯息；（4）受时尚“知识”对于“恰当”消费方法的限定；（5）消费与身体、人格密切相关。奢侈品作为一种特殊的消费标记，具有很强的“修辞性和社会性”，通过相关消费“知识”实现对平民阶层的排斥（Sombart，1967）。布迪厄从艺术品领域更系统论述了文化消费对社会阶层划分的作用，提出文化需求是消费者家庭出身和所受教育的结果，艺术品等级便对应了消费者的社会阶级（Bourdieu，1984）[1-6]。商品的社会意义在阿帕杜莱那里得到总结，他研究商品在生产、交换至消费的完整生命中如何与特定的场所、文化、生活方式相连接，揭示了商品在社会结构中的限定意义已成为消费时代的核心机制（Appadurai，1986）[32]。

这类高端的茶叶。

武夷山“斗茶”就是典型的文人社交。斗茶，是在唐末至五代形成、流行于福建的地方习俗，至宋代，以“点茶法”为基础，发展为文人士大夫所推崇的高雅活动（沈冬梅，2007）[41]。宋代蔡襄《茶录》写道：“建安人斗试，以青白胜黄白。”在蔡襄的推动下，斗茶不仅是在品鉴茶叶本身的质量，对相关的茶器、茶礼也十分讲究①。南宋画家刘松年的《撵茶图》细致描绘了这种由磨茶、点茶到赏画的文人雅集场景：茶的品鉴与诗画等艺术结合，文人社交才是斗茶行为的本质。

一直以来，中国茶叶市场的繁荣就依赖于士绅阶层对“风雅之物”的推动。今日武夷山茶叶市场中，有能力消费茶文化的阶层主要是三类。第一类是领导干部，不过随着“八项规定”的出台，其数量大大减少。第二类是当地的高端茶商。他们自称“茶人”，身着布衣麻鞋，带着客户出入竹林山水之间，对于茶文化有着较高的品读及演绎能力。他们不仅卖茶，也热爱喝茶。有实力的茶商还将茶室建在风景优美的山间，以标志自己的“品格”（图 5.1）。例如，武夷山大王峰脚下的兰汤村，近年来演变为当地高端茶叶会所的聚集之地。第三类是“士绅”，是受茶文化渲染、慕名而来的茶客。他们购买更昂贵、更正宗的茶叶，表达了对象征更高社会地位的生活品位的追逐②。因而当地茶人利用“茶文化”包装的产品，看似有着违背市场规律的高价，却迎合了这种社会性需求。这群高端茶客，以有一定经济基础和文化需求的知识分子、白领、商人为主——他们构成了当代士绅阶层广泛的外延和稳固的基础。

从这三类消费者的分析可见，受当地人推崇的“茶文化”，实际是一场限于士绅阶层的“社交游戏”。通过茶这种高端商品的消费及相关品鉴行为的限定，起到标志社会地位、区隔社会层级的隐形作用——这是武夷山乃至全国范围内“茶文化”传播的核心语境。

茶叶生产者的本能是创造价值，一切生产活动都与茶叶交换直接相关。在桐木茶叶市场，茶人便利用“茶文化”的价值取向，发展一种致力于营造社会

① 蔡襄在《茶录·器论·茶盏》中提到，“茶色白，宜黑盏，建安所造者，绀黑，纹如兔毫……最为要用”。这种茶盏即武夷山附近的建窑（今建阳水吉）出产的“兔毫盏”。

② 这种消费者心理，与中产阶级的奢侈品消费基本等同，可细分为三类：赶潮流效应（Bandwagon effect，他人消费而需求增加）、势力效应（Snob effect，他人消费而需求减少）、凡勃仑效应（Veblen effect，价格高而需求增加）（姜凌 等，2009）。

图 5.1 武夷山近年来层出不穷的文雅茶室，契合了市场的文化导向

来源：作者摄

区隔的茶叶价值体制。在高端食品品鉴语境下，它围绕着“风土”和“技艺”① 两个层面，建构起茶叶价值的评判标准——好产地的茶青，如果不经好茶师之手制作，很可能会暴殄天物；而质量劣等的茶青，即便放到最好的茶师手中，也只能是“巧妇难为无米之炊”。用当地茶人的话说，一泡好茶的偶得，是“天时、地利、人和”共同作用的结果。

首先是“风土”。中国历来有“好山产好茶”的说法，茶叶被视为自然之精华，品质也取决于自然环境的优劣。在武夷山岩茶产区，顶级的正岩茶来自九曲溪以北的武夷山核心景区，又以“三坑两涧”的茶为上上品；而红茶产区，当地人也无时不强调桐木山区得天独厚的茶叶生长环境（图 5.2）。井然有序的产地划分，使原料产地成为一款好茶形成的“敲门砖”，也是大多数消费者认可的首要标准。

其次是“技艺”。如果正岩、正山产地居于茶叶市场金字塔“顶端”，那么在武夷山当地的顶端竞争之中，由知名制茶者采用传统技艺制作的茶则处在金字塔的“塔尖”，是茶叶价值评判体系的第二道更高的门槛②。在高档食品消费

① 人类学的食品研究领域曾定义“风土”（terroir）的概念，这是用于葡萄酒等高端食品品鉴的法语词汇，表达了一种“场所的品位”——与地质、气候、地形以及食品加工方式息息相关（Heath and Meneley，2007）（Trubek，2008）[10-12]“风土”和“技艺”反映了当代国际市场对农产品认证的普遍价值评判标准。

② 在武夷山，对“手工制茶”的渲染渗透于茶叶市场的各个层面。一批“非遗传承人”“制茶大师”，不仅是拥有很高地位的手工制茶工艺集大成者，也是高品质茶的指定生产者。然而被这些处在金字塔尖端的制茶者所忽略的是，大量普通茶农亦对这种神秘标准趋之若鹜、亦步亦趋，却只能带来悲惨下场。一则戏剧化故事是：2016 年的制茶季节，有茶农半夜跑到牛栏坑偷茶青，偷了 20 斤却被抓住，不仅罚款十万元（远超茶青价值），还被茶田主人绑在天心岩茶村广场的柱子上示众——这样一出带着原始野蛮意味的事件很难想象会发生在 21 世纪，揭示了这种以原料产地为首要标准的茶叶价值评判体系所带来的社会区隔。

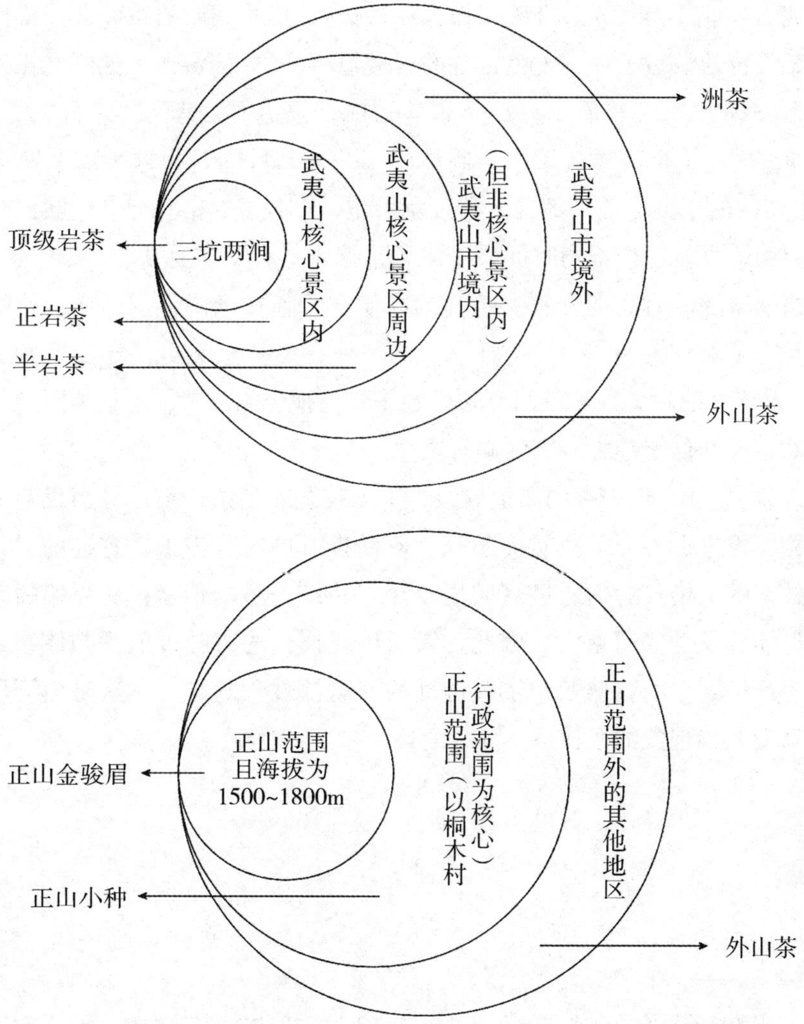

图 5.2　营造区隔的岩茶和红茶产地等级结构

来源：作者根据（肖坤冰，2013）发表的图改绘

领域，“手工”价值源自生产者和消费者共同构筑的价值生产过程。“手工”制作的时间成本、随机性，伴随而来更高的稀缺性，亦与社会区隔的作用相关。

此外，“传统技艺”与生俱来的神秘性让它更受消费者的追捧，与一种文化上的“尚古”情节相关①。金骏眉作为一种2005年才创制的茶叶，在推广过程中，创始人特地撰写了一首古色古香的《骏眉令》，广为流传，如同老祖宗传下来的“制作秘方”。《骏眉令》模仿古体写成，包括“之理”“之性”“之术”三部分②；描述了金骏眉从采摘至制作的工艺，其目的是为这种新茶赋予一种“传统手艺”的格调。前两部分的大致意思是，金骏眉、银骏眉、铜骏眉分别是立春、谷雨、立夏三个不同时间采摘的，采摘方式都只采芽头，“金、银、铜”的分级暗示着随着时间的推移，茶叶的品质和价值逐渐降低。然而，这样的写法更多是为了对仗工整。③《骏眉令》的写作，象征意义更甚于实践意义，在“尚古”审美之下将本来简单的金骏眉制作套上神秘的外装，也是为了迎合高端消费者对古老和传统趋之若鹜的心态。

可以说，正山/正岩茶的产地等级、手工技艺、品茶、茶道等当代茶文化语境的重构，根本上是为了应对商品社会不断提升的区分需求。有趣的是，这种对传统技艺的渲染，的确通过《骏眉令》等传统符号的传播，从高端的茶叶制作精英群体普及至普通茶农。因此，崇尚传统技艺的茶叶价值评判体系，为茶农日常生产空间中的菁楼赋予了关键性的“合法性”地位——这是当下厂宅生产空间新旧并置现象的根源。

---

① 中国传统的语境中，“古”不仅意味着“年代学上的古老”，也暗示了“德行上的高贵”（柯律格，2015）[76]。对于古老之物的鉴赏，一直是一种受到社会认可的学识，甚至导致“学养的成果也跟工匠的产品一样，都是有价值的可供营销的商品”（高居翰，2009）。

② 《骏眉令》，落款“佚士茶人：翼峰，宝山”——当年金骏眉的创始人之二、北京茶人阎翼峰和马宝山；时间为“乙酉年，二春”（2005年夏），正是第一泡金骏眉制作的时间。主要内容如下：

“之理：金银铜，明雨夏。三三见九。九九归一，天赐骏眉落武夷，茶神嗅品不离去。

之性：清明，一芽，金骏眉、金骏眉冰、金骏眉饼。

谷雨，一芽，银骏眉、银骏眉冰、银骏眉饼。

立夏，一芽，铜骏眉、铜骏眉冰、铜骏眉饼。”

③ 例如，“三三见九，九九归一”之类的古语，有人指出只是“为了押韵”。（肖坤冰，2013）[104]

第二节 菁楼：作为技艺和记忆的生产空间

提到桐木村的传统红茶生产，不能不提菁楼。菁楼是武夷山茶叶生产史从手工化迈向机械化的生产物质文化的综合表达①。19 世纪可考的制茶工具及空间沿用至今，为近现代生产空间的形成提供了线索，也揭示着生产方式及生产关系变迁的动因。考据发现，菁楼并不像当地茶企宣称的那样“见证正山小种红茶 400 余年的发展历史”②，而是源于人民公社时期乡村工业化时期的发明。但这不会改变菁楼作为桐木正山小种传统技艺的空间载体的作用，其也是当地人栖居、生产所围绕的中心。理解菁楼的空间及技艺本质，为构想当代生产空间的变迁提供了前提。

菁楼，当地人也作“青楼”，“菁”意为花草，用来代指茶青。顾名思义，菁楼就是“加工茶青的木楼”。大部分保留至今的菁楼都是人民公社的产物。为了提升农业生产规模和效率，通常每个公社、大队或小队就生产同一种茶，促进了每种茶类的生产技艺标准逐步确立。技艺分野也导致空间分野的出现：武夷山除了桐木之外的大部分地区都专注于岩茶生产，而红茶（尤其是正山小种）成了桐木村的“专利”。

在人民公社之前，类似菁楼功能的建筑只以规模更小、工序分离的方式存在。波尔提到，在武夷山、星村镇周边种植茶叶的曹墩、黄柏等村镇，有很多茶叶萎凋棚（tea sheds）及熏焙房（roasting houses）（Ball，1848）[43]——英语辞典的定义③和波尔的描绘是相符的（图 5.3），19 世纪的萎凋棚具有“单层的”“临时性或轻型的”“半开敞式的”这几个建筑特征。类似形式的“萎凋棚”延

---

① 物质文化（material culture），是一种特定文化所创造的一切物件及建筑造物的总称。物质文化研究，是一门研究人与物质之间关系的交叉学科，涉及考古学、艺术史学、建筑学、人类学、民俗学、博物馆学等（Glassie，1976；柯律格，2015）。本书所关注的红茶生产的物质文化传统，包含茶叶生产从工具至建筑的一切造物。它们与红茶生产密切相关，影响了当代生产空间演变的逻辑和基础。

② 出自正山茶业公司挂在庙湾菁楼中一块针对游客的解说展板。

③ 英文中“shed”一词，可译为“棚”，根据牛津辞典定义，指“一种简单的有顶构筑物，用于花园中的储藏，也可以遮蔽动物”；韦氏辞典中亦提到“尤指一面或更多面没有侧墙的单层、轻型建筑”。

续至20世纪中叶。关坪胡二叔回忆，刚搬到桐木时（1964年左右）看到的茶厂（类似萎凋棚）规模都很小，很多是在茶田中临时搭建的，木材很细，屋顶常用树皮、竹瓦等简单遮蔽。萎凋棚有一隔层，其上摊放茶青；可在下方用炭火或明火加温。他制作的回忆模型，进一步证实了对早期萎凋棚形式的猜想。

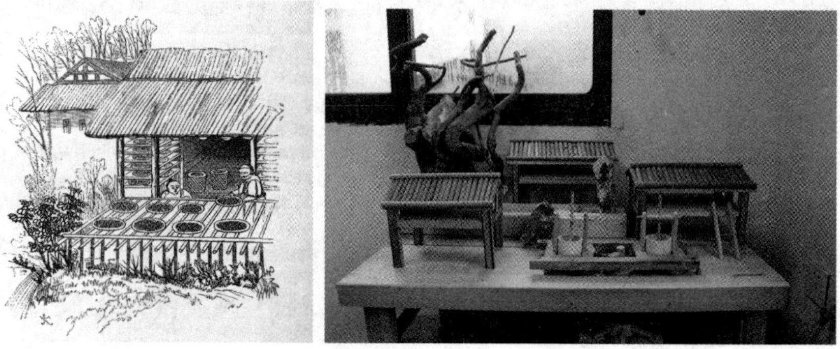

(a) (b)

图5.3　（a）波尔描述的19世纪初萎凋棚；（b）老匠人制作的建国初期萎凋棚模型

来源：（a）（Ball，1848）[106]；（b）作者摄（胡必胜制作）

菁楼应是在传统萎凋棚的基础上，结合规模化需求而出现的。这种规模化的一个平行参照，是19世纪在印度、锡兰等海外红茶产区出现的大型萎凋楼——据记载，中国政府在1905年茶业面临危机时，派遣郑世璜、陆溁等人组成考察团，赴印锡考察先进茶叶工厂，回国后谏言政府，创立茶厂，对于当时的茶叶生产及茶厂建设产生深远影响（Gardella，1994）[147-149]（Ukers，1935）[308]①。鉴于印度、锡兰的茶产业建设广泛，以波尔、福琼等人对武夷山地区茶叶生产方式的记录为蓝本，这些茶厂和萎凋楼在一定程度上或可看作19世纪武夷山萎凋棚的一条曲折往返的规模化演变路径，成为后来桐木村出现的菁楼的重要参照——那里也将这种建筑称作“茶青楼”（leaf house）或“萎凋棚”（withering shed）。

① 1905年，两江总督周復派遣考察团至印度、锡兰考察现代茶厂。考察团中包括道台郑世璜、秘书陆溁等，他们也被视为中国近代茶产业的先驱。考察团行程开始于锡兰的科伦坡，后赴加尔各答和大吉岭茶产区。考察团行程历经5个月，陆溁还多留了一年，详细考察。郑世璜、陆溁归来后撰写《乙巳考察印锡茶务日记》在《东方杂志》《农学报》连载，影响广泛。详见《中国考察印锡茶业的第一人》，茶报，1937（5）；《中国出洋考察茶业第一人——慈溪人郑世璜出国考察日记及其影响》，宁波晚报，2010-01-31。

19 世纪中叶的印度、锡兰，茶产业发展之初的萎凋楼、发酵室、烘焙房和中国一样是分离的，以防止各个工序的不同温度、湿度条件相互干扰。后随茶产业发展，英国殖民者尝试建设能够一次涵盖所有工序的大型茶厂。在杜阿尔斯（Dooars，印度最早产茶区之一），大多数茶厂有两层或三层，上部阁楼用于萎凋，一层则是揉捻、烘干和包装车间。这种将阁楼用作萎凋楼的方式在锡兰、爪哇和南印度十分普及。① 印度、锡兰的萎凋楼和中国有很多类似之处，但又根据各地特定的气候条件，采取具有地域性的建筑形式。在北印度，季风季只持续四个月，其他季节相对干燥，如阿萨姆地区就不需萎凋楼，而是直接放在露天的架子上萎凋；临近的杜阿尔斯、大吉岭等地，气候要潮湿一些，一般采用开敞的萎凋楼；而在南印度和锡兰，气候全年都极为潮湿，萎凋楼常是封闭的。

19 世纪北印度的新式大型萎凋楼（图 5.4），根据方言音译为"chung"，是当时造价最高、效果最好的萎凋楼，采用半开敞式铸铁框架、锡皮四坡屋顶。室内除中央走廊外，两侧皆为竹制萎凋架，架子用粗麻布分隔为数层，每层间距大约 3 英尺（0.9m），其间距足够让小孩子爬进去摊放青叶即可。架子最多有十层，建筑的高度可达十米以上；有的划分为三层，进而在各层布置萎凋架，便于交通。建筑的半开敞形式是为了促进通风，加速叶子失水，而在墙面上可以安装可拆卸的席子来遮蔽过强的阳光直射或是偶发的暴雨（Ukers，1935）[395-397]。在竹架子上，理想的情况是每一磅茶叶摊开面积约 15 平方英尺（1.4m^2）；萎凋时间约在 18~20 小时。

在郑世璜、陆溁等人的倡议下，中国在 20 世纪初建设了多家大型现代化示范茶园及茶厂，如南京植茶工所②、祁门示范茶场、宁州振植有限公司（吴觉农 等，1935）（Gardella，1994）[147-149]，但"茶厂依然主要依赖手工揉捻和古老的炭焙方式"（Ukers，1935）[280]。乌克斯书中有一张历史照片，应该是 1915 年

---

① 这些茶厂中，揉捻间和发酵间需要保持潮湿和凉爽，常会使用砖墙或石墙将它与烘焙室的热浪隔开。在阿萨姆，发酵间和工厂的其他部分最初是分离的，不过后来引进湿度控制系统之后就不再如此。对于萎凋阁楼，乌克斯特地提到，高度大约为 3 英尺——如果过高的话工人无法在更高的萎凋架上摊放茶青，过低的话建造的经济性就会受损。"最重要的是萎凋阁楼的窗户大小：窗户必须足够大，以引入适量的空气；而又不能太大，防止在天气炎热时，过多的热量进入萎凋室。"（Ukers，1935）[280-281]

② 郑世璜 1907 年在南京创办的植茶公所，被认为是中国近代第一个茶叶试验与生产相结合的国家经营机构和研究机构。详见《中国出洋考察茶业第一人》，宁波晚报，2010－01－31。

(a)

(b)

图 5.4　19 世纪英属印度北部殖民茶种植园中的大型萎凋楼

来源：(a)(Ukers，1935)[280]；(b)(Ukers，1935)[395]

建造的宁州振植有限公司（图 5.5）。抛却其乡土建筑元素，这座茶厂与同期的锡兰、印度茶厂存在类型学上的共通之处，如狭长平面、单元式重复、较为封闭等。① 在另一张照片中（图 5.6），从 19 世纪大吉岭茶厂发酵室中厚重的墙壁和深邃的阴影里，似乎可以呼吸到和宁州茶厂相似的温热、潮湿的空气。

图 5.5　20 世纪初的现代化茶厂：宁州振植有限公司

来源：(Ukers，1935)[302]

至此或可完成这一假说：这条曲折的现代茶厂发展之路，从 19 世纪中叶的武夷山萎凋棚开始，在福琼、波尔等“茶叶大盗”的引进下发展为 19 世纪末印度、锡兰的大型萎凋楼及现代化茶厂，后随着郑世璜、陆溁等人的考察带回中

① 中国南方气候不像印度南部或锡兰那样湿润，萎凋可在室外进行，省却了三层萎凋阁楼；而建筑相对封闭的夯土墙，则为发酵创造了良好的条件。

(a)

(b)

图 5.6　20 世纪初（a）锡兰茶厂、（b）大吉岭茶厂的室内发酵室

来源：（a）（Ukers，1935）[424]；（b）（Ukers，1935）[397]

国，形成中国第一批当代大型茶厂，然后这种改良尝试又伴随着张天福、吴觉农①等与武夷山交往甚密的现代茶叶先驱延续下来，影响了武夷山及桐木村当代菁楼的建设。

将时间拨到 20 世纪 60 年代的桐木村，我们一起“见证”菁楼的出现——菁楼这种建筑类型的形成，与今天桐木传统正山小种工艺的形成是一个相互促进、调适的影响过程——小种红茶在特殊的气候和资源条件下选择室内松木烟熏的萎凋方式，导致了菁楼形式的发明；而后期桐木菁楼空间模式的普及和优化，进一步改良、确立和普及了正山小种的制茶工艺。

首先，在 19 世纪至 20 世纪初的中西方文献中，红茶熏焙一直都采用炭焙的形式，并没有今天更常见的松木烟熏②。那么桐木村为何在 20 世纪 60 年代后从炭焙转向松木熏焙呢？这或与人民公社时期桐木所在林区大兴伐木、大搞工业的氛围有关③。在增加生产规模的要求下，传统炭火烘焙方式无法满足大规

① 张天福、吴觉农是在北洋政府及郑世璜等人开启的茶叶技术改良运动中培养出的第一批茶人，在 20 世纪 40 年代成为武夷山崇安茶厂及茶叶研究所的创立者，对当代武夷山茶产业影响极大。

② 74 岁的老茶人朱有福向我回忆道，在 20 世纪四五十年代，桐木“还没有菁楼，父亲做茶就在家里的小作坊，采用炭焙的方式，制作一些无烟茶（指不使用松木烟熏的红茶）”。当然，我们仍不能否认桐木村制茶规模更大的庙湾、江墩等小队会存在少量木材熏焙制茶的可能性。

③ 据保护区管理局的廖所长回忆，20 世纪六七十年代，桐木村所在区域林业资源丰富，几乎为大型伐木厂、采育场所包围，武夷山的珍贵木材“危在旦夕”，直到 1979 年成立保护区之后，才停止了大规模伐木行为，不过村民小规模的伐木依然持续到 1998 年“天然林禁伐”的规定出台之前。

模生产。将唾手可得的松木用于茶叶烘焙，并为此建造更大的熏焙房，也在情理之中。如果将“大跃进”引发的伐木炼钢作为这种木材供给变化的源头，那么桐木村的木材大幅被砍伐，并用于茶叶烘焙中，应该是从20世纪50年代末至60年代初开始的。

另外，20世纪60年代的菁楼采用木结构。一层的茶叶烘焙方式是，在地面摆放若干燃烧的火盆，茶叶架在上方烘烤。然而明火烘烤在木结构建筑中易引起火灾，村中一些老人仍有不少火灾记忆。这种情形直到20世纪70年代末才得到改观：1976年武夷山市的茶师陈德华在三港改造了第一栋带坑道的菁楼，将明火藏在石砌基础中。这种模式提升了菁楼的生产安全性，此后建造的菁楼都采用这种模式。既然是武夷山茶师帮助改造菁楼，是否意味着在武夷山其他地方也会使用菁楼呢？答案应该是肯定的①。只不过近十余年来，由于武夷山市区普遍转向岩茶生产，不再需要菁楼萎凋，这种传统茶厂才几近灭绝。

综合这些考察，可对菁楼的发展过程做出如下归纳：20世纪五六十年代以前，桐木村的茶叶生产空间与武夷山其他地区类似，主要为单层简易萎凋棚和放置焙笼的熏焙房，且这些空间应该是分离的，烘焙方式以炭焙为主，可能存在少量就地取材的松木熏焙；人民公社时期在“农业学大寨”“伐木大炼钢”等激进生产氛围的促进下，当地人将原先的萎凋棚扩大，形成整合了萎凋棚和熏焙房的“菁楼”，由于当地盛产木材，松木烟熏逐渐取代炭焙，成为正山小种的“正统”工艺；20世纪60年代时菁楼规模还不大，后随防火坑道的改进、集体生产规模的增长，20世纪70年代末开始大规模出现菁楼。菁楼演变是在整个武夷山地区同时发生的；不过随着改革开放后武夷山其他地区专注于岩茶，正山小种的制作技艺以及菁楼这种乡土建筑类型才成为桐木村“独一无二”的传统。菁楼出现之后，对正山小种红茶的制作工艺和生产空间带来了怎样的改变呢？

传统的木制菁楼设计精巧，像一座大烤箱，并能高效利用不同楼层的温度差异，为松木烟熏下的加温萎凋和熏焙提供适宜的温度和烟气条件。以庙湾集体菁楼（3－F－1）为例：建筑地上三层分别为一层的熏焙室、二层的温度调节室、三层及其夹层的萎凋室；地下层则为砖砌燃烧室。在地下燃烧松木时，热

① 武夷山茶叶同业公会会长刘国英说：“过去菁楼并不是桐木村专利，在武夷山市区及周边村庄也有不少。”

气透过一层地面的“U”型坑道进入建筑，并通过各层之间的竹席楼板贯穿整座建筑。若将一层理解为烤箱的“电热丝”，而上方的各层则是不同温度的“烤架”：一层温度最高，用作最后一步高温熏焙；二层调温降温；三层和夹层则用作青叶萎凋（图5.7）。

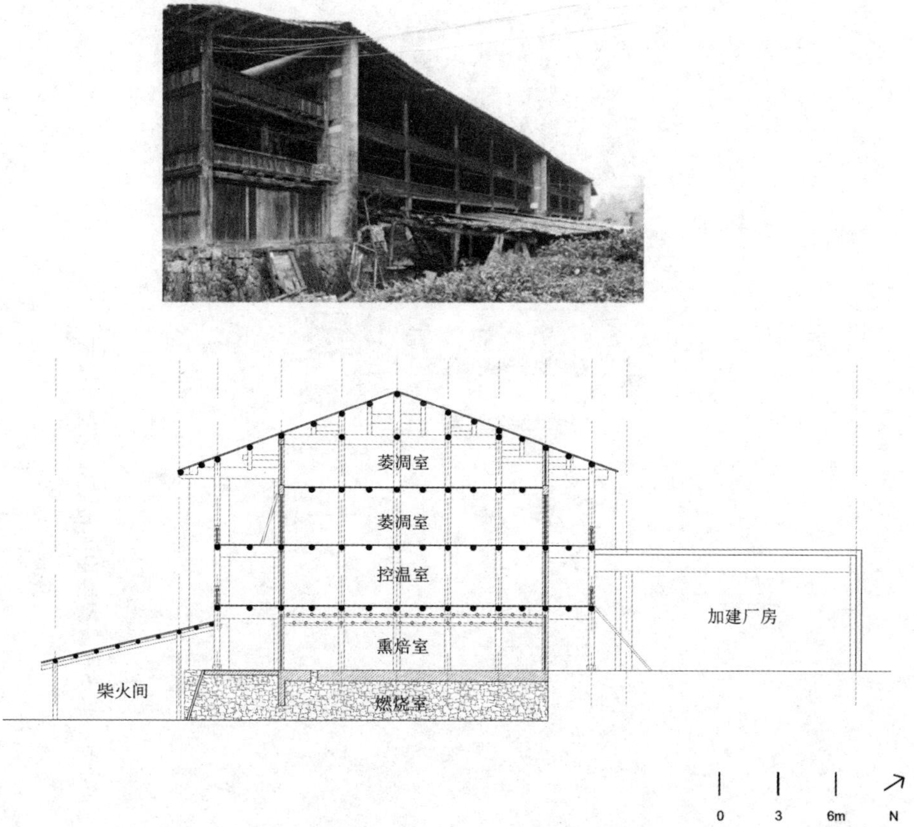

图5.7 庙湾集体菁楼（3－F－1）的外观及剖面图

来源：作者摄/绘

菁楼作为传统技艺的空间载体，承载着桐木茶叶生产空间的内核。在这张菁楼“技艺空间”图解（图5.8）中，笔者试图呈现菁楼中上演的忙碌生产场景。

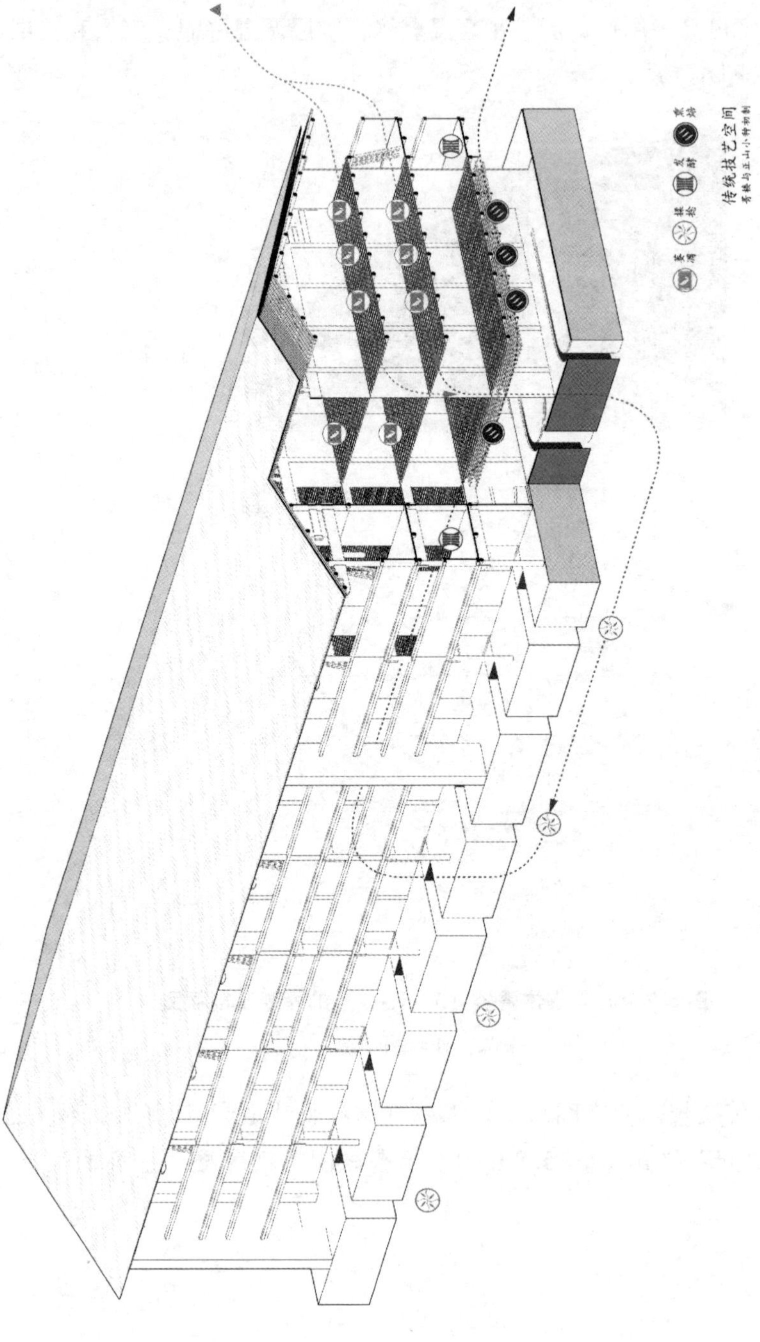

图 5.8 菁楼中的传统技艺空间模式

来源：作者绘

传统正山小种的手工制作工序大约需要30个小时，其中萎凋、发酵、熏焙各需8~10小时左右，都在菁楼中进行，最关键的步骤是萎凋和熏焙。当新鲜茶青从群山中采摘而至，不能有任何耽搁，必须马上手工铺在三层和四层的萎凋房中，一间萎凋间大约可以铺设100~200斤茶青。萎凋过程是茶青吸取松木烟熏味、形成“桂圆香”的关键步骤，必须在萎凋的同时在地下层燃烧“半干不湿”的松木（如此方能产生浓度适中的烟气，过干的木材燃烧不会有烟，过湿的木材又很难点燃）。萎凋完成后，半干的茶叶进入揉捻环节。20世纪70年代以前，揉捻是手工完成的，不过在集体化时期，揉捻机已逐渐普及。无论是水车揉捻机还是后来的机械揉捻机，通常放在菁楼中或距离不远的位置，方便茶厂中茶青的调度。揉捻和发酵都可在菁楼通廊中进行，有的菁楼也会在萎凋间旁边增加一座较小的配楼。发酵完成之后，将茶叶铺在竹筛子上，放在熏焙室天花板的竹架子上熏焙，此时要加大燃烧火力。经过以上四个步骤加工完成的叫“毛茶”，之后还需经过捡剔、筛分、分堆、复焙等多道精制工序，才能成为满足进入市场要求的“成茶”。

用几个词来总结菁楼中技艺空间的内核：高效、合作、劳作。菁楼的智慧高超之处，是巧妙利用网状楼板结构，将熏焙和萎凋这两个需要加温的工序同时解决，而松木烟熏技艺也由此和菁楼互为一体。高效的协同作业，需要职业化的合作精神。集体化时期，菁楼生产由“青师傅”统筹，他的工作是“看青”：茶叶每一道工序的衔接时机，需根据茶青的含水量、制茶时的温度湿度、发酵程度等灵活调整——时机的毫秒之差，茶叶的滋味就将天差地别。同时，高效与合作并不意味着菁楼等同于简化的机械化生产，其中还有一个必不可少的因素——劳作。尽管揉捻逐渐为机器取代，但萎凋、发酵和熏焙仍依赖茶工的手工操作。手工制茶的过程非常艰苦，尤其在萎凋、烘焙时，房间中充满潮湿木材不完全燃烧产生的烟雾，脚下的竹编地板吱吱作响，仿佛随时会断裂，负责“看青”的制茶师傅必须长时间地、小心翼翼地在这个“烤炉”中，孕育一泡好茶的诞生。

传统菁楼中的茶叶，正是经过大批制茶师傅艰辛的劳作、高效的合作而获得的，这个过程中蕴含的智慧和挥洒的汗水，是让菁楼中的手工制茶在当地茶农心目中拥有比机械制茶更高地位的原因。实际上，与其说手工茶在技术和品质上一定比机械制茶有一定的优势——菁楼的松木烟熏味当然是一个不可取代的因素，更不如说菁楼这个不可取代的、经过亲身的度量和肌肤的热感所体验的空间，赋予了茶农与品茶者这种独特的优越感。这种空间中的劳作，而非表面化的空间或材料布景，才是菁楼这一技艺空间的内核。

菁楼作为桐木传统技艺空间的集合体，在大多数茶农改用机械化制茶的今天依然有着很强的存在感。这种存在的“合法性”建构，亦与前面提到的茶叶市场“区隔之味”相关。所谓建筑“合法性”（legitimacy），除了历史建筑作为符号象征的合法性外，也指向一种功能上的合法性，使历史建筑具有持续的社会性价值。① 桐木菁楼的“合法性”，在社会性象征结构的作用下，表现为一种通过生产方式、提高茶叶品味营造社会区隔的作用，凝结了商品的“感官之味”和“象征之味”所暗示的经济和社会关系，隐喻着消费者和生产者之间的构筑性关联（Bourdieu，2000）[31]。这种“区隔之味”的作用延宕于包括茶叶的生产、交换和消费的生命全过程之中，为传统茶厂赋予了保存手工制茶传统的“技术意义”以及佐证茶叶原真性价值的“符号意义”。究其根本，这种“区隔之味”的制造，是同时存在于生产者和消费者之间的社会价值生产，造就了传统生产空间价值的合法性。

桐木菁楼的技术意义在于与正山小种茶叶独特的“桂圆香”的密切关联。然而自2005年金骏眉发明以来，随着机械化新工艺的普及，这种茶厂逐渐在生产运销过程中被作为传统茶叶原真性的象征符号，常在相关广告、宣传片、工厂参观中被展示给潜在消费者。实际上，茶产业的商业化已将茶叶的“符号意义”提升到与其“技术意义”一样乃至更高的地位。因此，让乡土茶厂及其承载的手工制茶传统在当代机械化浪潮中获得合法化地位的“区隔之味”，不仅是正山小种不可取代的烟熏味，也是向茶叶消费者兜售的一种社会尊贵感，且被嵌入其正统的历史、耗时的传统手艺、稀缺的地理环境和不断飙升的天价之中。

在近十年的桐木茶产业复兴中，传统菁楼发挥着重要作用。首先，传统菁楼的独特设计，是让桐木生产的传统正山小种获得独特桂圆香的技术要素；而感官意义上的茶味，仍是这种茶得以在茶叶市场竞争拔得头筹的有力支撑——若不是在菁楼，是很难制作出具有浓郁桂圆香的正山小种的。其次，菁楼独有的历史和文化背景能够提升茶叶的象征内涵。在传统菁楼中塑造的这种茶叶

① 相应地，“合法化”（legitimation）便是让传统价值获得合法性的过程。Nezar Alsayyad指出，历史建筑的合法化来源于建筑使用主体“合法地拥有一种原真历史”的需求——其目的无非两个：用于吸引游客及财政收入，或是作为民族记忆和骄傲的宝库（2014）[135]。

“区隔之味”，将桐木的茶叶与其他具有类似品质的茶叶区隔开来，也隐含着一种更受高端茶叶消费者青睐的“社会区隔”意味。尤其对于十年前刚刚推出的、主打高端市场的红茶金骏眉来说，这种“区隔之味”恰恰是茶叶生产者梦寐以求为它塑造的。因此，传统茶厂的合法性，就体现在与感官之味对应的技术意义和与象征之味对应的符号意义之中。

菁楼所代表的传统制茶过程的复杂和精致，反过来也使正山小种的独特香味更受当代消费者喜爱。① 实际上，在20世纪90年代以前，桐木这种口味浓烈的红茶只能销往国外，近年来才在金骏眉的带动下，于国内市场有所起色。在传统茶厂的空间映衬之下，正山小种的传统制作方式和烟熏味所带来的独一无二的地域标志，更容易得到那些追逐正宗产地和传统制作方式的当代茶叶消费者的欣赏。甚至很难说，究竟是中国人逐渐开始接受口味更重的红茶，还是说这种感官口味已经在参观茶厂的过程中融入了对传统手工艺的尊重以及对其所代表的更高品味的向往？无论如何，由于传统正山小种的“感官之味”依然受到市场的青睐，与之紧密相关的菁楼，也得以在已完全机械化的桐木茶产业中保存下来。

然而，菁楼所代表的松木烟熏工艺作为一种人民公社时期才确立的制茶方式，也是桐木茶农资源受限制时做出的唯一选择，其技术正当性或许不能自然而然地进化为技术延续的合法性。近年来，茶农们纷纷购买萎凋槽、揉捻机、烘焙机等茶叶机械，而金骏眉、赤甘等从传统正山小种工艺中演化而来的新工艺红茶，完全不需在老茶厂中制作。近年来越来越严格的自然保护区禁伐令，也损害着采用手工方式制作传统正山小种的普及性。过去，当地人一般会在制茶季节之初去山上砍回足够的马尾松；而1998年“天然林禁伐”规定颁布以来，当地茶农不得不花费重金从外地购买松木，大大提升了制作传统正山小种的成本。在机械化趋势和禁伐令的双重作用之下，技术意义赋予传统茶厂的合法性已摇摇欲坠。因此，将传统茶厂保存下来的，就不仅是“感官之味”而已，更重要的是它的“象征之味”。传统茶厂所代表的悠久的制茶历史和文化，与前面提到的高端茶的价值评判体系联系起来，渲染着茶叶的原真性和神秘性，这恰是桐木茶叶生产者在茶叶市场，尤其是高端茶叶市场的竞争中迫切需要的。

① 一次品茶时，朱氏茶厂的老板娘江金燕热情地问我，是更喜欢传统“烟熏”正山小种，还是新工艺“无烟”的正山小种（也就是赤甘）。我说是前者，她很高兴地回答：“那我们可是同道中人啊！不过确实，很多茶客来到这里，看到我们这么原生态的茶叶种植环境，和菁楼这样的老茶厂，就都喜欢传统的烟熏茶了！”

传统茶厂所带来的这种“象征之味”，与生产者的价值创造过程紧密结合，成为为产品营造社会区隔的关键工具——传统茶厂的符号意义，才是其合法性建构的深层次动机。

菁楼赋予茶的符号意义，来源于它所构筑的场所性关联。茶在中国文化中被视为自然的精华，中国消费者前往茶叶原产地，往往意味着一次在自然山水中陶冶情操、寄托感怀的朝圣之旅。旅游的本质是场所的差别，茶叶被看作是场所身份和文化的表达，成为文化和遗产旅游的一个重要组成因素。茶的“区隔之味”不只是由原生态、质朴的茶叶加工技艺而获得的“感官”之味，更重要的是与其壮丽的自然和文化背景紧密相关的“象征”之味。这种回归山水的隐逸之味①，与更深一层的关于社会区隔的隐喻并不矛盾。今天，这样的特立独行扩大为一种“社会差异性”诉求，成为体现个人与众不同的社会地位、文化素养的符号。而菁楼，作为“场所”中的独特标记，狭长的木走廊、步履蹒跚的老茶人、黑瓦屋顶上冒出的袅袅青烟，在背后蓊郁的竹林衬托下，形成一幅独一无二的自然与人文景观，是前来寻觅茶文化的高端茶客所希望看到的景致，且不论它与真正的技艺空间是否还相关。

传统茶厂和正山小种所建构的“象征之味”，由于其符号化特征，也被赋予到与传统技艺并无太大关联的金骏眉中，目的是将传统菁楼所代表的原真性及神秘性特征，嵌入这一急需自我证明的新茶的意涵之中。在由正山茶业公司辅助拍摄的央视纪录片《武夷茶香金骏眉》中，金骏眉从晾青、揉捻、发酵到烘焙的各道工序，完全被描绘为手工制作（实际生产中，金骏眉的揉捻和烘焙一般都是用机器完成的）——饰演主人公的是一位满脸皱纹的老茶师，他那遒劲的双手与鲜嫩的茶青温柔地碰触，置于昏暗、破旧的木结构茶厂或一望无际的绿色山野的质朴背景之下，刻意强化了这种传统制茶方式与更高茶叶品质之间的关联。由此菁楼作为金骏眉“尚古”价值重构的一部分，将传统制茶的手工价值与茶叶的社会价值联系起来。

在这种愈发“符号化”的“合法性”之中，菁楼却也成了手工化与机械化的双重困境的象征。桐木村的机械化进程从集体菁楼开始。揉捻是唯一与菁楼空间没有直接联系的工序，也是手工制茶中劳动强度最大的步骤。早在 20 世纪

① 无论是早在老庄的自然主义哲学，还是魏晋时期山水画的发端，对自然山水的向往一直成为不与社会同流合污的高雅人格的象征。

三四十年代，张天福发明的手摇揉茶机，由两侧人力推动，经由齿轮带动圆形揉茶臼的转动（图5.9a）。不过，这种揉茶机械制作难度较高，很难在国营茶厂之外普及。桐木村直到20世纪60年代还会采用这种揉捻方式：一排工人手扶着横杆，下面放一排大铁锅，茶装在布袋里，用脚踩来加大揉茶的力度。① 70年代的集体菁楼中，开始运用水力揉茶机，原理是利用河水带动水车揉茶（图5.9b/c）。水力揉茶机速度较慢，要揉1～1.5小时，但老茶人胡必胜说，“比起机器，传统的揉茶机揉出来的叶形更好看”。

(a)　　　　(b)　　　　(c)

图5.9　早期揉茶机：（a）张天福揉茶机；（b）60年代水力揉茶机模型；（c）正山茶业公司前院中的水力揉茶机模型

来源：作者摄

20世纪70年代末至80年代初，机械揉茶机最早引入桐木集体茶厂，配合菁楼使用。家庭承包制推行后，集体揉茶机被分到少数“冒尖户”，奠定了个体化茶厂的机械化基础。而机械化在桐木普通家庭中普及开来，是在2005年金骏眉的发明带动茶产业复兴之后。资本积累让广大普通茶农得以购买价格不菲的茶叶机器。② 如今，桐木几乎每家每户都拥有萎凋槽、揉茶机、烘焙机这几样必备的机器，较大的家庭企业和茶企还配备了风选机、拣茶机、装箱机等更复杂的设备（见附录）。现代制茶机械的原型来自100多年前英国人在印度、锡兰

---

① 该段内容根据老茶人胡必胜的回忆所写。笔者2016年9月于关坪访谈。

② 一台揉茶机或烘焙机五六千元，在今天看似并不算贵；可是在2005年之前，正山小种只能卖到二三十块一斤、一户茶农年收入仅几千元的情况下，温饱尚不能解决，又谈何添置茶叶机械。

茶种植园中运用的机械①，大致是从20世纪六七十年代才开始在武夷山推广的（图5.10）。

A Group Of Early Marshall Machines
1. Square "Rapid" tea roller. 2. Circular "Rapid" tea roller. 3. Rolled-leaf ball breaker. 4. "Paragon" tea drier. 5. Rotary tea sifter. 6. "Venetian" tea drier.

图5.10 早期西方茶叶机械

来源：（Ukers，1935）[480]

机械化进程无疑会对传统生产方式和空间产生影响，不过更多起到辅助传统制茶、提高效率和产量的作用。在桐木村的很多茶厂中，传统菁楼的萎凋、熏焙方法和现代的萎凋槽、烘焙机是同时运作的。尤其是传统正山小种，部分步骤必须在菁楼中制作。当地茶农将传统菁楼中制作的茶称为“有烟茶”，使用现代机械制作的茶称为“无烟茶”，两者没有显著优劣之分。在制茶高峰期，当地几乎每隔一两天就要停电一次，因此，长时间的机器萎凋和烘焙并不如燃烧木材的菁楼来得保险。而且茶农也说，就成本而言，使用电力烘焙机和传统松

① 茶叶机械最早是由工业基础深厚的英国在印度、锡兰等殖民地产茶区推行的。1872年，威廉姆·杰克逊（William Jackson）发明第一台揉捻机，此后又发明了干燥机、碎茶机、拣茶机、装箱机；1877年，S. C. 戴维森发明“雪洛谷”式干燥机；之后还有陆陆续续的各种类型的制茶机械出现。机械化不仅使制茶更加标准化、卫生化，而且大大降低了制茶的成本和人力需求。1872年发明制茶机前，印度制茶成本是11便士/磅；1913年采用新式机器后降至2.5~3便士/磅（乌克斯，2011）[185-186]。这些制茶机械也是今日中国使用的大部分制茶机械的雏形，这与1905年郑世璜、陆溁的印度锡茶产业考察息息相关。

木熏焙相差并不大。

机械化对于生产空间的形式也产生了一定的影响，但并不是本质性的。虽然萎凋槽这样尺度较大的机械，像过去菁楼的间数一样决定了一户茶农的产量；不过菁楼与现代制茶机械并置使用的情形使得空间与机械的关系变得复杂。例如，上荣茶厂（3－H－14）的菁楼是2006年在后院加建的，制茶机械则是2008年开始制作金骏眉等无烟茶后采购的。这栋砖木结构的菁楼有两开间，每个开间的大小为4.0m×6.0m，是尺寸较为标准的小型菁楼。最初设计为传统菁楼的生产模式，带有底层坑道和竹编地板；后随制茶机械的引入，将其中一间开辟为现代茶厂，摆放着一台6.0m×1.0m的萎凋槽、两台直径约1.2m的揉茶机、两台1.2m×1.1m的烘焙机。由于空间不够，主人后来又在茶厂廊道另一侧加建了一个凹入的壁龛式空间，用来摆放烘焙机和盛放传统竹筛的萎凋架。从上荣茶厂的布局中可以看到，机械化的引入与传统茶叶生产的物质文化并没有根本性的矛盾，而是二者通过灵活多样、因地制宜的空间策略得到了兼容并置；而且，在机械化过程中桐木茶叶迅速产生更多的茶叶品类和等级，每种生产方式被赋予了不同的意义和价值。

图5.11　上荣茶厂（3－H－14）中的传统菁楼和现代制茶设备并置

来源：作者摄

如果说机械化对于传统茶叶生产的改变是过渡性的，那么当代引入的

"QS"（企业食品生产）体系①，则对当代厂宅的建设起到了颠覆性的影响。笔者在桐木调研期间，"QS"是很多茶农挂在嘴边的词。有一定规模的茶企和茶农开始改变过去的生产方式，通过新建或改造茶厂来达到"QS"的要求，这也是近十年来桐木村厂宅建造模式的主要因素。

"QS"对生产场所提出了若干详细规定②，但在村级层面推行并不顺畅。例如，传统家庭厂宅空间集约，很难达到所谓的"建筑面积是设备面积8倍以上"的标准；"QS"对厂房空间必须与日常生活空间分离的要求，又与桐木村的"一户一宅"规则相悖。村民普遍在建造自用宅的同时附建茶厂，但宅基地大小限制导致了厂宅要么达不到"QS"的面积标准，要么机器生产规模太小而效率降低。这种冲突的根本在于，"QS"依附的规模化、标准化基础，与桐木以家庭为单位的传统生产方式是矛盾的。

此外，现行"QS"规定中"一刀切"的生产空间规范也让习惯于传统生产空间模式的茶农摸不着北，这导致很多为了满足标准而建设，却毫无实际用途的空间被浪费。像菁楼这样高效的生产空间，虽可同时进行萎凋和烘焙，却无法满足"标准化"茶厂中每一道生产线泾渭分明的卫生标准。相反，像原料、半成品、成品仓库，审评室、更衣室、洗手台、消毒室、物流出入口等，为了取得许可证而设置的"标准化空间"，在一旦获得了许可证之后，很少有人再按照设计的模式来使用。③"QS"的空间标准，在乡村的执行基本是形式大于实质，其复杂且冗余的空间组织逻辑与传统山村"寸土寸金"、集约高效的生产方式是背道而驰的。

---

① "QS"从2005年开始推行，在国家质量监督检验检疫总局的监管下，所有经过加工的食品须申请"食品生产许可证"之后方可进入市场销售。"QS"对食品生产的标准化和卫生化提出了很高要求，尤其是以工厂为核心的硬件设施。

② "QS"对"生产场所"提出的规定，涉及当代茶厂的面积、平面布局、结构材料选择等内容。其中，关于生产场所的要求可归纳为如下三条：（1）厂房面积应不少于设备占地面积的8倍；（2）原料、辅料、半成品、成品应分开放置在独立库房，不得混放；有更衣、洗手、消毒设施，厕所应在生产车间外侧；（3）车间、库房清洁、明亮，地面应硬实、平整、光洁（至少是水泥地面）。这些规定对茶厂建设的要求可转译为——（1）建筑面积：厂房面积必须是设备占地面积的8倍以上，设备越多意味着厂房必须成比例增长；（2）平面布局：需要设置独立的各类库房、卫生消毒设施，且流线要满足卫生规定；（3）结构和材料：为保证建筑采光良好，室内平整光洁，一般采用砖混框架结构，室内以白色抹灰墙体和水泥地面为主。

③ 比如标准中要求的半成品、成品、包装仓库的分离，在现实中基本没有区分；其中，还不乏审评室沦为客厅、麻将间，消毒室成为杂物间之类的情况。

在“QS”要求下，茶农在传统菁楼中做茶的频率不断下降。大多数新建厂宅中的菁楼在制茶季节空空如也，甚至干脆被作为仓库使用。其作用与其说是传统制茶空间，不如说是一种传统的“橱窗”。由此得知，当代茶叶市场无视各地特殊情况的僵化规定似乎进一步推动了茶农远离传统（图 5.12）。

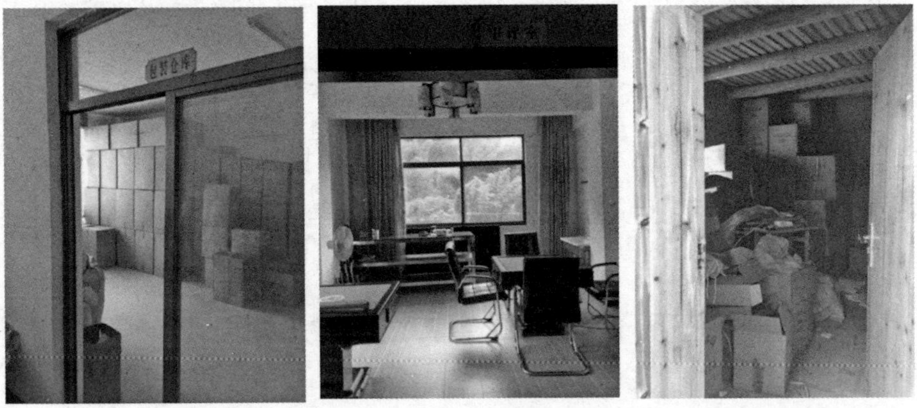

图 5.12 现代厂宅中为了达到“QS”标准而制造的冗余空间

来源：作者摄

这些客观与主观条件的矛盾，限制了“QS”标准在桐木茶厂中推行，但它的强制性仍在对正在发生的空间营建产生颠覆性的影响，并会在未来进一步发酵：在桐木村近 400 户茶农中，经过税务登记的正规企业只有 55 家，拥有食品生产许可证的只有 20 多家（2013 年统计数据①）。在笔者调研的两年间，越来越多达到一定生产规模的茶农，将申请生产许可证，以获取更为稳定和广泛的销售路线作为发展目标。茶农将如何平衡“QS”标准和当地住宅建设模式下的冲突？是否可能通过政策途径化解这种矛盾？

在今日大部分桐木厂宅中，机械化和手工化的工具与相应的空间并置现象依然很普遍。然而，一方面，他们并无足够的宅基地和经济实力来建造完全机

① 截止至 2013 年，桐木村获得食品生产许可证的 22 家企业（公司名省略武夷山市）有：福建武夷山国家级自然保护区正山茶业有限公司、桐木茶叶有限公司（原桐木茶厂）、梁品记茶业科技有限公司、骏德茶厂、茗红茶业有限公司、永胜生态茶业有限公司、绿洲茶业有限公司、岩原茶厂、正峰茶业有限公司、武夷红茶业有限公司、博正茶厂、春红茶业有限公司、红正茶厂、傅氏茶业有限公司、金易茶厂、元孚茶业有限公司、天园茶业有限公司桐木分公司、桐正茶业有限公司、集贤堂生态茶叶有限公司、军茗天下茶业有限公司、必成茶业有限公司、正本山茶业有限公司。数据由胡永飞提供。

械化的茶厂，勉强达到“QS”标准的茶厂不伦不类，存在大量名义功能与使用功能不对应的浪费现象；另一方面，茶农出于传统制茶习惯而建造的手工化菁楼，又在“QS”标准的影响下同样陷入很少使用的尴尬——这是当代厂宅空间中一个自相矛盾的双重困境。

在看到桐木茶农自发在厂宅中延续传统“技艺”空间的同时，又不得不为这种双重困境下的空间前景感到担忧——传统技艺空间在诸多市场因素的影响下沦为“记忆”的布景，当代技艺空间又不断加强着传统生产关系的混淆和异化。菁楼中这种“技艺”与“记忆”之间的空间困境，是它兼具生产空间和社会资本的双重身份的反映。

第三节　原真性悖论：厂宅中的“正山”与“外山”空间

当代生产空间的双重困境不仅来自手工化和机械化的区隔，亦与“正山”茶青和“外山”茶青的二元结构密切相关。传统茶叶生产中，桐木村茶农和茶青的关系呈现出“父子”般的亲密、信任和期待。这种关系源自茶叶好坏对家庭生计的决定性作用。对于茶农来说，短短两三个月中制作出来的茶叶质量的好坏，预示着未来一年乃至更久的家庭经济境况。当地人告诉我，“就算是最厉害的茶叶师傅，也不能保证每次做出来的茶都一样好”。作为生产者的茶农，在茶青从采摘、萎凋、揉捻、发酵到烘焙的冗长工序中，将他对茶青的期待浸润于每一次揉搓、嗅闻、凝视的细枝末节之中，最终的目标就是制作出更好的茶叶①。茶农对茶青这般细致的呵护和虔诚的期待，恰如农村传统的“父子”关系——这与前文提到传统技艺空间菁楼中的艰辛劳作也是相称的。

笔者住在胡八叔家中的观察见证了这一点。在最忙碌的制茶季节，八叔和

① 无论规模大小的茶企，茶农在制茶季节几乎都全程驻扎在村中，恨不得在每个环节都亲自上手或在一旁监督。除了制作之外，在制茶季节结束后的9、10月份要为茶树进行修剪和锄草，以确保茶树能安稳过冬；在每年冬季末、开春之前，茶农又要忙碌地进行施肥、杀虫等工作，期望茶树在春天到来之际，能抽发出更加鲜嫩、繁茂的新芽。这些工作，在很多没有钱雇佣劳工的茶农家里，都是茶农亲自完成的，填满了他们一年四季的劳作日程。

他的助手、外甥小赵 24 小时连轴转，工作时间常在半夜。有一次，我难得碰到八叔出现在加工车间，他拿出漂亮的手工竹篦子，在太阳下晾晒一批条索清晰的金骏眉茶青。八叔端起茶青告诉我："这就是正宗的正山金骏眉，上午刚采的……你看看，这茶青多好，多么饱满!"他自言自语地称赞，眼中闪烁着慈父的光芒，轻抚着这些舒服地躺在细腻的竹篦子上、圆滚滚湿乎乎仿佛还冒着腾腾热气的茶芽。"这茶青看起来就非同一般！想必你要亲自做一泡金骏眉吧?""那是！'自家的'茶青当然得好好做啊!"八叔骄傲地回答。

八叔每年的茶产量有三四千斤，在桐木村亦不算少。由于广交朋友，桐木村附近的星村、黄坑、上饶等地的茶农常把茶青放在他这里代工。自家茶青做的茶，每年也就几百斤。出于"正山"之名，当地茶青如"自家孩子"般得到了超乎寻常的照料和关怀。这种情况在桐木比比皆是。追求质量的正山茶青和追求产量的外山茶青的生产，是有一定规模的中小茶企及茶农必备的两条"生产线"，在当代厂宅的多元化生产空间中有着各自的表达（图 5.13)。

图 5.13　正山茶青与外山茶青的不同空间境遇：正山茶青用竹篦子盛放，放在阳光下晾晒萎凋；外山茶青堆放在地上，用机器加温萎凋

来源：作者摄

首先，对于"自家孩子"般的正山茶青，从工具到空间都体现出格外的温存。正山茶青总是与茶农更加珍视的传统技艺联系起来。在胡八叔家里，时常会遇到收购的，或是帮别人代工的茶青，和自家刚采摘的茶青同时运抵，需要同时加工的情况。在八叔家不大的初制车间里，一台大约 6m 长的萎凋槽，基本是为大量的外山茶青所准备；而正山茶青，则用更有利于萎凋透气的竹篦子来盛放。竹篦子盛放茶青，是为了方便移动到室外。桐木的制茶季节阴雨绵绵，

每到难得一见天晴的时候，各家各户急忙将顶好的茶青拿出来，采用传统方式“晒青”——日光萎凋依然被看作是更为理想的加工方式。各家相互串门时，也会借机“晒晒”自家的好茶，展示各自茶叶生产的实力。毕竟在正山茶青极为稀缺的情况下，谁家正山的茶青越多，越证明是大户人家：说明他不仅有自己的茶，还能从其他农民家以高价收购正山茶青。

萎凋之后的制茶步骤也莫不如此。在朱氏茶厂，有若干台大小不一的揉茶机。2014 年，为了制作正山金骏眉，茶厂又专门花三千多块买了一台木制揉茶机。这台电力驱动的揉茶机一次只能加工几两茶青，比手工揉茶的效率高不了多少。老板娘小江带我参观茶厂时，自豪地展示这台揉茶机，“这是我老公专门去武夷山买的，木头的揉茶机揉出来叶形好看些，用来加工正山金骏眉。”这台木制揉茶机被摆放在茶厂中一个显眼的位置，似乎在向到来参观的客人宣示：在这个机械化生产的茶厂中，还有一条信奉手工价值的传统生产线。另外，在焙茶、拣茶等步骤中，正山茶青的加工也采取以手工为主的方式——对农民来说，手工生产代表了更高的重视程度，也期待着更高的价格。

除了工具的区分，茶青加工的秩序层级在空间层面体现得更为直接。在胡八叔的厂宅（4－H－12）中，2012 年新建的菁楼是请江西的大木匠采用桐木菁楼的传统方式修建的。尽管墙体为砖混结构，但内部楼板、门窗、屋顶仍保持了传统木结构做法。这座菁楼的修建，是为了制作传统工艺的正山小种。平面上，它与旁边厂宅的机械化加工车间并置，使本就不大的宅基地显得更为局促。菁楼进深不到6m，明显小于大多数菁楼。从立面上看，菁楼层高按要求不能太高，无法与旁边的厂宅平层对接，必须为其单独开设一个楼梯；菁楼三层和厂宅二层的高差也有近0.6m，使用起来并不方便。从建造理性来说，这座菁楼对于产量、产值的贡献完全不能与旁边这间比它面积还小一些的现代车间相提并论。但八叔说：“要制作正宗的传统正山小种，不仅茶青必须是桐木村所产，加工时也必须在这种老菁楼中，连烧火的木材也最好是武夷山的马尾松。”

换句话说，木结构菁楼是保留稀有的正山茶青与高贵的传统正山小种之间关联性的必要生产空间。对于八叔而言，拥有一栋能保留手工制茶可能性的菁楼，是他对“自家孩子”的娇惯，对生产少量能够作为拳头产品的好茶叶的期许，也是对其他茶企、茶客的某种具有象征意味的宣言。

即便在完全现代化的厂宅中，不同等级的茶叶加工，也在厂宅中体现出森严的“空间秩序”。如正山村茶厂（4－H－8），是当地规模不小的茶企。厂宅建于2013年，外形虽为仿古风格，但内部已完全实现机械化制茶。茶青等级塑造了晾晒萎凋时井然的“空间秩序”（图5.14）：顶级的正山茶青放在前院的阳光下晾晒；次一级的茶青放在院子四周的门廊、以萎凋架的形式堆放，由于晒不到太阳，其萎凋条件不如阳光下摊开的顶级茶青；再次一等的外山茶青，则堆积在门廊另一侧室内加工车间的萎凋槽中采用机械加工萎凋。正是出于“晒青”的需求，很多桐木村民在建造新宅时，无论宅基地多么紧促，都会保留或大或小的室外院子。因为院子不仅是家人的户外活动场所，也是正山茶青这个倍受呵护的“自家孩子”专属的“游戏场”。

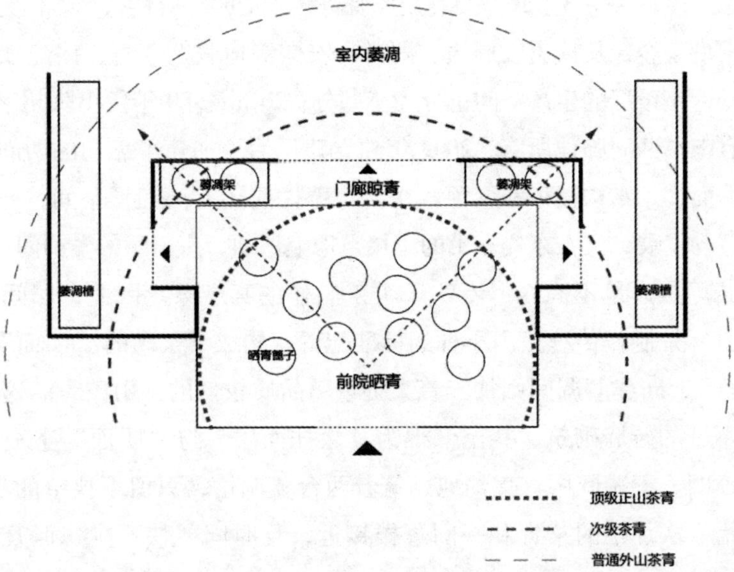

图5.14　正山村茶厂（4－H－8）入口区不同等级茶青萎凋的空间秩序

来源：作者绘

这种针对不同等级茶青的空间秩序，在新型生产空间中的实体化也愈发明显。近十年来，桐木村茶厂的数量增加了“十几二十番”①，且过去桐木村每户茶农的年产量很少超过1000斤，现在不少茶农的年产量都达到3000～4000斤。这些增加的茶青从何而来呢？近年来，将相对廉价的“外山”茶青放到桐木村的茶

① 根据笔者2016年1月，于岩上岩茶厂对武夷山茶业同业工会会长刘国英的访谈所写。

厂中加工，混在“正山”茶叶中销售，已成为桐木村茶农秘而不宣的共识。① 对外山茶青收购和代工②的叠加，导致产量迅速提升，大大超出桐木村茶农传统生产方式可承受的范畴。今天，大多数中小型茶企和茶农仍自己做茶，但很少有人愿意花钱雇佣正式的工人。无论自家茶、收购茶还是代工茶都必须在极为有限的生产力之下、借助机械化实现兼顾。实际上，“外山”茶青的渗入，引发了从生产空间至产品的混淆——即便生产者仍能分清这两种茶青，也不意味着他们会将这种“区隔”能力传递给消费者。这种心理也体现在他们总是在晚上收购外山茶青的行为中，甚至在新型生产空间中修建宽敞的车辆入口以避人耳目。

骏德茶厂（2-F-3）是一座利用原有菁楼改造的综合性茶厂。作为村中排名前列的大中型茶企，从武夷山周边、湖南、安徽等地收购茶青，以建立不同规格的产品线。这座茶厂的生产空间也分为三部分：20 世纪 80 年代小队几家人合建的菁楼，只有南端两间归他所有；2009 年独立建厂后，加建了靠北的两间菁楼，为砖混结构墙面、木结构楼板和屋顶，在新建菁楼前还有两间揉茶间；前几年，随着茶厂的蓬勃发展，又在东侧靠山的小块空地上增加一座简陋的萎凋间。

骏德茶厂虽产量不高，但专注于手工制作的高端茶。因此，四间菁楼配合多台揉茶机，是制作传统正山小种的标准配置，构成了茶厂的“明面”；而在茶厂的“背面”，新建萎凋间则加工着大批量、品质较低的外山茶青。这座萎凋间用再简单不过的砖墙砌筑，甚至懒得为其涂抹面层，与“明面”上冠冕堂皇的菁楼反差鲜明。萎凋间中，集约地砌筑着两台萎凋槽，只留下狭窄的步行通道。每台萎凋槽一次加工的茶青和一间菁楼接近，且时间要快不少，但萎凋的质量

① 外山茶泛滥的现象，主要是由 2010—2015 年急速膨胀的市场需求所导致的。起初，桐木村里比较早开始做茶的茶农从村里其他茶农那里收购茶青；后来村民纷纷自己做茶。渴求扩大产量的生产者不得不将眼光投向外山茶青。茶农收购的外山茶青主要来自正山小种核心产区周边，如武夷山的星村、上饶的铅山、建阳的黄坑等地，这些地区的茶农也常主动将茶青送到桐木。由于收购的茶青需要自己销售，茶农也会对茶青的品质精挑细选。茶叶质量参差不齐的情形也随这种外山茶青的收购而产生。

② 由于茶农自身的销售能力有限，桐木逐渐又出现收购之外的另一种形式：代工。桐木茶农以当地的工艺，帮外地厂家加工茶青，一般加工到毛茶标准。桐木村茶农收取的代工费不高，金骏眉一斤 30 元左右，不过一天可以加工 100 斤（而自产的金骏眉可能一年也就做几十斤）。这种方式对桐木村茶农来说，收入不错，立竿见影，省却了后期销售烦恼；而外面的茶农则可以打着桐木的旗号销售，价格却要比正山茶低得多。以金骏眉为例，正山金骏眉卖到六七千一斤，而外山茶青、桐木当地制作的金骏眉，却只要不到十分之一的价格，这无疑会对桐木所依赖的茶叶市场产生负面影响。

却较低。和菁楼比起来，这间简陋的生产空间是集约高效的极致体现（图5.15—5.16）。

对一切为了生计的茶农来说，无论建造投资什么，都必须与它带来的利益相称。因此，价值较高的正山茶青，配得起更高规格、宽敞而整洁的生产空间；而价值较低的外山茶青，则推挤在简陋的萎凋间，在无法控制其温度和湿度的半室外空间中简易加工，因而质量相对低下，这就是“外山孩子”的待遇。

图5.15　骏德茶厂（2-F-3）整洁的传统菁楼和简陋的萎凋房对比

来源：作者摄

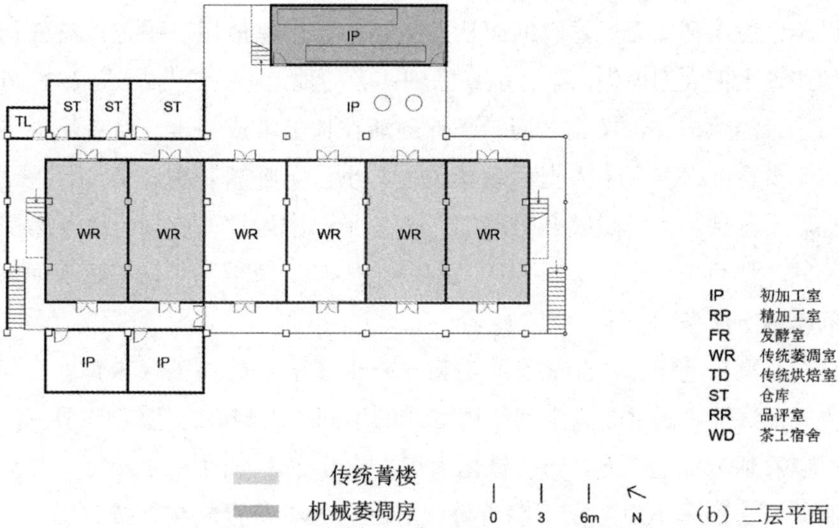

图5.16　骏德茶厂（2-F-3）二层平面：前方为传统萎凋菁楼，后方为机械萎凋房

来源：作者绘

在大茶企的带动下，普通茶农效仿这种与外山茶青的生产关系——在空间有限的普通厂宅中，“正山”与“外山”的并置和混淆逐渐从空间蔓延至茶品本身。例如，很多当地茶农售卖的“兰香金骏眉”，叶底、汤色、滋味等标准都与正山金骏眉相近，有人甚至觉得它的独特花香更甚于所谓“正山金骏眉”①。当然，大部分资深茶人对这种用外山茶青制作的、香气扑鼻的“金骏眉”嗤之以鼻。尽管两种茶的成本、品质有一定差异，但对于初次品尝的茶客来说是很难辨其优劣的，而且在包装层面也没有明显的区分。

朱氏茶厂（4－H－15）是一座将老菁楼与新茶厂并置的厂宅。老菁楼如同“掌上明珠”，“陈列”在砖混茶厂的二层。朱氏茶厂的产量在桐木茶农中算是较大的，主人小朱和小江这对年轻夫妻十分勤劳。新茶厂的规模很大，光是萎凋槽就有6条，揉茶机、烘干机、风选机等更是一应俱全。如此大规模的茶厂，自然不能只生产一千斤左右的自家茶青。小江也开诚布公地告诉我，厂里收购了不少外山茶，也有帮别人代工；她对“正山”和“外山”的茶叶定价差别也很大，不会欺骗客户。

勤勉如小朱、小江夫妇，在茶产业的高速膨胀中也不得不低调处事，尤其涉及收购外山茶青时。一天晚上，天已黑透。我正到他们家的茶厂聊天，碰见一辆黑色小轿车直接开进茶厂。小朱打开后备箱，后备箱里塞得满满当当的茶青，忍不住溢出到地面。他们继而从后备箱中，快速地用双手把没有任何包装保护的茶青大把大把地掏出来，随意撒到一旁的地上——这与胡八叔对“正山”金骏眉茶青的呵护有着天壤之别。茶青逐渐在地上堆成一堆，后备箱的夹缝中还剩着不少青叶，茶青主人把后备箱关上，小汽车呼啸着离开茶厂，整个运送过程也就十分钟。车辆能够开进茶厂，避免了二次搬运的麻烦，也不易引来其他村民的“侧目”。原来，新型茶厂中宽敞的入口，就是为了这些远道而来运送茶青的车辆所准备的。

在中小型厂宅中，“自家孩子”和“外山孩子”的并置意味着手工与机械加工方式的区隔，随之带来空间使用方式的不同。以胡必忠宅（4－H－12）为例，可以看到传统生产方式与机械化生产方式在生产空间中的交织（图5.17）：传统制茶（一般是正山茶）围绕着菁楼展开，先将茶青放在菁楼三层中生火萎凋，接着放到现代化茶厂的揉茶机中揉捻，在旁边的发酵室进行十个小时的发

① 或称“梅占金骏眉”，用来自闽南乌龙产区一种名为“梅占”的茶种加工而成的。茶农也承认，这种金骏眉有时卖得更好，不仅好喝，价格也只要几百块至一两千元一斤。

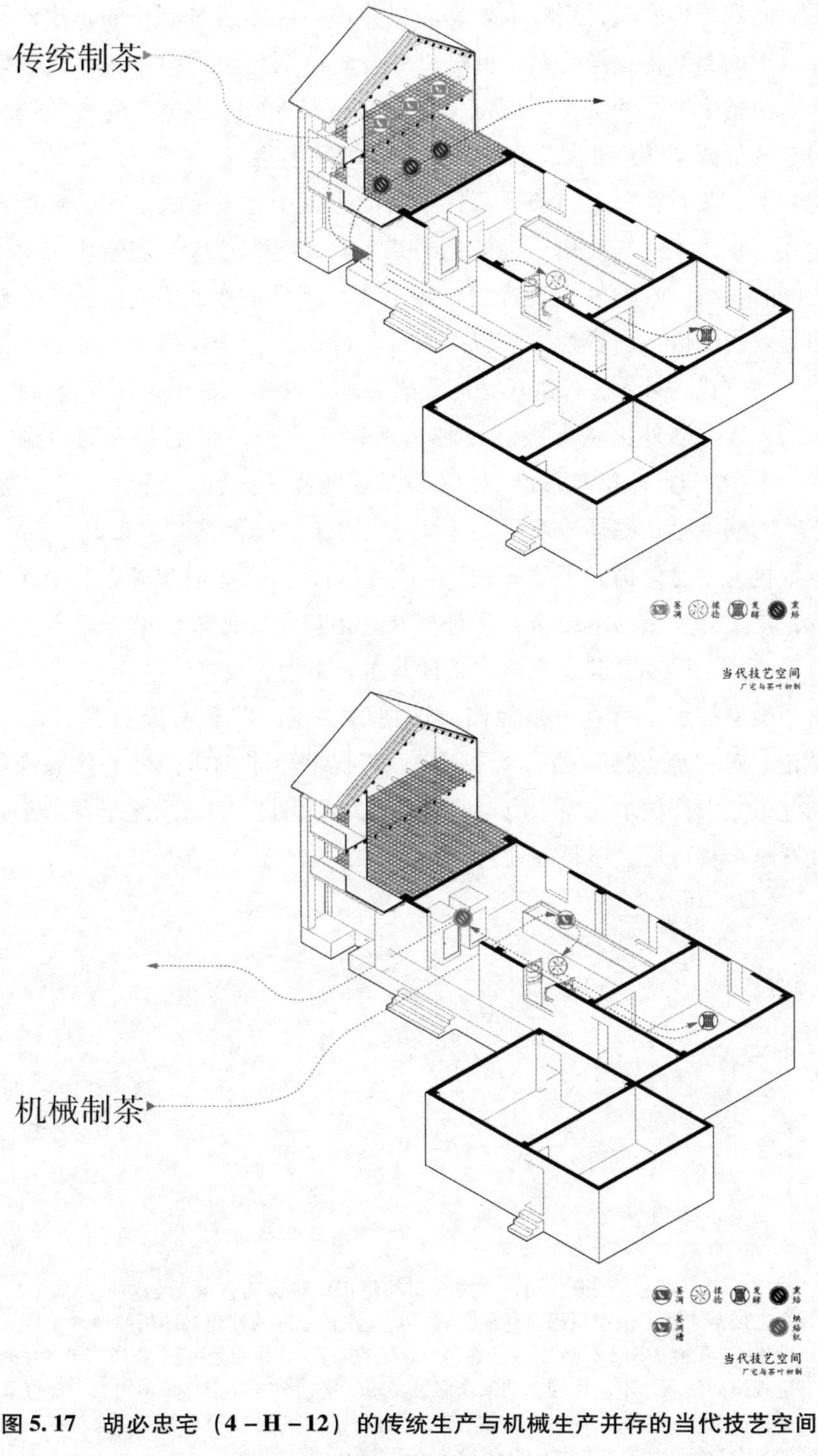

图 5.17　胡必忠宅（4－H－12）的传统生产与机械生产并存的当代技艺空间

来源：作者绘

酵，最后回到菁楼底层，用松木烟熏完成熏焙；而在机械制茶时，生产围绕着机械厂房中的萎凋槽、揉捻机、烘焙机展开。这两条生产线中，揉捻和发酵是共用的，两条生产线的交叉不可避免。虽然还有少数茶农坚守着传统制茶的技艺，但它的价值却在产业化大潮中愈发显得根基不稳。

实际上，茶农在手工制茶和机械制茶的进退中，也反映了在茶业产业化进程中由大茶企代表的规模化、机械化制茶方式，与小茶农代表的传统手工制茶方式之间的矛盾。收购外山茶青的行为由产量巨大的大茶企①而始，茶农也常以此作为效仿的借口。看着越来越多的人从外山茶青中获得可观收益，能够坚持传统生产方式的茶农，像朱氏茶厂、胡必忠宅这样能够至少保存菁楼的茶农，已经屈指可数。当外山茶青被越来越多地以“正山”之名售卖时，桐木人为“正山”精心构筑起来的神坛已不知不觉地被颠覆了。笔者在武夷山市接触的一位常年收购桐木毛茶的外地茶商，还曾向我透露了避免遭遇“掺假”的心得②。过去桐木村为自己建构起了“正山”的保护圈，如今他们却成为这个保护圈的颠覆者：是坚守少量的本山茶，还是打开这道口子，让外山茶青获得合法化地位？对于“正山”茶来说，究竟产地还是工艺更为重要？

这个困境的症结所在，是他们所珍视的“正山”称号及其裹挟的“原真性”悖论。对“原真性”的名义化固守，不仅催生了桐木内外的作假现象，也在市场变革之中让桐木丧失了应对的弹性。“原真性”的概念之于桐木茶叶的发展，究竟是奇货可居，还是画地为牢？

① 如产量巨大的正山茶业公司，过去村民都将正山茶青直接卖给公司，但如今村民纷纷自己做茶之后，公司只得去外地收购，甚至跑到更远的湖南、四川等地。

② 他说：“我挑选桐木供应商的标准是，必须有茶山30亩以上（产量1500斤左右），有一定规模的茶农才不会作假，如果作假被发现，这么多茶叶全都卖不出去，他也承担不起这种损失。”然而，拥有30亩以上茶山的村民屈指可数，很多茶农全家只有十几亩茶山地，大量茶山都在20世纪90年代茶业萧条的时期被荒废了。

原真性（authenticity）① 是一个广泛在社会学、民俗学、旅游学、建筑学、遗产保护等领域讨论的概念。1986 年的《威尼斯宪章》（Venice Chapter）最早提到遗产保护中的“authenticity”问题，陈志华先生将其翻译为“一点不走样地”②，并在 2008 年的修订译文中重新翻译为“原真性”。“authenticity”一词虽只在《威尼斯宪章》中出现一次，但由于它所反映的核心诉求——将历史建筑作为“千百年传统的活的见证”而更好地保存下去，它很快成为遗产保护领域的热点话题。1994 年，ICOMOS（国际古迹遗址理事会）就原真性概念专门发布《奈良原真性文件》（Nara Document on Authenticity），提出“将文化遗产的价值和原真性置于固定的评价标准之中来评判是不可能的……要求充分考虑文化遗产的文脉关系”。它的意义在于对欧洲为中心的遗产保护体系的补充，为中国、日本为代表的东方木构建筑传统的保护建立理论支撑。从《威尼斯宪章》中对完整性的强调至《奈良原真性文件》对多样性的认同，“原真性”概念矫正了单一性、封闭性的文化取向，成为一个取决于特定社会经济文脉的相对性、包容性概念。

关于茶叶的“原真性”价值，若将其进一步分解，从前面提到的茶叶价值评判体系中的“风土”和“技艺”标准系中，可延伸出“地理原真性”和“技术原真性”两个范畴（图 5.18）。在原产地认证的语境下，这两种原真性都被框束在桐木村的地域范围之内。如果说“正山”茶青同时满足这两项标准，原真性无可争议；而那些与桐木完全无关的外山茶，也不可能与这两项原真性标准发生任何关系。那么，最特殊的就是那些处在两者之间的“外山”茶青。桐

---

① 本书叙述的“原真性”语境主要建立在与传统建筑最为相关的遗产保护领域，关于其他翻译的辨析可见张朝枝的作品（2008b）。原真性一词起源于希腊语和拉丁语的“权威的”（authoritative）和“原初的”（original）两词，在中世纪欧洲，“authenticity”用来指宗教经本和遗物的真实程度，今天包含 original（原初的）、real（真实的）、trustworthy（可信）等内涵（张朝枝，2008a；赵红梅等，2012）。在与乡村原真性相关的旅游领域，麦坎内尔最早提出了“舞台真实”（staged authenticity）的概念，较为全面地论述了旅游背景下社会空间的结构。他借用戈夫曼的戏剧理论中对前台与后台的区分（戈夫曼，2008），认为虽然旅行者希望进入他们所认为的与真实性最为相关的“后台”区域，但实际上容纳旅行者的“后台”却是被精心布景过的，是一种介于前台和后台之间、让他们相信其体验“真实性”的空间（MacCannell，1973）。

② 翻译原文为“我们必须一点不走样地把它们的全部信息传下去”，英文原文为：It is our duty to hand them on in the full richness of their authenticity.（ICOMOS，1976）关于“authenticity”被翻译为“真实性”或“原真性”的辨析，见（张成渝，2010）。本书遵循目前学术界的主流观点将其翻译为“原真性”。

木村民曾为这些收购或代工的“外山”茶青辩护：“我们卖的外山茶，质量精挑细选，完全不同于普通外山茶。”桐木村茶农利用其独特的制茶技艺，为其赋予以假乱真的品质；然而，如前所述，没有“地理原真性”可言的“外山”茶青，在愈发简陋的当代厂宅生产空间中，其“技术原真性”的底气是否也越发孱弱了呢？

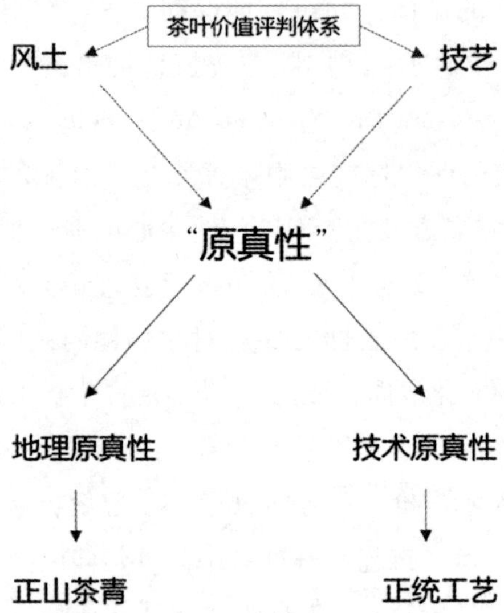

图 5.18　桐木茶的“原真性”结构

来源：作者绘

也正是这些“外山”茶青，让桐木村民开始调整自己对“原真性”的看法。金骏眉创始人之一梁骏德曾对这种现象给予了比较中肯的阐释：“只要严格按照金骏眉的制作工艺制作出来的红茶都可以叫作金骏眉，但是应当注明产地，比如究竟是桐木的金骏眉，还是邵武的金骏眉……桐木是金骏眉的原产地，最好的金骏眉都产自桐木，其他地方的金骏眉口感无论如何也比不上桐木产的。”（肖坤冰，2013）[104-105]作为桐木的老茶人，他仍坚持桐木村作为原产地的地理特殊性；而作为龙头茶企的老板，他又不得不为这种“原真性”的建构留下退路——他没有用“正山”“外山”的话语来排斥其他地方的茶叶，而是将“严格按照金骏眉的制作工艺”作为评判的唯一标准。换句话说，如果在“地理原真性”和“技术原真性”之间只取其一，这位资深茶师、龙头企业老板会选择后者。

由此可推论，无论是“地理原真性”还是“技术原真性”，如果一味将其框束在桐木村地理范畴的权属之下，对桐木村都难有长远的益处——至少对于普通茶农是如此。地理原真性被大企业所把持，而技术原真性却必须依赖更多普通茶农的坚持，才可能获得持续的生命力。

坚持“技术原真性”及其承载的传统技艺空间，似乎成为茶农唯一的救命稻草。实际上，作为“原真性”建构者的某些大型茶企，本身才是“地理原真性”最坚定的捍卫者和受益者。形象地说，既然大多数茶农都没有能力去生产和销售高价的“本山金骏眉”，为何还要阻止或是贬低他们生产用外山茶青和正统工艺制作的、品质并不差的“梅占金骏眉”呢？当桐木底层茶农沦落至既无品牌又无质量竞争力的地步，我们或需反问，是谁在阻止？谁在获利，并阻止别人获利呢？①

在田野调查中，不乏有茶农愤愤而言：“没有人再好好做茶。桐木现在的茶叶市场，都是被桐木人自己搞臭的！”这或是少数大茶企坐享“地理原真性”的光环，而忽视“技术原真性”及其所依赖的技艺空间的结果。要保持“技术原真性”，不能一味指望大茶企的符号宣传（他们往往是在过度渲染“地理原真性”，起到了相反效果），而需要更多的普通茶农在日常生产技艺空间中的坚守。所谓“打江山易，守江山难”，“正山”的牌坊建立只花了几年时间，真正巨大的挑战将是如何守护“正山”所凝练的高品质的生产技艺。对技艺的守护，意味着对传统的那种虔诚的“父子”般的生产关系以及高质量的生产空间的坚持，不受商品化价值的混淆和诋毁，而非束缚在传统的形式、范畴之中。相反，若没有技艺的保证，而只是像现在大多数村民那样，徒劳地高举“原真性”以及所谓的“传统”大旗，祈求天降大任般的运气再次降临，只能是画地为牢。

---

① 武夷山的大量外地茶企，也对这种狭隘的地理原真性持有反对态度。武夷山的茶企数量在过去十年间增加了几十倍，其中有一大部分是带着外地资本到来、在本地注册公司的茶企，他们不像当地茶农一样拥有茶山，只能通过向本地茶农收购茶青经营生意。在他们看来，这种封闭式的原真性体系并不利于产业的健康发展。从闽北其他县城来到武夷山做生意的杨老板一语道破：“武夷山当地农民整天想着如何限制不让别人做，甚至高于他们对做茶本身的兴趣。他们都不想想，让更多的人加入武夷山茶产业，才能把这个市场做大；把茶叶的品质真正提升！”

第四节 从“定居”到“游牧”的茶工居住空间

厂宅生产空间中茶农和茶青的“家庭”关系，也曾存在于茶农和采茶工之间。

茶树作为一种多年生的经济作物，不仅需要从锄草、裁枝、杀虫、施肥等贯彻全年的种植和呵护，且照料行为的质量好坏直接决定了茶叶成品价格的巨大落差。在对茶青的照料中，每年最繁忙、最重要的工作莫过于采青了。当鲜嫩、饱满的茶树叶芽在早春一声惊雷之后绽放吐露，茶农都期待这一年艰苦劳动带来的不易收获。采摘茶青是一项时间紧迫的劳动，如制作金骏眉采摘的茶芽、制作小赤甘采摘的一芽两叶，都要求最嫩的茶芽，需在发芽两三天内完成采摘。而且，桐木茶树大多长于深山，分布极广，每家每户都有一些需要翻山越岭两三个小时方可到达的茶山，茶农不可能依靠个人力量在极短的时间内完成这项工作，因此，在采茶季节雇佣临时的采茶工——少则两三个，多则十几个，是桐木茶农一直依附的一类生产关系。

采茶工就像茶农自家“孩子”的“接生婆”，用勤劳精巧的双手，将茶农一年的辛苦化为满载的茶芽，装在背篓里穿越艰险的重重山路，送回茶农身边（图 5. 19）。武夷山地区雇佣外地劳工的现象古而有之，19 世纪，当地“茶厂多在山僻，且系客氓……率无籍游民，年丰谷贱，茶熟采多，彼此分雇各厂。若谷贵茶亏，无处得食，则相聚剽敚……”（彭泽益，1957）[305]这种“游民”状态，在改革开放以来社会稳定的背景下逐渐消失，很多采茶工像远房亲戚一样，每年到同一家采茶。为了让采茶工用心照料茶树，作为雇佣者的茶农也会如同对待亲人一样照料采茶工。采茶工作为生产“家庭”的一员，是茶农与他们所珍视的茶树之间的重要纽带——这形成了一种以互惠为基础的道义关联①。一个值得信赖、技术熟练的采茶工群体，对茶农来说能极大地提高生产力。②

图 5.19　桐木茶山上艰难的采茶之路

来源：作者摄

这种互惠式的道义关联首先体现在，采茶期间茶农需为采茶工提供食宿。在传统木结构老宅中，二层空间一般留给采茶工，享受和家中年轻成员一样的待遇。采茶工早出晚归，女主人会为他们准备随身午饭，而晚饭则和主人家庭共同用餐。农村家庭的晚饭总是最丰盛的，也是对劳作一天的家庭成员的慰

---

① 这种道义关联，可以参照国际农业研究语境中的“道义经济”。E. P. Thompson 最早在关于18 世纪英格兰“面包叛乱”的研究中提出“道义经济”（moral economy）概念。他认为，公众对于面包价格上升的抗议，是由于旧时社会关系的怀旧、浪漫的想象，是一种“渊源极其深厚的行为和信仰模式”。这种淳朴的“道义经济”的败坏，是富人与穷人之间关系破裂的原因（1971）。James Scott 将此概念应用于东南亚稻作社区的农民研究，他认为，佃农和地主间的前资本关系建立在一种“生计伦理”（subsistence ethic）之上，挣扎于生存边缘的佃农原本依靠地主来满足基本的生活需求；而当这种关系随着资本市场的介入而断裂，当地佃农也就有理性兴起针对地主的反抗和叛乱（James，1976）。Sarah Besky 在对大吉岭当代茶产业的研究中，将这种关系拓展为介于种植园主、茶工和茶业景观之间的“三方道义经济”：种植园主通过为采茶工提供福利设施和日常补助，换取采茶工与茶树之间的照料关系。Besky 认为，当今大吉岭茶农对于劳动待遇的不满和抗议，正是由于当代印度种植园主所提供的福利补助与其前任英国种植园主之间的落差。

② 采青是个“技术活”，单位茶田面积的产量，不仅取决于一年来的呵护，采茶工在最后阶段的“收割”也扮演着关键角色。第一，桐木茶树大部分为“野茶”——即没有经过修剪、长在野生环境中的茶树，好的采茶工采得比较“彻底”，产量高。第二，桐木村各家各户的茶山分布极广，除了主人外很少能搞清楚各家茶树的具体位置。20 世纪六七十年代时出现过一种“带山”的职业，即主人雇来专门带采茶工去茶山的工头。尤其是珍贵的百年老枞，数量很少，距离最远。熟悉的采茶工不仅能够找到茶山，甚至清楚了解每一棵树的归属，避免茶农之间的纠纷，为主人省却“带山”的麻烦。

劳——包括采茶工在内。一年一年的周而复始，采茶工对很多茶农而言就如同每年定期到访的亲人。

这种亲密的关系，还可能更进一步——将采茶工发展为媳妇或是入赘女婿。采茶工群体一直以女性为主。当地农村嫁娶，女性一般“从上不从下”，女孩大多嫁到比较发达的星村、崇安，再加上农村重男轻女，使得当地出现严重的“光棍”危机。因此，勤劳娴熟的女性采茶工，成了当地媳妇的不二人选，将来家里的采青工作也可以放心地交给她把持。今天的桐木，常可见五六十岁的婆婆，或是三四十岁的媳妇，聚到一起操着一口江西铅山方言，热火朝天地拉家常，这些女性大多曾是采茶工。不过，这种嫁娶模式，随着20世纪90年代末开始的城乡人口流动的加剧，已经越来越少见了。

茶农和采茶工之间的道义关系逐步被利益至上的雇佣关系所取代。这种生产关系的变异，在中国语境下，不能简单用西方学者关注的雇佣者对劳动者的“剥削”来解释，而是由雇佣者和劳动者双方的思想及行为变化共同造成的，其根源是商业化的负面影响。自由流动的农村劳动市场，使大量青壮劳动力向城市和资本流动，致使桐木的乡村产业能招到的劳工越来越少，年纪越来越大；而在农村，本来就不充足的采茶工更易受到资源集中、需求稳定的大型茶企的吸引。采茶工在各家之间“逐价流动”，取代了在某一家长期的“定居”，作为雇佣者的茶农甚至处于“弱势”地位。缘何巨大市场需求下采茶工的数量反而越发不稳定，年龄结构也趋于老龄化？这与桐木采茶工主要来源地的社会状况有关。一直以来，桐木采茶工大部分来自江西省上饶市的铅山县、上饶县、广丰区等地，而如今，当地年轻劳力更多去温州等城市打工，看不上周期短、不稳定，又辛劳的采茶工作。① 实际上，近年来桐木采茶的收入并不低，一位娴熟的采茶工，工作周期一般从4月中旬至5月中下旬，大约45天，可赚到一万

① 铅山河口镇在18—19世纪是武夷山茶叶的出口贸易中转站，桐木采茶工也大都来自武夷山通往河口镇的交通干道附近的村子。上饶位于武夷山脉的背阴面，茶叶质量在外界看来没有武夷山市好，且人均田少，难以依靠传统农业维持生计。出去打工成了他们唯一的选择，但从事采茶这种辛苦农活的人已越来越少。一位五十岁左右的采茶女说：“年轻人都去温州的厂里做事，只有我们这种年纪大的女人会来采茶。其他时间我们就在家里种点田、带带孙子。”实际上，仍有少数采茶工可以兼顾采茶季，在其他时间去温州工厂寻觅工作机会，只是越来越少人愿意经受这样的折腾。城市生活对年轻人的吸引力远胜于农村，而且当今农村年轻人对“吃苦”的忍耐能力早已不能与他们的父辈相比。这是当代中国农村的一个普遍现象。

元左右。① 当然，要达到上述的生产力，采茶工需要连续来桐木采茶磨炼采茶技艺三年或五年以上。工作的技巧性，也是阻碍当代年轻劳工来桐木采茶的另一原因。

种种因素作用下，这个供不应求、极不稳定的采茶工群体，在桐木的采茶季节呈现出“游牧”式的生产模式。对于大部分归心似箭的中老年采茶工来说，多赚钱是来采茶唯一的目的。由于金骏眉、小赤甘、传统正山小种等不同的采摘规格导致的时间差异，若将45天的采茶期都放在一家，将不可避免出现等待和闲置的日子。对于每年指望这一个半月赚钱的采茶工来说，“闲不住”的心理可以理解。他们利用每家每户茶树采摘周期的细微差别，灵活安排“档期”。采茶工的这种心态，作为雇主的茶农也洞察在心。② 一方面，茶农不得不在日益激烈的农村劳动力市场中，想方设法地吸引采茶工；然而另一方面，其方法与过去那种发自内心的关心已大不相同——为了维系道德关系所提供的福利措施，已成为一种浮于表面的“空间手段”。

茶农对采茶工的吸引力，取决于工作的难易程度、产量多少、居住条件好坏等。这些标准，影响了茶农在厂宅及相关生产空间中做出的应对。在桐木村经常可以看到一个有趣的现象：路边的茶树修剪得整整齐齐，而山上的茶树长得旁逸斜出，非常难采。在桐木茶农与茶客的沟通语境中，野生茶树往往是他们乐于夸耀的。那为何他们反而要将住宅附近的茶树修剪整齐？原来对于采茶工来说，最适宜采摘的是那种与胸部平齐的茶树，不需弯腰也无须抬手。有茶农告诉我：“不修剪的茶树高了就很难采，采摘的时候雨水和露水会顺手流到身上，很难受。招工人的时候他们很关心这个事情，若茶树不修剪的话就可能招

① 采茶开始后，一般先采“小茶”，指金骏眉（一芽）、银骏眉（一芽一叶）、小赤甘（一芽两叶）；五月中旬采“大茶”，即传统正山小种，没有芽只有新叶。采金骏眉时，茶青工钱每斤100～150元（若户主不包吃则每斤增加20元），每天从早上6点采到天黑，最多可采1～1.5斤；采“大茶”（指传统正山小种茶青）时，工钱为每斤3～4.5元，一天可采50斤左右。当然，采过“小茶”的茶树相应的“大茶”就会减少，因此对于没有采过芽头的茶树，采“大茶”的工钱就有所降低，为每斤3～3.5元。不论是“大茶”还是“小茶”，每天的辛苦程度、获得的工钱都差不太多——采小茶的时候费眼力，而采大茶则背回来比较费劲。

② 笔者住在胡八叔家的时候，有一对铅山中年夫妻帮他们采茶。每天吃饭的时候，他们从不说话，快速吃完之后就默默离开。有一天下雨他们没有回来吃饭，我问吴阿姨，她说：“我们家下雨不采青，他们就去帮五哥家采了。”“你和他们熟悉吗？”“哪谈得上熟悉。来了就走，采完茶还要去外地打工。”

不到采茶工了。”这种流于表面的以吸引采茶工的做法，在采茶工上山工作之后就会立刻暴露。不过，既然采茶工都在各家之间流动，在每户人家也就工作几天，这种表面的“糖衣”竟也有其用武之地（图 5.20）。

图 5.20　路边的茶树经过修建容易采摘，山上的茶树则很难采

来源：作者摄

为了争取采茶工，一些原本只卖茶青、不做茶的农民也在家里搭起简单的茶厂，提升“表面”上的产量。笔者在睿茗轩老宅（3-H-10）访谈时，老宅背后一座简陋的作坊中紧凑堆放着萎凋槽、揉茶机和烘干机，但都处于闲置状态。老板娘告诉我：“儿子在外地，家里就我和老头子操持，没精力做茶，一般就把茶青卖给大厂。不过开春的时候他们不怎么收茶青，质量比雨天好的也不收。采茶工是闲不住的，让她们一天不采茶，可能就跑去其他家了。所以我们只能在家里偶尔做点茶。”这种“游牧”关系，也改变了采茶工的居住条件。他们的居住空间成为住宅中的附属空间，条件越发简陋，吃饭也时常自己生火。因为对于茶农来说，只要有条件，很少有人愿意让不熟悉的采茶工和自己住在同一屋檐下。

这种对于采茶工的附属空间的营建，在当代桐木村的厂宅中主要有三种方式。第一种是在临近的老宅中解决。这不同于过去住在二层的采茶工，现在老宅二层再没有人居住，破败而杂乱——如胡家老宅中（4-H-11），七叔和八叔家的采茶工都会被安排在老宅的二层居住，宿舍由杂物间改造，一般一间宿舍会放两三张床铺，除了床之外别无他物，走廊上晾晒着采茶工的衣物和鞋子。第二种方式，是利用住宅的后院空间，建造简易的单层平房，或是把原先的柴火间、杂物间改造后，供采茶工居住。比如上荣茶厂（3-H-14）、桐木正韵茶厂（4-H-18）（图 5.21）都是如此。第三种方式，条件更差，干脆在茶厂里搭起简单的床铺，让采茶工住在萎凋房里；有的时候，让采茶工直接带上铺盖睡在菁楼中。

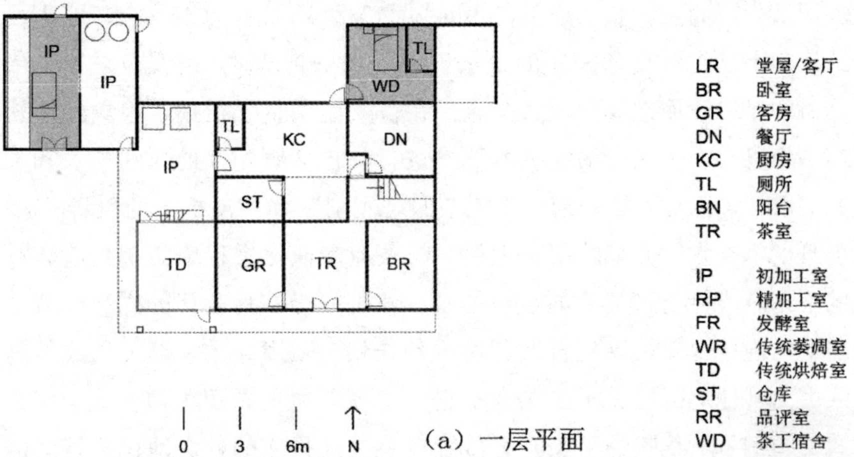

图 5.21　桐木正韵茶厂（4－H－18）中临时加建的茶工宿舍及床位

来源：作者绘

在这样的“游牧式”生活空间中，采茶工与雇主家庭几乎没有交集，也没有日常生活和情感的交集。当茶农和采茶工之间无法再建立过去的那种信任关系时，茶农的生活也变得艰难了。很多过去由熟练采茶工带动的采青工作，需要主人自己来承担。女主人除了带采茶工上山之外，往往还要自己先把“边界”地方的茶采完。① 更不容乐观的是，这种被不断上涨的人工费所透支的关系，是由大型茶企所推动的。即便在金骏眉市场不景气之后，大型茶企依然有能力维持较高的价格。他们带动了上涨的茶青价值和采茶工工资，通过成本的提升，排挤了普通茶农自己卖茶的机会，小茶农越来越难以招到采茶工②。

在对小茶农的走访之中，笔者不止一次听到“工人难找”“难伺候”“工钱太高”之类的抱怨。然而，采茶工付出艰辛的劳动不易，茶农也只是被资本势力所迫采取沦落的“空间手段”，两者为了生计做出的种种应变其实都是无可厚

---

① 吴长青阿姨告诉我，“各家之间的茶山划分很模糊，搞不清楚，不熟悉的采茶工过去，容易受到其他家的欺负”。

② 以金骏眉为例，采茶工的工钱是金骏眉成本的重要部分。普通茶农的金骏眉一般也就卖 3000 元左右一斤，以五斤茶青制作一斤茶干来算，采茶工的工钱要占去 500～800 元，还不算雇人锄草、杀虫、施肥的支出，综合起来，工钱要占到最终收入的三分之一至二分之一左右，再减去其他设备、销售的支出，茶农最后得到的净收入就少得可怜了。

非的，这也是他们在大型茶企主导的当代劳动力市场和茶青收购市场的唯一选择。茶农的茶青由采茶工采摘后送至大茶企收购，而结算标准只能参照茶厂收购时的记录，因而茶农和采茶工之间的交往变为简单的“数字往来”。即便在大茶厂的压制下茶青价格和相应的采茶工工资越来越低①，茶农与采茶工依然会为了相对的稳定性而选择依附大茶企。在被大型茶企强行拽入市场经济轨道之后，当一切以自由主义市场的利益标准进行估价，原先互助式的茶农和采茶工的道德关联，被强加上了一层令人无奈的“剥削”和“反抗”的色彩。

今日桐木茶农所面临的招工危机，与茶业产业化进程中的垄断趋势有不可逃脱的干系。维持与采茶工的生产关系，几乎成为一种奢侈的想象。劳动力短缺现象的加剧，也对机械化普及起着推动作用——当寻觅采茶工的成本越来越高，武夷山其他地区已有不少茶农引进了机械采摘的茶田种植模式。然而，这种模式又与桐木所依赖的手工制茶传统以及由此得来的社会地位相悖。因此又导致了一个两难境地。劳动力市场对于生产空间的影响仍在持续发酵，也成了提供当代乡土空间营建与宏观经济政治语境密切交织的又一例证。

通过前述对桐木村空间—社会变迁的初步认训，引入全球贸易下茶树统分制度及厂宅空间的变迁，并在此二者基础上探讨当代桐木村二元结构下的家庭空间及其对家庭关系的反噬，由此引出本间探讨的主题——以技艺变迁为线索，探索茶叶技艺的本质，呈现与高品质加工技艺相关的生产空间内核，并批判产业竞争中流于表面的“发明传统”现象，同时可以得出以下结论。

大茶企和小茶农之间的矛盾，以及随之而来的生产空间的种种困境，反映了当代乡村在规模化经济与个体化经济交织下的艰难抉择。无论是“正山”和“外山”茶青加工空间的混淆不清，还是采茶工从“定居”到“游牧”的关系转变，根本上是龙头企业所引领的、基础雄厚的规模化经济，与近年来迅速崛起的个体茶农之间的竞争所致。规模化经济是大势所趋，而个体化经济又是茶农赖以生存的根基。土地流转政策中强调的“统分结合”，说来容易，在乡村做起来却困难重重。如果说传统手艺永远是落后、缓慢的象征，要寄希望于理性当先的市场经济生发出浪漫的情愫来予以保存，那势必无法拥有其持久的生命力。

① 一位茶农诉苦说：“某些大茶厂里‘吃秤头’的现象很严重：采茶工辛辛苦苦采了一天的茶，放在家里秤是一个数，拿到厂里一秤，就会少掉一两斤。采茶多不容易，一两斤的茶可要采好久哩！采茶人有句老话，吃秤头那叫‘吃子吃孙’！采茶工碰到这种情况，更加不喜欢来我家采茶了。”

在当代，为何乡村手工传统被放在规模化的对立面？这是值得质疑的一种对于“传统”的误解。菁楼在龙头企业主导拍摄的纪录片中成了手工揉茶的布景，却与它的空间内核毫无关联，这一对比是这一误解的典型表现。传统在推进规模化的大茶企那里，成了包装在机械化生产外的“糖衣”；而放到茶农那里，又被视为茶叶生产技术落后、粗糙、质量低下的挡箭牌，催生了鱼目混珠、真假难辨的市场现状。正如一位在武夷山开茶厂的外地茶人所说：“当地人陶醉在正岩茶、正山这样的词汇中，表面上好像在保护他们，却忽视了做茶重要的是质量，这只会让他们越来越狭隘、越来越落后！”同时，生产关系也由于这种“发明的传统”（Hobsbawn et al，1983）而走向危险的境地，对“孩子”般的茶树、对可能成为“妻子”的采茶工的细致入微的照料，① 在这一被误解的“传统”掩护之下慢慢消失，让位于商业化背后的市场经济利益体系。究其根本，是沉迷于传统的表象和虚无的“地理原真性”，而忽视“技术原真性”及实质技艺空间的后果。

这种规模经济与个体经营的矛盾，可从桐木的传统生产空间中看到一种可能性的调解方式——集合了规模化效率和传统手工智慧的菁楼。菁楼并不像当地茶企宣传的那样是纯手工、缓慢生产的象征，其空间内核是高效、合作、劳作：它既拥有符合规模化特征的巧妙生产机制，又能在劳动过程中通过亲身的度量和肌肤的热感赋予茶叶产品一种机械化不可取代的“手工热度”②，让茶农

---

① Besky 曾描述了在大吉岭茶种植园中生发的一种存在于“父亲”般严厉的管理者、“祖母”般温柔的采茶工、“孩子”般需要照顾的茶树之间的拟人化道德关联（2014）[63-66]。尽管桐木的生产关系拥有不同的社会结构，但这种道德关联在当下的败坏却有着相似的原因。

② 这一描述不同于大多数从消费者出发的“浪漫”幻想，而是出于茶农自身对于菁楼中艰难生产的理解。我们可以从 Mintz《甘蔗地里的工人》中一段类似的具有现象学意义的劳作情景描述中看到差别：“工人们大汗淋漓，甘蔗阻挡了微风，收割的速度不容丝毫耽搁。男人的衬衣松垮地披在身上，不断往下滴汗。甘蔗的穗须割破皮肤，直探到脖子以下。土地已经犁过，在其上行走举步维艰。土壤像烤炉一样蒸发着热气。管理者跨坐在一匹花色母马上，监督着田里的劳作……他骑行经过时，成列的工人马上弯腰致敬，任由大颗汗水滴到地上；听着身后田里的耕牛发出粗大的喘息，与工人的咕哝声糅杂在一起；感受着热浪从地面席卷整片甘蔗田……” Mintz 用这一段“身体”式体验揭示了甘蔗种植园内劳工与殖民者、甘蔗之间的“敌对关系”（1960）[21-22]。然而，中国茶叶生产与西方殖民者开辟的种植园生产的根本性区别除了马克思式的生产关系之外，也在于一种与物质文化及社会经济密切交织的空间语境。在当地茶人眼中，菁楼中的生产虽然艰苦，却是收获、改善生活的源泉，也是赋予他们集体骄傲的象征，这或是当代桐木茶人依然对菁楼这一看似落后的生产设施有着特别好感和依恋的原因。

和品茶者在这种独特生产空间的体验中获得当代茶叶价值评判体系所支撑的优越感和崇高感。而且，这种技艺空间在茶农的自发空间营建中得到延续，建构了规模化手工生产方式在当代机械化厂宅中存在的合法性。

从传统技艺空间到当代生产空间的变迁中，可以读出个体茶农所坚持的生产空间及方式，与菁楼在大多数宣传照中浪漫、古朴的形象无关。因此，面对规模化和个体化的抉择，应从空间使用视角来理解传统技艺空间的本质，而非一味吹捧传统生产空间的符号价值。就传统生产空间的原真性而言，“技术原真性”应该获得比“地理原真性”更高的重视。换句话说，菁楼这样的乡土建筑在仿古街、假古镇大行其道的今天或可出现在任何地方，但之所以“茶博园”中的菁楼没有任何意义，是因为真实的使用方式才是菁楼生命力和延续意义的所在。

值得进一步反思的是，之所以大茶企在包装菁楼时选择过度强调它的手工性而刻意忽略其规模化特征，也和当今社会流行的“乡村幻想”有关。伴随新型运销方式而来到茶村的城市消费者——“乡村旅行者”，是这种“乡村幻想”的主要来源，成为乡村传统重建行为的“幕后主谋”——尤其在消费者与生产者密切交织的厂宅经营空间中体现。同时，这种由乡村和城市精英所构筑的“乡村幻想”，也将大茶企和小茶农之间的社会分层现象进一步放大。

第六章　他者、符号与社会

本章关注茶旅中的乡村旅行者及随之形成的“他者”关系，从空间符号化现象切入，研究当代茶村的社区分化①现象及其在厂宅中的空间表征。“他者”，一个源于西方殖民者与被殖民者之相遇的概念（Kirshenblatt - Gimblett，1998），在中国当代愈发凸显的城乡二元关系中产生了激烈共振。城市消费者随着茶叶运销、生态旅游卷入传统乡村社会，为乡村社会关系带来新的维度；并经过“旧的家族文化的‘消化’”，形成新的全民化社会关系与传统家族性社会关系的深刻交织（王铭铭，2004）[113-114]。

第一节将分析新型运销关系在厂宅中激发的经营空间营建行为——包括经营性质的茶室（包括茶店）和招待性质的民宿（包括餐厅），从旅行者的动机和喜好来理解相应的空间策略及其带来的空间矛盾。城市“他者”视线的投射，对以促进经营为主要目的的乡土空间产生深刻重塑。第二节将“他者”凝视与风格符号间的转化机制归为一种“乡村幻想”，进而指出城市经营（包括建筑

---

① 本书所讨论的“社区分化”属于社会学讨论的“社会分化”的范畴。农村社会分化首先是指农村之间的分化，其次是农民中的分化——陆学艺曾将农村农民划分为八个阶层：农业劳动者阶层、农民工阶层、雇工阶层、农民知识分子阶层、个体劳动者和个体工商户阶层、私营企业主阶层、乡镇企业管理者阶层、农村管理者阶层（1989）；进而农村可分为“高度分化、中度分化和低度分化”的农村社区（1992）。李强将农村社会分化的原因归纳为两个原因。其一是市场经济影响：一些农民经营非农产业而称为企业家、企业工人，或是进入城市获得稳定的就业机会，从而与仍旧从事农业的农民产生较大的收入差距；其二是权力分配的不公：在农村，掌握权力资源或是更容易接近权力资源的农民，往往成为先富起来的农民。此外，他亦谈到农村社会分化的“固化”问题：随着市场经济的发展造成门槛越来越高，办企业的初始投入更大，农民创业越发艰难；同时，权力资源和市场资源的结合也在固化（2008）[89]。本章主要讨论的社会分化是农村社区内部的分层现象，故使用“社区分化”的说法。

师）引导的消费乡村传统的现象，可能是导致当地乡村风格乱象的主因。第三节进一步探入“空间—社会”变迁过程的底线——符号化现象与茶农社区分化之间的关联。传统菁楼被转化为一种经营“符号”，随即在茶农社会的不同阶层间引发不同的占用、效仿和放弃现象，并进一步扰乱了传统生产社区的社会关系。

第一节　茶旅经济与厂宅经营空间

在全球语境下，茶叶与咖啡、可可等第三世界商品一样，作为殖民经济的产物，象征并警醒着西方国家舒适的城市生活和第三世界艰苦的农业生产之间的道德危机和社会问题；而在中国语境下，“名山产名茶”的传统也将越来越多的城市人带到风景秀美、历史悠久的名茶产地，寻求发达城市与乡土乡愁之间的微妙关联。这或是倡导全球化的新自由主义经济推行以来茶叶运销方式转变的序章。

桐木村茶叶的运销方式，曾长期依赖崇安县下梅、星村、赤石等贸易城镇的转销，从17—19世纪中俄“万里茶路”上的河口开始，到1850年后转销欧美的福州港（Hao，1986；Gardella，1994），而桐木一直保持作为纯粹茶叶种植地和初加工地的状态。20世纪60年代至90年代初实行“统购统销”制度，仍在很大程度上延续了红茶出口的中间商模式，只不过中间商由晋商或英美洋行换成了“中土畜”体系①下的各省外贸公司。集体化时期，人民公社生产的毛茶被运至崇安、建瓯等地的国营茶厂精制，再由外贸公司出口。家庭联产承包责任制推行后，村民的毛茶改由星村茶叶站收购。1988年，桐木村的茶叶精制厂“桐木茶厂”成立后，取代了星村镇茶叶站的作用，但出口运销环节依然由省外贸公司掌握。

20世纪末，桐木村的茶叶才开始了“走出去”的道路。大茶企率先发展出一种由经销商构筑的客户直销模式——通过经销商缴纳费用后加盟，建立覆盖

---

① “中土畜”，即中国土产畜产进出口总公司，于1949年11月成立的大型国有外贸公司，以土产品、畜产品、茶叶及其深加工产品的进出口为主要经营项目，如今合并成为中粮集团的子公司。同年由吴觉农等茶业先驱筹划成立的中国茶业公司，就是该体系下负责茶叶进出口贸易的国企。

全国的销售网。而普通茶农则依靠个体力量推广桐木红茶，如胡必发所回忆的创业史："2005 年我开了桐木村的第三家正式茶厂，生意难做，2006 年我用蛇皮袋背着 30 斤正山小种到福州去卖，结果竟然有人知道这种茶，卖了 3000 块！我从没见过那么多钱！"

除了茶农"走出去"卖茶，越来越多的茶商茶客慕名而来，或被"请进来"。桐木村自 1993 年试行生态旅游，1999 年武夷山成为世界自然与文化双遗产后，桐木所在的自然保护区逐步成为武夷山旅游的一站。武夷山的导游常挂在嘴边的"武夷十大怪"，其中就有一条"桐木红茶卖国外"。而茶旅游的兴起，是 2007—2009 年金骏眉及正山小种在国内知名度大为提升之后，茶商、茶客慕名而来，到茶农家里品茶，直接向茶农购买茶叶，以期买到更加正宗、优惠的茶产品。① 此外，2010 年以来个人化电子商务平台的井喷式发展，促进这一销售网顺着茶农和茶客的"朋友圈"发展至更多"朋友的朋友"。今天，热情邀请游客至家中品茶几乎成为桐木茶农的共同特征，关坪的胡二叔曾这么说："十个人不买没关系，一百个人不买也没关系。但朋友介绍朋友，只要一千个人里有几个人来买茶，对我也就够了！"这个编织于现实与虚拟世界之间的"朋友圈"，带来了越来越多知晓并喜爱桐木红茶的茶客，成为今天桐木茶农的主要运销模式。

由茶旅和电子销售平台主导的当代茶叶运销模式，拉近了作为生产者的茶农与作为消费者的茶客之间的距离，使大批茶农从传统农业中的孤立生产者转变为"生产者与销售者一体"的角色。生产端至消费端链条的简短化和透明化，提升了消费者对生产环节的关注度。慕名而来的茶客，其目的是一睹茶叶从种植、采摘、加工乃至包装的一系列生产环节，从而对茶叶的质量有更放心的评价。一位茶农骄傲地告诉我："看过桐木自然环境的客人，没有不爱上桐木红茶的！"在此背景下，茶农也洞悉了新的消费者对生产环节的关注，在厂宅营建中对传统和现代生产空间都产生了新的理念和实践，使"生产"空间本身也具备了被"消费"的价值。

---

① 桐木村内的生态旅游发展自 2008 年由于自然保护区等原因而暂时被搁浅，保护区在各个主要进口设置哨卡限制游客，但时至 2016 年笔者调查期间，只需认识村内茶商，旅行者仍可轻松通过哨卡。这是因为生产者与消费者的"直销"已成为桐木村茶产业的重要经济来源。

这种茶旅游，可归入“食品旅游”（food tourism）① 的范畴，其诉求是通过特定食品的旅游营销，让特色农产品与地域特征建立关联，提升生产端的附加值，促进生产端和消费端共赢，让场所和食品互相提升。② Lee Joliffe 将茶旅游定义为：“受到对茶这种饮品的历史、传统与饮用的兴趣驱使而发生的旅游活动。”（2003）[136]茶旅游的相关活动也都与茶紧密相关，最常见的模式有三种（表 6.1）。

表 6.1 茶旅游活动的基本类型

类别	项目举例
人工景观，原本不是为游客设计	茶园、茶厂
人工景观，专门为游客设计	茶博物馆、茶室、茶店、民宿
特殊活动	制茶体验、茶主题节日③

① “食品旅游”始于 20 世纪 70 年代西方工业化国家的乡村地区，作为对传统服务和市场凋敝、关税及地区支持机制取消的回应，尝试建构更加多元化的经济基础。食品旅游作为这两种产品的一种潜在杠杆而成为地区经济重组的重要手段（Hall et al，2003；Telfer，2001）。随着西方国家城市与乡村产业链的一体化，以旅游带动食品消费的行为，也不再限于乡村地区。食品旅游最成功的案例莫过于西方葡萄酒之旅，如加利福尼亚的纳帕山谷（Napa Valley）、法国的波尔多酒庄等。在这类旅行地，“葡萄酒和相应的葡萄园景观被利用为在旅游市场竞争中建立强烈地域特征的方式”（Hall and Macionis，1998）。

② 食品旅游与地域特征有着密切的关系。原因是以旅游带动食品消费的经济目的，随着对全球化和“文化同质化”趋势的担忧，又被赋予了抵制食品“麦当劳化”的文化目的（Ritzer，1996；Page and Hall，2003）。“旅游的本质即‘场所’的区别”（Relph，1996），在旅游地塑造独特性的需求下，食品作为特定场所的身份及文化表达，成为“文化和遗产旅游中不可或缺的部分……在场所营销及目的地形象的塑造中发挥关键性作用”（Hall et al，2003）[3-6]。进入 21 世纪以来，随着地理标志认证等替代食品体系对食品价值和场所关系的渲染（Fridell，2007；Jaffee，2007；Dolan，2010），一类独特的、具有较高经济价值的食品，通过法律协定为特定原产地或生产群体的“知识产权”，如法国波尔多红酒、牙买加蓝山咖啡等。地理标志认证、公平贸易的支持者致力于让旅游地地名与特定食品品类名称紧密相连，“让场所代替食品本身存在”（Besky，2014）[92]，如“Scotch/苏格兰威士忌”“Cognac/干邑”“Champagne/香槟”“Darjeeling/大吉岭红茶”，消费者因为喜爱食品而产生去原产地旅游的愿望。在食品与旅游地的杠杆作用之下，不仅食品消费促进着旅游发展，当地生产者也深知这种关联效应，努力经营和包装当地自然环境及农业景观，以提升消费者对这种食品的认同。就如消费者在品饮大吉岭茶时，饮茶被包装为“一种前往大吉岭的感性旅程，消费者仿佛可以‘看到’种植园的景象”（Besky，2014）[95]。

③ 早在 20 世纪 70 年代末，旧金山的皇家茶室公司就曾组织茶叶爱好者远赴中国体验茶文化。组织者说：“茶叶作为一条线索，将串联起我们将体验的各种中国文化，就像葡萄酒贯穿着地中海文化的农业、美食与民俗、休闲与信仰一样……参与者可以在传统龙井茶园中自己采茶，由茶农指导制作属于自己的茶。”（Pratt，1982）[69]印度阿萨姆也常举办推广性的茶主题节日，吸引各地游客前来参加，同时也是“培养潜在客户关系并促进旅游发展”的方式。

数据来源：根据（Lee，2003）[131]改绘

除了由政府、集体组织建立的公共设施，茶农个体层面亦会针对旅行者的消费目的而营建特定的空间。除了带旅行者参观自家的茶园和茶厂之外，大多数厂宅也提供茶室、茶店、茶展览、民宿、餐厅等旅游设施。因此，旅行者的“动机和喜好”，成为这类茶旅空间建构的推动力量（表6.2）。

茶旅游的旅行者分为“偶发性”和“目的性”两类（Lee，2003）[128]。“偶发性”旅行者是指因其他原因来到当地，品尝了当地茶而受到感染的旅行者；“目的性”旅行者则是专门为茶而来，除了品茶外，还要寻求其他与茶相关的体验，如参观茶园、茶厂和茶展馆，购买茶叶及相关产品等。

对于“偶发性”旅行者而言，茶产品是旅行中意外的邂逅，当地人会力图在短时间内通过各种空间手段达到更强的文化渲染的目的。这类旅行者既包括官员及社会名流，其在桐木村的行程如同蜻蜓点水，寻求显而易见的空间符号以“拍照留念”；也包括大多数乡村及自然爱好者，其考察范围包括乡村文化、当地特产、传统工艺、自然环境等，茶叶只是个意外之喜。“目的性”旅行者亦可分两类。一者为茶叶经销商，旅行动机是考察茶企和茶农的生产水平、质量、资金等实力，故而厂宅成为茶企经济实力的重要参照；二者是茶及茶文化爱好者，他们热衷品茶，到桐木村了解关于茶树种植和生产的环境、工艺、历史、民俗等方面的知识，购茶行为也时常发生。

表6.2　桐木村茶旅行者的基本类型及旅行动机

茶旅行者类型		旅行者的动机和喜好	茶农的空间营建目的
偶发性旅行者	官员、社会名流	乡村产业、文化特色	快速文化渲染
	乡村及自然爱好者	乡村文化、当地特产、传统工艺、自然环境	快速宣传产品，发展潜在客户
目的性旅行者	茶叶经销商	考察茶企和茶农的生产水平、质量、资金实力	佐证经济实力、生产水平
	茶及茶文化爱好者	茶树种植和生产的环境、工艺、历史、民俗	浸入式体验，文化渲染，发展熟人网络

旅行者动机与茶农的回馈所体现的运销模式，对于当代桐木厂宅经营空间的影响，主要体现在经营性质的茶室（包括茶店）和招待性民宿（包括餐厅）

之中。其中，茶室空间作为茶农与旅行者相遇的第一层“门面”，更多面向偶发性旅行者，营建的核心诉求是在第一印象向旅行者传达关于当地文化、茶厂制作工艺和质量水平的有说服力的信息，该部分往往是各家各户中最为豪华和风格化的部分；民宿则面向对当地环境及文化有预设性向往的目的性旅行者。在空间中除了宣扬茶文化，也希望促进旅行者与当地生活及文化的交互，将这类空间嵌入厂宅本身的家庭生活空间之中，进而将旅行者发展为生产者的熟客，发展更大的朋友网络。

茶室几乎是桐木各家各户必不可少的空间。住在老宅中的茶农，常通过改造堂屋或卧室辟出一间茶室，如睿茗轩（3－H－10）、茗茶岸坊（4－H－1）；而新建厂宅，如胡四叔宅（4－H－5）、朱氏茶厂（4－H－15），也将茶室作为厂宅建设和装修的重中之重，除了在原先堂屋的位置设置茶室，还常单辟一间茶室——外向的茶室用来招待偶发性旅行者，而住宅中的茶室，则供住在这里的目的性旅行者使用。

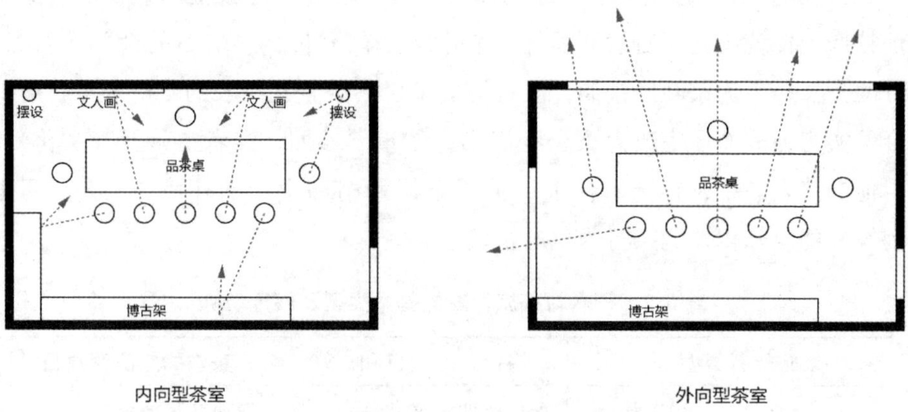

图 6.1　桐木茶室中典型的对内和对外向度

来源：作者绘

茶室空间的建构，可从对外和对内的两个向度来理解（图 6.1）。对内的向度，是围绕品茶这一功能来布置的。品茶的核心空间是品茶桌。福建地区推崇“工夫茶”① 的品茶方式，涉及烧水壶、茶盘、茶洗、盖碗、公道杯、茶杯、茶

① “工夫茶”又称功夫茶，苏辙词云：“闽中茶品天下高，倾身争茶不知势。”见苏辙诗《和子瞻煎茶》。

垫等一系列工具。品茶时，事茶者坐在一侧，若干名品茶者坐在另一侧。在复杂的工序要求之下，品茶桌椅一般会占据茶室的大部分空间。如今，茶道被作为各地推动茶旅游、茶文化发展的重要地方传统，整个桐木村乃至武夷山地区的茶室，其核心的空间结构，都是围绕相似的品茶桌展开的，不同的只是空间的尺度和装修、陈设而已。

内向型茶室一般出现在改造的，或是地理位置不好的住宅中。木构老宅的开窗条件有限，但优势在于木构环境与刻意营造的“传统“氛围较为协调。如睿茗轩（3－H－10），2012 年将一间卧室改造为茶室。茶室面积很小，一组仿明式品茶桌正对唯一的光源。品茶桌背后的地上立着一幅文人画、两幅书法墨迹。侧墙由陈列各种茶产品的博古架所占据，最醒目的是一块“老枞银奖”的红色奖牌①。建于 20 世纪 90 年代的陈上荣宅（3－H－14）中，卧室改造的茶室与睿茗轩的茶室如出一辙，墙面原先为抹灰，前两年特地将吊顶和陈列墙都改为木制饰面。胡必忠宅（4－H－12）2014 年新建的茶室也是如此：采用木制吊顶，配以木色的品茶桌、展示架，还有作为装饰品的木制揉茶机和根雕等元素。主人、品茶桌、品茶者这条空间轴线，由前后墙体上装饰的传统书画所强调。从这几个茶室可见，传统文化的空间氛围是当地人在营造茶室空间时的主要诉求（图 6.2）。

外向型茶室则面向武夷山和桐木村得天独厚的自然环境，主要见于新建厂宅。如 2010 年的胡四叔宅（4－H－5），茶室位于一层茶厂之上（图 6.3a）。从外立面看，二层的带状转角大玻璃窗格外凸显，玻璃窗高约 2m，没有玻璃肋，几乎是片完美得令现代建筑都汗颜的玻璃幕墙。玻璃内部，对应着茶室所在空间。“L”型的落地玻璃将周围的连绵青山和云雾缭绕纳入饮茶环境之中，玻璃的透射与反射、抛光大理石地板的反射交织在一起，呈现出如梦如幻的自然景象。

这种“移景入室”的营建方式，在朱氏茶厂（4－H－15）中同样可见（图 6.3b）。这座茶室面积仅十余平方米，建在家宅前临河的空地，砖混结构，双坡屋顶，建筑前专门建了一段阶梯通向河边。茶室内部，除了豪华品茶桌、木制

① 来自 2015 年桐木村斗茶赛，只举办过一届，但成了今天茶农群体中“区隔”茶叶等级的重要工具，获奖的茶农都乐于将奖牌摆放在家中最容易让茶客看到的位置，该位置往往在茶室。

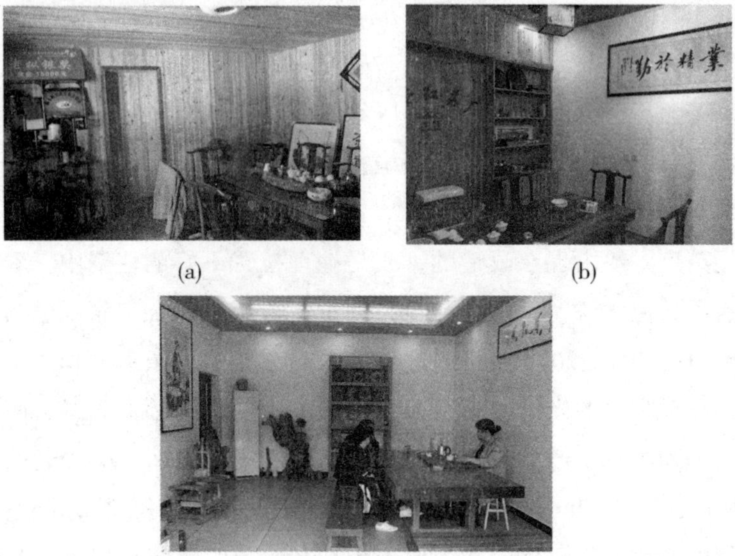

(a) (b) (c)

图 6.2　(a) 睿茗轩、(b) 陈上荣宅、(c) 胡必忠宅中相似的内向型茶室

来源：作者摄

展架、文人墨迹外，一整面大玻璃吸引着观者的视线，使这个狭小的茶室拥有了无限的空间想象。笔者听到不少旅行者对这一茶室交口称赞——玻璃的另一侧，流水潺潺，竹木蓊郁；正对室外风景而坐的品茶者，很难不受到这种独特环境的感染。这种好感由场所景观升腾化入茶叶的品位之中，使此情此景成为“一处场所和一种品位的混合体”（Besky，2014）[94]。

(a) (b)

图 6.3　(a) 胡四叔宅、(b) 朱氏茶厂中茶室大玻璃所展现的对外空间向度

来源：作者摄

无论是内向型还是外向型茶室，其装修风格乃至陈设元素都非常统一，当地人把这种风格称作“新中式”。从古色古香的根雕品茶桌、博古架、陶瓷茶具、木制吊顶、琴棋书画等摆设中不难发现，茶农借由茶室空间向旅行者及消费者传达的文化，是一种更广义的传统中华文化，不一定与当地传统相关。然而，桐木所流行的“新中式”风格大多是一种廉价而简陋的中式风格，如同由一连串隐隐相关的文化符号粗糙搭接的文化“秀场”。

民宿的建构与此类似。桐木距离武夷山市区有一个多小时山路车程，很多旅行者会在此住上一两晚。当今桐木厂宅，拥有客房的比例在百分之六七十以上，但正式挂牌的民宿只有不到 20 家。村民告诉我，家中客房用作“客户接待”，一般不向客人收取房费；但大多数住在桐木村的旅行者，在得到热情款待后，都会象征性地购买一些茶叶，或者介绍朋友来买。久而久之，以民宿发展客户的行为在村民间达成一道共识性的“行规”：住在某个村民家中的客人，就是这家茶农的客户，其他人不应与这位客人发生与茶叶有关的生意，否则会遭到民间舆论的谴责。① 可见，民宿对于桐木村民而言，是将旅行者发展为消费者的重要手段，是一种潜在而有效的经营空间。

在这种竞争逻辑下，建造民宿成了桐木当代“建造竞赛”背后的主要动机。十年内，桐木村具有接待功能的民宿数量增加了近 20 倍。② 当代桐木村在厂宅中设置民宿的方式，主要包括三类：改造老宅、新老结合、完全新建——尽管营建模式不尽相同，但都在空间策略中表达出让旅行者更好融入当地家庭与社交生活的愿望，同时为茶叶销售创造机会。

第一类民宿是改造老宅。茗茶岸坊（4 - H - 1）是一座典型的由老宅改造的民宿（图 6.4）。老宅由房主小谢的父母建于 1978 年，小谢前两年花 20 多万把老宅装修一新。一层还是主人家居住，只将老宅二层储物间改为三间客房。改造方式很简单，就在室内覆盖浅色胶合板，改善老宅的破旧形象；局部设置天窗以改善老宅采光。陈设也很简单。此外，在房屋靠近山体的缝隙中增设了卫生间，与客房相连。小谢告诉我：“这个客房一般接待熟客，都说这栋老房子值钱，不舍得拆，所以我们就没重新盖。客人们都挺喜欢这里。”对于大多数茶旅行者来说，住在“古色古香”的老宅子中，与茶农同吃喝，同时又能享受到

① 笔者住胡八叔家期间，常去隔壁的朱家拜访，关系不错，临走时老板娘小江想给我送几包茶叶，又说怕让别人看到不好，让我回去之后她再寄给我。茶农宁愿如此大费周折，也不敢冒触碰“行规”的危险。

② 根据笔者调研的 165 个厂宅样本数据统计而得。

基本的现代生活便利设施，已满足了他们对于乡村的一切想象。

图 6.4　茗茶岸坊（4 – H – 1）是典型的老宅改造民宿

来源：作者摄

第二类民宿，是在老宅旁加建新宅。有德茶庄（1 – H – 42）是个典型案例（图 6.5）。老宅建于 1979 年，2009 年建造新房，2013 年修缮了老宅。新宅共三层，包括一层的茶厂、二层的家庭空间、三层的客房标间。老宅修缮主要是将一层的四个房间改造为客房，并增设卫生间。厂宅标高十分复杂。由于老宅本身处在山边的一块高地上，旁边的新宅建起来后，新宅三层正好与老宅入口地坪相接。由此，民宿和茶厂的入口也实现分离，民宿围绕三层的老宅布置，在三层平台上还建了一个凉亭作为茶室；新厂宅的生产空间在一层；旁边还加建了一座茶厂，大约处在新宅二层的标高上，茶厂屋顶正好作为三层老宅前方的活动平台。因此，新宅三层也就是老宅入口的空间十分宽敞舒适，坐在凉亭中品茶，凉风习习，聆听对面山上重重竹木的摩挲声，别有一番情调。这种风格的建筑可算是将老宅之古与自然之美完美融合于茶杯之中的典范。

老宅改造为民宿，一大困难是解决现代生活必需的厕所问题。有德茶庄，在老宅四周与新宅、山体的缝隙之间嵌入了 5 间厕所，尺寸在 1.5m × 2m 左右，集约地安置了“三件套”：淋浴、厕位和洗手池。厕所为砖混结构，与老宅并无关联。木屋怕水，这样的改造，是在保持老宅完整性前提下比较理想的一种解

图6.5 有德茶庄（1－H－42）民宿的公共空间及客房

来源：作者摄

决方式。

笔者调查时，见到有德茶庄住了几位从福州带着学生来进行“乡村体验之旅”的幼教老师，她们坐在堂屋里教小朋友写日记，让人错以为是老板的儿媳妇；而搞卫生的阿姨，唠唠叨叨，忙上忙下，则像老板的母亲。祥和、朴素的乡村生活，和生态、优美的自然环境一样，是来到桐木的茶旅行者眼中一泡好茶所应当生长的土壤，让消费者把对于生活的感动移情于茶叶本身。

实际上，改造老宅是个又花钱、又耗精力的项目。有些民宿户主懒得改造，只把老宅作为一个“展馆”空间，如胡氏老宅（4－H－11）；或把餐厅设置在老宅中，如枕水茗居（3－H－5）。枕水茗居的新民宿与老宅相依而建，老宅二层增设餐厅，供住在家里，或是偶尔光临的旅行者使用。除了“怕把新宅弄脏”的原因外，在老宅中用餐也是“农家乐”的一部分，加强了旅行者的文化浸入感，让他们感觉自己并不是住在冷冰冰的宾馆，而是成为茶农家庭的一员。

第三类民宿是新建厂宅中的一部分。新建民宿的优势在于舒适度较高，几乎与现代标准的宾馆条件接近；劣势是文化氛围较弱。为了不丧失民宿建造的初衷，茶农也在空间的布局和装修上不遗余力地为客人营造一种融入传统文化和乡村生活的感受。房间的布置有两种基本形式。第一种是外廊式，如胡二叔宅（4－H－7）、胡必忠宅（4－H－12）。胡二叔宅在2016年把所有客房装修一新，共有10间客房，分布在二层、三层。客房外走廊围绕后院布置，正对院子里的厨房和紧靠后院的后山（图6.6）。住在客房里，可以听到楼下厨房阿姨切菜、洗碗的窸窣，快到吃饭的时候，厨房炒菜升腾起农家特有的、清爽而诱人的香气，早早唤醒了住客的味蕾。饭菜准备好了，阿姨只需站在院子里喊一声“吃饭咯”，住客就会知晓。尽管已经实现客房的标准化，但这种开敞式布局，依然让人怀念旧时农村亲密无间的生活。即便在另一种内廊式布局如朱氏茶厂

（4－H－15）中，客房的布置也实现了高度功能化，原因是宅基地过于紧凑；但主人还是在屋顶争取了一片公共空间，让住客一边喝茶或吃饭，一边观景。

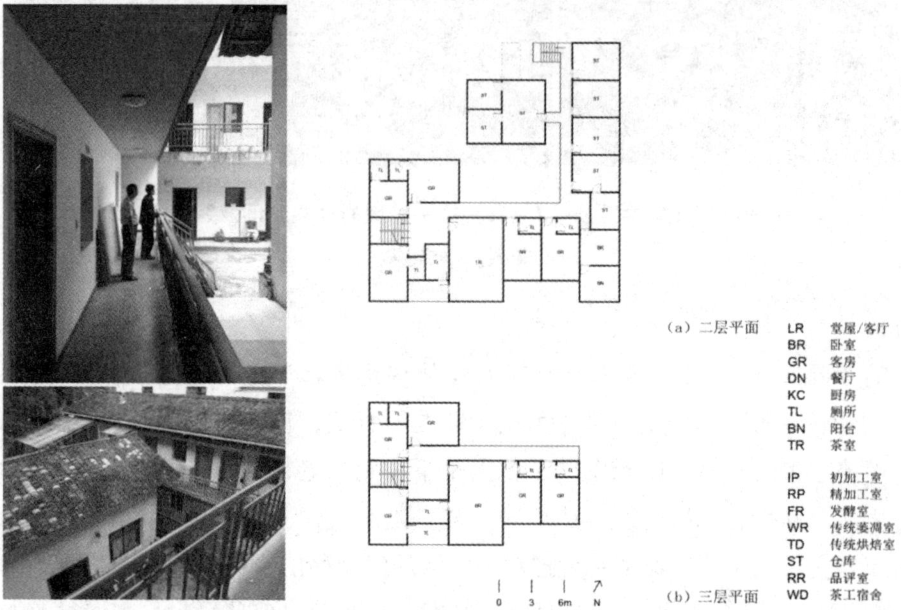

图 6.6　胡二叔宅（4－H－7）客房层的外廊式布局

来源：作者摄/绘

除了茶室，有条件的民宿还会提供其他“社交”空间，增进茶客与茶农的交流。然而这些“社交”空间大多处于闲置状态。不论是胡二叔宅（4－H－7）摆放着阳伞、藤椅、躺椅的入口空间，还是香榧人家（3－H－41）在每层客房安排的“客厅”，都因与当地人生活习惯不符、不满足茶农所揣测的城市人的需求，使用频率远不如茶室、餐厅。它所产生的空间浪费，是当代茶旅经济导致的一种误区。

民宿房间的室内装修风格，为了增强传统文化氛围，大都采用“新中式”风格。香榧人家（3－H－41）的装修算比较高端，但除了在室内墙面和吊顶上覆盖胶合板之外，就只设置了一盏中式吊灯、几把简易家具，暗示传统文化的氛围。若将这栋新建民宿的客房与有德茶庄（1－H－42）中以老宅改造的客房相比，几乎看不出区别（图 6.7）。还有些村民采用简约中式、日式榻榻米等风格——在旅游业更繁华的武夷山市区，这种“前卫”的民宿风格已被演绎得非常成熟，常年住在市区的桐木村民，想必也受到了城市精品酒店和民宿的影响。

图 6.7　大多数民宿客房的装修风格十分接近
（左：香榧人家；右：有德茶庄）
来源：作者摄

与茶室一样，民宿客房中也存在两个空间向度。一是品茶桌，将品茶空间蔓延至私密的客房之中，显示了推动茶文化宣传的目的；二是观景窗，只要具备观景条件，移景入室是桐木民宿营建的首选。不过，当地冬天阴冷潮湿，为了提升住宅保温性能，客房不会像茶室那样采用大落地玻璃，而是在观景与保暖需求之间寻得平衡。

总体来看，如果说茶室空间的营建策略是在很短时间内，通过更有说服力的风格和风景来塑造旅行者对茶村的第一印象的话，民宿空间则是在功能性与风格化之间寻求均衡，致力于营造让旅行者潜移默化地融入乡村生活、自然环境和传统文化的氛围。

第四章曾谈到家庭空间变迁及家庭关系淡化的问题，至此或可更准确地说，乡村的家庭生活空间，正是出于让旅行者浸入农村生活的目的，让位于为旅行者服务的公共空间。然而，当代民宿的主客关系，也并不如他们想象的那样亲密无间，除了喝茶、吃饭这些必要活动之外，主人与客人很少有交集。就像茶室中那种流于符号、缺乏深度的空间风格一样，桐木大多数民宿所创造的社交空间网络，也少了一丝精神内核，其中暗含的茶叶经济交易，是旅行者和民宿主人都心知肚明的潜在话语；也正是这样的暗示，让社交空间所期待创造的社交关系，变成一场浮于表面的表演。

第二节　他者的凝视：消费文化下的乡土风格迷局

当代厂宅经营空间受消费者审美需求的影响，也呈现在乡村与“他者”互动最直接的乡土建筑立面上。这使传统建筑学意义上的“乡土风格”及其之间充斥着效仿和竞争的场域，成为影响消费者选择的一种广义上的“经营空间”。

乡土建筑“风格”，广义上包括建筑的形式、体量、材料、装饰和建构方式等，是旅行者来到村民家中的第一印象来源。如徽州马头墙的白墙黛瓦、羌寨石头城的朴拙粗犷、侗族风雨桥的轻巧精致等，乡土建筑风格不仅代表了居住空间本身，也包含着一整套关于信仰、历史、民俗、生计的乡土文化体系，向旅行者诉说关于这个村落的一切。在村落内部，乡土建筑风格又是一个经过精英的引领、平民的效仿等一系列社会作用后呈现出的混合体，凝聚着村落内部的宗族结构、社会阶层、家族关系等丰富的社会信息。

对于乡土建筑风格的理解，大多研究遵循一种“浪漫返古”（antiquarian romanticism）路径，认为“老旧的、原始的、异形的、一次性的、手工的、风化的建筑，比起那些崭新的、精致的、常规的、批量生产的、工业建造的、新鲜的建筑，不仅更让人愉悦，也更加真实”（Upton，2007）[8]。然而，桐木村经历近十年的“建造竞赛”后，由少数精英建造的偶发性建筑，成为大部分村民厂宅建筑中的效仿对象，继而通过一种乡村社会特有的亲密而竞争的社交网络蔓延为一种“普适”风格；或是由携带外来资本的城市投资者和消费者所施加的先入为主的乡村幻想，通过他们直接性的传授，尤其是社会空间营建中乐于奉行的准则，或是村民讨好性的臆测，使厂宅得以出现，生发出一幅难以用当地历史和传统来解释的怪诞图景——这就是今天桐木村无处不在，却非原生的“新徽派”和“新武夷”风格的来源（图6.8）。

这一经营空间的变迁，或来自城市利益的“他者凝视”。“他者”的概念来自殖民主义语境，原指向对西方人而言陌生的被殖民者，而在当代中国的城乡二元结构之下，“他者”既是城市人眼中的乡村人，也是乡村人世界中闯入的城市人——本书用“他者”指代从城市来到茶村的消费者、投资者。在与“他者”相关的旅游行为中，往往伴随当地人的表演，“从地域文化中精心挑选的夸张演出，或是渗透在现实之中的日常戏剧”（Kirshenblatt - Gimblett，1998）。这

图 6.8　桐木当代乡土厂宅的“新徽派”与“新武夷”

来源：作者摄

种表演的源头是旅行者的“凝视”（engazement）——Alsayyad 用它来形容旅行者通过旅游行为将物质环境转化为一种“文化想象”的过程；不幸的是，“凝视总是受到知识的污染”（2014）[129]①。对于城市旅行者而言，江南水乡的白墙黛瓦和徽州古村的马头墙这些标志性的乡村形象，只是人们对乡村先入为主的想象——当旅行者看到桐木的白墙、黛瓦、马头墙时，没人在意这是否属于当地传统，但它无疑因符合旅行者在乡村找寻的浪漫想象而成为“称职的表演”（Goffman，1959）。

这种为“他者凝视”而进行的表演，塑造了偶发性的乡土风格——对于乡贤建立的“新徽派”建筑的效仿，是当地生产者之间在激烈的市场竞争下不甘人后的心理表达；而对受到城市精英吹捧的外来性“新武夷”风格的复制，也是生产者为了满足消费者所认同的“乡村幻想”而做出的拙劣应答。大众生活空间在精英主导下的失语，是当代运销关系和经营空间下的一种不平等建构。

当代乡土建筑风格的另一影响来源是当地的乡贤。第一次与村主任见面，

① Alsayyad 详细论述了传统风格的多种来源——包括旅游的相遇（encounter）在内。他提出：“凝视往往与场所的历史无关……旅游并不是在体验他者的历史，而是在咀嚼由之前已去过这些地方的人所生产的文化想象。”

他就与我探讨桐木的传统风格："现在村民'有钱任性'，各种欧式小洋楼、基督教风格的房子都冒出来……可惜我们桐木原来也没什么传统风格，都是就地取材——20世纪六七十年代建木头房子，八九十年代建石头房子……你帮我参谋参谋，桐木有什么传统可以挖掘吗?"村主任对于建筑风格颇有热情，分别时还交代我："我们关坪村的村落风貌不错，你下次抽空去看看!"①

果不其然，以白墙、黛瓦、马头墙为特征的"徽派"建筑风格统治着这个不到二十户的自然村。最初胡主任帮父亲设计厂宅，接着胡家老五、老七、老八等建造新房时也都接受了侄儿的"指导"，为厂宅披上"徽派"外观。所谓"徽派"，比村中同类住宅也就多了几道马头墙和线脚装饰而已——高高的马头墙，有的安插在三四层高的宅子顶上，有的放在一层茶室两侧山墙上，早已丧失了传统村落中防止密集住宅火灾蔓延的功能意义，退化为一种建筑符号，宣示着为桐木村树立一派新传统风格和面貌的决心。

关坪的新民居建于2010年前后，是桐木"徽派"风格的开端。近几年，这种风格在村中蔓延，各村新建厂宅都纷纷披上了"徽派"建筑符号。笔者常听村民这样评价："关坪胡主任家那几栋房子最漂亮了！领导来的时候都会去参观!"村民羡慕的眼光，逐渐反映在空间实践之中。胡主任通过当代乡贤的影响力，潜移默化地树立了"徽派"风格在桐木的合法性。徽派村落的"传统特色"，正成为让大量当代乡村丧失"特色"、趋于同质化的祸首。

自上而下的乡贤影响力的另一个例证，是前面提到的茶室风格。这种新中式、大玻璃窗的茶室建造风格的源头，似乎可追溯到桐木的龙头企业元勋茶厂(3-F-2)。元勋茶厂的新厂建于2002年，早于村中大部分茶企和厂宅；且元勋茶厂作为村里的龙头企业，从制作工艺到营销模式都一直是村民所效仿的对象，空间营建也不例外。无论是从时间先后还是社会影响力来看，元勋茶厂的茶室很可能是村中其他茶室的"风格原点"：在茶厂主立面，门洞上方的二层空间拥有与众不同的玻璃窗——采用无框构造的落地玻璃（图6.9）。这里是茶厂的茶室，也是主要招待空间。进入茶厂后，玻璃幕墙前方摆放着一张长茶桌，宽敞的大玻璃将茶厂前的广阔山景纳入室内。元勋茶厂对玻璃这种现代材料的高调使用，在村民心中种下了"玻璃幕墙代表着富裕和现代"的潜意识。

---

① 选自2016年1月，于桐木村与胡永飞的访谈内容。

图 6.9 元勋茶厂茶室的大玻璃在立面上看十分凸显

来源：作者摄

元勋茶厂亦引领了桐木村茶室中常见的“新中式”风格。元勋茶厂中拥有挂满墙面、装裱精致的书法作品，这些书画作品很多来头不小，皆是公司成立以来造访的政府领导、社会名流、文化大家的作品。① 引领笔者参观的秘书说，茶厂中的“书画茶室”就是专门开辟来“给前来视察的领导和名人题字的”，最后才成了一间“名人书法陈列室”。此外，茶室中大部分陈设，如青花瓷花瓶、明式家具、珍贵古玩等，也都是江元勋的各界朋友给他的礼物——在“以茶会友”文化盛行的中国，社会资源高度反映着茶叶销售资源的广度。和茶产业带头人江元勋交往的朋友，大多都是传统社会精英，他们的集体审美形成了一种偏向于中式、传统的陈设风格，塑造了茶室风格的“表象”——而这种风格的表象，亦无法脱离背后的精英社交网。

可见，乡贤茶室并非如村民家中揣测的那样是运销关系的催化剂，而是这种关系的产物，风格只是关系的表征。越来越多的村民效仿这种书法作品所营造出的“传统”空间，但元勋茶厂那包装着“茶室外壳”的“书画室”，只能简化为披着“书画室外衣”的“茶室”。在乡贤建造的茶室中，出于特定的精英社交活动而产生的中式传统取向的空间装修及陈设风格，到了普通茶农效仿建造的茶室中，变成了通过虚伪的“新中式”氛围表象来试图建构运销关系的工具——实际上，风格表象的动机及受众已不尽相同。更简单地说，引领文化

① 作为武夷山市数一数二的茶叶龙头企业，元勋茶厂是大多数前来视察的各级领导的热门目的地。书法作品包括国务院前总理李鹏题写的诗句、与国务院前副总理吴仪的合影、茶界泰斗张天福题写的“金骏眉发源地”等。书法题写年份大多在 2007 年（丁亥年）、2008 年（戊子年），就是金骏眉“当红”之时。

发展的乡贤因运销关系而塑造了经营空间风格的结果，而效仿的茶农企图用这种作为结果的空间符号，经过简陋的抽象，试图反推作为动机的高端运销关系，其成效自然是值得怀疑的。

在少数乡贤的作用下，桐木村新建厂宅的风格呈现出偶然性和简陋性的特征：乡贤“偶然”地选择马头墙这样的建筑符号，这种建筑风格借着乡贤的阶层优势流向低处的普通村民，为当代乡村赋予了一种没有历史关联性的“传统”风格；而作为乡贤的精英社交之结果的社会空间，在茶农的茶室中遭到拙劣的消费，他们试图在茶厂、茶室的规模与形式上赶上大茶企，却只能用一些简化的符号勉强撑起这个浪费、浮躁、简陋的空间，最终导致这类经营空间丧失了其所承载的社会关系的意义。

要追究乡贤精英所选择的“新乡土”风格的源头，还应将视线投向乡村之外。乡贤作为最早与城市接触的少数精英，在选择建造风格时容易受到城市精英客户的影响，将城市对于乡村的想象及审美带到乡村。不夸张地说，当代厂宅的乡土风格中，传统意义上民间自建的“自发性”是模糊而对立的——村民“自发选择”了一种“非自发选择”的风格。无论它是否还是传统的，这种风格，究其本质是一种城市资本凝视下的“乡村幻想”，只是为了满足城市资本凝视背后的掠夺性期待①。这种掠夺和救赎并存的矛盾心态，放在中国当代乡村的语境下，导致了一种包裹在真实乡村社会之外浪漫而古朴的“传统”外壳。城市旅行者希望从唯美的传统外衣之下的乡村获得工业社会大破坏之后的心灵“救赎”，而这种“救赎”心态却导致城市审美对于当代乡村掠夺性的、灌输性的风格塑造。因此，“传统”的营建，在全球化旅游背景之下沦为“第一世界和第三世界之间不平等关系的产品”（Alsayyad，2014）[123]；而在中国乡村，“传统

① 桐木作为一个服务于城市的高端茶生产地，这种资本掠夺关系从制度和模式上都可影射至殖民主义语境下的旅游的不公正社会关系。“农业幻想”的概念源自研究美国有机农业的地理学家 Julie Guthman，定义为“包裹在美国当代有机农业之外的糖衣”。她认为，虽然很多人将有机农业看作家庭农场在“自然美景中的耕作”，实际上大部分农业都包装在大规模工业化之下，依赖着边缘化的少数族裔劳工（2004）[2]。人类学家 Sarah Besky 在对大吉岭茶种植园中社会公平问题的研究中将“农业幻想”引申为“第三世界农业幻想”的概念，隐喻印度当地政府和种植园管理者所忽略的尼泊尔裔劳动者面临的不公待遇。她提出，有机农业中通过“农业幻想”暗示的城市对乡村的救赎，放在后殖民时代印度的“第三世界农业幻想”之下，表达着另一种救赎的可能——梦想回到那个种植园社会败坏之前传说中的遥远过去（2014）[29]。

风格”也成为城市旅行者和乡村农民的不平等关系的产物。

旅行者的“乡村幻想”大致分为两种取向——“复古主义”和“猎奇主义”。前者的审美偏向于古旧的、“传统”风格的老宅；后者则偏向于各种异域风格、尺度宏伟的建筑。这两种倾向，可同时存在于城市的精英人群和大众人群之中。例如，近年来几位北京商人在挂墩收购了一栋老房子，准备改造为民宿，名为“夷顶庄园”。一位村委成员一直热心跟进这栋民宿的进展，说这栋建筑“设计得很好，体现了我们的传统风格”。从他在社交媒体上发布的照片中可见，所谓“改造”，其实是把原先的木结构住宅拆除，只以少部分木料的形式，嵌套在一栋宏伟的钢结构框架建筑之中。建筑效果图试图传达“采菊东篱下，悠然见南山”的意蕴，但白墙、单坡屋顶、围合的前院，与地段上被拆除的传统住宅毫不相关，不过是城市投资者脑海中先入为主的对于传统乡村应有模样的“幻想”。外来投资者眼中的“传统”风格，不仅让一栋仅存的传统木结构住宅惨遭灭顶之灾，也引诱着更多村民陷入这种虚伪的复古主义之中。面对入侵的城市资本，村民在审美价值观的传递中处在完全弱势的地位。新的乡土“传统”，只是城市人实现“乡村幻想”的消费品。

这种复古倾向的“乡村幻想”，在村民自建行为中似乎柔和得多。越来越多的村民意识到了传统住宅的符号价值。① 在城市资本的“凝视”下，村民将老宅当作面对城市资本幻想的“摇钱树”。如茗茶岸坊（4－H－1）、睿茗轩（3－H－10）、有德茶庄（1－H－42）等，都是村民自发效仿城市资本投资所做的老宅改造案例。这些愿意保存传统住宅的民宿改建，大都拥有比较年轻的民宿主人——他们常往返于武夷山市，在城市生活，较早接受了城市精英消费者的复古理念。

如果说“复古主义”的乡村幻想，至少还有推动村民自发保护传统住宅这一积极效应，那么另一种“猎奇主义”想象，则愈发让乡村陷入乱象。无论是风格的猎奇，还是形式、体量上的浮夸，这些厂宅的目的，无非是从同质化的乡村“脱颖而出”。例如，在江墩集体木菁楼后面，有一栋与众不同的小洋楼——通体洁白，在前面深灰色的瓦片屋顶和背后墨绿色的茶山衬托下，分毫毕现；正立面的人字形屋顶，让人联想到格兰特·伍德的名画《美国式哥特》。

---

① 有村民自豪地说：“经常有城市的老板想买我的老房子。不过我现在不卖，老房子这么少，肯定越来越值钱的！”

这栋小洋楼，矗立在前面残缺不全的菁楼背后，似乎在骄傲地宣示自己的与时俱进。这样的现象在桐木村已不罕见。村中还不断涌现出一些体量、风格失调的当代建筑，如笔花堂茶业的金骏眉山庄（3－H－33）、理红堂茶业（1－H－49）、自然山庄（3－H－11），它们无论在体量还是功能上，都不像是普通的乡土建筑，高度达到四五层，凌驾于周边的农宅之上。这些建筑大多采取拼贴式、仿中式或欧式的风格。这类建筑大都是资本逐渐壮大的当地茶企为了招待城市客户及游客建造的；还有些新茶厂，本身就是在城市资本的注资下建造的。豪华、猎奇的风格，与周遭村落格格不入，恰是为了彰显这些资本雄厚的茶企的与众不同。

图 6.10　当代桐木村的建筑乱象

来源：作者摄

无论是复古的，还是猎奇的，当今乡村的茶农争先恐后建设的，不再是他们所理解的乡土建筑，而是那些携带着城市资本到来的旅行者“幻想”中的乡土风格。而呈现的徽州民居、欧式建筑风格，无非是建立在无聊现实与浪漫想象之间的简陋映射。Nezar Alsayyad 曾批判，旅游是不同社会阶级之间的“相遇”——富有阶层和贫苦阶层之间、不同文化和传统之间的碰撞（2014）[124]。而在今日桐木村的这种乡土风格中，看到的只有城市资本的高高在上。

还有一类由城市精英参与投资、设计和建设的“新乡土”建筑，更能精准地反映城市人的“乡村幻想”，更容易受到城市旅行者的欢迎，因此成为受到官方和民间双重认可的“新乡土”风格。例如，20 世纪 80 年代由杨廷宝先生、齐康先生领衔设计的武夷山庄①，由此催生的蔓延在整个武夷山地区的“新武夷风格”建筑，或能对这一问题有所反思。

武夷山庄作为一个广受认可和推崇，凝聚着地方传统和现代创新的新乡土建筑，影响力远超建筑界范畴，成为一个经得住城市资本考量、值得效仿的“乡村幻想”。近年来，武夷山政府在建设旅游中心三姑镇②时，直接向规划设计者提出了“向武夷山庄学习”的要求。于是，一种由向武夷山庄学习的以白色墙体、红色屋顶和木构架、檐部檩条外露为特征的风格，很快成为商业街立面、重要公建以及部分民居中无处不在的建筑现象。这种风格的影响力，也延伸至远在山区的桐木村。十几年前建设的武夷山自然保护区访客中心，也可见从武夷山庄中粗暴提炼的风格化语汇。南侧的两座建筑较为明显：白墙、红瓦、重叠的屋顶、外露的檩条、以山墙为主立面。只不过走近后就发现，红色的外露“檩条”其实是用红漆画在白墙上的，随着时间的冲刷，亮红色也变成一种近灰的暗红色，十分简陋。

与热火朝天的“新武夷风格”相比，与三姑镇中心仅一街之隔、聚集着传统乡土建筑的赤石古镇却孤单落寞。赤石是清朝中后期崇安县最大的茶市及码头之一，③ 直到清朝末年，赤石才陷于衰败。20 世纪 90 年代末，武夷山机场选址在赤石古镇旁，难以忍受的噪声将大多数村民逼出了赤石。如今，曾经人声鼎沸的赤石古镇，甚至没有一条体面的水泥路通往一街之隔的繁华市区，道路坑坑洼洼、杂草丛生，房屋破旧不堪，居民寥寥可数，如同一片被遗忘的垃圾场。漫步在崇阳溪畔，曾经的大茶行高高的山墙、精美的砖雕，仍能让人怀想曾经的繁华。走进房内，这些体制不低的大户民居，却都濒临荒废边缘（图 6.11）。当地人一针见血地指出：“修老房子比造新房子要花更多的钱！政府在

---

① 武夷山庄位于武夷山风景区核心区的门户幔亭峰脚下的一片优美山坡，是武夷山旅游发展之初为接待海外华侨回国观光旅游而建设的高端宾馆，建筑师遵循“宜低不宜高、宜散不宜聚、宜土不宜洋”的原则，在空间布局和形体组织上，很好地处理了大体量建筑与脆弱自然环境的微妙关系，并通过“垂莲柱头的细部刻画、檐部檩条的露明处理、山墙木构举架等方面渲染浓烈的地方色彩”（杨子伸 等，1985）。武夷山庄自从建成之后获奖无数，成为武夷山的一张建筑文化名片。

② 三姑镇在 20 世纪 90 年代还是一片无人问津的小村子，在近十余年来武夷山旅游热潮兴起之后，由于紧邻武夷山核心景区而发展为旅游业、茶业交易的中心。尤其以游客最集中的大王峰路、大红袍步行街为代表。

③ 《崇安县志》记载：“道光、咸丰年间……赤石经营红茶亦成市，遂由山西客（俗谓之西客）至县采办，运赴关外销售。”

赤石新村安置了新房，所以也就没人再管这些老房子了。”对于政府来说，修复这些乡土民居，或是将它的传统形制、材料、色彩发扬光大，远不如直接拿来由大师咀嚼消化好的“乡土风格”来得简单稳妥。然而对作为“新乡土”建筑文化名片的武夷山庄的模仿，是否可作为一条通向“新乡土”的捷径呢？

图 6.11　繁荣一时的清代茶市赤石古镇如今破败不堪

来源：作者摄

武夷山庄被称作“武夷风格”“新乡土建筑”的代表作，不少研究致力于建立它与当地乡土传统的关联性①。然而，武夷山庄作为一个因“地”制宜的建筑经典案例，其中的地域基因，更多是从园林式的布局上体现出的对受自然统摄的场地的呼应，而山墙檐部檩条外露、以红色为主导色彩，以及各种精致的细节雕刻，很难从当地的乡土建筑中找到明确的传承关系——实际上，建筑师没有职责来延续任何乡土传统。从如今的乡镇现状中可见，当代武夷山地区乡土建筑的营建、对武夷山庄的引用和复制，远远超过对传统乡土建筑这些“一手资料”的借鉴和思考，甚至放着“真古董”破败而不闻不问。这往往就是建筑师主导下当代乡村追寻“新乡土”的路径。

诚然，相比由乡贤、城市资本所引领的“传统”乡土建筑，建筑师作为更有意愿尊重当地传统原真性的文化精英，经其消化、置换与抽象的乡土建筑风格，或许能作为联系所谓传统和现代的纽带。但这种建筑师的“新乡土”是否仍可称作乡土建筑？建筑师与历史上那些引领着一方建筑发展的乡贤的本质区别在于：建筑师并不是生于长于这片乡村，也不能像乡贤一样理解并热爱这一

---

① 相关文献如：关瑞明，吴钦豪．武夷山地区建筑创作中的地域性表达——以武夷山庄与九曲花街为例［J］．华中建筑，2015（12）；何柯．武夷风格研究［D］．泉州：华侨大学，2006.

方乡土。如果换作另一位建筑师来设计武夷山庄，想必不会做出一样的设计——那么今天的武夷山城乡面貌岂不是会截然不同？建筑师引领的所谓“新乡土”，其偶然性更甚于当地乡贤所引导的“新乡土”。

像武夷山庄这样出色的建筑师作品，在看似简洁的、将传统与现代完美结合的风格之下，蕴含着建筑师对形式、比例、细节、空间、景观的恰当拿捏，尤其是将巨大的建筑体量融汇于自然山水之中的精妙组织，才是建筑作品的精髓；而表面上的白墙红顶、外露木檩条、垂莲柱头等建筑符号，即便是换成其他元素，也不会改变它作为经典建筑的地位。然而，当地政府和村民效仿而建的新乡土建筑，对于建筑师业已抽象过的建筑作品进行“再抽象”，复制的只是那些浮于表面的建筑符号，呈现出的只能是简陋走样、毫无根基的荒诞形象。

偶然性的“发明”传统成为乡土“真实”的现象，引发对乡土风格的“真实性”意义的拷问。鲍德里亚的“超真实”（hyperreality）概念提供了一条思考路径。“超真实”作为一个符号学概念①，指向一种没有现实参照的再现和符号，与任何真实世界无关，却比真实更为真实（Baudrillard，1994）。安伯托·艾柯（Eco，1995）、本雅明（Benjamin，1968）发展了这一概念，认为“超真实”行为实际是在实现一种对真实的渴望，如此创造的超真实会被当作真实来消费。“超真实”概念是西方哲学家对消费主义盛行、充斥着欲望与符号的后现代社会的集体审视，在这里，再生产替代生产，拟真（simulacra）代替再现（representation），真实与虚幻之间再无界限。②

在“超真实”的社会现实下，真实的意义已根基不稳。“迪士尼化”“假古董”现象，不仅充斥于无处不在的信息媒介中，满足并构筑起城市人对乡村的幻想；而且反噬性地横行于当代乡村的营建行为中，破败的“真实”传统（菁楼、老宅）被堂皇的“超真实”传统（徽派、武夷风格）所取代。如鲍德里亚所预言的，“超真实”创造了一个“比真实更加真实”的世界，而且，它不仅存在于媒体和想象之中，也伴随着乡村的建设与旅行者的体验，成为新时代的

① 定义为“没有源头或现实，由模型生成的某种仿真”（the generation by models of a real without origin or reality）。

② 超真实的例子在商业社会比比皆是，无论是迪士尼乐园的“未来世界”（EPCOT），还是威廉斯堡古镇（Colonial Williamsburg）的历史博物馆，其中的物质建构所代表的不再是“真实的”过去或地理的经验，而是消费者所希望看到的“假古董”（Alsayyad，2014）；或是在大吉岭这样的食品旅游地，物质层面的真实性进一步延伸至感官层面，使整个种植园同时既是生产性空间又是‘拟真’的表演”（Besky，2014）[112]。

“真实”——在新媒体无所不在的当代社会，这种“超真实”对于真实世界的颠覆已入侵至深邃的社会个体认知领域。

当茶村的传统成为茶的价值来源，也意味着乡村和其生产的农产品一样成了“消费品”。而消费品的天职，就是满足消费者的欲望和想象。乡土建筑的消费者已不是乡村社群本身，而是资本所在的城市社群。城市消费者的乡村幻想，不仅是意识形态层面的“超真实”（hyper－reality），也借由空间之手成为乡村无可取代的“现实真实”（real－reality）。

因此，当我们批判当代乡村光怪陆离的“新乡土”风格时，更应该反思的是，是谁带给处于文化及社会弱势地位的村民这种光怪陆离的审美？如果说建筑师和乡贤为乡村所构筑的是一种“超真实”，那么村民自发进行的大规模的拙劣效仿，是否可以看作是这种超真实符号具象化之后的“现实真实”？这或已到达鲍德里亚所没有预见到的下一阶段——一个生产、再现的“现实真实”（大规模的、拙劣的“新乡土”建筑）在“超真实”（精英引领的“现代乡土”建筑）的映射下重新建立和演变的阶段。悲哀的是，这种“现实真实”已丧失了“超真实”在符号与现实之间畅行无阻的转化力。城市精英歌颂和传播“超真实”，而贬损和压制乡村的“现实真实”，只因其不具备在图像和媒介中再符号化的能力。

顺着这条城市精英的“超真实”思路来看，当代建筑师参与的乡村建设，对“风格”的关注往往超出功能需求本身，往往导向对真正传统现实的潜在破坏。当他们以“超现实”的想象构筑起现代乡土建筑，建筑就成为了一个具有浓厚消费主义倾向的符号，然而却在乡村引起自发性的模仿，成为乡村的“现实真实”，也就是村民所理解的“乡村幻想”。对乡村而言，这种“现实真实”是为了迎合城市期待而重建的传统，可对城市里的少数精英而言，这只是一种再无消费意义的拙劣风格符号——就像武夷山当地村民模仿大师设计的武夷山庄所构筑起的新的乡土风格，不能再受到城市精英的认同。

拟真也造成真实的瓦解。正是“超真实”的现代乡土，导致了乡村真正的传统现实，即那些受城市精英推崇、赋予建筑师灵感的乡土遗产，被建筑师构筑起的转译等式所架空，就像三姑的赤石古镇以及桐木的大多数菁楼和老宅那样，逐步退出当代乡村的舞台。

这条由精英到大众、从“超真实”到“现实真实”的破坏性传播路径，就是“他者”关系在当代乡村造成的风格迷局（图 6.12）。

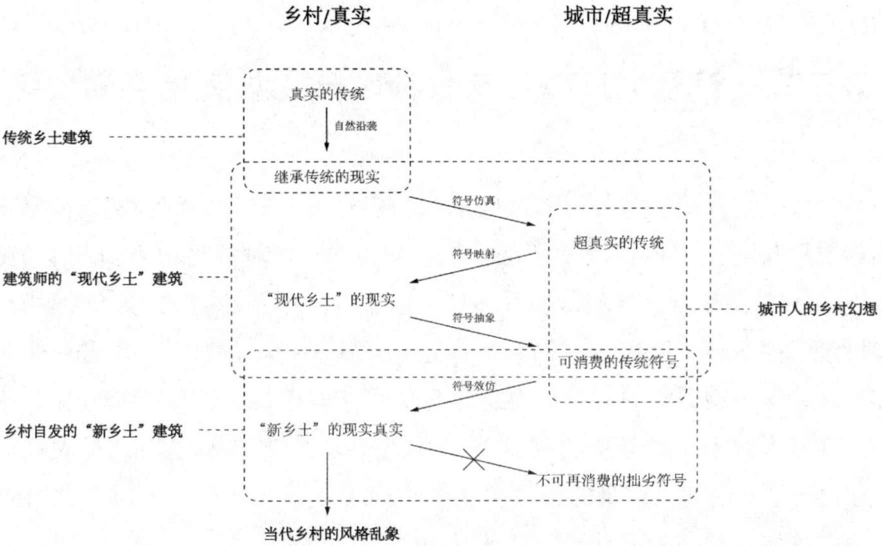

图 6.12　“超真实”到“现实真实”的城乡分裂及风格迷局

来源：作者绘

城市精英代表的“他者”毕竟只是当代乡土的生产者和消费者中极小的一部分，“超真实”概念的初衷是指向更广阔的大众，及其所代表的一个符号与现实交叉缠绕、无法区分的空间。在当代社会，随着更多具有文化自觉性的城市消费者来到乡村，他们没有区分超真实与真实的必要，二者共同构筑起充斥着欲望与符号的消费世界。无论是正宗的、还是偶发的传统，在消费至上的语境下，都轻而易举地获得合法性。因此，是否还有必要以精英构筑“超真实”的立场来批判这类建筑？是否应该以更为宽容且洞察的态度来审视这种“新乡土”风格呢？

实际上，乡土传统是个充满偶然性和不确定性的结果。当代乡村建设者所能做的，是理解风格产生的过程，理解它对于生产者与消费者各自的意涵，更重要的是理解乡土建筑空间在村民生活和精神世界中发挥的作用和占有的地位，而非站在“他者”视角将乡土建筑看作一种可以复制的符号。这才是破解由“超真实”到“现实真实”这一风格迷局的可能出路。

第三节 符号的反噬：茶农社区分化与菁楼空间表征

社会分化正从城乡精英与大众的割裂，蔓延至茶农社区的内部。德塞图曾指出底层民众用空间再占用的“战术”（tactics）来对抗当权者空间“战略”（strategies）的斗争（De Certeau，1984），但这种斗争不总是二元的。就菁楼这一辅助经营的“符号”而言，面对龙头企业对这一符号的独占，部分中小茶企并非通过在这一座菁楼的对抗，而是转而从个体菁楼中对这种“符号化”进行效仿，亦有为数不少的茶农，在这场“符号”斗争中选择退出，茶农社区分化①愈发凸显。由此，建筑的符号化亦在空间中表征为一种不断加强的社区分化现象，这便是“空间—社会”变迁过程中“符号的反噬”。

以建筑空间符号化来研究社会分层，是“空间士绅化”② 在乡村建筑遗产中的一种体现（Herzfeld，1991）。由于茶叶价值链中生产地、生产者、生产方式的价值提升，当代桐木村厂宅呈现出居住、生产、经营功能的结合。其中的生产空间，成为兼具生产价值和消费价值的实体和象征，也是一种促进茶叶消费的经营空间。当茶叶消费者来到桐木村，现场观看茶叶生产成为一项重要的观光项目，也是购买茶叶之前的价值判断过程。这种浮光掠影的“观看”行为，

---

① 关于生产群体社会公正问题的批判，可见当代食品系统研究。如 Julie Guthman 以“农业幻想”一词凝练了在家庭小作坊与合作式大农场、农业生产力与社会公正及农村生计之间的矛盾与两难（2004）。Sarah Besky 将这一批判性视角推向价值链生产环节中施加于第三世界劳工的影响结果，通过对印度大吉岭茶叶生产运销体系与尼泊尔裔劳工群体的浸入式调查，Besky 指出，由发达国家消费端所构筑的“第三世界农业想象”在改善生产端社会公平的进程中作用微薄，甚至催生出更多的社会危机（2014）。本章对桐木村生产社区的研究，借鉴了食品系统研究视角但有所不同：在生产主体层面，西方人熟悉的农场、种植园的农业生产销售模式与中国乡村普遍的家庭生产模式有本质区别，前者的矛盾存在于资产者（农场主、种植园主）和无产者（工人）之间，后者的矛盾则主要存在于“先富者”（乡镇企业家）和“后富者”（家庭作坊主、茶农）之间；在生产空间层面，中国茶农在自主空间营造方面的能动性远强于西方的工人，因此空间层面的建构是不可忽略的话题。

② “空间士绅化”是指士绅化的倡导者在城市更新及重建中，通过对贫困人口的驱逐，即“空间清洗”（Spatial Cleansing），实现遗产空间与原住民贫困文化的剥离。士绅阶层对具有遗产价值空间的占用和贫困人口的被迫迁移是遗产的空间符号化带来社会分层的表现——与龙头企业对菁楼空间的占用有着相似的表现。

停滞在建筑的躯壳之中，导致了生产空间的符号化。

建筑符号化意味着建筑意义在超越功能和形式等常规建筑话题之外的浮现。对于符号（sign）的研究最初属于符号学范畴。① 建筑学者引入符号学方法后，将建筑及其形式元素解读为符号组成的体系，这一体系为建筑传达特定的社会身份、价值、立场等特征。在乡土建筑领域，符号分析方法先被运用于日常商业建筑的研究。② 尽管大多数民居不需标新立异，但桐木这样的当代茶村，却和20世纪六七十年代的西方商业化乡村有一定共通之处——在价值链的商业经营环节被引入居住和生产建筑后，传统的日常符号被赋予鲜明的商业目的，并可能显示草根阶级对权力的抗争。因此，对这种建筑符号化的认识，有利于深入解读乡土空间实践背后的原因和后果。

建筑的符号化现象，对茶农社区的不同阶层产生了不同影响，尤其可见于对菁楼这一建筑遗产的不同态度。传统菁楼作为桐木村制茶物质文化的历史结晶，是桐木茶文化仅剩不多的、可印证其“原真性”的符号。处于乡村社会权力顶端的龙头茶企，最早洞察到这一价值并推动了个别传统菁楼的符号化。符号化不仅影响了对菁楼的改造，也体现在若干与茶叶宣传推广有关的影像和图像资料的使用中。

最具代表性的是庙湾集体菁楼（3 - F - 1）。菁楼位于桐木村主干道的河对岸，是游客观光、领导视察的必经之处。2010年左右，正山茶业公司通过支付村民租金的形式，把庙湾菁楼承包下来，随即对菁楼进行改造，把一座现代茶厂加建在了集体菁楼背后。新的茶厂与老菁楼完全连通，面宽相同，柱网延续。公司亦深知这座宏伟的木结构菁楼是桐木村茶文化的珍贵象征。因此，新茶厂尽管体量不小，但巧妙隐藏在老茶厂的背后，屋顶高仅与老菁楼的三层平齐。

---

① 以索绪尔为代表的符号学家提出，所有的沟通体系都与语言有相似的结构。这一理论在20世纪60年代推动结构主义哲学盛极一时，并由克劳德·列维 - 斯特劳斯、埃德蒙·利奇等结构学派人类学家拓展至对社会关系及意义的研究（Leach，1976）。

② Barbara Rubin 较早研究了简易的联排商业建筑（strip architecture），将其艳丽醒目的商业标识解读为小商户努力被识别、在商业巨头所垄断的经济环境中生存的行为，因而这种联排商业建筑也可看作平民对权威的反抗（1979）。这种平民性意义在罗伯特·文丘里、丹尼斯·斯科特·布朗的《向拉斯维加斯学习》等著作中得到极高赞誉，联排商业建筑、拉斯维加斯的赌场、汉堡售卖车都被阐释为高速公路边的商业符号，并弱化了 Rubin 关于权利及阶级的隐忧，而替代以欢腾的流行宣言（Venturi et al.，1977）。由此引向一种主张由流行替代学院、拼贴替代整合，也被称作“后现代主义”的建筑设计理念。

当游客从河岸边观看这座改建后的菁楼，完全不会察觉背后的新茶厂。宏伟的木构老茶厂就像一层华丽的包装，将现代高端茶叶消费者所不齿的大规模、非正宗的机械化生产包裹起来，而呈献给人们一个看似传统、正宗却很少再使用的“空壳”（图6.13）。

图6.13　庙湾菁楼正面的古朴和背面的现代截然相反

来源：作者摄

庙湾菁楼在正山茶业公司的宣传和包装下，不仅是茶商和茶旅游客来桐木村的必到之处，且频频出现在各种宣传片之中，作为悠久茶叶制作历史的佐证。公司在菁楼中挂起的茶文化介绍的展板上，写道“菁楼见证了正山小种红茶400余年的发展历史，其间历经多次修缮，方保存至今”——这巧妙掩盖了菁楼作为集体经济产物的事实，为其赋予了凝聚武夷山及桐木村茶叶发展史的符号地位。公司还曾在菁楼的走廊中举办品茶的茶道表演及体验。然而笔者询问来菁楼参观的游客关于菁楼的历史时，大多数人都含糊地说这是“数百年的老房子”“世界遗产”，殊不知菁楼的历史只有短短三十余年。

随着新茶厂加建，菁楼的生产功能逐步弱化，作为符号的象征作用越发凸显。在2016年4月繁忙的茶叶生产季，茶农家里热火朝天，笔者来到这座菁楼希望看看很多纪录片和照片中展现的制茶景象，却只见一位做竹篾子的手艺人，在做焙笼和茶筛，旁边摆放着一些廉价竹制品，向前来参观的茶客和游客兜售——被“观看”的功能，已超越原先的生产功能，成为这座菁楼新的使命。

菁楼的符号化，还体现在正山茶业公司协助拍摄由央视播放的纪录片《武夷茶香金骏眉》中。茶叶制作过程的拍摄在菁楼进行①，并强调了“全程手工

① 讽刺的是，其中很多讲述桐木村的片段张冠李戴地使用了武夷山历史建筑保存更好的下梅村的画面，原因是在桐木村已找不出能满足观众“乡村幻想”的古朴村落形象了。

制作”“溪水边、木楼里上演的发酵”等与传统物质文化发生关系的语汇。实际上，金骏眉是采用机械新工艺的红茶新品种，其加工过程并不涉及专门制作正山小种所用的菁楼。如果说之前的情形下，菁楼只是其正统制茶技艺的符号；那么在这部金骏眉的纪录片中，菁楼则成了一个能为“原真性”赋值的符号，将原本属于传统正山小种的正统性传递给新发明不久、试图通过与传统正山小种的关系来建构文化符号价值的金骏眉。

大型茶企对村落资源的占用使大小茶企间的社会分层逐步凸显。在正山茶业公司的主入口楼梯间，悬挂着一幅巨幅拼贴照片（图 6.14）。照片中央的一行题词“正山小种发源地”非常醒目，出自与桐木渊源颇深的茶叶泰斗张天福先生之手。题词旁有两张照片，分别是张天福先生与正山茶业公司创始人江元勋及其家人的合影，照片中另一幅题词“茶叶世家”彰显着江氏家族长期制茶的光辉历史。在整幅拼贴画的背景中，并列着两座茶厂——右侧是正山茶业公司的新建茶厂，左侧是庙湾集体菁楼。照片底端印着茶业公司的名称。就像拼贴画中其他的文字和照片一样，这座集体所属的茶厂和私人产权的茶厂并置，不动声色地混淆了桐木村与江氏家族及其茶厂关于正山小种正统性的权属。

图 6.14　正山茶业公司入口的拼贴画

来源：作者摄

当原属于全村茶农的集体传统被处于权力顶端的大型茶企占用后，其他中小茶企只能利用属于个体建筑资源，或在新茶厂营建中创造属于自己的文化符号，这极大影响了桐木村中新型生产空间的营造模式。这一实践，可视为中小型茶企在越发残酷的市场竞争中通过符号做出的抗争。

“符号化”首先出现在仍保存着个体传统菁楼的中小茶企中。如朱氏茶厂（4－H－15）。远处就可看到，老菁楼坐落在砖混结构的“基础”上，白色的粉刷墙面与深色的老木墙反差鲜明，愈发烘托出老菁楼的珍贵①。菁楼由今年74岁的老父亲朱有福在1985年建造，当时刚完成包产到户。2014年，两个儿子开办的朱氏茶厂逐步做大，老菁楼不再够用。建造新茶厂时，他们选择保留老茶厂，既为生产所用，又能为茶厂保留一些他们所谓的“传统特色”。今天，他们将老茶厂修葺一新，安置在新茶厂的旁边，也扮演着茶叶生产展示馆的角色。

在菁楼二层的木扶手上挂着几张大幅照片展板（图6.15）：左侧第一张是老茶厂的屋顶鸟瞰照片（这个取景中没有出现任何“现代”痕迹，和庙湾菁楼所在的很多纪录片一样），深色瓦片上升腾起一缕松木烟熏制茶时产生的白烟，在远处郁郁葱葱的群山衬托下格外美好；往右三张是老爷子朱有福在菁楼中用传统手工技艺做茶的照片；另外几张，则是呈现在武夷山大自然中的鲜绿茶芽——这不正呼应了当代茶叶运销体系对生产者、生产地、生产空间的价值创造吗？

图6.15　朱氏茶厂并置的老菁楼及其中的宣传照片

来源：作者摄

随着与老板娘江金燕的逐渐熟悉，笔者在她的个人社交媒体中看到2016年新茶的宣传照——其中一张新茶厂建成之前的老茶厂雪景照片中，茶厂在几栋

① 热情的老板娘江金燕曾骄傲地告诉我：“之前来的一位有文化的客人对我说，‘你家有三宝——老爷子、老房子、老菁楼！’”

零星木楼中显得高大唯美，融入白雪皑皑的自然之中。未完成的字幕展现了它即将被做成纪录片的尝试。笔者好奇地问她对这类照片的感觉，江姐说："原来那样当然更漂亮了！可惜后来实在没有宅基地，我们只能把新茶厂建在旁边！"此外还有不少关于做茶的照片，也几乎都是在菁楼中拍摄的（图 6. 16）。"现在生意不好做，"江姐谈到他们这般在生意上的吃力经营，也曾诉苦，"我们也没有那些大茶企的金字招牌，没有广告费用，只能通过多结交点你们这些城市里的朋友，多听你们的建议，慢慢地把自己的品牌做起来吧！"

图 6. 16　微信销售中的菁楼——草根阶层的符号斗争

来源：江金燕提供

笔者调研中看到，大部分老菁楼、老宅都被中小茶企保留下来，且一般仍用于生产，其生命力或许比与庙湾那栋博物馆一样的集体菁楼要强。没有资金像大茶企那样做广告、拍纪录片、接待旅游团来宣传文化价值的中小茶企，通过自家的小菁楼、网络的自媒体等草根方式，积极参与到这一场关于符号的争夺之中。

符号化的茶厂空间不仅影响着历史建筑的当代利用，也改变了桐木村大量新厂宅建筑的营建模式。如胡八叔（4 - H - 12）的厂宅，在砖混结构主体的旁边，有一栋砖木结构的"新菁楼"，基本形制相当于传统集体菁楼中的一个开间。第五章已提到这种菁楼对于传统技艺及传统正山小种生产的重要性，在建筑符号化趋势下，菁楼的使用频率越来越少①。然而，菁楼的存在分明在茶客到来时起到了不错的宣传作用，八叔也乐于带着客人到自家参观，菁楼似乎给了他炫耀自家茶叶品质的底气。因此，虽然为了建这栋菁楼，特地请来了江西的老木匠，花了不少钱，但在八叔看来，在这个竞争愈发激烈的茶叶市场依然是值得的。

在海洋红茶厂（3-H-34）中，这种符号化现象蔓延到了菁楼之外更广义的生产空间。新宅建于2012年，进深只有一开间，内部空间并不大；在这样紧凑的空间下，住宅边却并置着一间很大的制茶工房。“这么大的茶厂怎么空荡荡的?”老板娘解释说：“做茶一般还是在老宅子里做，这个茶厂就是方便过来的客户近距离看看生产线而已。”在紧张的宅基地下，茶厂却像中小茶企的“面子工程”，无论是老菁楼或是新厂房，总是成为厂宅中的必须部分，甚至有时候生产功能都退居其次。毕竟，一座体面、有规模的茶厂，是当地中小茶企通过引导茶旅客参观，发展客户的重要手段。如此符号化的生产空间，与前文提到的茶叶价值链中生产环节的价值创造有密切关联，也展现了在大茶企的垄断下，桐木村广大中小茶企在生产空间这一价值符号领域展开的斗争。

桐木村中更为广泛的普通茶农的境遇又如何？实际上，其他茶企的价值链营造，挤压了普通茶农的生存空间。大中型茶企对于菁楼及茶文化的宣传，并未让普通茶农由此认识到传统的文化价值；相反，他们看起来“无动于衷”，甚至主动选择让传统生产方式及传统的集体菁楼被荒废。

正山茶业公司只租用了庙湾菁楼的一半，本应由数十家茶农共用，但剩余的茶农缘何基本不去使用菁楼？笔者听到过这样的回答：“那宝贝是世界遗产啊，要去用了不小心烧了可赔不起!”但这座建筑相对短暂的历史并未让它成为任何级别的文物。茶农并非不知道这座老菁楼的象征价值，但他们无暇顾及或追求这样的价值，因为这个符号构筑的世界与他们无关。

除了庙湾菁楼之外，其他村子的集体菁楼尽管拥有相近的建筑价值，却都面临荒废倾颓。这种现象最凸出之地，是村部所在、人口最多的三港村。三港的传统菁楼共有5座，总共有26开间之多。这几座菁楼集中于一片，据村民说

① 胡八叔曾无奈地解释这种现象的原因：“现在传统茶不敢多做，因为木材太难买啦，而且从外面买的木材做出来的味道也没有保证，所以一般也是有客户定做才做，还不敢让他订太多!”

原是集体时期茶厂的所在地，包产到户后，就由各组各户联合建造各自的菁楼。如今，除了最小规模的一座菁楼被某家茶企承包改造外，其他的基本荒废，只有几个开间有使用的痕迹。有的墙面、楼道的木板都已坍塌，甚至一些开间内部的木楼板都荡然无存（图 6.17）。笔者询问为何不再使用菁楼，有茶农说，因为在菁楼中做茶的成本太高：做一批茶，需要烧一天一夜的松木，光木材成本就要花一千多元，因此一般要把菁楼内铺满，也就是至少几百上千斤的青叶，才会比较合算。“如今我们哪里做得起那样的规模啊！随便在家里做做就算了。”

图 6.17　三港等村落中普遍的废弃菁楼

来源：作者摄

这看似有道理，实则让人费解——本来村民集体共同建设的菁楼，为什么到今天反而用不起呢？尽管村民说，三港曾是外来人口聚集地，宅基地的紧张、茶山面积较小都是三港茶农规模越做越小、举步维艰的原因——那么当时为何要建设这么多大型菁楼？还是说只是到最近才“做不起茶”了？三港的茶农江继芳曾给我算过一笔关于金骏眉的账：“你别看有人今天把金骏眉卖了个天价，可茶农就不干了，明年茶青的价格必然要上涨，于是金骏眉的价格也跟着涨呗！也就只有能卖出去的人才做得起金骏眉了。”江继芳讲的道理放在桐木村其他茶叶中也是如此。哄抬茶叶价格带来的茶青价格上涨，致使没有茶叶品牌的“匿名”茶农无法负担成本，这才是今天一大部分茶农做不起茶的原因。

这同样也是一则“水涨船高”的负面隐喻——有钱的船家为了停泊更大的船，做更多的生意，不惜提升水位，建造更高的渡口；而那些老的低矮渡口，只能被淹没在历史大潮之中。少数大型茶企利用传统菁楼等符号带来的茶叶价值提升，随之提高了村中的茶青收购价格，于是那些初衷是通过规模化降低成本的菁楼，反而成为制茶成本提升的“替罪羊”。普通茶农苦于没有销路，无法为自己的茶叶添加所谓的“符号化价值”，自然也就买不起、用不起价格水涨船高的正山茶青了。大多数茶农选择把大部分自己所种植的茶青卖给大中型茶企（利润很低，因为采茶成本随之上升），而非如那些“先富者”那样自己做茶卖茶，导致了其他的集体菁楼被“集体荒废”。其实，被放弃的又岂止是菁楼，还有一大批匿名的普通茶农在看似繁荣的茶业发展大潮下争取成为“后富者”的机会。

在传统生产空间的占用及新型茶厂空间营建中体现出的符号化现象背后，其实是不同规模的茶企之间对其产品市场价值的角力，并在此过程中造就了一个社会阶层之间沟壑不断加深的乡土社会。社会资源最少的小茶企和普通茶农，只能在竞争中节节败退，于大中型茶企充斥挤压的缝隙间残喘。这就是空间符号化对茶农社区的反噬——产业变革之初，个别“先富者”洞察到当代茶产业中茶叶价值链的变化，在追求生产端价值创造的过程中推动了建筑符号化；建筑符号化随即表现为少数传统菁楼的占用和改造，以及一批中小茶企在各自生产空间营建中的效仿；而这种建筑价值的“符号化”，不仅没有让其他的乡土建筑变得更好，反倒成为社会分层的导火索，企图成为却无法成为“后富者”的茶农生活举步维艰，而大小茶企冲突不断，酝酿着令人担忧的社会危机。正如一位激动的茶农所说：“这么下去新的地主阶层又要出现了，只有再来一次大革命才能解决这种矛盾！”

不妨再进一步反思符号化和阶层化的关联。菁楼本身不再只是传统文化的符号，也成为了社会阶层间区分的符号。龙头企业占用着村里最珍贵的菁楼，由此同样掌控了当代茶叶价值链中宝贵的宣传和旅游资源；中小茶企通过挖掘私人菁楼的文化附加值，以草根化方式推动个体茶叶品牌的价值建设，亦步亦趋却暗藏危机；而匿名的普通茶农在这般竞争中既无资本又无销路，有心无力去追求生产端的价值，故而在空间文化符号的斗争中败下阵来，成为被遗忘的牺牲者。

如 N. Alsayyad 所预言的，“历史遗产的修复或重建也可能会带来更深的社会不稳定和阶层分化……更大的危险在于，公共性的侵蚀”（2014）[144]。桐木村被修复和重新利用的历史菁楼，不仅成了阶层分化的符号工具，其曾经作为集体茶厂的公共性和乡土社群团结共进的象征意义，也退化不在了。

建筑的符号化现象，对乡土建筑本身而言真的是件好事吗？尽管像庙湾菁楼这样的特殊个体，因为成为茶文化符号而被更好地保留、改造，却无法改变它沦为展示空壳的命运，更无法阻止其他大量集体菁楼的荒废。对于那些中小茶厂新营建的菁楼来说，如果没有健康、高效的产业支持，其存在又能维持多久？难道不会在后代沦为一种风格拼贴和资源浪费的笑柄？其实，符号化意味着与村落文脉的脱离、与真正的茶叶生产文化的脱离，就像今天被空壳化或荒废的集体菁楼一样。符号化现象下，乡土建筑的出路十分渺茫——如同树立在正山茶业公司茶厂大门前的两块巨石题词：“正山小种发源地”“金骏眉发源地”（图 6.18）。生产空间本身不再重要，被凝练为两句宏大叙事的“符号”标语，成了访客合影留念的首选场所。当地人对这样的标语洋洋得意，殊不知在其所看重的游客的合影和记忆中，不会有就矗立在一旁的现代茶厂，不会有历史菁楼，或是传统制茶的场面，也不会有桐木村的茶文化，只有两行空洞的、苍白的文字符号。既然如此，这样的“符号”，放在哪里有何区别？建筑又何尝不是如此呢？桐木村引以为傲的茶叶何尝不是如此？

图 6.18　树立在正山茶业公司茶厂大门前“符号化”的巨石题词

来源：作者摄

这种限于表面而忽视内核的空间符号化现象，亦是阻挡人们认识菁楼这一传统技艺空间核心价值的障目之叶，是今天桐木厂宅中从生产空间至经营空间都面临尴尬困境的主因。

当人们以为美好的传统村落和建筑空间能带来欣欣向荣的乡村产业发展时，到头来却发现，为了理解和改变乡土建筑空间的乱象，又不得不回头，追寻那个不知是否存在的健康产业和社会了。

本章对茶旅中的乡村旅行者及随之形成的“他者”关系的探讨，从空间符号化现象切入，深入研究当代茶村的社区分化现象及其在厂宅中的空间表征，可以得出以下结论。

在当代厂宅经营空间中，无论是室内外的新建空间，还是老宅的改造利用，当乡村的社会空间被置入产业化后的茶叶价值链体系下，置于城乡互动关联的场域中，一切行为的动机都不再单纯和封闭，而是出于城市的“传统幻想”。

“传统幻想”是厂宅经营空间营造的主要动因。村民致力于建构偶发性或目的性购茶者所憧憬的关于传统文化、自然风景、乡村生活的美好体验，进而在厂宅中形成简陋的、浪费程度却很高的茶室、民宿空间；在乡土建筑风格的竞争中，无论是对少数乡贤率先建立的“新徽派”建筑的效仿，还是对城市精英带来的“新武夷”风格的复制，皆是希望通过古色古香的乡村风格，建立文化传统凋敝的当地乡村与文化富饶的传统村落的想象映射，呈现出生产者为了满足消费者所认同的“乡村幻想”做出的拙劣应答；而在传统菁楼的再利用和重建中，建筑的符号化现象作为对价值链另一端的城市消费者的直接回应，致使传统菁楼被龙头企业所独占并转化为展示的“空壳”，新建的菁楼作为中小茶企的符号斗争，废弃的集体菁楼则如同在产业竞争中败下阵来的大量匿名茶农的墓志铭。

除了“传统幻想”造就的空间变迁，其带来的社会后果或许更引人深思。乡村在与城市的接触中，亦步亦趋地迎合城市的“传统幻想”，酝酿着日益凸显的社会危机。当地乡贤、城市精英所引导的传统风格塑造，激发了乡村为迎合城市的“乡村幻想”所进行的复古主义、猎奇主义的空间实践，而精英与大众的隔阂并未因此消失，反而由于“超真实”与“现实真实”的不可让渡性而致使陷入“风格乱象”的大众乡村被城市精英所抛弃。在乡村社会内部，城市资本带来的“抬价”空间让村民自己品尝苦涩的“抬价的代价”。少数传统乡土建筑的“符号化”非但未让其他乡土建筑变得更好——乡村社会空间中的“真古董”废弃破败，而新建构的、更容易理解的“假古董”受到村民的追捧——

反而成为乡村社会分层的导火索。“先富者”的符号垄断，无法成真的“后富者”的举步维艰，大小茶企之间显性或隐性的冲突共同在空间—社会变迁中不断发酵。

社会关系的变迁亦加剧并固化了建筑空间的变迁，并通过“传统幻想”下的一种“等级差序性”① 呈现出来。当代桐木的“等级差序性”建构主要是通过厂宅来实现的，而“传统幻想”成了决定等级差序性的重要象征资本。从桐木村当下境遇迥然的几座菁楼可以看到，在建筑史学者眼中具有相同宝贵价值的传统乡土建筑，却因其所联结的社会关系的“等级差序性”遭到迥然不同的保护状态。由此延伸至乡土传统的合法性问题，站在等级差序性顶端的精英建筑，拥有最高的合法性等级；而其余的建筑，即便拥有相似的建筑文化价值，却只能面临历史的淘汰。

今日桐木厂宅中经营空间的营造——无论是古建筑的保护利用，还是新建筑的仿古建造，都成了弱势的乡村社会土壤在强势城市资本带来的“乡村幻想”的滋养下所开出的畸态之花。究其根本，这种不健康的城乡关系来源，便是走向偏颇的茶产业。吹捧表面上的传统符号价值，而忽略与生产、生活息息相关的传统空间内核——这种认识的片面和肤浅，给乡村带来至高无上、不负责任的“传统幻想”，以及空间和社会层面的诸多困境。

在当代乡村，“乡村幻想”已难掩饰其伪善本性——在全球化时代的新自由主义经济体制下，地理标志、公平贸易所粉饰的“农业幻想”试图抚慰全球化对第三世界和弱势群体造成的剥夺，实质上却让当地社会进一步被拖入自由主义经济的车轮之下；而在我国改革开放以来的社会主义市场经济体制下，对于美丽乡村和乡愁的“传统幻想”，如若脱离乡村真实的本质，也只能成为一种资本游戏和虚无承诺。

---

① 最早试图描述分析乡村社会分层的是费孝通先生的“差序格局”概念，描绘了中国传统乡村社会结构由血缘、地缘、经济水平、社会地位所决定的人际关系网络（2013），而传统村落中的宗祠、祖屋、堂屋等空间都是“差序格局”的空间表现；后来的社会学学者在对当代乡村建房热的观察中亦发现新的“等级差序性”，如朱晓阳笔下的滇池小村村民在平均主义的宅基地分配下通过建筑高度、装饰豪华程度的竞赛来标志新的社会等级格局（2011）[145]。

第七章　结论：当代乡村的幻想与现实

第一节　厂宅变迁谱系

美国乡土建筑研究奠基者 Henry Glassie 运用结构主义语言学方法对弗吉尼亚州的乡土住宅发展谱系的归纳中，主要考虑的是：空间变迁逻辑是工匠之间的模仿和创新（1976）。在茶村的语境下，厂宅空间模式演变的主要因子是茶产业发展带来的需求。下图（图 7. 1—7. 2）通过对 25 座深入阅读厂宅和 165 个厂宅样本的梳理，可以看到“宅”“厂”“店”这三种建筑的基本语素，在三个分明的茶产业历史时期中的贯穿交融，以及空间变迁背后的主导因子。

首先，茶厂是厂宅的核心功能空间，在很大程度上塑造了厂宅空间形式的建构路径，而其空间发展逻辑的主要影响则来自茶叶市场水平。

“厂”作为一种生产方式的载体，是不同时代市场体制及消费水平的反映。集体化至承包制的转型期，农业体制变化使集体菁楼随着其他生产资料一起，“包产”至个体农户，由此形成早期厂宅的雏形；20 世纪 80 年代末，在市场受阻、乡镇企业出现以整合生产资源之后，个体化“厂”的营建亦陷入低谷；而 2005 年金骏眉走红带动了茶叶市场的繁荣，导致厂宅的爆炸式发展，形成了今天的多元化格局。

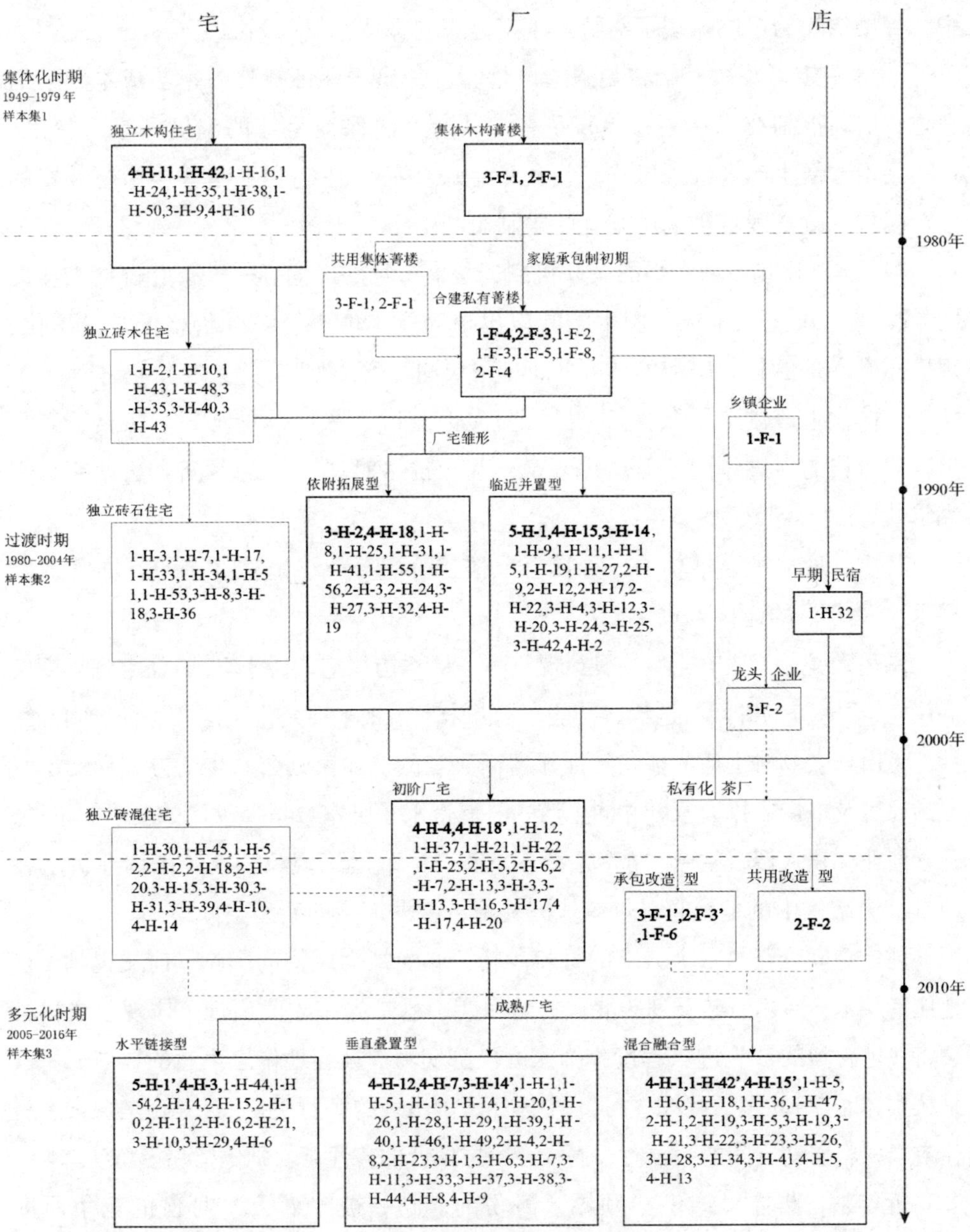

图 7.1　厂宅空间模式与社会变迁的关联

来源：作者绘

桐木茶叶的生产方式亦展现了一种与茶叶市场相互推动、相互牵制的韧性，反映在为正山小种量身定制。并在各时期厂宅中得到延续的菁楼这一空间原型中。菁楼空间的尺度体现了对特定生产方式的坚持：每开间面宽 4 ~ 5m、进深 6 ~ 9m，这决定了每次熏焙和萎凋的产量，也是出于保证燃烧效率与成本因素的考虑；层高控制在 1.6m ~ 2.0m 左右，过高无法保证足够的温度和烟气密度，过矮则不方便生产者进入工作。当代厂宅中的砖混住宅和木制菁楼错层并置的建造模式，就是因菁楼生产方式的限制而产生的。

“厂”与茶叶市场水平的关联机制，是借市场的风向标——茶叶价格来实现的。20 世纪八九十年代，桐木茶叶以出口为主的时期，茶叶价格低，机械化、规模化生产是更具竞争力的体现；而近十年来，天翻地覆的茶叶价格才为手工化、个体化生产创造了条件。① 尽管前文也探讨了“厂”的形式、风格、豪华程度对价格的促进作用，但反过来说，茶叶价格对“厂”的空间合法性亦具有决定性。

其次，地方社会结构——如社会风俗、阶层分化、道德体制等，亦塑造着桐木村“宅”的建构方式。

图 7.2 展示了住宅原型的贯穿现象——从木构住宅、砖木/砖石住宅到早期砖混住宅，“宅”的开间、进深、功能布局并未发生根本性变化。这样一种空间延续性，是由朴素乡村生活的某些特征保留而决定的，如家庭公共生活方式限制了堂屋的尺度及格局、扩大家庭共同生活的习惯带来了卧室数量及秩序的要求。不过，随着商业文化入侵，堂屋“茶室化”、卧室“宾馆化”现象，就是因商业诉求在地方社会结构中的地位超过传统家庭礼俗，激发产生的新型空间模式。

住宅空间变迁另一个突出的材料逻辑，亦受社会风俗的影响。前文提到，当地住宅从木、砖木、砖石到砖混材料的演变，总是先在立面出现，体现了乡村社会将住宅材料的“先进”程度作为家庭经济实力、社会地位之表达的风俗。尤其是从集体时期到后来的乡镇企业、个体经济中出现的“冒尖户”，一直是探索乡村住宅新材料、新空间的引领者，而社会阶层偏低的普通茶农则停留在模仿状态。

近年来，集体思维下“领导”身份的表达，被“商人”身份的竞争所取代。经商文化主导了社会风俗的当代重建，致使住宅形式和规模不再受阶层限制。很多野心勃勃的茶农为了提升在茶叶市场的地位，不惜贷款建房，使“宅”

① 与同样以出口为主的红茶产地——如印度，斯里兰卡，我国的祁门、宁州等地相比，桐木红茶在 20 世纪的没落正是由于生产机械化水平的落后。而在茶叶价格提升并使手工生产成为更受认可的附加价值之后，这种技术的劣势随即得到逆转。

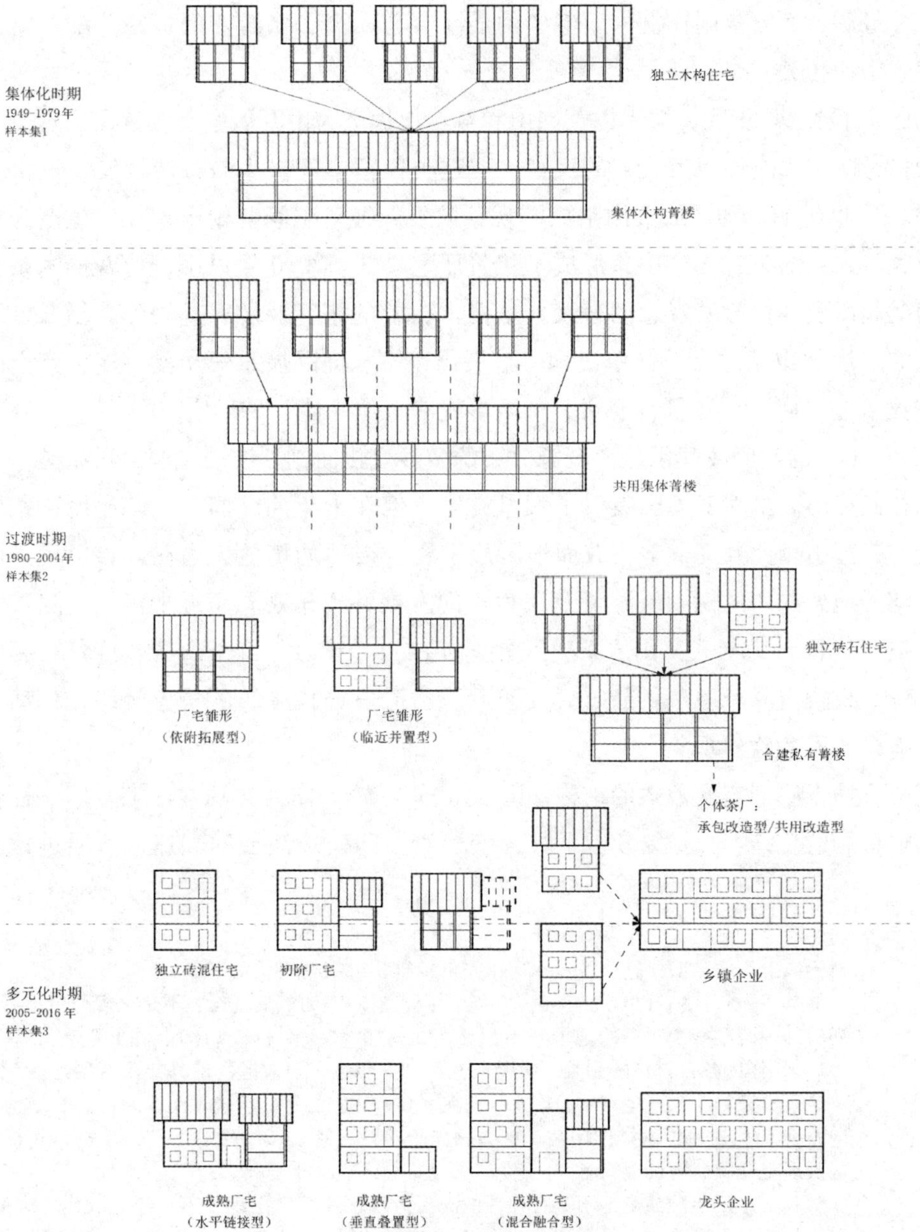

图 7.2　厂宅空间模式的立面演变

来源：作者绘

之空间表征成为当代社会阶层流动的助推器。前文提到的分家继承的传统风俗，亦随着经商文化的入侵而转变，使住宅空间营造呈现出百花齐放的格局。

最后，经营空间在桐木厂宅中的演变，与武夷山旅游业的资源分配及特征模式密切相关。

20 世纪 90 年代，桐木以黄岗山和自然保护区为由开展生态旅游，出现少数为科考队、生态旅行者设置的民宿，但这类民宿空间极少与茶产业发生有机关联。21 世纪初，随着武夷山茶旅游现象萌发，经营空间开始出现在以生产为主要收入来源的茶农住宅中，形成了初阶厂宅模式。2010 年以来，随着桐木茶声名鹊起以及乡村旅游观念的普及，来桐木旅游的茶客及游客呈爆炸式增长，厂宅的“店”也从过去的简单民宿，扩展出茶室、商品展示等功能，连生产空间亦被赋予“店”的象征性意义，从而形成“三位一体”的厂宅空间。

“店”的空间营建因旅游资源分布的微妙变化而剧烈波动。桐木村旅游一直依托武夷山。虽然武夷山吸引了大量游客，但在十年前，桐木生态旅游、茶旅游与武夷山相比并无优势，故而地区旅游资源极不均衡地集中在武夷山风景区范畴，地处深山的桐木旅游业及民宿空间发展并不乐观。而近十年来，随着桐木被“建构”为与武夷山岩茶产区分庭抗礼的“正山”红茶产区，打着“正山小种、金骏眉原产地”的旗号，使茶叶成为激发当代旅游的特色资源，带动了爆炸式的民宿营建现象。

不妨以厂宅空间模式的结构性谱系（图 7.3），作为对桐木厂宅空间—社会变迁机制的总结①。前文分析了社会变迁对空间模式演变的塑造，而通过这张

① 对于以上厂宅空间—社会变迁纵向谱系的梳理，或需补充说明三点。

其一，年代划分虽不得不确立固定界限，但厂宅的演变过程并不是循规蹈矩、不可逆转的。跨越两个时期的现象并不少见，如周炳球宅（4 – H – 18）、陈上荣宅（3 – H – 14），作为各自村庄的制茶“尖兵”，在 2005 年茶产业崛起的前几年就开始建造无烟茶茶厂；又如胡和平宅（4 – H – 11），在大多数住宅已经转向砖木结构乃至砖石结构的 1986 年仍然建造了木结构住宅。这些领先于时代、落后于时代的案例，反映了乡村社区及乡土建筑研究的复杂性。

其二，厂宅的演变并不是替代性的。更为现代的厂宅出现，不一定会取代传统的、早期的构筑。因此本文的模式演变分析亦基于共时性视野——尤其是一些有历史价值的传统住宅和菁楼，能够经受住时间的考验，在当代乡村焕发新的活力。

其三，某个厂宅样本也可随着时间推移而发生类型转变。如庙湾菁楼（3 – F – 1），经历了集体化时期的公用、承包制时期的共用之后，又在个体经济到来后为龙头企业所承包改造（3 – F – 1’）；又如朱氏茶厂最初在老宅旁边建造临近并置型的菁楼（4 – H – 15），后老宅拆除，将菁楼整合后建造了一栋现代混合融合型厂宅（4 – H – 15’）。对于这类具有一定典型性的样本，采用特殊标记（’）方式将不同时代的建筑共时呈现出来。

谱系图，可以从25个典型样本中窥见空间变迁带来的社会潜话语。

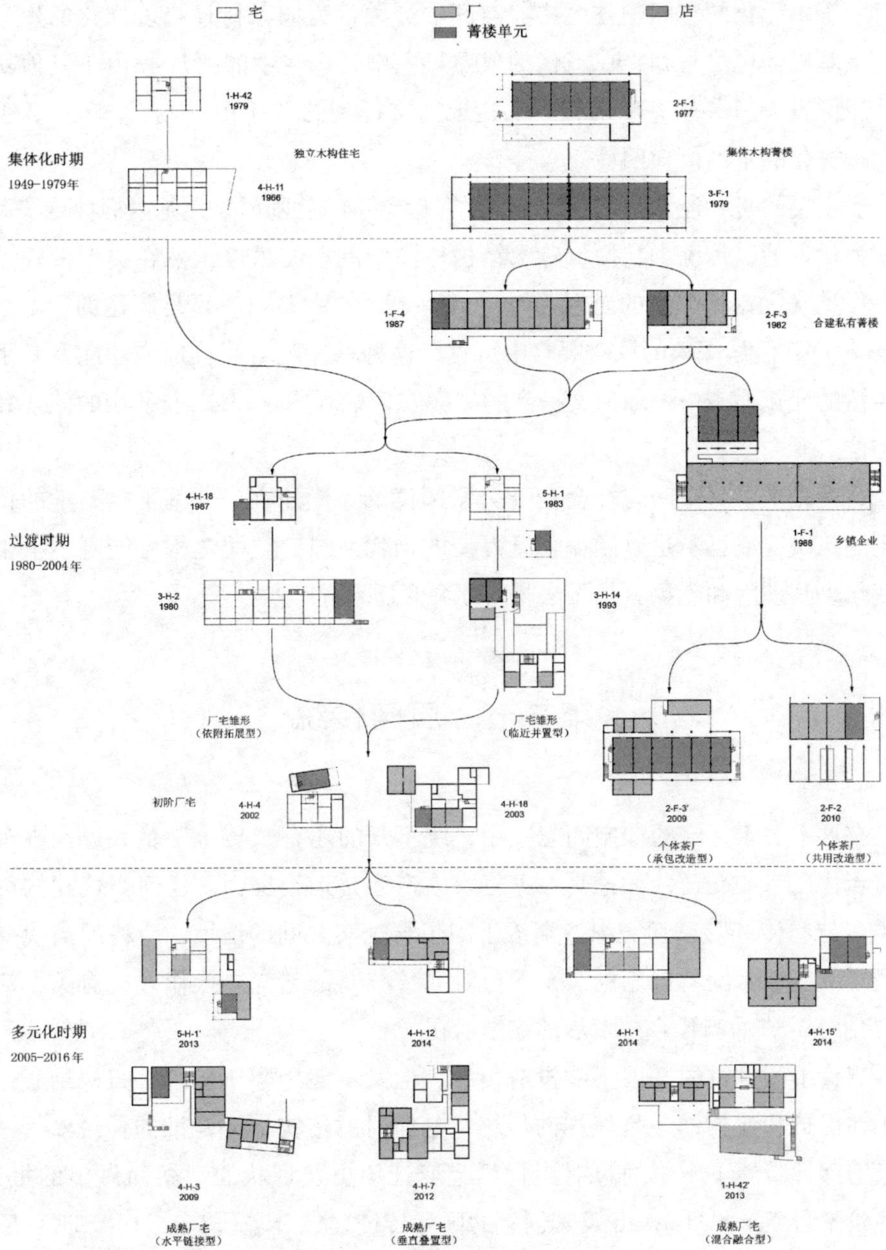

图7.3　厂宅空间模式的结构性谱系

来源：作者绘

首先，生产空间（“厂”）从最初的集中化菁楼，分散至个体承包茶厂、个体厂宅等多元化的空间整体之中。空间的分散，为桐木村日趋多样化的生产方式打下基础。也可看到，在当代的成熟厂宅中，厂宅中的“厂”由于其他功能的挤压而丧失了井然有序的格局，造成前文提到的“正山”与“外山”、手工化与机械化的生产模式困境。

更重要的是，经营空间（“店”）在近十年的急剧增长，是以牺牲传统家庭空间为代价的。传统木结构、砖木结构住宅中的空间秩序虽然在类型模式上仍依稀可见（无论是改造的老宅，如5－H－1’、4－H－1，还是新建的厂宅，如4－H－3），但从深入的社会观察中可见，这种秩序随着当代厂宅功能及其承载之生活的变化而丧失，如前文提到的“第二家店”和“第二个家”的认知和空间错位。

这就是本书将空间与社会变迁关联阅读的意图所在——基于类型学的传统乡土建筑研究或已不足以涵盖瞬息万变的当代乡村，空间建构可能赶不上生活的变化，其动因和现象更是无法脱离社会变迁来理解。

第二节　质问传统

在这本关于厂宅的“空间志”中，绕不开的还有“传统”的议题。纵观桐木村当代厂宅的变迁，无论是在家庭、生产还是运销层面，任何当代建构都无法脱离与“传统”密切交织、穿梭于幻想与现实之间的语境。乡村的当代变迁中呈现的机遇、困境与危机，无不与对“传统”的认知与操作方式有关，甚至使“传统”成为当代乡村发展的症结所在。

当代中国乡村的发展不能没有传统，但又不能受限于传统。归根结底，我们正在保护和建构的，是怎样的传统？是何时的传统？又是谁的传统？——这三条追问，凝聚了本书通过对当代厂宅变迁历史及现状的观察而做出的批判。如建筑学者 Nezar Alsayyad 及其创立的国际传统建成环境研究会（IASTE）反复重申：“传统不应被视为僵化的历史遗产，而是为了服务当下，而对历史所做的动态的当代重释。”（2013）[4]笔者认为，从封闭迅速走向开放的中国当代乡村的境遇，也能从自由主义经济背景下不断凸显的发达地区与欠发达地区、全球化与地方化潮流之间的深刻矛盾中汲取经验，并对这一国际前沿的学术语境提供不可取代的思考。当传统乡村走向当下和未来，当代乡土研究也应尝试超出习以为常的形式、风格和空间领域，探入空间背后纷繁复杂的政治、经济、社会语境之中——引发对传统的真实性、传统的动态性、传统的社会效益的叩问和思索。

一、怎样的传统

首先，“怎样的传统?”讨论传统的真实性，即空间的本质。

当代人对于乡土建筑风格和形式表象的过度关注，反而掩盖了对于空间的本质的考量。如第四章讨论的传统家庭空间变迁中，堂屋中由宗教画与楹联、先人牌位等构筑的信仰传统，被仿真文人画、古玩组成的“茶文化”所取代。从物质表象来看，“传统”的空间意蕴并未完全丧失，可是通过进一步的空间阅读会发现，尺度巨大、装饰浮夸的客厅已不能容纳传统堂屋承载的家庭生活；同样，效仿精品酒店风格的民宿客房，也无法成为在外漂泊的丈夫和游子所依附的港湾。在当代桐木村的一片祥和之中，正是这种表面上延续的风格传统，掩盖、甚至导致了生活传统的异化。

空间志研究试图弥合当代乡土建筑中空间与生活之间的主客二分性。无论是作为研究抑或是营建的出发点，空间志主张的是一条从“风格史”走向“社会景观史”的路径。空间志研究，意味着从空间的物质性走向物质性与社会性交织的日常生活。对乡土建筑而言，建成环境一直被视为“传统”传承的核心，也就是 Paul Oliver 所谓的“实体之物”（physical object）（2006）。这种“实体之物”，既包括建筑的建成形式、材料、构件这些真实可触的元素，也包括其建造方式、方法、仪式等抽象的信息。在不断变迁的当代乡村，超越狭隘的物质性限制，却可赋予当代传统容纳改变的量能；更重要的是，将传统上升为一种融汇物质空间和空间生活的“理念”，有助于让研究者回归至建筑空间的本质，回归建筑空间中的乡村生活——“生活着的传统”之中。

例如第五章关于菁楼这一生产空间的分析。菁楼的传统形象，在大茶企的建构之下被赋予了纯手工、速度慢的内涵——在相关纪录片中，菁楼被建构为揉捻、发酵这两项实际并不在菁楼中进行的茶叶工序的背景空间。作为对这种传统空间表象化的批判，本书通过菁楼的空间志探索，揭示其“高效、合作、劳作”的空间内核，为当代人保护和利用这一乡村传统工业遗产提供了真实的空间深描和价值判断。

对于空间本质的认知，还指向一条解决当代乡村产业发展困境的路径。菁楼作为一种融合规模化效率和手工智慧的生产空间，既拥有符合现代工业特征的高效生产机制，又能在茶农的劳动过程中赋予茶叶一种机械化不可取代的“手工热度”。菁楼的空间特性，为桐木村茶农在规模化与个体化、机械化与手工化之间找到了一条均衡发展路径。当社会对这一传统生产空间关注从表象走向其真正的使用内涵，或许让桐木人骄傲的集体菁楼不会再被肆意废弃，或是沦为“糖衣”，新建的当代菁楼也不会成为空间浪费的笑柄。

传统真实性的另一层内涵，是正山小种的“原真性”问题。在关于当代生产空间中茶农与正山、外山茶青的生产关系的探讨中，本书呼吁从对“地理原真”的固守转向对“技术原真”的追求，也意味着从生产空间的物质因素（大至地理空间结构，小至生产菁楼）传承，转向对抽象的技艺、知识的传承。即便有一天产业化的大潮席卷乡村、木构菁楼空间的躯壳光辉不再，依然可能将传统菁楼空间及其生产的正山小种，更真实地传承下去。

因此，对于“怎样的传统”这个问题，本书主张：当我们构思如何保存传统乡土建筑，或是建造当代乡土建筑时，考虑的因素不能只是建筑类型、历史，或是艺术这类物质表象的传统；更应关注根植于空间本质的传统——也就是这些重新被利用和建构的乡土空间如何重塑传统，如何融入乡村日常生活，改变并重建村民的社会关系和传统生计。如此，传统才会在当下和未来乡村具有更鲜活的生命力，并发挥更积极的产业推动力。

二、何时的传统

对物质性空间的辨析，引出本书提出的第二个问题：“何时的传统?”反思看待传统的观念——从返古的、永恒的传统，走向正在发生的、动态的乃至偶发的传统。“何时的传统”的第一层内涵，是对传统“动态性”的思索。桐木的厂宅中，无论家庭空间、生产空间还是经营空间，皆随着当代家庭关系、生产关系和运销关系的发展而发生变迁；当代乡村在外表和本质上，都已不是建筑学所熟悉的模样。在当代乡村，承认和讨论传统的动态性已成为刻不容缓的挑战。本书的观点是，传统能够不断延续、更新的关键所在，正是其容纳变化的能力——如著名的“忒修斯之船”或“家传的斧头”① 的故事所阐释的那样。我们更应辨析，传统的变迁在何种程度内仍可视其为传统，以及动态性所呈现的多元特征如何重构抽象的“传统”概念。

如第四章对传统家庭空间中堂屋及卧室空间的总结，尽管这种空间内核在一定的历史阶段中得以延续，但亦需关注当代厂宅中的重构，即堂屋“茶室化”、卧室“宾馆化”等现象。显然，“茶室化”的堂屋和“宾馆化”的卧室，凸显为当代桐木村民日常生活及茶叶运销围绕的新核心，是一种新的传统，也在一定程度上加深了当代乡村家庭中夫妻、代际关系的异化。虽然本书对这种新的传统进行批判，但浪漫的返古主义更加危险。我们不得不承认，新建厂宅空间是未来乡村发展中更值得关注的当代传统；也唯有理解和引导这种变化中的传统，才能探讨传统家庭关系价值维系的可能。

“何时的传统”的第二层内涵，是对传统“偶发性”（contingency）及其当代建构的反思。今日武夷山的乡土建筑，有被荒废的赤石古镇，更多的是偶然出现的模仿徽派建筑的所谓“新徽派”风格，和模仿 20 世纪 80 年代武夷山庄的“新武夷”风格。当代建构的后两者取代了真实的前者，却可能会成为 30 年、50 年后武夷山和桐木村新的乡土传统。这样的现象在当代乡村虽令人无奈，又不可避免。对于当代乡村来说，究竟“何时的传统”才是有意义的？究其根本，当代乡村的偶发性又可归结于一种必然，原因便在于其背后“发明传统”的动机。“发明的传统”（invented tradition）这一概念源自 E. Hobsbawn 和 T. Ranger，是“试图灌输特定价值观及行为准则的一套实践方式。……其目的是建立与某种‘合适的历史’的延续性”（1983）[1]。这种定义暗示了传统和现代的明确区分本身就是建构的结果。如 N. Alsayyad 指出：“传统和遗产，无论是复原的、修复的，或是发明的、建构的，一直都是塑造民族国家和建构基于怀旧情绪的身份认同的核心问题（2014）[183]。”他点出了重建或发明传统的两大动机：一是构筑社区和国家的身份认同；二是有利于社区和国家经济发展。

在“发明传统”的语境下，当代乡村对于“何时”的传统的选择和重构，

① “忒修斯之船”（Theseus）是古希腊的一个哲学辩题：忒修斯是一艘在河上不间断航行的船，当船上的木头逐渐被替换，以至于所有的木头都不是原来的木头，那么这艘船是否还是原来的那艘船？同理，“家传的斧头”则用来诠释传统的变迁；当斧头的零部件随着时间而不断变换，甚至全身没有一处未更替，它依然被视为家里的传家宝（Alsayyad，2014）[10]。

无非取决于这种传统是否“合适”——就像关坪村选择“新徽派”风格是因为它符合当代人对“美丽乡村”形象的期待；而武夷山政府选择“新武夷”风格是因其开创者拥有值得信赖的声望和经验。

此外，违背当代现实和历史规律而“发明的传统”，并未让当代桐木变得更好。就像它刻意忽视菁楼源于人民公社乃至印度大型萎凋楼的工业化背景，转而将其建构为一种“见证了正山小种红茶400余年历史保存至今”的“传统”那样，仅仅因为工业化因素在当代茶叶价值评判体系下是不合时宜、不受推崇的。这样一种“发明”的传统，使菁楼沦为无人问津的布景，在生产空间催生了混乱和浪费的现象；另一方面，生产关系也由于“发明传统”而走向危险境地——对“儿子”般的茶树、可能成为“妻子”的采茶工的细致入微的照料，都在一种新的“传统”的掩护之下慢慢消失，让位于商业化背后的市场经济利益体系。对于菁楼而言，若抛却400年手工传统的浪漫发明，它依然具备融合调节工业化基因与手工化传统的不可替代的价值，反而可能帮助破解当代桐木的生产关系危机。

在“何时的传统”的追问下，那些粉饰和发明“合适”传统的实践，将乡村包装在美好、古朴、浪漫的幻象之中，忽视了当下发展、进步的话题，甚至让“发明的传统”反过来掣肘当代乡村的发展。因此，“何时的传统”这个问题，试图为当代乡村摆脱合法性和原真性的桎梏，更要呼吁当代社会正视乡土传统本身的水准和价值，不抛弃传统，但也不受任何名义传统的限制。“何时的传统”，如果真的存在一种“合适的传统”，也不应是少数精英看来“合适”的传统，而应是对于乡村大众的生存和发展来说更加合适的传统。

三、谁的传统

由此进入第三个问题：无论是重新利用的旧的传统，还是当代建构的新的传统，它究竟是“谁的传统”？

传统的文化资本在绝大多数情况下属于精英。大众的遗产观念不足，且没有利用文化资本的能力。无论是城市还是乡村精英，在认知、理解、保护、重建乡土建筑传统的过程中都拥有着更强的能力与更多的资源。然而，若因此而忽视“谁的传统”这一问题，进而认为精英眼中的传统就是受大众认可的传统，依然可能是危险的。在第六章中，当乡村的社会空间被置入城乡之间的茶叶价值链下，一切空间行为的动机都不再原生，而是出于城市的“传统幻想”——

无论是厂宅中试图营造传统文化、自然风景、乡村生活的美好体验的茶室和民宿，还是模仿城市精英的“新武夷”风格而造就的新乡土建筑，抑或是在传统菁楼的占用和重建中围绕其符号价值所做的斗争，究其根本，皆是生产者为了满足消费者的“乡村幻想”做出的拙劣应答，其后果是在乡村造成大量社会空间的异化、浪费和荒废。当然，若将视野投向更广泛的乡土建筑问题，可以看到，普通村民建房的平面模式、外观风格都是相似的，而少数人通过差异性标志出与众不同的社会地位。“村庄居住空间总是处在一种构建差异空间作为秩序维系的过程中”（朱晓阳，2011a）[134]——最初出现的少数精英住宅很快又会受到大众的模仿，使“精英的乡土”成为“大众的乡土”；随之，新的精英又不断从外界引入新的形式，重复前面这个过程。这种精英——大众之间的引领——模仿——突破的循环，或是乡土建筑前进发展的历史车轮的机制所在。

对城市精英或是常年居住于城市的乡村精英所引领的建筑营建而言，一个普遍陷阱在于对日常性的忽略。如菁楼空间、厂宅立面的符号化现象，可视为一种由旅游和商业化引发的日常空间的“奇观化”①（Debord，1970）、遗产空间的“博物馆化”（Kirshenblatt－Gimblett 1998）。这种现象始于精英，然而当普通茶农及其生活的厂宅亦成为“奇观”，并不意味着商业化随之惠及每个茶农。相反，它造成了普通人的日常生活世界变得片段化、可复制的后果。旅行者带来的商业利益被少数当权者、龙头企业包揽，而底层茶农则被社会“奇观”所架空、间离，沦为“乡土博物馆”中的标本。城市精英对于奇观化的异域风情的追逐，让茶农无可避免地卷入言不由衷的表演之中（Goffman，1959）——这种表演最初也许能帮助村民脱离贫困，可注定是不可持续的，因为无法阻止他们在表演被识破或有更精彩的表演出现时被抛弃。而回归日常，意味着让茶农从符号化奇观中解脱，走向一个更理性、多元化、让更多人获益的乡村世界。从精英走向大众，意味着从“奇观”走向“日常”。

“谁的传统”的问题，更应思索的是乡土建筑空间中的受益者和受害者——传统的社会效益问题。本书认为，由“传统的幻想”构筑的乡土传统，终究是为强势的城市消费者及少数乡村精英服务；而弱势、匿名的乡村村民所面临的

① Debord 在《奇观社会》一书中定义：“奇观不能只理解为由大众媒体技术生产的视觉幻象，它是一种已经被实体化的世界观，这种对世界的观览已成为一个客体的存在。”（1970）[7]这也意味着，“奇观”对于日常空间的侵蚀不只在视觉表象，而已渗透到物质空间之中。

生活和经营空间不断恶化、无人问津的境遇，才是当代乡村的现实。如第六章中龙头企业对于少数菁楼的符号化建构，不仅推动了部分中小茶企在生产空间中不惜以挥霍为代价的符号斗争、大量匿名的普通茶农沦为市场竞争的牺牲品，也变相导致了其他同样有价值的菁楼遭到废弃。最终，把握着传统风向标的大茶企春风得意；而对传统技艺亦步亦趋的中小茶农，却在精英所编织的传统幻想中，遭遇大量中低端茶叶滞销的困境。可以说，厂宅空间已成为愈发严重的社会分化的注解。

本书的写作意图之一，是追究这种不断加强的乡村社会分裂的根本原因：联想至 Guthman（2004）、Besky（2014）等食品系统研究者的批判语境，当代茶村所浸淫的“传统幻想”已难掩其剥削本质——如果说在西方新自由主义经济体制下，地理标志、公平贸易所粉饰的“农业幻想”试图抚慰全球化对第三世界和弱势群体造成的剥夺，却让当地人所赖以生存的社会经济结构进一步被拖入自由主义经济的车轮之下；那么在当代中国，弱势的乡村因城市化的不断抽离而沦为空壳，反被包装在供城市人消费乡愁的“传统幻想”的糖衣之下，断绝了乡村发展的前景与空间，是否才是居心叵测的陷阱？

要思索“谁的传统”这一问题，除了考虑传统的来源，也应反思传统真正的使用者和服务者。对于活跃于乡村世界的建筑师来说，要解除今日乡村的传统风格乱象，应做的或许不是以所谓的原真性传统来肃清他者，而是人从认知及操作层面突破传统的拘囿，引领城市的“他者”摆脱追求“奇观化”“博物馆化”的城市思维惯性，建立属于当下的、真实的乡村传统——符合当代社会、经济、生产条件的传统，体现空间本身价值、符合当代发展需求、更有生命力的传统。

至此，本书关于“幻想与现实”主题已逐渐清晰——对当代茶村变迁的空间志书写，所要批判和破除的是当代乡村名不副实的幻想、浪漫返古的幻想、精英主义的幻想；而希望展现和改善的，是乡土空间使用的现实、当代建构发明的现实，以及真正支撑着乡村历史与未来的、无数中小茶农的现实。

第三节 危机中前行

本书的调研和撰写，与桐木村的当代变迁，其实是同时发生的。当下发生的很多境况虽无法全部写入本文，但可以感到按其发展的轨迹，势必会为本书所关注的问题带来新的变化。这也是传统动态观的一种体现。有两则故事值得思索。

第一则故事，是2013年以来金骏眉遇冷。笔者调研的大部分厂宅现象，都发生在金骏眉市场如日中天的2006—2012年及其资本积累辐射的后几年间。高端红茶的代表金骏眉走下神坛，与2012年12月中央发布的关于改进工作作风、密切联系群众的“八项规定”紧密相关。在笔者田野调查中可清晰感受到，金骏眉遇冷带来的影响正在发酵。过去“只要敢做就有人买”的昂贵的金骏眉，如今成为茶农不敢触及的“烫手山芋”——2015年初到桐木时，金骏眉还是每个茶农家里必备的主打产品，最少的农户一般也会做几斤，有重要的客人要品尝时可以“撑撑台面”；而2016年笔者在制茶季结束再次到访发现，除了少数产量很大的茶企和茶农外，中小型生产者都抱怨这种茶的囤积风险太大，故而放弃这种一度将桐木“捧上神坛”的神奇茶叶——这样的衰败距离金骏眉的诞生，只有不到10年。

金骏眉的遇冷，或许会开启对“传统”问题的反思和重写。前文提到，金骏眉这种“新茶”是导致桐木村的茶企和茶农不断“发明”传统、为其增加象征价值的原因。而金骏眉遇冷之后，大多数农民转而专注于赤甘、野茶等完全机械化生产的茶类；同时市场的缩减也让茶农放缓步伐，减小产量——这是否会给本文所呼吁的，一种兼具规模化未来与手工传统的生产空间的建构带来契机？

此外，危机也使前几年的经济泡沫愈发凸显，曾经“敢做就有人买”的桐木茶，在高速而盲目的资本膨胀之后，面临着烂尾楼遍布、满目疮痍的乡村空间，桐木人又将如何寻求当代厂宅空间的下一次嬗变？

第二则故事，是桐木村新型合作社的开展。前文叙述了桐木茶业从集体化时期、过渡时期走到多元化时期的漫长历程，而2015年成立的“桐木农业专业合作社”，则是一次不同于以往的渡过危机的尝试。这一新型合作社的建立亦始于金骏眉遇冷的背景，年轻而有远见的村主任认识到个体经营状态下桐木茶业的“一盘散沙”——在市场好时各自致富并无问题，而如今市场不景气，全村人又需要重新集结起来，应对困境。“桐木农业专业合作社”由村主任胡永飞担任社长，并设置若干副社长，分别负责茶业、生态旅游、林下经济（如中草药、禽类、蛙、蛇的养殖）、农副产品加工业（如红烧肉、豆腐乳、香榧等）四大农业板块。用胡主任的话说，合作社没有钱赚，只是一个为村民服务、创造资源的平台。自 2015 年创立至笔者调研期间，已有 200 多户村民自愿加入合作社，占到全村的 60% 左右。合作社主持举办了第一届桐木红茶斗茶赛，完成了若干由社员共享的茶叶及农产品商标的申请，还获得了北京一笔 150 万的生态旅游投资。这些都彰显着合作社的政治、经济和社会潜能。

当然，合作社在桐木的发展也还只是开始，未来势必会遇到更多阻力——例如 2016 年，胡主任试图组织第二次斗茶赛时，就因没有人愿意赞助承办而搁置。即便如此，这或许会督促他们寻求在斗茶赛之外的茶业发展新路径。对于合作社，我们仍可抱有憧憬，它是否会成为当地人重新认识传统的转机？是否可能在组织层面，权衡个体化生产与规模化生产，建立一种更加公平、民主的产业发展模式？是否可能在空间层面加强合作来整合厂宅的经营空间，以减少资源浪费和空间乱象？这些当代乡村产业和乡土空间的建构，需要更多城市与乡村的精英及大众携手共进。前路艰险，却可能会为举步维艰的桐木带来新的契机。

林林总总，本书只是一个初到社会和田野的年轻人幼稚的描摹和反思。作为一名热忱的乡村建设者，只愿本书对当代乡村问题的思索，能为我所深深依恋的乡土大地，还有活跃在那里的建设者们，带来微薄的激励和启示。

参考文献

外文参考文献

[1] Ahn, Byung - Joon. The Political Economy of the People's Commune in China: Changes and Continuities [J] . The Journal of Asian Studies, 1975, 34 (3): 631 - 658.

[2] Alsayyad, N. and Nam, S. "Authenticity and the Manufacture of Heritage" . In Smith, C. (ed.) Encyclopedia of Global Archaeology [M] . New York: Springer, 2013.

[3] Alsayyad, Nezar. Traditions: The "Real", the Hyper, and the Virtual in the Built Environment [M] . London: Routledge, 2014.

[4] Ames, Kenneth L. Meaning in Artifacts: Hall Furnishings in Victorian America [J] . Journal of Interdisciplinary History, 1978 (7): 19 - 46.

[5] Appadurai, Arjun. (ed.) The Social Life of Things: Commodities in Cultural Perspective. Cambridge; New York: Cambridge University Press, 1986.

[6] Ball, Samuel. An Account of the Cultivation and Manufacture of Tea in China [M] . London: Printed for Longman, Brown, Green, and Longmans, 1848.

[7] Barth, Frederik. Political Leadership Among Swat Pathans [M] . London Sch. Echn. Monogr. Soc. Anthropol. No. 19. London: Athlone, 1959.

[8] Baudrillard, Jean. For a Critique of the Political Economy of the Sign. St. Louis [M] . Mo. : Telos Press, 1981.

[9] Baudrillard, Jean. Simulacra and Simulation. Trans. Sheila Faria Flaser [M] . Ann Arbor: University of Michigan Press, 1994.

[10] Benjamin, Walter. Illuminations. ed., with an introduction by Hannah Arendt. Trans. Harry Zohn [M]. New York: Schocken Books, 1968.

[11] Besky, Sarah. The Darjeeling Distinction: Labor and Justice on Fair—Trade Tea Plantations in India [M]. Berkeley: University of California Press, 2014.

[12] Besky, Sarah. The Future of Price: Communicative Infrastructures and the Financialization of Indian Tea [J]. Cultural Anthropology, 2016, 31 (1): 4-29.

[13] Blache, Paul Vidal de La. Principles of Human Geography [M]. New York: H. Holt and Company, 1950 [1918].

[14] Boserup, Ester. The Conditions of Agricultural Growth: The Economics of Agrarian Change under Population Pressure [M]. London: Allen & Unwin, 1965.

[15] Bourdieu, Pierre. Distinction: A Social Critique of the Judgement of Taste [M]. Richard Nice, trans. Cambridge, Mass.: Harvard University Press, 2000 [1984].

[16] Bourdieu, Pierre. The Logic of Practice [M]. Stanford: Stanford University Press, 1990.

[18] Brookfield, H. C. Exploring Agrodiversity [M]. New York: Columbia University Press, 2001.

[18] Carter, Thomas. Toward a New Architecture [J]. Perspectives in Vernacular Architecture, 1991, 4: 1-6.

[19] Carter, Thomas and Elizabeth Collins Cromley. Invitation to Vernacular Architecture: A Guide to the Study of Ordinary Buildings and Landscapes [M]. Knoxville: The University of Tennessee Press, 2005.

[20] Chase, J., M. Crawford, and J. Kaliski. (eds.) Everyday Urbanism [M]. New York: Monacelli Press, 1999.

[21] Cloke, Paul. Little, Jo. (eds.) Contested Countryside Cultures: Rurality and Socio-cultural Marginalisation [M]. London: Routledge, 1997.

[22] Cloke, P., T. Marsden, and P. Mooney. (eds.) Handbook of Rural Studies [M]. London: Sage, 1996.

[23] Cromley, Elizabeth Collins. Modernizing - or, "you never see a screen door on affluent homes" [J]. Journal of American Culture, 1982 (5): 71-79.

[24] Cummings, Abbott Lowell. Framed Houses of Massachusetts Bay, 1675 -

1725 [M] . Cambridge: Harvard University Press, 1979.

[25] Davidson, Donald. Inquiries into Truth and Interpretation [M] . Oxford [Oxfordshire]: Clarendon Press, 1984.

[26] Debord, Guy. Society of the Spectacle [M] . Detroit: Black& Red, 1970 [1967] .

[27] Debord, Guy. "Definitions." 1958 [M] . in Kem Knabb. Situationist International Anthology. Berkeley: Bureau of Public Secrets, 1981.

[28] De Certeau, Michel. The Practice of Everyday Life [M] . Steven Rendall, trans. Berkeley: University of California Press, 1984.

[29] Dolan, Catherine. Fractured Ties: The Business of Development in Kenyan Fair Trade Tea. [J] . In Fair Trade and Social Justice: Global Ethnographies, ed. Sarah Lyon and Mark Moberg, 147 - 175. New York: New York University Press, 2010.

[30] Dolgin, Janet. L. David S. Kemnitzer, and David M. Schneider. (eds.) Symbolic Anthropology: A Reader in the Study of Symbols and Meanings [M]. New-York: Columbia University Press, 1977.

[31] Douglas, M. Purity and danger [M] . London: Routledge and Kegan Paul, 1966.

[32] Du Halde, Jean-Baptiste. The General History of China. 4 vols. Translated from the French by R. Brookes [M] . London: John Watts, printer, 1736.

[33] Duncan, James. A Companion to Cultural Geography [M] . New York: Wiley - Blackwell, 2007.

[34] Eco, Umberto. Faith in Fakes: Travels in Hyperreality [M] . London: Minerva, 1995.

[35] Esherick, J. W. The Origins of the Boxer Uprising [M] . Berkeley: University of California Press, 1987.

[36] Fairbank, John K. Trade and Diplomacy on the China Coast: The Opening of the Treaty Ports, 1842—1854 [M] . Cambridge, MA: Harvard University Press, 1969 [1953] .

[37] Flannery, Kent V. The Cultural Evolution of Civilizations [J] . Annual Review of Ecology and Systematics, 1972, (3): 399 -426.

[38] Fortune, Robert. Two Visits to the Tea Countries of China, third edition, v2 [M] . London: John Murray, 1853.

[39] Frampton, Kenneth. Modern Architecture: A Critical History [M]. Thames and Hudson Ltd. Enlarged Edition, 2007.

[40] Fridell, Gavin. Fair Trade Coffee: The Prospects and Pitfalls of Market - Driven Social Justice [M] . Toronto: University of Toronto Press, 2007.

[41] Gardella, Robert. Fukien's Tea Industry and Trade in Ch' ing and Republican China: The Developmental Consequences of a Traditional Commodity Export. Ph. D. dissertation, University of Washington, 1976.

[42] Gardella, Robert. Harvesting Mountains: Fujian and the China Tea Trade, 1757—1937 [M] . Berkeley: University of California Press, 1994.

[43] Geertz, Clifford. Agricultural Involution: The Processes of Ecological Change in Indonesia [M] . Berkeley: University of California Press, 1963.

[44] Geertz, Clifford. The Interpretation of Cultures: Selected Essays [M]. New York: Basic Books, 1973.

[45] Geertz, Clifford. "Suq: The bazaar economy in Sefrou", in C. Geertz, H. Geertz, and L. Rosen, Meaning and Order in Moroccan Society, 123 - 310. Cambridge: Cambridge University Press, 1979.

[46] Gibson, James J. The Ecological Approach to Visual Perception [M]. Boston: Houghton Mifflin, 1979.

[47] Glassie, Henry. Pattern in the Material Folk Culture of the Eastern United States [M] . Philadelphia: University of Pennsylvania Press, 1968.

[48] Glassie, Henry. Folk Housing in Middle Virginia: Structural Analysis Historic Artifacts [M] . Knoxville: The University of Tennessee Press, 1976.

[49] Glassie, Henry. Passing the Time in Balleymenone: Culture and History of an Ulster Community [M] . Philadelphia: University of Pennsylvania Press, 1982.

[50] Glassie, Henry. Vernacular Architecture [M] . Bloomington: Indiana University Press, 2000.

[51] Goffman, E. The presentation of self in everyday life. Garden City, N. Y. , Doubleday, 1959.

[52] Graham, W. H. China: As it was and as it is [M] . London: Sampson

Low, Marston and Company, 1846.

[53] Gray, John. "Open spaces and dwelling places: Being at home on hill farms in the Scottish borders", in Setha M. Low, Denise Lawrence – Zuniga, (eds.) The Anthropology of Space and Place: Locating Culture [M]. Malden, MA: Blackwell Pub., 2003: 224 – 244.

[54] Groth, Paul. Todd W. Bressi. Understanding Ordinary Landscapes. New Haven, Conn.: Yale University Press, 1997.

[55] Grusky, David B. Social Stratification: Class, Race, and Gender in Sociological Perspective. 4th edition. Boulder: Westview Press, 2014.

[56] Guthman, Julie. Agrarian Dreams: The Paradox of Organic Farming in California [M]. Berkeley: University of California Press, 2004.

[57] Guthman, Julie. Weighing in: Obesity, Food Justice, and the Limits of Capitalism [M]. Berkeley: University of California Press, 2011.

[58] Hall, C. Michael and Liz Sharples, Richard Mitchell, et al. (ed.) Food tourism around the world: development, management, and markets. Burlington, MA.: Butterworth – Heinemann, 2003.

[59] Hall, C. M. and Macionis, N. Wine tourism in Australia and New Zealand. In Tourism and Recreation in Rural Areas, ed. Butler, R. W., Hall, C. M. and Jenkins, J., 197 – 224 [M]. New Jersey: Wiley, 1998.

[60] Hao, Yen – P' ing. "Chinese Teas to America – A Synopsis," in Ernest R. May and John K. Fairbank, eds [C] // America's China Trade in Historical Perspective: The Chinese and American Performance. Cambridge, Mass: Council on East Asian Studies, Harvard University, 1986.

[61] Hardesty, Donald L. Ecological Anthropology [M]. New York: Wiley, 1977.

[62] Harvey, David. The Limits to Capital [M]. London: Basil Blackwell, 1982.

[63] Harvey, David. Social Justice and the City [M]. Athens: University of Georgia Press, 2009.

[64] Heath, Deborah, and Anne Meneley. Techne, Technoscience, and the Circulation of Comestible Commodities: An Introduction [J]. American Anthropolo-

gist 109 (4), 2007: 593 - 602.

[65] Heidegger, M. Being and Time. J. Macquarrie and E. Robinson, trans [M]. New York: Harper & Row, 1962 [1927],

[66] Herzfeld, Michael. A Place in History: Social and Monumental Time in a Cretan Town [M]. Princeton: Princeton University Press, 1991.

[67] Hobsbawn, Eric, and Terence Ranger. (eds.) The Invention of Tradition [M]. Cambridge: Cambridge University Press, 1983.

[68] Huang, Philip, C. C. The Peasant Economy and Social Change in North China [M]. Stanford: Stanford University Press, 1988.

[69] Huang, Philip, C. C. The Peasant Family and Rural Development in the Yangzi Delta, 1350—1988 [M]. Stanford: Stanford University Press, 1990.

[70] Huang, Philip, C. C. The Paradigmatic Crisis in Chinese Studies: Paradoxes in Social and Economic History [J]. Modern China, 1991, 17 (3): 299 - 341.

[71] Huang, Philip, C. C. China's New - Age Small Farms and Their Vertical Integration: Agribusiness or Co - ops?" [J]. Modern China, 2011, 37 (2): 107 - 134.

[72] Hubka, Thomas C. Houses without Names: Architectural Nomenclature and the Classification of America's Common Houses [M]. Knoxville: The University of Tennessee Press, 2013.

[73] Hung, Po - Yi. Tea Production, Land Use Politics, and Ethnic Minorities: Struggling over Dilemmas in China's Southwest Frontier [M]. Palgrave Macmillan, 2015.

[74] Hymes, Dell H. Reinventing Anthropology [M]. New York: Pantheon Books, 1972.

[75] ICOMOS. Venice Chapter. 1976.

[76] ICOMOS. Nara Document on Authenticity. 1994.

[77] Ingold, Tim. The Perception of the Environment: Essays on Livelihood, Dwelling and Skill [M]. New York: Routledge, 2000.

[78] Isham, Norman M. Albert, F. Brown. Early Rhode Island Houses: An Historical and Architectural Study [M]. Princeton: Preston & Rounds, 1895.

[79] Isham, Norman M. Albert F. Brown. Early Connecticut Houses: An Historical and Architectural Study [M]. Princeton: Preston & Rounds, 1900.

[80] Jaffee, Daniel. Brewing Justice: Fair Trade Coffee, Sustainability, and Survival [M]. Berkeley: University of California Press, 2007.

[81] Johnson, E. A. J. The Organization of Space in Developing Countries [M]. Cambridge, Mass.: Harvard University Press, 1970.

[82] Joliffe, Lee. "The Lure of Tea: History, Traditions and Attractions" [J]. In Food Tourism around the World: Development, Management, and Markets, ed. C. Michael Hall, Liz Sharples, Richard Mitchell, et al, 121 – 136. Burlington, MA.: Butterworth – Heinemann, 2003.

[83] Kirshenblatt – Gimblett, B. Destination Culture: Tourism, Museums, and Heritage [M]. Berkeley: University of California Press, 1998.

[84] Kniffen, Fred. Folk Housing: Key to Diffusion [J]. Annals of the Association of American Geographers, 1965, 55 (4): 549 – 577.

[85] Knox, P. L. and Marston, S A. Human Geography: Places and Regions in Global Context. Prentice Hall, 2001.

[86] Kroeber, A. L. The Nature of Culture [M]. Chicago: University of Chicago Press, 1952.

[87] Leach, E. R. Anthropological aspects of language: animal categories and verbal abuse. In New directions in the study of language, ed [M]. E. H. Lennenberg. Cambridge, Mass.: MIT Press, pp. 23 – 63.

[88] Leach, E. R. Culture and Communication: The Logic by Which Symbols Are Connected [M]. Cambridge: Cambridge University Press, 1976.

[89] Lee, R. B. "! Kung Spatial Organization: An Ecological and Historical Perspective" [J]. Human Ecology, 1972 (1): 125 – 147.

[90] Lefebvre, Henri. La Somme et le Reste, vol. 2 [M]. Paris: La Nef de Paris, 1959.

[91] Lefebvre, Henri. The Production of Space [M]. translated by Donald Nicholson-Smith. Cambridge, Mass., USA: Blackwell, 1991a.

[92] Lefebvre, Henri. Critique of Everyday Life [M]. translated by John Moore. London. Nefw York: Verso, 1991b. [1947]

[93] Lin, Justin Yifu. The Household Responsibility System Reform in China: A Peasant's Institutional Choice [J]. American Journal of Agricultural Economics, 1987, 69 (2): 410-415.

[94] Lin, Justin Yifu. The Household Responsibility System in China's Agricultural Reform: A Theoretical and Empirical Study [J]. Economic Development and Cultural Change, 1988, 36 (3): S199-S224.

[95] Lin, Justin Yifu, and Fang Cai, Zhou Li. State-Owned Enterprise Reform in China [M]. Hong Kong: The Chinese University Press, 2002.

[96] Littmann, Bruce William. "Manufacturing Obedience: Labor Relations and the Making of the American Industrial Landscape, 1880—1930" [M]. Ph. D. dissertation: University of California, Berkeley, 2004.

[97] Liu, Andrew B. The two tea countries: Competition, labor, and economic thought in coastal China and eastern India, 1834—1942 [D]. Ph. D. dissertation. Columbia University, 2015.

[98] Low, S. M., Denise Lawrence-Zuniga. (eds.) The Anthropology of Space and Place: Locating Culture [M]. Malden, MA: Blackwell Pub., 2003.

[99] MacCannell, Dean. Staged Authenticity: Arrangements of Social Space in Tourist Settings [J]. American Journal of Sociology, 1973, 79 (3): 589-603.

[101] Mair, Victor H. Hoh, Erling. The True History of Tea [M]. London: Thames & Hudson, 2009.

[102] May, Ernest R. and John K. Fairbank, eds. America's China Trade in Historical Perspective: The Chinese and American Performance. Cambridge, Mass: Council on East Asian Studies, Harvard University, 1986.

[103] Mclean, Rani Salas. Wine, Meaning, and Place: Terroir-Tourism, Concealed Workers, and Contested Space in the Napa Valley [D]. Ph. D. dissertation, University of California, Santa Barbara, 2013.

[104] Meinig, D. W. ed. The Interpretation of Ordinary Landscapes: Geographical Essays [M]. New York: Oxford University Press, 1979.

[105] Mintz, Sidney. Worker in the Cane: A Puerto Rican Life History [M]. New Haven, CT: Yale University Press, 1960.

[106] Mintz, Sidney. Sweetness and Power: The Place of Sugar in Modern His-

tory [M]. New York: Penguin Books, 1985.

[107] Morgan, L. H. House and Houselife of the American Aborigines [M]. Chicago, IL: University of Chicago Press, 1965 [1896].

[108] Morris, Charles S. Foundations of the Theory of Signs [M]. Chicago: University of Chicago Press, 1938.

[109] Morse, E. Japanese Homes and Their Surroundings. New York: Dover, 1961 [1896].

[110] Oliver, Paul. Dwellings: The House Across the World [M]. Austin, TX: University of Texas Press, 1987.

[111] Oliver, Paul. Encyclopedia of Vernacular Architecture of the World [M]. Cambridge: Cambridge University Press, 1997.

[112] Oliver, Paul. Built to Meet Needs: Cultural Issues in Vernacular Architecture. Amsterdam; Boston; London: Architectural, 2006.

[113] Orlove, Benjamin S. "Ecological Anthropology". Annual Review of Anthropology 9, 1980: 235 -273.

[114] Ortiz, S. Uncertainties in Peasant Farming: A Colombian Case. London Sch. Echn. Monogr. Soc. Anthropol. No. 19. London: Athlone, 1973.

[115] Page, S. and Hall, C. M. Managing Urban Tourism. New Jersey: Prentice - Hall, 2003.

[116] Paxson, Heather. The Life of Cheese: Crafting Food and Value in America [M]. Berkeley: University of California Press, 2012.

[117] Perkins, Dwight H. Agricultural development in China, 1368—1968 [M]. Chicago: Aldine Pub. Co, 1969.

[118] Pratt, James Norwood. The Tea Lover's Treasury [J]. 101 Productions, 1982.

[119] Rapoport, Amos. House Form and Culture [M]. Englewood Cliffs, NJ: Prentice Hall, 1969.

[120] Rappaport, Roy A. Pigs for the Ancestors: Ritual in the Ecology of a New Guinea People [M]. New Haven: Yale University Press, 1968.

[121] Rawski, Evelyn S. Agricultural Change and the Peasant Economy of South China [M]. Cambridge: Harvard University Press, 1972.

[122] Relph, Edward. Place and Placelessness [J]. Pion Limited, 1976.

[123] Relph, E. "Place." In Companion Encyclopedia of Geography: The Environment and Humankind, eds. [M]. Douglas, I., Huggett, R. and Robinson, M. London: Routledge, 1996.

[124] Richardson, M. Being – in – the plaza: Material culture and the construction of social reality in Spanish America. American Ethnologist 1982 (2), pp. 421 – 36.

[125] Ritzer, George. The McDonaldization of Society [M]. Newbury Park: Pine Forge Press, 1996.

[126] Rowe, William. "Approaches to Modern Chinese Social History," in Olivier Zunz, ed., Reliving the Past: The Worlds of Social History [M]. Chapel Hill: University of North Carolina Press, 1985: 236 – 296.

[127] Rubin, Barbara. "Aesthetic Ideology and Urban Design" [J]. AAAG, 69, 1979: 339 – 361.

[128] Rudofsky, Bernard. Architecture without Architects: An Introduction to Non – Pedigreed Architecture [M]. London: Academy Editions, 1964.

[129] Sahlins, Marshall, Elman R. Service. (eds.) Evolution and Culture [M]. Ann Arbor: The University of Michigan Press, 1960.

[130] Sauer, Carl O. Morphology of Landscape. Univ. of California Publs. in Geogr. Vol. 2, No. 2 [M]. Berkeley: Univ. of California Press, 1925: 19 – 53.

[131] Scott, James. The Moral Economy of the Peasant: Rebellion and Subsistence in Southeast Asia. New Haven: Yale University Press, 1976.

[132] Shalleck, Jamie. Tea [M]. New York: Viking Press, 1972.

[133] Sharma, Jayeeta. Empire's Garden: Assam and the Making of Modern India [M]. Durham, NC: Duke University Press, 2011.

[134] Simmel, Georg. The Philosophy of Money [M]. London; Boston: Routledge & Kegan Paul, 1978.

[135] Skinner, G. William. The City in Late Imperial China [M]. Stanford, Calif.: Stanford University Press, 1977.

[136] Skinner, G. William. "Presidential Address: The Structure of Chinese History," Journal of Asian Studies 44. 2, 1985: 271 – 292.

[137] Sombart, W. Luxury and capitalism [M]. Ann Arbor: University of Michigan Press, 1967.

[138] Steward, Julian H. Theory of Culture Change: The Methodology of Multilinear Evolution [M]. Urbana: University of Illinois Press, 1955.

[139] Suh, Jeongwook and Alan MacPherson. The Impact of Geographical Indication on the Revitalisation of a Regional Economy: A Case Study of 'Boseong' Green Tea [J]. Area, 2007, 39 (4): 518 -527.

[140] Telfer, D. J. "Strategic alliances along the Niagara Wine Route." Tourism Management, 22, 2001: 21 -30.

[141] Thomas, William L, Carl O. Sauer, Marston Bates, Lewis Mumford. Man's Role in Changing the Face of the Earth [M]. Chicago, Illnois: University of Chicago Press, 1955.

[142] Thompson, E. P. "The Moral Economy of the English Crowd in the Eighteenth Century." [J]. Past and Present 50, 1971.

[143] Trubek, Amy B. The Taste of Place: A Cultural Journey into Terroir [M]. Berkeley: University of California Press, 2008.

[144] Tsou, Stanley Szu - yee. "The World Tea Industry and China" [D]. Ph. D. dissertation, Harvard University, 1947.

[145] Tuan Y F. Topophilia: a study of environmental perception, attitudes, and values [M]. Englewood Cliffs, N. J.: Prentice - Hall, 1974.

[146] Tuan Y F. "Humanistic Geography". Annals Association of American Geographers, 1976, (66): 266 -276.

[147] Turner, B. L. II and S. B. Brush. (eds.) Comparative Farming Systems [M]. New York: Guilford Press, 1987.

[148] Ukers, William H. All about tea, vol1 [M]. New York: The Tea and Coffee Trade Journal Company, 1935.

[149] Upton, Dell. The Power of Things: Recent Studies in American Vernacular Architecture [J]. American Quarterly, 1983, 35 (3): 262 -279.

[150] Upton, Dell. Architectural History or Landscape History? [J]. Journal of Architectural Education, 1991, 44 (4): 195 -199.

[151] Upton, Dell. Holy things and profane: Anglican parish churches in colo-

nial Virginia [M] . New Haven: Yale University Press, 1997.

[152] Upton, Dell. "Architecture in Everyday Life" [J] . New Literary History 33 No. 4, 2002: 707 – 723.

[153] Upton, Dell. "The VAF at 25: What Now?" [J] . Perspectives in Vernacular Architecture, Vol. 13, No. 2, Special 25th Anniversary Issue, 2007: 7 – 13.

[154] Upton, Dell. Another City: Urban Life and Urban Spaces in the New American Republic [M] . New Haven, Conn. : Yale University Press, 2008.

[155] Venturi, Robert and Denise Scott Brown, Steven Izenour. Learning from Las Vegas: The Forgotten Symbolism of Architectural Form [M] . Cambridge, MA. : The MIT Press, 1972.

[156] White, Leslie A. The Evolution of Culture: The Development of Civilization to the Fall of Rome [M] . New York: McGraw – Hill, 1959.

[157] Wright, Gwendolyn. Moralism and the Model Home: Domestic Architecture and Cultural Conflict in Chicago, 1873—1913 [M] . Chicago: University of Chicago Press, 1980.

[158] Zhang, Jinghong. Puer: Ancient Caravans and Urban Chic [M]. Seattle: University of Washington Press, 2013.

中文参考文献

[1]〔法〕鲍德里亚．物体系 [M]．林志明，译．上海：上海人民出版社，2001.

[2]〔法〕鲍德里亚．消费社会 [M]．刘成富，全志钢，译．南京：南京大学出版社，2014.

[3]〔美〕波特．竞争优势 [M]．陈丽芳，译．北京：中信出版社，2014.

[4]〔法〕布迪厄，P.，〔美〕华康德．实践与反思：反思社会学导引 [M]．李猛，李康，译．北京：中央编译出版社，1998.

[5]〔意〕布萨里．东方建筑 [M]．单军，赵焱，译．北京：中国建筑工业出版社，2000.

[6] 曹锦清．黄河边的中国：一个学者对乡村社会的观察与反思 [M]．上

海：上海文艺出版社，2000.

［7］晁成林．宋前文人入闽研究［D］．福州：福建师范大学，2012.

［8］陈成文，等．农村土地流转：一个阶层分析的视角［M］．北京：人民出版社，2012.

［9］陈椽．茶业工业发展简史［M］．合肥：安徽农学院茶业系，1981.

［10］陈椽．茶业通史［M］．北京：中国农业出版社，1984.

［11］陈从周 等．中国民居［M］．上海：学林出版社，1997.

［12］陈慧琳．人文地理学［M］．北京：科学出版社，2013.

［13］陈志华，李秋香．诸葛村［M］．北京：清华大学出版社，2010［1999］.

［14］陈志华．楼下村［M］．北京：清华大学出版社，2007.

［15］陈志华，贺从容．西华片民居与安贞堡［M］．北京：清华大学出版社，2007.

［16］陈志华，李秋香．中国乡土建筑初探［M］．北京：清华大学出版社，2012a.

［17］陈志华．乡土建筑廿三年［J］．中国建筑史论汇刊，2012b.

［18］〔荷〕楚尼斯，A. 勒费夫尔，L. 批判性地域主义：全球化世界中的建筑及其特性［M］．王丙辰 译．北京：中国建筑工业出版社，2007.

［19］崔如梅．明清以来下梅村的空间结构及其发展机制［D］．厦门：厦门大学，2008.

［20］戴一峰．近代闽江上游山区初级市场试探［J］．中国社会经济史研究，1985（3）.

［21］戴一峰．近代闽江上游山区的商品生产［J］．厦门大学学报（哲学社会科学版），1988（4）.

［22］戴一峰．区域性经济发展与社会变迁：以近代福建地区为中心［M］．长沙：岳麓书社，2004.

［23］戴志坚．福建民居［M］．北京：中国建筑工业出版社，2009.

［24］邓书杰，李梅，吴晓莉，苏继红．尽显繁荣（1990—1999）［M］．长春：吉林大学出版社，2005.

［25］丁沃沃，李倩．苏南村落形态特征及其要素研究［J］．建筑学报，2013（12）.

[26] 段进，龚恺 等．世界文化遗产西递古村落空间解析［M］．南京：东南大学出版社，2006.

[27] 段威．萧山自造：浙江萧山南沙地区当代乡土住宅的历史、形式与模式［M］．北京：清华大学出版社，2015.

[28]（清）董天工．武夷山志［M］．北京：方志出版社，2007.

[29]〔美〕厄普顿，D. 在学院派之外：美国乡土建筑研究百年，1890—1990［J］．赵雯雯，罗德胤，译．建筑师，2009（02）．

[30]〔英〕费瑟斯通．消费文化与后现代主义［M］．刘精明，译．南京：译林出版社，2000.

[31] 费孝通．江村经济：中国农民的生活［M］．戴可景，译．南京：江苏人民出版社，1986［1936］．

[32] 费孝通，张之毅．云南三村［M］．北京：社会科学文献出版社，2006.

[33] 费孝通．乡土中国［M］．北京：生活·读书·新知三联书店，2013.

[34] 福建省地方志编纂委员会编．福建省志（农业志）［M］．北京：中国社会科学出版社，1999.

[35] 福建省地方志编纂委员会编．武夷山志［M］．北京：方志出版社，2004.

[36]〔英〕弗里德曼．中国东南的宗族组织［M］．刘晓春，译．上海：上海人民出版社，2000.

[37]〔英〕福琼，R. 两访中国茶乡［M］．敖雪岗，译．南京：江苏人民出版社，2015.

[38] 傅衣凌．明清农村社会经济［M］．北京：三联书店，1980.

[39] 傅衣凌，杨国桢．明清福建社会与乡村经济［M］．厦门：厦门大学出版社，1987.

[40] 赣皖红茶运销委员会．赣皖红茶运销委员会第一年工作报告［M］//张研，孙燕京．民国史料丛刊（经济·农业，554 卷）．郑州：大象出版社，2009.

[41] 高丙中．一座博物馆—庙宇建筑的民族志——论成为政治艺术的双名制［J］．社会学研究，2006（01）．

[42]〔美〕高居翰．江岸送别：明代初期与中期绘画（1368—1580）［M］.

夏春梅等，译．北京：生活·读书·新知三联书店，2009.

［43］龚恺．徽州古建筑丛书（棠樾）［M］．南京：东南大学出版社，1999.

［44］顾朝林．人文地理学导论［M］．北京：科学出版社，2012.

［45］国家农业委员会办公厅．农业集体化重要文件汇编［M］．北京：中共中央党校出版社，1981.

［46］黄光宇．山地城市学［M］．北京：中国建筑工业出版社，2002.

［47］黄季焜．制度变迁和可持续发展：30 年中国农业与农村［M］．上海：格致出版社，上海人民出版社，2008.

［48］黄树民．林村的故事［M］．素兰，纳日碧力戈，译．北京：生活·读书·新知三联书店，2002.

［49］黄贤庚．武夷茶说［M］．福州：福建人民出版社，2009.

［50］〔英〕吉登斯，A. 社会的构成：机构化理论大纲［M］．李康，李猛，译．北京：生活·读书·新知三联书店，1998.

［51］〔德〕伽达默尔．诠释学：真理与方法［M］．北京：商务出版社，2010.

［52］姜凌，姜楠，王成璋．消费者奢侈品感知价值理论的发展、比较及展望［J］．四川大学学报（哲学社会科学版），2009（02）．

［53］金观涛，刘青峰．开放中的变迁：再论中国社会超稳定结构［M］．北京：法律出版社，2011.

［54］金其铭．农村聚落地理［M］．北京：科学出版社，1988.

［55］景军．神堂记忆：一个中国乡村的历史、权力与道德［M］．福州：福建教育出版社，2013.

［56］〔英〕柯律格．长物：早期现代中国的物质文化与社会状况［M］．高昕丹，陈恒，译．北京：生活·读书·新知三联书店，2015.

［57］〔美〕拉普卜特，A. 宅形与文化［M］．常青，等译．北京：中国建筑工业出版社，2007.

［58］李道和．中国茶叶产业发展的经济学分析［M］．北京：中国农业出版社，2009.

［59］李耕．消费时代的社区整合——以西双版纳傣寨的家宅换代为例［C］//郑也夫，沈原，潘绥铭．北大清华人大社会学硕士论文选编 2010. 北京：

中国城市出版社，2010.

[60] 李灵玢．洞商与羊楼洞区域社会［M］．北京：中国社会科学出版社，2016.

[61] 李强．农民工与中国社会分层［M］．北京：社会科学文献出版社，2004.

[62] 李强．中国社会变迁30年（1978—2008）［M］．北京：社会科学文献出版社，2008.

[63] 李秋香，罗德胤，贺从容，陈志华．福建民居［M］．北京：清华大学出版社，2010.

[64] 李秋香，张力智，等．闽台传统居住建筑及习俗文化遗产资源调查［M］．厦门：厦门大学出版社，2014.

[65] 李晓东．从国际主义到批判的地域主义［J］．建筑师，1995（8）．

[66] 李晓峰．乡土建筑：跨学科研究理论与方法［M］．北京：中国建筑工业出版社，2005（10）．

[67] 李玉祥编．老房子（福建民居）（下册）［M］．南京：江苏美术出版社，1994.

[68] 林馥泉．武夷茶叶之生产制造及运销［M］．永安：福建省政府统计室，1943.

[69] 林祥瑞，黄志中．试论清代福建农业资本主义的萌芽［J］．福建师范大学学报（哲学社会科学版），1980（4）．

[70] 林耀华．金翼：中国家族制度的社会学研究［M］．庄孔韶，林宗成，译．北京：生活·读书·新知三联书店，2000［1947］．

[71] 林毅夫．制度、技术与中国农业发展［M］．上海：格致出版社，上海三联书店，上海人民出版社，2014.

[72]（民国）刘超然，修．郑丰稔，纂．福建省崇安县新志［M］．台北：成文出版社有限公司，1975.

[73] 刘家军．闽文化与武夷山［M］．厦门：厦门大学出版社，2008.

[74]（清）刘堉，修，张彬，纂．崇安县志（八卷）［M］．清雍正十一年刊本．

[75] 刘绍华．我的凉山兄弟：毒品、艾滋与流动青年［M］．北京：中央编译出版社，2015.

[76]〔美〕卢公明．中国人的社会生活［M］．陈泽平，译．福州：福建人民出版社，2009.

[77] 卢晖临．集体化与农民平均主义心态的形成——关于房屋的故事［J］．社会学研究，2006（06）．

[78] 卢晖临．通向集体之路：一项关于文化观念和制度形成的个案研究［M］．北京：社会科学文献出版社，2015［2004］．

[79] 陆学艺．重新认识农民问题——十年来中国农民的变化［J］．社会学研究，1989（06）．

[80] 陆学艺．改革中的农村与农民：对大寨、刘庄、华西等13个村庄的实证研究［M］．北京：中共中央党校出版社，1992.

[81]（唐）陆羽．茶经译注［M］．宋一明，译注．上海：上海古籍出版社，2014.

[82] 陆元鼎，魏彦钧．广东民居［M］．北京：中国建筑工业出版社，1990.

[83] 陆元鼎，杨新平．乡土建筑遗产的研究与保护［M］．上海：同济大学出版社，2008.

[84] 罗德胤．观前码头（与南浦镇）［M］．上海：上海三联书店，2009.

[85] 罗琳．西方乡土建筑研究的方法论［J］．建筑学报，1998（11）．

[86]（美）罗斯，S. 茶叶大盗：改变世界史的中国茶［M］．孟驰，译．北京：社会科学文献出版社，2015.

[87] 民国时期文献保护中心，中国社会科学院近代史研究所．民国文献类编（经济卷519）［M］．北京：国家图书馆出版社，2015.

[88]（英）莫克塞姆，R. 茶：嗜好、开拓与帝国［M］．毕小青，译．北京：生活·读书·新知三联书店，2015.

[89] 南平市地方志编纂委员会．南平地区志［M］．北京：方志出版社，2004.

[90] 农业部软科学委员会办公室．农业经营体制改革与制度创新［M］．北京：中国财政经济出版社，2013.

[91]〔挪〕诺伯舒兹．场所精神：迈向建筑现象学［M］．施植明，译．武汉：华中科技大学出版社，2010.

[92] 潘曦．纳西族乡土建筑建造范式研究［M］．北京：清华大学出版社，

2015.

[93] 彭泽益．中国近代手工业史资料（1840—1949）（第1卷）[M]．北京：科学出版社，2016 [1957]．

[94] 彭泽益．清代前期茶业资本主义萌芽的特点 [J]．中国社会经济史研究，1982（3）．

[95] 邱旺土，刘家军，黄鹤．武夷山民俗文化 [M]．厦门：厦门大学出版社，2013.

[96] 单德启．从传统民居到地区建筑 [M]．北京：中国建材工业出版社，2004.

[97] 单军．建筑与城市的地区性——一种人居环境理念的地区建筑学研究 [M]．北京：中国建筑工业出版社，2010 [2001]．

[98] 单军．当代乡土建筑：走向辉煌 [J]．华中建筑，1998，16（1）．

[99] 单军．批判的地区主义批判及其他 [J]．建筑学报，2000（11）．

[100] 沈冬梅．茶与宋代社会生活 [M]．北京：中国社会科学出版社，2007.

[101] 沈克宁．批判的地域主义 [J]．建筑师，2004（05）．

[102] 史国衡．昆厂劳工 [M]．上海：商务印书馆，1946.

[103]〔美〕施坚雅．中国农村的市场和社会结构 [M]．史建云，徐秀丽，译．北京：中国社会科学出版社，1998.

[104]〔美〕苏贾，E. W. 后现代地理学：重申批判社会理论中的空间 [M]．王文斌，译．北京：商务印书馆，2004.

[105] 孙文郁，刘润涛，王福畴 等．祁门红茶之生产制造及运销 [M]．南京：金陵大学农业经济系，1936.

[106] 孙文郁，刘润涛，王瑞华 等．江西宁州红茶之生产制造及运销 [M]．南京：金陵大学农业经济系，1936.

[107] 孙毓棠，汪敬虞．中国近代工业史资料 [M]．北京：科学出版社，1957.

[108] 孙毓棠．中日甲午战争前外国资本在中国经营的近代工业 [M]．上海：上海人民出版社，1955.

[109]〔瑞〕索绪尔·F. 普通语言学教程 [M]．高名凯，译．北京：商务印书馆，1980.

[110] 陶德臣，王金水．中国茶叶商品经济研究［M］．北京：军事谊文出版社，1999.

[111] 陶德臣．武夷山茶叶生产经营管理中的奇特现象［J］．农业考古，2001（02）．

[112]〔法〕涂尔干．社会学方法的规则［M］．胡伟，译．北京：华夏出版社，1999［1895］．

[113] 王路．村落的未来景象——传统村落的经验与当代聚落规划［J］．建筑学报，2000（11）．

[114] 王铭铭．走在乡土上［M］．北京：中国人民大学出版社，2003.

[115] 王铭铭．溪村家族［M］．贵阳：贵州人民出版社，2004.

[116] 王竹，魏秦，贺勇．地区建筑营建体系的“基因说”诠释——黄土高原绿色窑居住区体系的建构与实践［J］．建筑师，2008（01）．

[117]（清）魏大名．崇安县志（卷一·风俗）［M］．嘉庆十三年．

[118]〔美〕魏斐德．大门口的陌生人：1839—1861 年间华南的社会动乱（增订版）［M］．北京：新星出版社，2017.

[119] 吴觉农．茶经述评（第二版）［M］．北京：中国农业出版社，2005.

[120] 吴觉农，胡浩川．中国茶业复兴计划［M］．上海：商务出版社，1935.

[121]〔美〕乌克斯·W. 茶叶全书［M］．北京：东方出版社，2011.

[122] 吴良镛．建筑文化与地区建筑学［J］．华中建筑，1997（02）．

[123] 吴良镛．世纪之交的凝思：建筑学的未来［M］．北京：清华大学出版社，1999.

[124] 吴良镛．人居环境科学导论［M］．中国建筑工业出版社，2001.

[125] 吴其乐．闽北农村变革史［M］．福州：福建人民出版社，1999.

[126] 徐光启．农政全书［M］．北京：中华书局，1956［1639］．

[127] 徐庆生，江志东，徐希西，祖帅．中国名茶：元正金骏眉［M］．北京：中国农业出版社，2011.

[128] 肖坤冰．茶叶的流动：闽北山区的物质、空间与历史叙事（1644—1949）［M］．北京：北京大学出版社，2013.

[129] 萧楼．夏村社会：中国“江南”农村的日常生活和社会结构（1976—2006）［M］．北京：生活·读书·新知三联书店，2010.

[130] 萧天喜．武夷茶经［M］．北京：科学出版社，2008.

[131] 萧一山. 清代通史（二）[M]. 北京：中华书局，1985.

[132] 萧致治，徐方平. 中英早期茶叶贸易——写于马戛尔尼使华200周年之际 [J]. 历史研究，1994（03）：136-152.

[133] 徐杰舜，刘冰清. 乡村人类学 [M]. 银川：宁夏人民出版社，2012.

[134] 阎云翔. 私人生活的变革：一个中国村庄里的爱情、家庭与亲密关系（1949—2009）[M]. 龚小夏，译. 上海：上海书店出版社，2006.

[135] 杨国桢. 试论清代闽北民间的土地买卖——清代土地文书剖析 [J]. 中国史研究，1981（1）：69-82.

[136] 杨国桢. 明清土地契约文书研究 [M]. 北京：人民出版社，1988.

[137] 杨江帆，李闽榕. 海峡茶产业发展报告 [M]. 北京：社会科学文献出版社，2012.

[138] 杨江帆，李闽榕. 中国茶产业发展报告（2014）[M]. 北京：社会科学文献出版社，2014.

[139] 杨懋春. 山东台头：一个中国村庄 [M]. 张雄，沈炜，秦美珠，译. 南京：江苏人民出版社，2012.

[140] 杨荣郎. 话说武夷茶 [M]. 福州：福建科学技术出版社，2008.

[141] 杨子伸，赖聚奎. 返樸归真 蹊辟新径——武夷山庄建筑创作回顾 [J]. 建筑学报，1985（01）.

[142]〔英〕约翰斯顿，R. J. 人文地理学词典 [M]. 柴彦威，等译. 北京：商务印书馆，2004.

[143] 张朝枝. 原真性理解：旅游与遗产保护视角的演变与差异 [M]. 旅游科学，2008（01）a.

[144] 张朝枝. 旅游与遗产保护：基于案例的理论研究 [M]. 天津：南开大学出版社，2008b.

[145] 张天福. 福建茶史考 [J]. 茶叶科学简报. 1978（02）.

[146] 张研，孙燕京主编. 民国史料丛刊（经济·农业，554卷）[M]. 郑州：大象出版社，2009.

[147] 张应强. 木材之流动：清代清水江下游地区的市场、权力与社会 [M]. 北京：生活·读书·新知三联书店，2006.

[148] 张玉坤，范熙晅，李严. 明代北边战事与长城军事聚落修筑 [J]. 天津大学学报（社会科学版），2016（02）.

[149] 赵红梅，李庆雷. 回望“真实性”（上、下）——一个旅游研究的热点［J］. 旅游学刊，2012（04/05）.

[150] 折晓叶. 村庄的再造：一个“超级村庄”的社会变迁［M］. 北京：中国社会科学出版社，1997.

[151] 郑海花，李富强. 人类学的中国乡村社区研究历程［J］. 广西民族研究，2008（04）：51.

[152] 郑振满. 明清时期闽北乡族地主经济［J］. 清史研究，2003（02）.

[153] 周婷. 湘西土家族建筑演变的适应性机制研究［M］. 北京：清华大学出版社，2015.

[154] 朱炳祥. 反思与重构：论“主体民族志”［J］. 民族研究，2011（03）.

[155] 朱道清. 中国水系图典［M］. 青岛：青岛出版社，2010.

[156] 朱东亮. 社会变迁中的村级土地制度——闽西北将乐县安仁乡个案研究［M］. 厦门：厦门大学出版社，2003.

[157] 朱晓阳. 小村故事：地志与家园（2003—2009）［M］. 北京：北京大学出版社，2011a.

[158] 朱晓阳. “彻底解释”农民的地权观［J］. 法律与社会科学，2011b.

[159] 朱晓阳. 黑地·病地·失地——滇池小村的地志与斯科特进路的问题［J］. 中国农业大学学报（社会科学版），2008（06）.

[160] 朱晓阳. 地势、民族志和“本体论转向”的人类学［J］. 思想战线，2015（05）.

[161] 庄国土. 18 世纪中国与西欧的茶叶贸易［J］. 中国社会经济史研究，1992（3）：67－80.

[162] 庄国土. 茶叶、白银和鸦片：1750—1840 年中西贸易结构［J］. 中国经济史研究，1995（03）.

[163] 庄孔韶. 银翅：中国的地方社会与文化变迁［M］. 北京：生活·读书·新知三联书店，2016［1996］.

[164] 庄晚芳. 国茶改良之回顾［J］. 福建农业，1943（3.7－9）：1－8.

[165] 邹新球. 世界红茶的始祖武夷正山小种红茶［M］. 北京：中国农业出版社，2006.

附录一 25个厂宅样本的调研及图纸

样本01：庙湾集体菁楼

桐木村保存最好、规模最大的传统木构菁楼，是庙湾村民建设的最后一座，也是最宏伟的一座集体化丰碑。

从剖面上看，它像是为正山小种量身定制的“烤箱”，巧妙高效地利用了不同楼层的温度差异，为松木烟熏下的加温萎凋和熏焙提供适宜的温度和烟气条件。建筑分地上三层、地下一层，地下层为燃烧坑道，主体部分三层加工房分别为一层的熏焙室、二层的温度调节室、三层及其夹层的萎凋室。菁楼中最关键的材料是每层加工房之间采用的竹席楼板——用竹条紧密编制的竹篦子，铺在木结构搭建的楼板框架上，篦子上的孔洞不到1mm，足够使燃烧松木产生的烟雾穿过各个楼层，同时防止茶叶或其碎屑从孔洞间落下。在竹席楼板上行走，感觉颤颤巍巍的。底层的燃烧坑道是燃烧马尾松的地方，在底层和一层之间铺设了“U”型的燃烧坑道，烧火时火苗和热气会从坑道的缝隙间窜到一层的烘焙室中，这里是整栋建筑中最热、烟气最浓的地方。一层坑道就像是这个大烤箱的“电热丝”，其中铺设砖块，由于坑道下方烧火的部分只在“U”型的端部，砖块的密度从烧火部分即U型的端点向两侧的远处变得越来越低，以此来平衡不同部位的温度差异。一层的天花板下方用竹子排出两层格栅，每层格栅间的净空约0.2m，茶叶烘焙时就放在圆形的竹筛上，穿插在两层格栅之中。二层的作用是为调节温度，将一层烘焙间的高温冷却至三、四层萎凋间所需的温度。三层、四层是萎凋间。四层为夹层，利用了坡屋顶在顶部的额外高度，因此没有通廊，只能通过架在三层走廊上的小楼梯分别进入。

在平面上，菁楼采取单元式格局，当地人把一开间称作一“埪”，每一埪由垂直方向的底层燃烧室、一层熏焙室至顶层萎凋室组成，彼此之间以墙体隔开，有门，方便打通使用。菁楼的总长度完全取决于单元的间数，十分灵活，还存在后期加建间数的情形。菁楼每一层的平面布局都较类似，除了核心部分10间尺寸为5.0m×9.4m的加工间外，纵向两侧各有一条通廊，其中临河的主通廊宽2.2m、朝内的次通廊宽1.6m，加工间的两侧都可朝通廊开门；建筑横向的两端，各有一开间宽的楼梯间。

层高上，菁楼每一层的层高都在2.1m~2.3 m左右，局部净高甚至低于1.8m。当地茶农告诉我，菁楼的层高不能太高，否则室内的烟热浓度很难达到要求。材料上，除了底层的燃烧坑道为石块堆砌之外，主体部分皆为木结构（透空楼板为竹结构），在两侧和正中央有三道约0.6m厚的砖墙，主要作用是防火隔断。屋顶则采用与当地民居相同的灰色陶瓦。庙湾菁楼的总长度为60m，宽度为13.5m，不算地下层的檐口高度为7.2m，屋脊高度10.0m。这座菁楼的巨大尺度，在整个桐木村的历史上应该都是绝无仅有的。

表1 庙湾集体菁楼

建筑基本信息	权属经营信息
编号：3-F-1	所有者：庙湾小队
位置：庙湾村	使用者：正山茶叶公司
始建年代：1979年	实体形式：龙头企业
改建年代：2005—2010年	成立年份：1998年
建筑结构：木/砖	功能：厂
建筑层数：4层（含夹层）	

样本02：江墩集体菁楼

江墩集体菁楼的建筑模式与庙湾菁楼类似，只是规模较小一些，原因是江墩小队的规模要小于庙湾小队。建筑主体为木结构，两侧山墙为砖和夯土，以此提升建筑的稳固性。平面上，菁楼共有六间，每间尺寸为5.0m×8.8m，比庙湾的略小；临河廊道宽2.2m，朝内廊道宽2.1m。一、二层的交通楼梯间位于建筑纵向两端，三层由于楼梯间屋顶高度限制，只能将直跑楼梯设在二层廊道中。在菁楼第六间前端，加建了一间砖砌小楼，应该是人民公社后期用来放置揉茶机等机械的。如今，这座菁楼依然为集体所有，但由个体茶农共用。

表 2 江墩集体菁楼

建筑基本信息	权属经营信息
编号：2－F－1	所有者：江墩小队
位置：江墩村	使用者：个体茶农共用
始建年代：1977 年	实体形式：小农
建筑结构：木/砖	功能：厂
建筑层数：3 层	

样本 03：胡氏老宅

胡氏老宅是桐木村保存至今的历史最悠久的传统住宅之一。住宅采用五间两进式。这里曾居住过胡家的八兄弟，因此比一般的住宅都要大。即便如此，一层的六间卧室依然不足以容纳所有成家的儿子，好在年长的儿子较早分家。住宅中央开间宽 5. 0m，两侧开间对称，宽依次为 3. 6m、3. 8m；两进的进深依次为 5. 5m、3. 6m；门廊深 1. 6m。中央开间为堂屋，两侧除了正对立面最右侧开间为厨房和餐厅之外，其余部分皆为卧室，前后两进之间有一道 1. 3m 宽的内走廊来解决内部交通，内廊完全无光。如今住在胡氏老宅中的是年迈的老母亲，老宅和宅基地由最小的弟弟胡必忠继承，他的新宅就建造在老宅的后院。

表 3 胡氏老宅

建筑基本信息	权属经营信息
编号：4－H－11	所有者：胡氏家族
位置：关坪村	使用者：胡氏母亲及胡必忠家庭
始建年代：1966 年	实体形式：小农
改建年代：2015 年	功能：宅
建筑结构：木	
建筑层数：2 层	

样本 04：梁有德老宅

梁有德老宅位于三港，四间两进式。其核心部分是由中央的堂屋和两侧的卧室构成三间空间，另在一侧添加一间作为厨房和餐厅，这是桐木住宅最常见的基本模式。堂屋开间宽 4.8m，两侧卧室开间宽 4m，再侧餐厅开间 3.7m——可见空间重要性的层级秩序。两进进深分别为 5.2m、3.5m；门廊由二层悬挑 1m 形成，并无落柱，故围合感较低。总体来看，传统住宅的尺度和形制都很相近，这主要是由传统木构建造工艺和稳定的生活习惯所决定的。今天，梁有德老宅被改造后，纳入有德茶庄民宿的一部分。

表 4 梁有德老宅

建筑基本信息	权属经营信息
编号：1－H－42	所有者：梁有德
位置：三港村	使用者：梁有德/有德茶庄
始建年代：1979 年	实体形式：个体企业
改建年代：2013 年	功能：店
建筑结构：木	
建筑层数：2 层	

样本 05：三港 9 间菁楼

三港村菁楼是典型的合建菁楼，九开间，制茶单元尺寸为 4.3m×8.0m，两侧廊道宽度 2m，几乎与集体化时期最大型的菁楼相当；不过只有 3 层高（比庙湾菁楼少一层萎凋夹层），层高也较矮，仅 2m 左右。菁楼的主要墙体为砖砌；周围交通廊道空间、楼板、屋架仍为木结构；屋顶双坡，覆盖灰瓦。这层木构架将菁楼包裹起来，使它从外部看来和传统菁楼没什么区别。而墙体采用砖结构的原因，一是有利于防火，二是在 20 世纪 80 年代，“已经用不起木头了”。这栋菁楼至今仍是几户合用，三港像这样的合建菁楼还有好几座（1－F－2、1－F－3、1－F－5），不过除了少数几间仍在使用外，大部分都已荒废。几栋濒临倾颓的大型菁楼聚在三港村的中心，由于土地仍归集体所有，故没人能够将它拆除，反倒使它成为这个曾经的茶业中心在当代竞争中不幸衰亡的墓志铭。

表 5　三港 9 间菁楼

建筑基本信息	权属经营信息
编号：1－F－4	所有者：个体茶农共有
位置：三港村	使用者：个体茶农共用
始建年代：1987 年	实体形式：个体茶企
建筑结构：砖/木	功能：厂
建筑层数：3 层	

样本 06：江墩 4 间菁楼

江墩村的菁楼由江墩最大家族梁家的四兄弟合力建造。菁楼规模不大，只有四开间，单间尺寸为 4.3m×8.0m，沿路廊道宽 2m、内侧廊道宽 1.5m。这栋菁楼的主体结构也是青砖，不过与前面那栋三港菁楼由木柱、木廊组成的木结构“外壳”不同，这栋江墩菁楼的外围支撑结构也是 400mm 见方的砖柱，仅在楼板、扶手、屋架保持木结构。这种砖、木混合结构，在 20 世纪八九十年代很常见，其建造模式为：先平地起一层砖墙，墙上做箍梁，把木梁固定在箍梁上，再进一步铺设檩条和楼板。对于传统菁楼来说，只要保证加工间中楼板采用透气的竹木架构，墙体材料并不影响传统正山小种生产。因此外围结构逐步为砖乃至后来的砖混所取代。如今，菁楼主要由梁家最成功的茶商梁骏德使用。

表 6　江墩 4 间菁楼

建筑基本信息	权属经营信息
编号：2－F－3	所有者：个体茶农共有
位置：江墩村	使用者：个体茶农共用
始建年代：1982 年	实体形式：个体茶企
建筑结构：砖/木	功能：厂
建筑层数：4 层（含夹层）	

样本 07：桐木茶厂

桐木茶厂分为初制厂和精制厂两部分。精制厂在 20 世纪 90 年代末由私人承包后进行改造，为砖混结构，已实现现代化，室内以大空间厂房为主，放置各类茶叶机械。而最初建造的初制厂，可看作菁楼生产空间的延续。初制厂主体也为砖混结构，墙体使用花岗岩砌块。尽管从外部看来，它与传统菁楼似乎不再有关，但若考察内部生产空间，无论是平面布局还是建筑材料，都延续了木结构、砖木结构菁楼的营建模式。初制厂房共三层，四开间，功能上安排一层为熏焙间，二、三层为萎凋间；每层间楼板仍为竹木编制的透气结构。可见，在茶厂建造模式的演变中，平面模式的延续说明生产技术是空间布局、建筑材料最关键的控制因素。

表7 桐木茶厂

建筑基本信息	权属经营信息
编号：1－F－1	所有者：桐木村集体
位置：三港村	使用者：桐木茶厂有限公司
始建年代：1988年	实体形式：乡镇企业
建筑结构：砖混/石/木	功能：厂
建筑层数：3层	

样本08：徐氏老宅

徐氏老宅初看是一座“非典型”的木结构住宅，由两座四间两进式的传统木结构住宅构成，分属于徐氏兄弟二人。哥哥有两个儿子，后分别成家，大儿子至今仍与他同住，小儿子前两年刚刚在北侧建造了新的厂宅；弟弟有一个儿子、一个女儿，儿子去年刚成家，为此特地将老宅翻修，一家五口仍共住在老宅里。两座住宅的平面基本呈镜像对称。每座四间两进式住宅都以堂屋为核心，开间4.8m，进深分别为6.2m、3.8m,；两侧卧室开间为4.0m，进深调整为4.7m、5.3m，两间卧室更为均衡；两座住宅各自朝外拓展出第四开间，作为厨房和餐厅。老宅建成后的1981年，正赶上包产到户，兄弟二人合力在南侧又加建一开间作为菁楼。菁楼开间5.0m，进深10.0m，与集体菁楼的一间加工间尺度相当，其长度也受住宅尺度的限制。在层高上，住宅为两层，而菁楼则在相同的屋顶标高下划分为三层：一层层高为2.3m，二层和三层为1.6m，三层没有走廊，仅通过一部活动梯直接进门。

表8 徐氏老宅

建筑基本信息	权属经营信息
编号：3－H－2	所有者：徐氏兄弟
位置：庙湾村	使用者：徐氏兄弟两家
始建年代：1980年	实体形式：个体茶企
改造年代：2015年	功能：宅/厂
建筑结构：木/砖	
建筑层数：2层（菁楼3层）	

样本09：周炳球宅

1979年武夷山自然保护区成立后，处在保护区缓冲区的桐木村村民不能再随便上山砍树，村民自建宅只能批准少量木材，用周炳球的话说："也就只够盖楼板和屋架了。"尽管周炳球宅的内外空间已很难找到木结构的痕迹，但从其三开间的标准立面、二层悬挑连廊，仍可以明显感到它与传统木结构住宅的类型相似性。事实也是如此。住宅面宽的三开间依次为3.6m、4.4m、3.6m；进深依次为4.8m、2.4m，与传统住宅很接近；住宅的后面一进（餐厨空间）是加建的，过去村民的厨房一般就在后院简陋搭建，而用餐则都在堂屋。尽管住宅规模不大，但在80年代，建造砖木结构的住宅在桐木依然是个奢侈的创举。

周炳球宅旁边的菁楼是1988年加建的。菁楼面宽4.2m、进深4.8m——与住宅的第一进等宽；菁楼前的廊道宽1.2m，也与住宅前的门廊宽度相同。菁楼墙面采用红砖，但廊道、楼板、屋架仍为木结构。近年来主人对住宅部分的墙体、屋顶进行过修缮。

表9 周炳球宅

建筑基本信息	权属经营信息
编号：4－H－18	所有者：周炳球
位置：关坪村	使用者：周炳球家庭/茶厂
始建年代：1987年	实体形式：个体茶企
建筑结构：砖/木	功能：宅/厂
建筑层数：2层	

样本10：伊氏老宅

伊氏老宅位于地处深山的黄溪洲村，人烟稀少，宅基地富余。老宅的菁楼是一座小巧的木结构，仅一间房，尺寸为4.2m×5.0m——与住宅一间卧室的尺寸基本相近，但不完全相同。这种面宽和进深尺寸，是当地传统木结构跨度的习惯值。菁楼虽小，但“五脏俱全”，仍为三层，三层夹层的高度极矮，只能猫着腰进去铺洒青叶；大型菁楼的外廊、楼梯、双坡屋顶也都如法炮制。只不过在这样一个小巧的菁楼中，交通空间几乎与实际使用面积相当，其空间利用效率显然不如集体菁楼。这或许也是这种独立建造菁楼的模式并未普及的原因。

表10　伊氏老宅

建筑基本信息	权属经营信息
编号：5–H–1	所有者：伊氏
位置：黄溪洲村	使用者：伊氏家人
始建年代：1983年	实体形式：个体茶企
建筑结构：木	功能：宅/厂
建筑层数：2层	

样本11：朱氏老菁楼

朱氏老菁楼为独立菁楼的代表之一。建造者朱有福原是关坪集体菁楼的“青师傅”（当时每个小队做茶技术最高的人的称呼），1983年集体菁楼拆掉以后，财力、技术都是关坪数一数二的朱有福便决心自己建一座菁楼。这栋菁楼距离住宅十几米，位于住宅后院与茶山之间，有足够的空间“舒展”开来。菁楼采用两开间，每开间尺寸4.7m×6.8m，侧面和正面都有廊道，楼梯和集体菁楼一样设置在侧面。菁楼高三层，一层高2.2m，二、三层皆为1.8m。双坡屋顶两侧有披檐，来庇护加工间两侧的廊道和储藏间。如今，朱家的木结构老宅已重建为砖混住宅，并建造了新的砖混茶厂，但这座老菁楼因为其极高的象征意义得到朱家子孙自发性的保留，与新建的茶厂整合在一起。除了用于传统正山小种的制作外，老菁楼也是茶客来朱氏茶厂参观的必到之处。

表 11　朱氏老菁楼

建筑基本信息	权属经营信息
编号：4-H-15	所有者：朱有福
位置：关坪村	使用者：朱有福
始建年代：1984 年	实体形式：个体茶企
建筑结构：木	功能：厂
建筑层数：3 层	

样本 12：陈上荣宅

与朱家类似，陈上荣原是村干部，他家是庙湾第二座砖石住宅。他有两个儿子，成家后最初几年还和老两口住在一起，前年小儿子陈俊良刚建了新房，位于河对岸。陈上荣宅的砖石住宅是标准的三间两进式，面宽分别为 4.0m、4.6m、4.0m，堂屋进深 6.0m，堂屋后的楼梯间进深 2.5m；两个卧室进深调整后分别为 4.0m、4.5m。住宅二层也与传统住宅类似，堂屋上方的大空间常年闲置，用作储物间。两侧原也为储物，在子女成家后改为卧室。

陈上荣宅后院菁楼的平面形制与朱氏老菁楼十分类似，同为两开间、带前廊和侧廊的交通空间。每个开间尺寸为 4.0m×6.0m，前廊宽度 1.6m。在材料上，这座菁楼采用了砖混结构，只有楼板、扶手和屋架仍保持木结构。砖混结构提高了结构效率，在朱氏老菁楼中需要用 3 个木结构柱跨来实现的进深，在这座菁楼中只需混凝土框架的一跨就能完成。那么为何在结构、材料体系都发生变化后，住宅和菁楼却依然保持了与过去木结构建筑接近的尺度呢？这与生活、生产的习惯和“技术逻辑”相关。陈上荣告诉我，菁楼如果做得过大、过高的话，燃烧木材产生的热量和烟气，就很难在室内产生足够的浓度和温度了，萎凋和熏焙的效果也将大不如前。也就是说，生产空间的狭小尺度及空间体验，是茶农制作传统正山小种的必要条件。这也是菁楼这一空间原型在厂宅发展中得以贯穿的原因。

表12　陈上荣宅

建筑基本信息	权属经营信息
编号：3－H－14	所有者：陈上荣
位置：庙湾村	使用者：陈上荣家庭/上荣茶厂
始建年代：1983年	实体形式：个体茶企
改造年代：2006年	功能：宅/厂
建筑结构：砖石/木	
建筑层数：3层	

样本13：元勋茶厂

正山茶业公司在建造新厂址之前，一直承包庙湾小队的集体菁楼做茶。江元勋本身是庙湾最大家族的嫡系子孙，在村里无论家族辈分还是社会地位都很高，因此菁楼原先的共用者大多是他的亲戚和邻里，很少人会对这个于大家都有好处的龙头企业的发展设置阻碍（不过，这种情形在茶农个人利益愈发凸显的今天，也变得不再单纯了）。元勋茶厂在老菁楼背后加建的混凝土茶厂用来放置较大的新型制茶设备。厂房宽度与菁楼等宽，约60m，柱网也与老菁楼一样，只不过换成了混凝土柱。纵深上的梯形平面是由菁楼背后那条道路造成的，目的是最大限度利用场地面积，入口处最窄为6m，最宽处约10m。剖面上看，加建茶厂的大空间屋顶高度为4.2m，正好相当于旁边菁楼的两层高。加建茶厂与菁楼的背面完全连通，在新茶厂内可以直接进入老菁楼的加工间，以此方便生产。

值得注意的是，元勋茶厂对庙湾菁楼的改造采用了比较节制的做法，新茶厂隐藏在木结构菁楼背后，从临河的主干道看并不会察觉。这样做的目的，是尽量保持老菁楼的符号价值。

表13　元勋茶厂

建筑基本信息	权属经营信息
编号：3－F－1'	所有者：个体茶农共有
位置：庙湾村	使用者：江元勋/元勋茶厂
始建年代：1979年	实体形式：龙头企业
改建年代：2009年	成立时间：1998年

续表

建筑基本信息	权属经营信息
建筑结构：木/砖混	功能：厂
建筑层数：原建筑 4 层（含夹层）	
加建部分 1 层	

样本 14：骏德茶厂

骏德茶厂是元勋茶厂后崛起的第二家龙头企业，成立于 2007 年。梁骏德出身制茶世家，16 岁开始做茶，现年 69 岁，是村里最受认可的制茶师傅之一，曾担任桐木茶厂以及后来的元勋茶厂的技术总监，是正山茶业公司发明金骏眉时的主要制茶人。2007 年在金骏眉大热之后，他离开正山茶业公司，和儿子一起开办骏德茶厂，依靠着“骏眉首制”的旗号迅速崛起，几乎与自己的老东家旗鼓相当。他在谈到这段发家史时，似乎还有“道义”上的顾虑，说自立门户的理由是“六十岁退休之后，儿子们硬是拉我开了新茶厂”。这栋老菁楼本是梁家四兄弟共同建造的，共四间，两间为骏德茶厂所用。2009 年，骏德茶厂又在旁边加建两间砖混结构的菁楼，尺寸为 5.2m×9.1m，与原菁楼单元尺寸相同。骏德茶厂还围绕老菁楼建造了几处机械化生产空间，安放萎凋槽、揉茶机、烘干机等现代制茶设备。

表 14　骏德茶厂

建筑基本信息	权属经营信息
编号：2-F-3'	所有者：个体茶农共有
位置：江墩村	使用者：骏德茶厂
始建年代：1982 年	实体形式：龙头企业
改建年代：2009 年	成立时间：2009 年
建筑结构：砖木/砖混	功能：厂
建筑层数：3 层	

样本 15：三港私有茶厂

三港的茶产业十分萧条，大部分集体菁楼都已经荒废。只有其中最小的一座三开间菁楼，被一家个体茶企承包。这家茶企算是目前三港村境遇不错的，尽管和庙湾、江墩的大茶企无法相提并论。菁楼的改造相比前面两家大茶企来说只是小手笔，只在原菁楼交通平台的右侧加建了一个砖混结构的初制车间，进深与原菁楼相当，用来存放茶叶机械。原先的廊道被封闭起来用作仓库。二层还加建了一间简陋的工人宿舍。笔者调研期间，菁楼旁边正在建造一座新的“徽派”建筑，就是这家人的新厂宅。这种改造模式虽然动作不大，但对于桐木广大经济条件一般的茶农来说更具操作性和可推广性。

表 15　三港私有茶厂

建筑基本信息	权属经营信息
编号：1－F－6	所有者：个体村民共有
位置：三港村	使用者：个体承包
始建年代：1988 年	实体形式：个体企业
改建年代：2012 年	功能：厂
建筑结构：木/砖	
建筑层数：原建筑 3 层	
加建部分 2 层	

样本 16：江墩 4 间茶厂

江墩村茶厂原为砖木混合结构，四开间，开间尺寸 4.8m×9.4m，三层高，是标准的合建菁楼。加建部分延续了原菁楼的开间大小，进深 9.0m。这取决于菁楼前到马路的空地大小。加建部分为简易的混凝土砌块结构，不封闭，屋顶覆盖着简陋的金属板。加建后的菁楼仍由四家合用，加建部分用来堆放新购置的萎凋槽、揉茶机等机械化制茶设备，以及菁楼焙茶时使用的木材。加建部分虽只有一层，但还是对原有菁楼造成比较严重的遮挡，与庙湾菁楼在背后小心翼翼地加建形成对比——这恰是垄断性茶企和普通茶农对传统建筑符号价值的不同认知的体现。

表 16 江墩 4 间茶厂

建筑基本信息	权属经营信息
编号：2－F－2	所有者：个体村民共有
位置：江墩村	使用者：个体村民共用
始建年代：1985 年	实体形式：个体企业
改建年代：2010 年	功能：厂
建筑结构：砖/木	
建筑层数：原建筑 3 层	

样本 17：胡和平茶厂

胡和平是关坪胡家八兄弟的老大，如今却是光景最差的一户。老宅建于 1986 年，孤零零地被其他兄弟们连成一片的宏伟徽派建筑撇在一边的茶田中。2012 年，他为了帮助儿子胡永馥开茶厂，将老厂宅从原先的宅基地迁到前面的茶田中，把朝向更好的位置让给两个儿子建新房；新房实在太小，甚至放不下一台标准的萎凋槽，于是他又在老宅的旁边加建了一间简陋的砖混结构茶厂。

新茶厂的平面尺寸 4.6m×8.0m，两层高，比住宅略矮。茶厂的立面混合着混凝土砌块与红砖，室内外都没有粉刷，屋顶为木结构屋架及灰瓦，可以感觉到，建造这座茶厂时的仓促和凑合。一层的房间里摆放着一台长 6.0m 左右、宽 1.0m 的萎凋槽——大部分萎凋槽长度为 6.0m～8.0m，这在一定程度上决定了现代茶厂的进深。另一侧有两台烘干机，揉茶机直接放在门外的门廊中。加工间背后有一间狭小的储藏间，胡老大曾泪眼朦胧地告诉我："老宅子刚拆掉还没迁过来的时候，我和老太婆两个人挤在这间房住了两个月，像猪圈一样！"茶厂二层是萎凋间，为此特地铺设了木楼板，不过这栋厂房并没有传统菁楼中加烟萎凋的条件，只能自然萎凋。茶厂二层有一条走廊，与住宅的二层相连。

茶厂已经建了几年，可是胡和平和儿子胡永馥的红茶厂依旧没什么起色，连胡永馥自己的住宅也还停留在装修一半的状态。胡永馥常年穿着一身迷彩色工装，理着朴素的平头，缄默不语，偶尔到八叔家吃饭，喝起酒来也总是"一口闷"。笔者唯一一次去他家里喝茶，在场的同村人都忍不住夸赞："在我们桐木愿意拿出这样好茶接待客人，也就没话说了！"连我这个外行都感觉到，这茶比我在其他冠冕堂皇的大茶企那里喝到的茶要好得多。可见，他们的茶厂没有起色并非技术差，而是当下茶产业所需的“资本”导致的，远远不是技术这么单纯。胡和平、胡永馥和他们的红茶厂，是一类生活并不如意的当地小茶农的典型形象，在看似繁荣的茶产业中为大多数人所忽略。

表 17　胡和平茶厂

建筑基本信息	权属经营信息
编号：4－H－4	所有者：胡和平
位置：关坪村	使用者：胡和平家庭/永馥红茶厂
始建年代：1986 年	实体形式：个体企业
改建年代：2002/2012 年	茶年产量：几百斤
建筑结构：木/砖	功能：宅/厂
建筑层数：原建筑 2 层	
加建部分 2 层	

样本 18：桐木正韵茶厂

桐木正韵茶厂是由周炳球宅（4－H－18）加建而来的。这家人虽然早在 20 世纪 80 年代就建造了菁楼，并于 2003 年在后院加建了新的砖混茶厂，可是今天茶叶生意依然不太景气。周炳球告诉我：“前面的菁楼做有烟茶，后面的茶厂就做无烟茶。”这样，经过两次加建之后，桐木正韵茶厂中形成了砖木结构住宅、砖木结构菁楼、砖混结构厂房并置的厂宅布局。另外，他们还在后院的菜地边建起一间简单的采茶工宿舍。桐木村经济条件不景气的普通茶农大多如此，他们没有钱大拆大建，或像其他人那样建起全新的厂宅，只能像百衲衣一样，就着现有厂宅基础一点一点地填补新需求所催生的漏洞。其建造过程，也没有所谓的模式和逻辑可寻。

表 18　桐木正韵茶厂

建筑基本信息	权属经营信息
编号：4－H－18’	所有者：周炳球
位置：江墩村	使用者：周炳球家庭/桐木正韵茶厂
始建年代：1987 年	实体形式：个体企业
改建年代：2003 年	茶年产量：几百斤（不含代工）

续表

建筑基本信息	权属经营信息
建筑结构：砖木/砖混	功能：宅/厂/店
建筑层数：原建筑 2 层	
加建部分 2 层	

样本 19：伊氏茶厂

伊氏茶厂是对 20 世纪 80 年代老宅和“临近独立型”菁楼（5－H－1）进行加建而成立的。加建主要在水平层面展开，将居住、生产、经营的各个部分连接起来。加建分为两部分。首先是在老宅和老菁楼之间加建了一栋“L”型厂房，长度最大的室内空间正好放下一台 9m 长的萎凋槽，另外还有烘干机、揉茶机等常见设备。可以看到，新厂房的建设完全是因地制宜，填补了老菁楼和老宅之间的空地。其次，主人又在住宅另一侧加建了一间房，在制茶季节农忙的时候，这里也可以放置一台萎凋槽；而在其他时间，主人会将萎凋槽拆除，转而摆上茶桌，作为接待客人的茶室空间。通过简单的改造和高效的利用，这栋老宅重获新生，成为一座功能齐备的厂宅。

表 19　伊氏茶厂

建筑基本信息	权属经营信息
编号：5－H－1’	所有者：伊氏
位置：黄溪洲村	使用者：伊氏家庭/茶厂
始建年代：1983 年	实体形式：个体企业
改建年代：2013 年	茶年产量：1000 多斤
建筑结构：木/砖混	功能：宅/厂/店
建筑层数：原建筑 2 层	
加建部分 1 层	

样本 20：胡必发宅

胡必发宅这栋厂宅自右下角的入口向左推移，可以分为四个区域：（1）居住招待区，包括主人生活起居空间，以及招待客人的品茶室、餐饮区、客房等

——夫妻俩只有一个儿子，尚在读大学，因此居住空间需求不大；（2）现代生产区，呈“L”型，包括现代标准化茶厂所需配备的初加工、精加工、包装、仓库等不同生产区域，布局上也符合食品生产许可证所指定的标准；（3）传统生产区，两间砖木结构的青楼，用来生产传统正山小种；（4）工人居住区，为几个常年在他家工作的制茶工人的宿舍。

平面上可见，胡必发宅的宅基地明显比其他村民都要大一些。实际上，靠南的三个区域都是通过将建筑架在小溪流上，并与河对岸茶山地相连而争取来的空间。一条半室外的走廊，将这几个功能连接在一起。另外，这几个空间渐次离客人的出入口越来越远，也与客人参观可能性的高低相吻合。布局清晰、主客分流、建造难度较低，是“水平链接型”厂宅最主要的优势，但并非所有人都拥有如此宽敞的宅基地。关坪村、黄溪洲村都是人口密度较小的村子，茶产业起步也较晚，有较大的建造空间；而三港、庙湾、江墩则很少见“水平链接型”住宅。

胡必发宅的主人是胡家的第七个儿子，也是几兄弟中最有“闯劲”的茶商，年纪轻轻就出去做生意，也是桐木最早开茶厂的个体户之一。对于渴望发展的茶农来说，这样大规模的厂宅，是他们自我证明和激励必不可少的丰碑——尽管过大的空间已远远超出了传统生活所需。

表20 胡必发宅

建筑基本信息	权属经营信息
编号：4－H－3	所有者：胡必发
位置：关坪村	使用者：胡必发家庭/正然茶厂
始建年代：2009年	实体形式：个体企业
建筑结构：砖混/砖木（青楼）	茶年产量：3000多斤
建筑层数：2层	客房间数：5间
功能：宅/厂/店	

样本21：胡必忠宅

胡必忠宅由胡必忠夫妇和两个十多岁的女儿居住，略显“委屈”地挤在老宅原先的后院中，呈“L”型布置，占地面积180m^{2}左右（而老宅的占地面积超过200m^2），和几个哥哥动辄几百平米的宅基地比起来要紧凑得多。厂宅各种功能的分布在不同楼层间解决：一层除了厨房和餐厅外，大部分用作机械化茶厂，包括容纳制茶机械的初制车间和存货的仓库；二层在“L”型短边上设置了主卧，长边上则是品茶室、仓库，和一间专供客人使用的KTV——年轻的胡必忠或许也是胡家八兄弟中最“爱玩”的；三层、四层全部是客房，共有6间。两个女儿平时都在武夷山市上学，偶尔回来就住在其中一间客房。胡必忠还在住宅南端建了一座砖木结构菁楼，作为一层茶厂的补充。除了墙体是砖混结构之外，楼板、扶手、屋架都按照传统菁楼的建造模式采用木结构，专门请了江西的老木匠来施工。

表21　胡必忠宅

建筑基本信息	权属经营信息
编号：4－H－12	所有者：胡必忠
位置：关坪村	使用者：胡必忠家庭/茶厂
始建年代：2014年	实体形式：个体企业
建筑结构：砖混/砖木（菁楼）	茶年产量：3000多斤
建筑层数：4层	客房间数：7间
功能：宅/厂/店	

样本22：胡永飞宅

胡永飞宅是由二叔胡必胜的儿子、村主任胡永飞设计并出资建造的，2016年又对内部的客房进行了重新装修。胡二叔二老、儿子、女儿和入赘女婿一家共同居住。作为桐木村少数经过专业设计的厂宅（胡主任亲自设计），它的平面比大多数厂宅都要复杂，胡主任也深知“宅、厂、店”三种功能融合的重要性。平面上，住宅由“C”型体量围合一个庭院及其中的厨房构成。看似复杂，但实际使用起来却与胡必忠宅类似：一层（包括局部下沉的半地下室）为生产空间，同时设置厨房、餐厅、茶室、采茶工宿舍；二层大部分为家人的卧室和储物间（也可作为茶叶仓库），有小部分辟作客房和品茶室；三层少了一翼，主要为客房，但胡主任自己的主卧也位于这一层，是厂宅中最大的一间卧室。在这种“垂直叠置型”的厂宅中，生产、居住和客人的流线很难分离，但这也被有些茶农看作是优势，更有利于住客融入茶农家的生产和生活氛围。

表22 胡永飞宅

建筑基本信息	权属经营信息
编号：4-H-7	所有者：胡永飞/胡必胜
位置：关坪村	使用者：胡必胜家庭/夷红茶厂
始建年代：2012年	实体形式：个体企业
改建年代：2016年	茶年产量：1000多斤
建筑结构：砖混	客房间数：8间
建筑层数：4层	功能：宅/厂/店

样本23：茗茶岸坊

茗茶岸坊厂宅中居住着三十岁出头的谢氏夫妇、单身母亲和两个幼年的孩子。之前已经历多次水平向拓展：先是20世纪80年代在四间两进式住宅一侧添加了一栋标准的三层菁楼；后来前几年又陆续在住宅的另一侧加建了砖混结构的厨房、现代茶叶加工间；2014年改造后又增加了民宿功能，主要招待茶商和茶客。

一层将堂屋、一间卧室改造为品茶室；另外将原本堆放杂物的二层改造为四间客房。装修方式很简约，只是用仿木胶合板做了内装修，并局部用天窗增进采光；老厂宅的外部除了在一些关键部位贴了胶合板之外，几乎看不到改变。菁楼虽然很少使用，但对于居住在此的客人来说，这个被烟熏黑、散发着岁月气息的生产空间，也是难能可贵、可供参观的传统符号。与小谢夫妇的交谈中明显感觉到，他们更早接受了城市文化消费观念，以老宅为荣。这一方面令人欣喜，因为越来越多的桐木茶农认识到了传统物质遗存的价值，他们的改造也比很多城市精英建筑师更实用、经济；但另一方面，究其根本，他们这种保护或改造深受市场喜好之影响，我们无法估计在茶叶市场遇冷之后，这样的乐观和真实能否再保持和延续。

表23 茗茶岸坊

建筑基本信息	权属经营信息
编号：4-H-1	所有者：谢氏
位置：关坪村	使用者：谢氏家庭/茗茶岸坊

续表

建筑基本信息	权属经营信息
始建年代：1980 年	实体形式：个体企业
改建年代：2014 年	茶年产量：1000 多斤
建筑结构：木/砖混	客房间数：4 间
建筑层数：2 层	功能：宅/厂/店

样本 24：有德茶庄

有德茶庄是老宅改造为民宿的案例，不过它的复杂之处在于，除了改造老宅还并列新建了一栋具有混合功能的新厂宅。

新旧厂宅的并置巧妙利用了地形本身巨大的高差：从新宅入口进入后，一层为茶厂加工间；二层为主人梁有德一家居住的卧室；三层——同时也是老宅的入口层——是民宿的经营空间，设置了对外的茶室、客房、餐厅、厨房等，场地东侧山坡上的一条石板台阶，连接了三层建筑平台与一层道路，形成一个开放性的公共入口。

由于这种公共性，三层平台成了有德茶庄改造后的核心空间。通过一座半室外的“廊亭”式茶室，将新宅三层的四间客房与老宅中经过改造的客房及用餐空间连接起来。老宅改造的方式与茗茶岸坊大同小异，都是在不改变老宅格局的前提下进行室内重新装修。只不过，有德茶庄空间较为富余，直接将老宅一层改为住宅，而无须利用原本老宅中本就不常使用的二层。另外，老宅改造一项必须突破的瓶颈是增加卫生间，但这在有德茶庄的老宅改造中几乎都得到了解决（只有一间客房必须出门才能上卫生间。主人在向我介绍时也对此颇为得意）。从我调研时繁忙的场面来看，这座厂宅中的民宿还是很受欢迎的，标间的价格一两百左右。主人还专门雇了一位阿姨来做饭、打扫客房，在其他的厂宅中并不多见。

有德茶庄除了混合了新宅与老宅外，也在剖面上将生产、居住、经营功能做了比较清晰的分离，是一座在空间组织上比较成功的厂宅。不过，有效分离的前提在于住宅先天的高差优势给三层平台带来了公共性。这种独具智慧的营建模式或很难推广，但从其本质上看，厂宅中三种功能空间的并置依然是十分明确的。

表24 有德茶庄

建筑基本信息	权属经营信息
编号：1－H－42’	所有者：梁有德
位置：三港村	使用者：梁有德家庭/有德茶庄
始建年代：1979年	实体形式：个体企业
改建年代：2013年	茶年产量：1000多斤
建筑结构：木/砖混	客房间数：5间（新宅）+4间（老宅）
建筑层数：原建筑2层	
新建筑3层	功能：宅/厂/店

样本25：朱氏茶厂

朱氏茶厂（4－H－15’）由朱氏兄弟二人合办，利用了两家人的宅基地，因此也是少数能够突破“一户一宅”框架的厂宅。茶厂由三个部分组成，第一部分为原先家人居住的老宅在2014年改造为砖混结构的新宅，父亲朱有福和弟弟一家住在这里。第二部分是哥哥买下了邻居家的老宅，翻新之后除了自住外，也用作民宿的厨房和餐厅——每次有客人到来，都会看到妯娌二人在老宅忙里忙外、筹备餐食。

第三部分是朱氏茶厂的主体，由新茶厂、老菁楼和民宿组成。老菁楼（4－H－15）在前面已提到，由朱有福建于1985年。朱氏兄弟在2014年准备加建新的厂宅时，选择保留这栋难能可贵的个体菁楼，让新厂宅与之巧妙融合。从远处看去，老菁楼由于高差关系，位于新厂宅的二层平台位置，如同一颗珍贵的“掌上明珠”，恰体现出它如今在家人心目中的位置。老菁楼原先的基座，也是燃烧坑道部分，与新茶厂的一层相接。一层为初制车间，萎凋槽、揉茶机、烘干机，这基本的生产三大件在大多数茶厂中都是齐备的，另外还不乏风选机、拣茶机、装箱机等更精细化的设备。这样的规模在茶农私有茶厂中并不多见——就像他们的父亲在30年前建造了村里数一数二的私有菁楼一样，两个儿子依然将父亲的积极向上精神延续到了新的厂宅中。新厂宅的二层则与菁楼一层的烘焙间相接，包括拣剔、装箱、仓库、审评等精制车间。三层全部是客房，四层则是客房专用的半室外品茶平台，夏天晚上可以一边喝茶，一边享受凉风习习，凝望漫天星空。

表 25　朱氏茶厂

建筑基本信息	权属经营信息
编号：4－H－15’	所有者：朱有福
位置：关坪村	使用者：朱有福家庭/朱氏茶厂
始建年代：1985 年	实体形式：个体企业
改建年代：2014 年	茶年产量：3000 多斤
建筑结构：砖混/木	客房间数：7 间
建筑层数：老菁楼 3 层	
新建筑 4 层	功能：宅/厂/店

25 个厂宅样本的建筑图纸，笔者集中列于下文，期望能帮助读者更好地理解宅、厂、等概念以及桐木茶树的建筑风格。

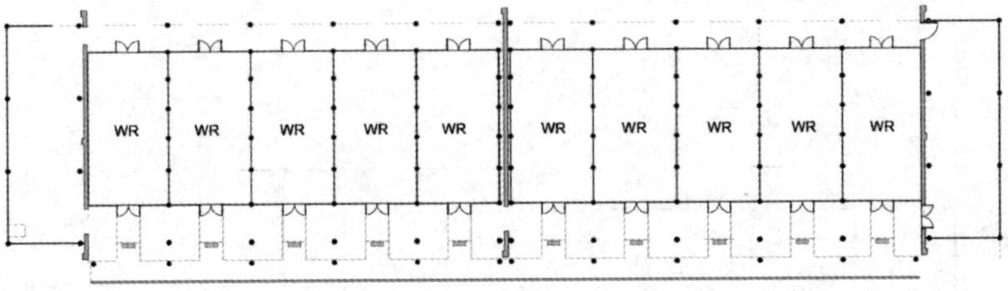

（a）一层平面

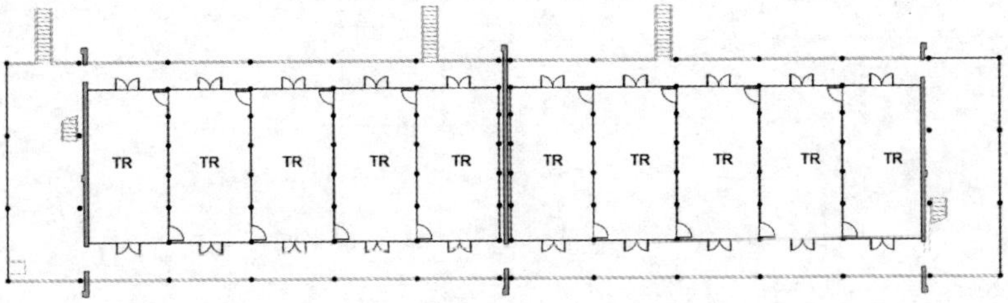

（b）二层平面

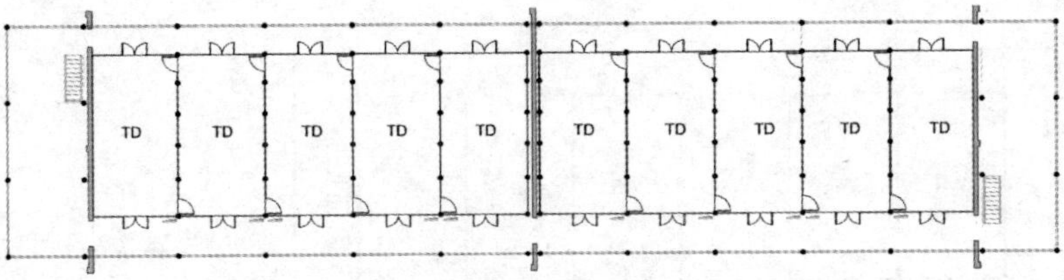

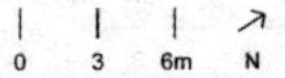

（c）三层平面

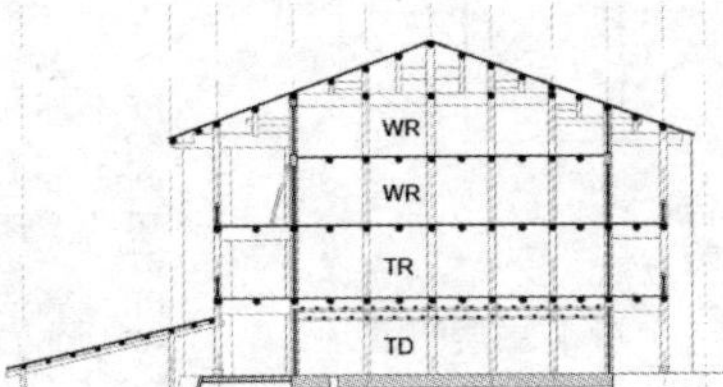

（d）剖面

IP 初加工室
RP 精加工室
FR 发酵室
WR 传统萎凋室
TD 传统烘焙室
TR 温度调解室
ST 仓库
RR 品评室
WD 茶工宿舍

样本01	庙湾集体菁楼	测绘人：黄华青、熊哲昆	日期：2016.01

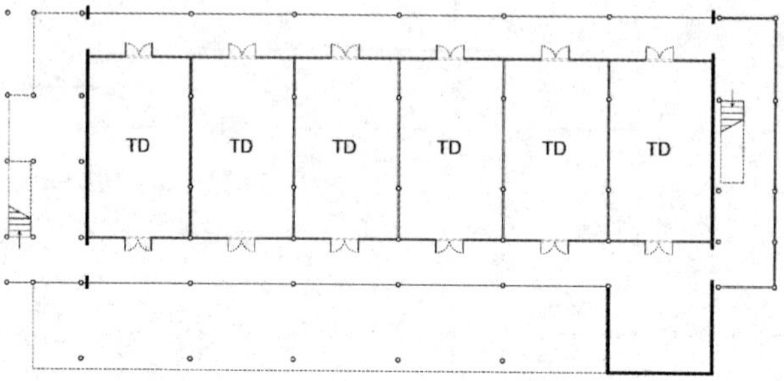

（a）一层平面

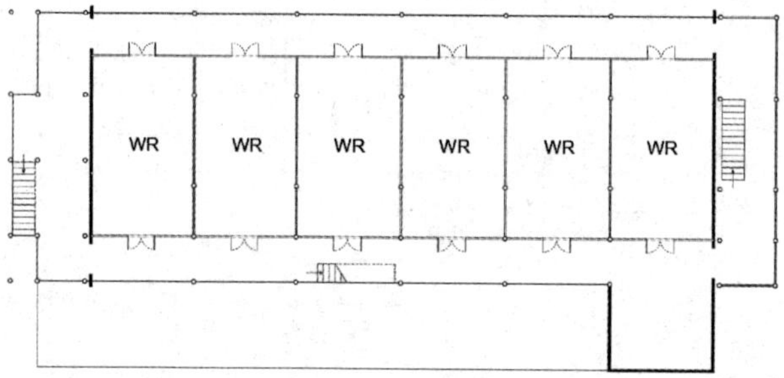

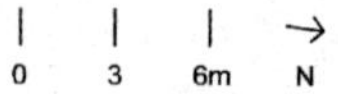

（b）二层平面

IP	初加工室
RP	精加工室
FR	发酵室
WR	传统萎凋室
TD	传统烘焙室
ST	仓库
RR	品评室
WD	茶工宿舍

样本 02	江墩集体菁楼	测绘人：黄华青	日期：2016.04

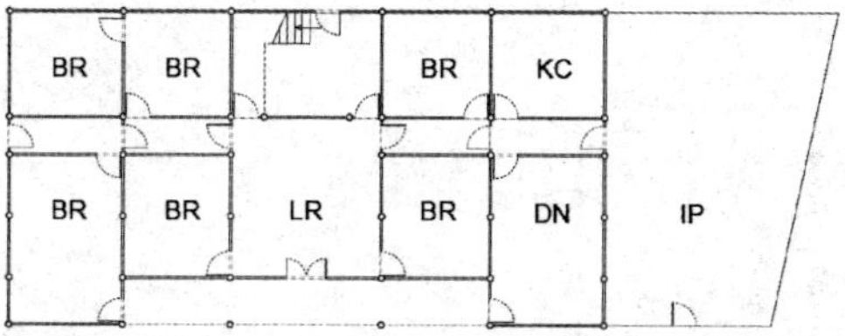

（a）一层平面

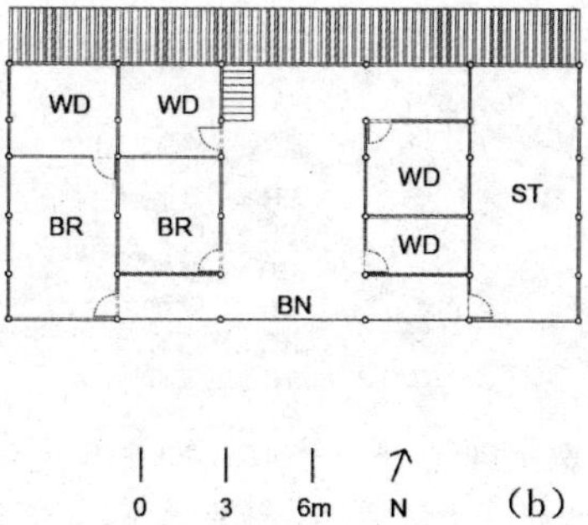

（b）二层平面

LR	堂屋/客厅
BR	卧室
GR	客房
DN	餐厅
KC	厨房
TL	厕所
BN	阳台
TR	茶室
IP	初加工室
RP	精加工室
FR	发酵室
WR	传统萎凋室
TD	传统烘焙室
ST	仓库
RR	品评室
WD	茶工宿舍

样本 03	胡氏老宅	测绘人：黄华青	日期：2016. 04

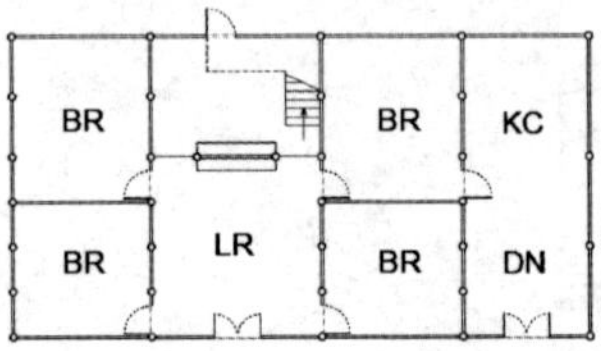

（a）一层平面

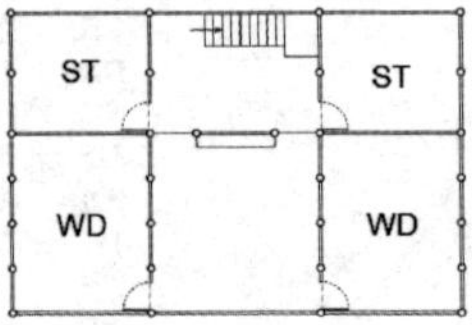

0 3 6m N

（b）二层平面

LR 堂屋
BR 卧室
GR 客房
DN 餐厅
KC 厨房
TL 厕所
BN 阳台
WD 茶工宿舍

样本 04	梁有德老宅	测绘人：黄华青	日期：2016. 09

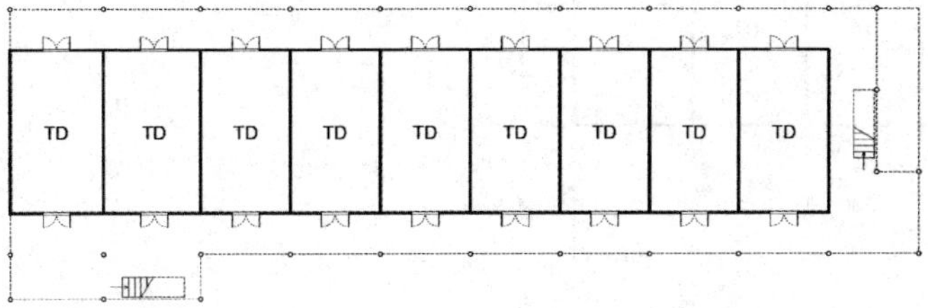

（a）一层平面

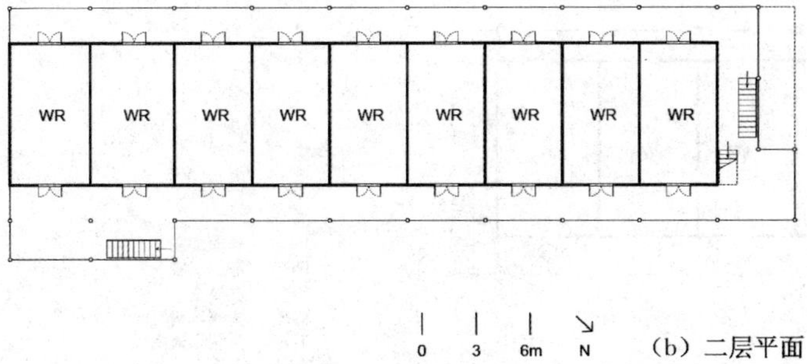

（b）二层平面

IP　初加工
RP　精加工
WR　萎凋室
FR　发酵室
TD　烘焙室
ST　仓库
RR　品评室
WD　茶工宿舍

样本 05	三港 9 间菁楼	测绘人：黄华青	日期：2016. 04

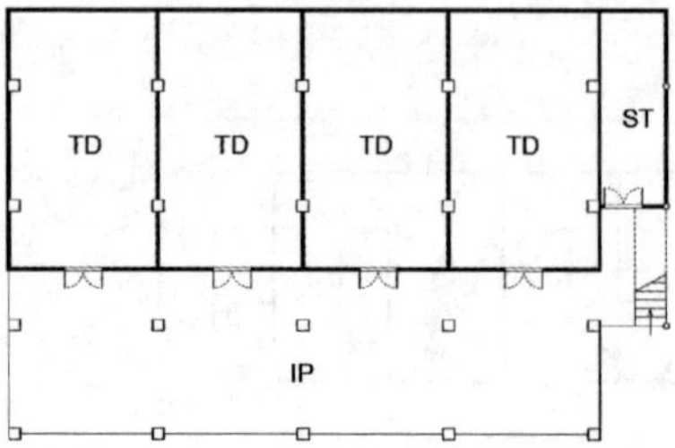

（a）一层平面

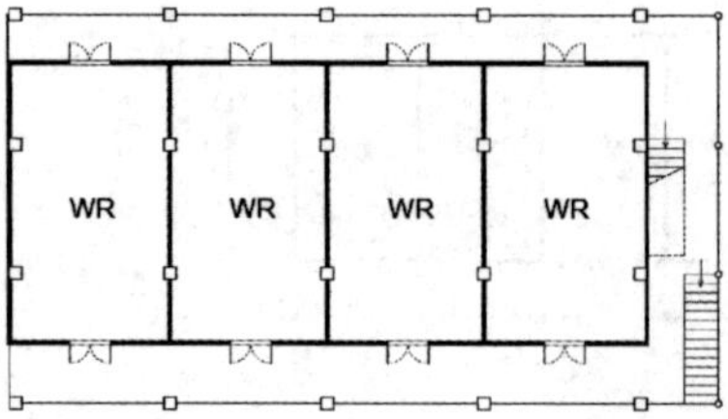

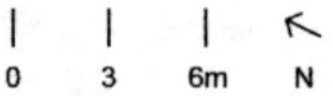

（b）二层平面

IP	初加工室
RP	精加工室
FR	发酵室
WR	传统萎凋室
TD	传统烘焙室
ST	仓库
RR	品评室
WD	茶工宿舍

样本 06	江墩 4 间菁楼	测绘人：黄华青	日期：2016.09

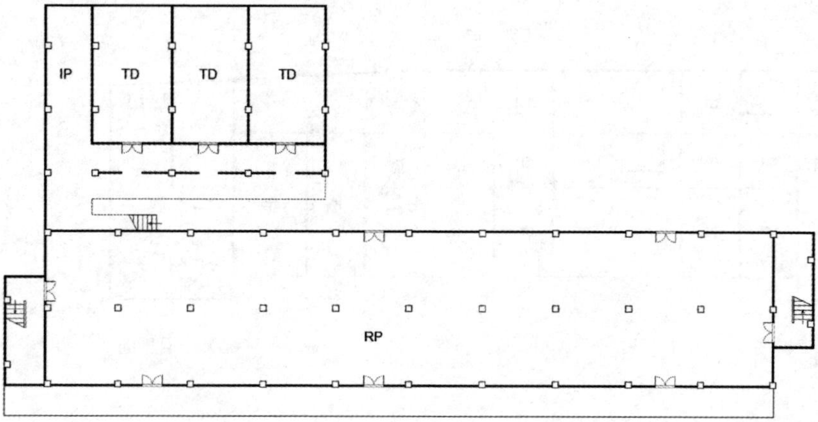

（a）一层平面

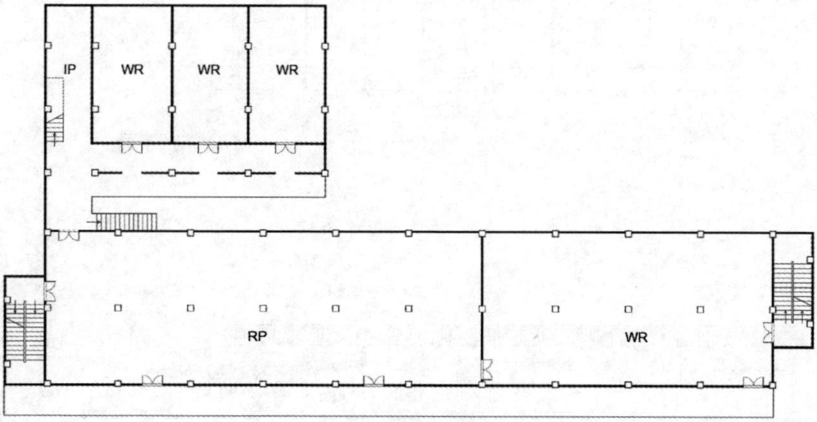

IP　初加工室
RP　精加工室
FR　发酵室
WR　传统萎凋室
TD　传统烘焙室
ST　仓库
RR　品评室
WD　茶工宿舍

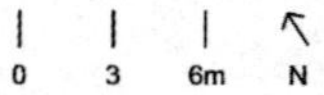

（b）二层平面

样本 07	桐木茶厂	测绘人：黄华青	日期：2016. 04

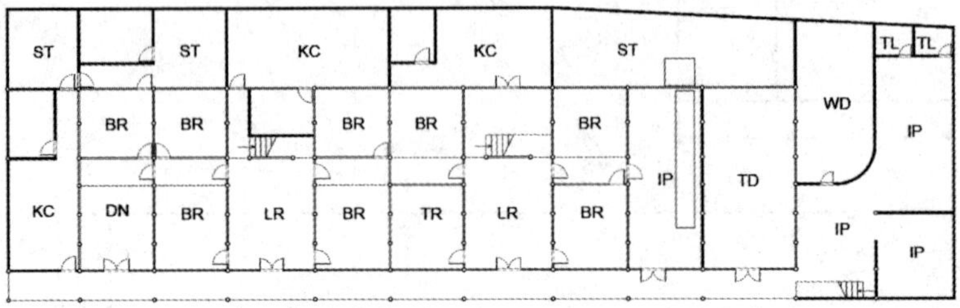

（a）一层平面

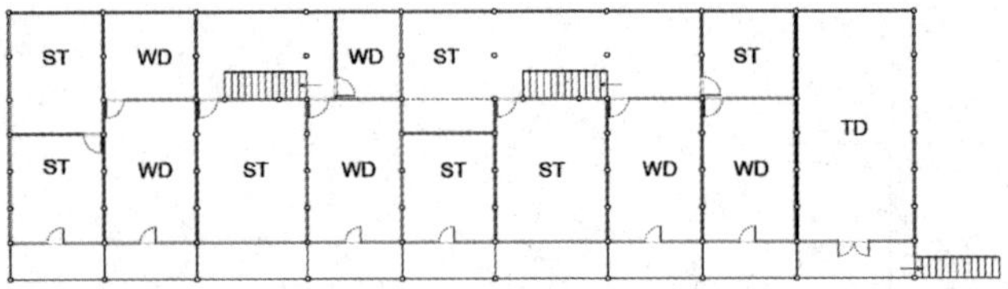

（b）二层平面

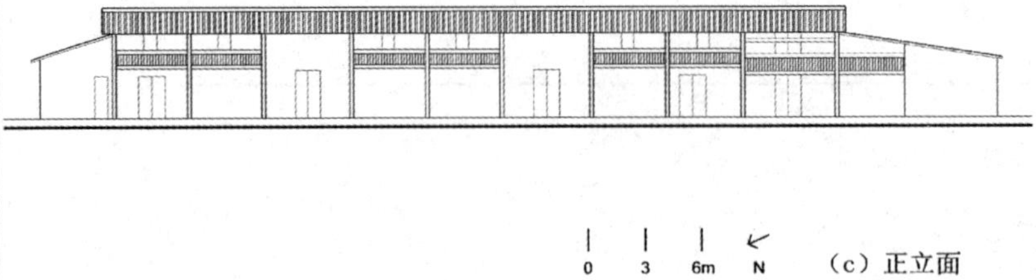

（c）正立面

LR	堂屋/客厅
BR	卧室
GR	客房
DN	餐厅
KC	厨房
TL	厕所
BN	阳台
TR	茶室
IP	初加工室
RP	精加工室
FR	发酵室
WR	传统萎凋室
TD	传统烘焙室
ST	仓库
RR	品评室
WD	茶工宿舍

样本 08	徐氏老宅	测绘人：黄华青	日期：2016. 04

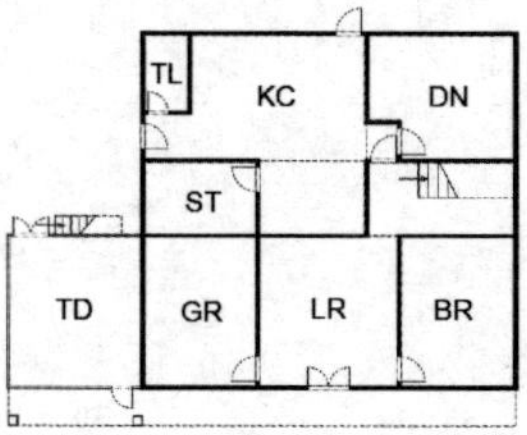

（a）一层平面

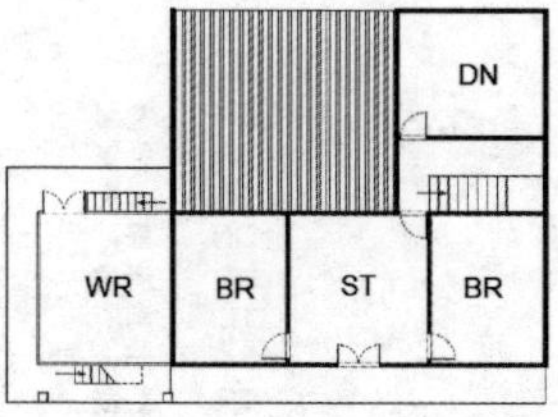

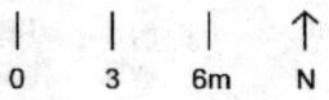

（b）二层平面

LR　堂屋/客厅
BR　卧室
GR　客房
DN　餐厅
KC　厨房
TL　厕所
BN　阳台
TR　茶室

IP　初加工室
RP　精加工室
FR　发酵室
WR　传统萎凋室
TD　传统烘焙室
ST　仓库
RR　品评室
WD　茶工宿舍

样本09	周炳球宅	测绘人：黄华青	日期：2016. 04

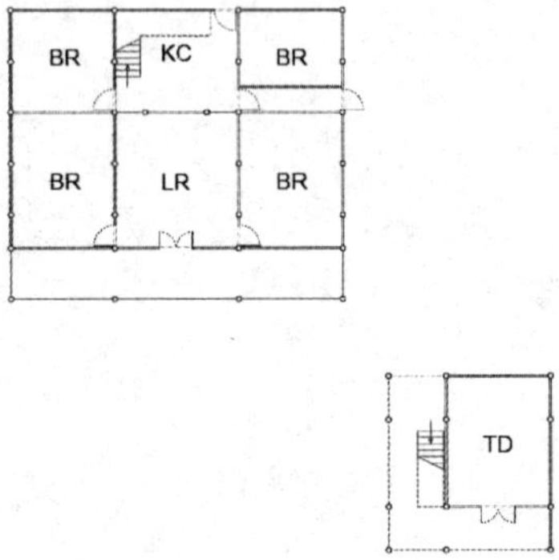

(a) 一层平面

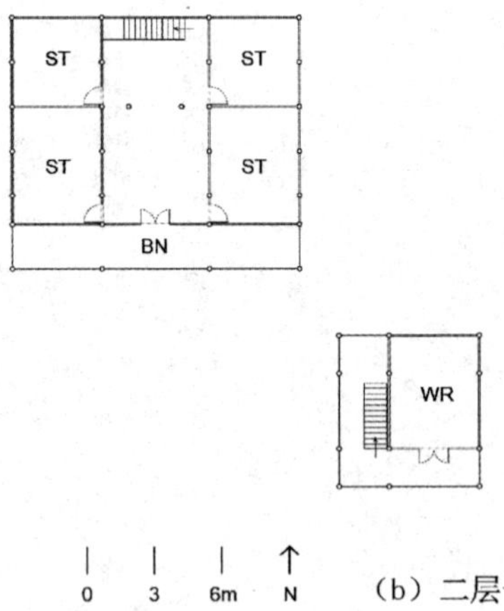

(b) 二层平面

LR　堂屋/客厅
BR　卧室
GR　客房
DN　餐厅
KC　厨房
TL　厕所
BN　阳台
TR　茶室

IP　初加工室
RP　精加工室
FR　发酵室
WR　传统萎凋室
TD　传统烘焙室
ST　仓库
RR　品评室
WD　茶工宿舍

样本 10	伊氏老宅	测绘人：黄华青	日期：2016. 09

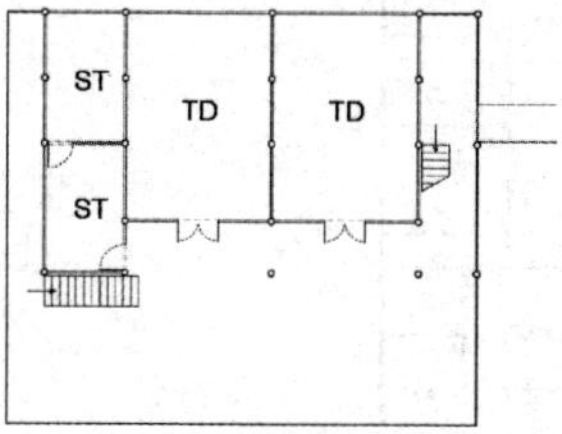

（a）一层平面

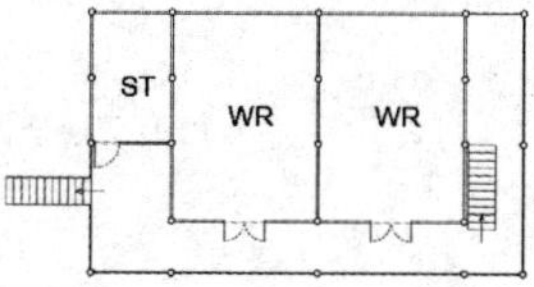

（b）二层平面

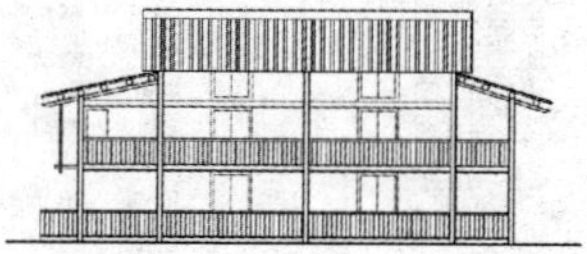

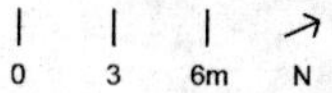

（c）正立面

IP	初加工室
RP	精加工室
FR	发酵室
WR	传统萎凋室
TD	传统烘焙室
FR	燃烧室
ST	仓库
RR	品评室
WD	茶工宿舍

样本11	朱氏老菁楼	测绘人：黄华青	日期：2016.09

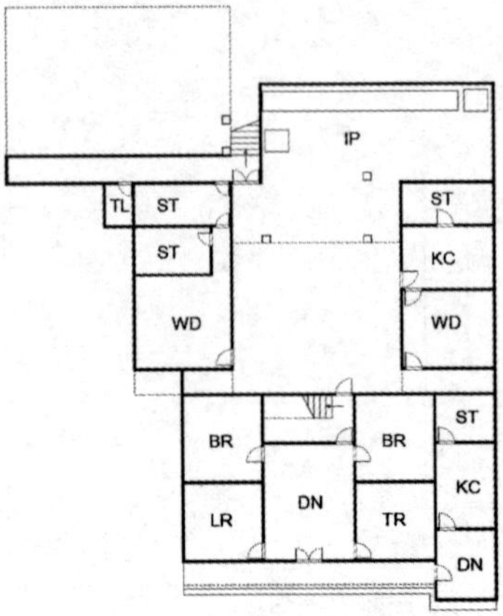

（a）一层平面

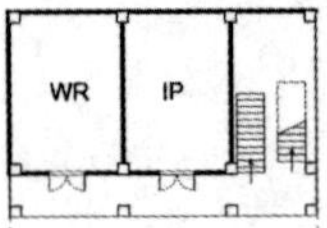

（b）三层平面

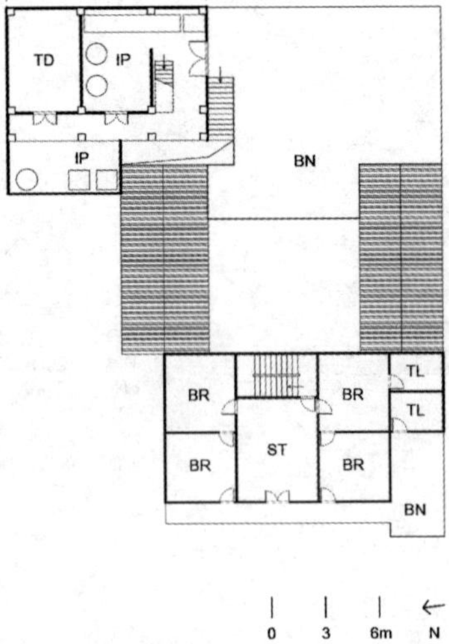

LR 堂屋/客厅
BR 卧室
GR 客房
DN 餐厅
KC 厨房
TL 厕所
BN 阳台
TR 茶室

IP 初加工室
RP 精加工室
FR 发酵室
WR 传统萎凋室
TD 传统烘焙室
ST 仓库
RR 品评室
WD 茶工宿舍

（c）二层平面

样本 12	陈上荣宅	测绘人：黄华青	日期：2016. 04

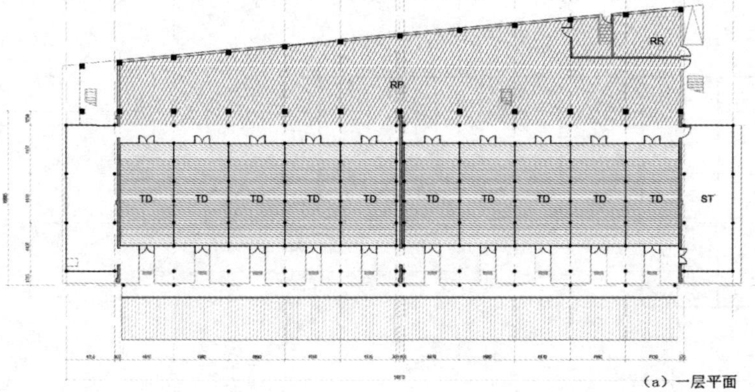

（a）一层平面

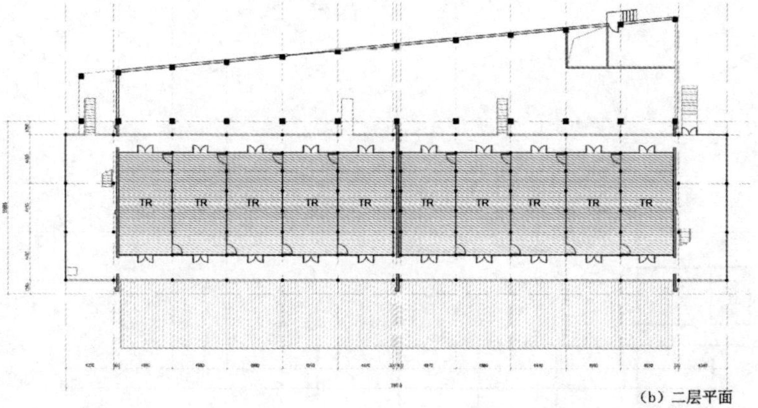

（b）二层平面

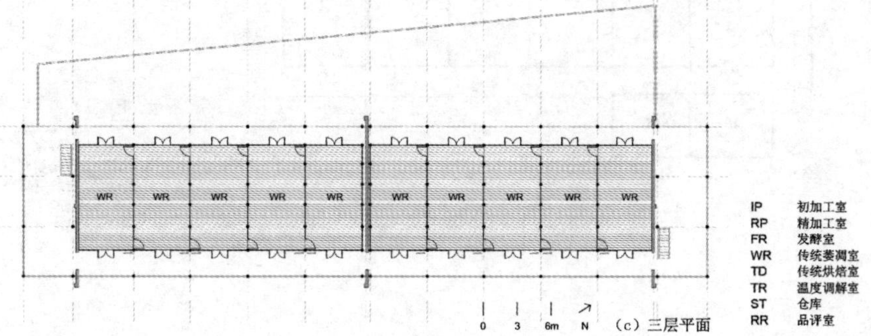

（c）三层平面

样本 13	元勋茶厂	测绘人：黄华青、熊哲昆	日期：2016. 04

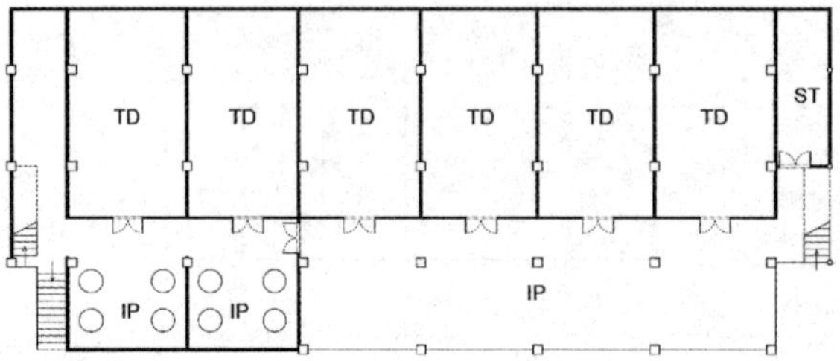

（a）一层平面

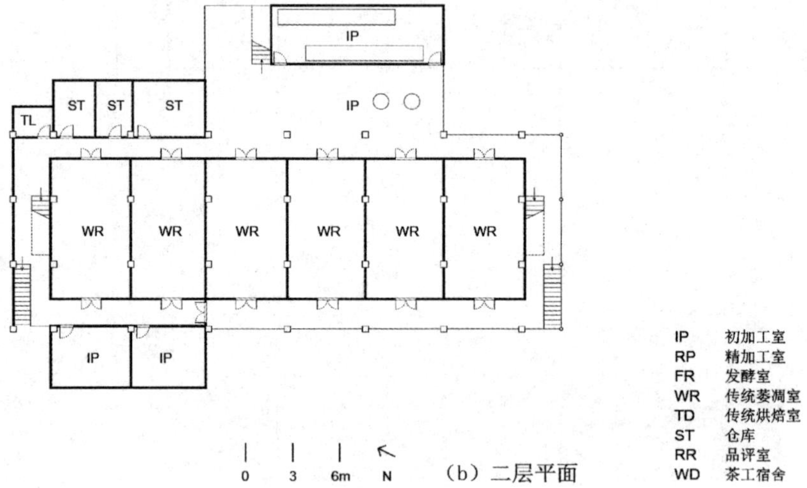

（b）二层平面

样本 14	骏德茶厂	测绘人：黄华青	日期：2016. 04

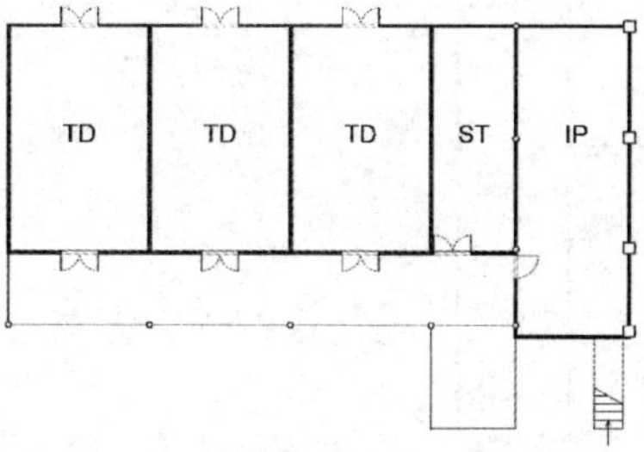

（a）一层平面

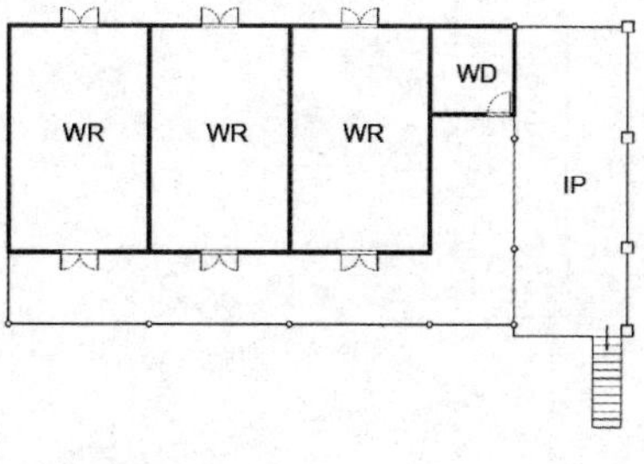

（b）二层平面

IP 初加工
RP 精加工
WR 萎凋室
FR 发酵室
TD 烘焙室
ST 仓库
RR 品评室
WD 茶工宿舍

样本15	三港私有茶厂	测绘人：黄华青	日期：2016.09

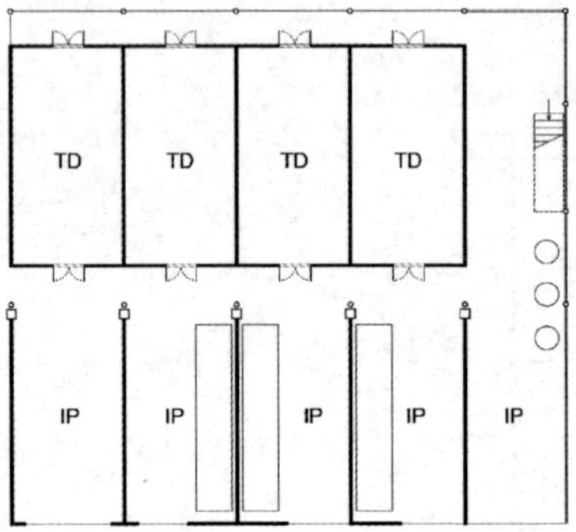

（a）一层平面

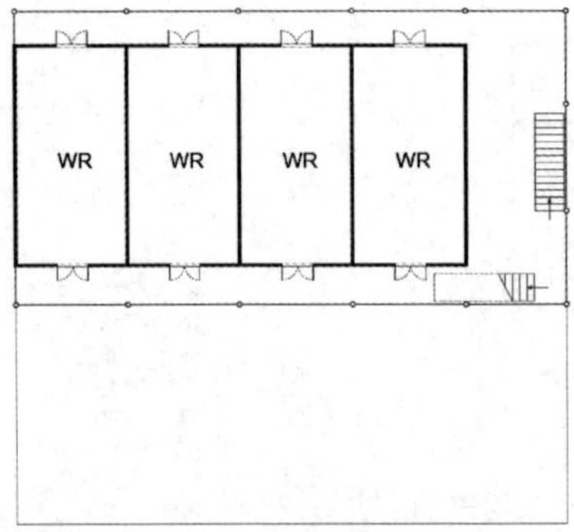

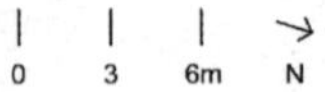

（b）二层平面

IP	初加工
RP	精加工
WR	萎凋室
FR	发酵室
TD	烘焙室
ST	仓库
RR	品评室
WD	茶工宿舍

样本 16	江墩 4 间茶厂	测绘人：黄华青	日期：2016. 04

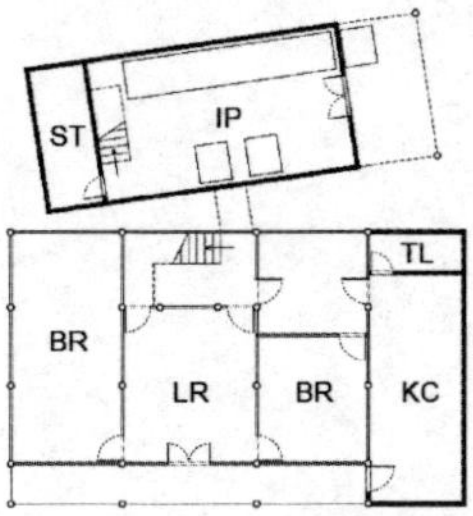

(a) 一层平面

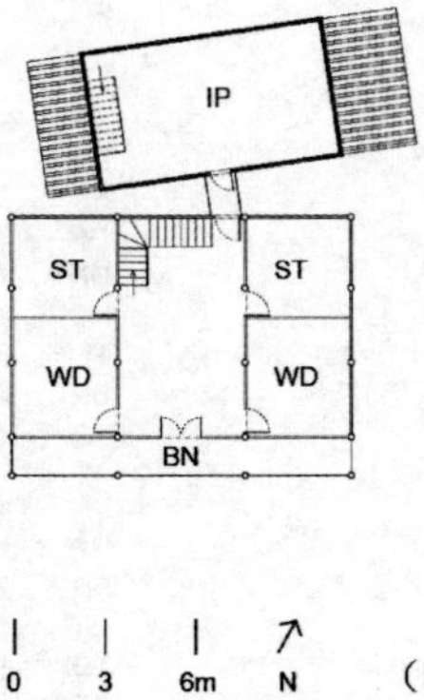

(b) 二层平面

LR	堂屋/客厅
BR	卧室
GR	客房
DN	餐厅
KC	厨房
TL	厕所
BN	阳台
TR	茶室
IP	初加工室
RP	精加工室
FR	发酵室
WR	传统萎凋室
TD	传统烘焙室
ST	仓库
RR	品评室
WD	茶工宿舍

样本 17	胡和平茶厂	测绘人：黄华青	日期：2016.04

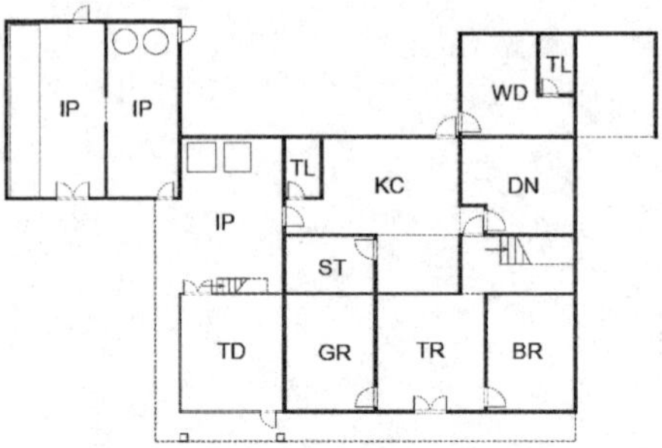

（a）一层平面

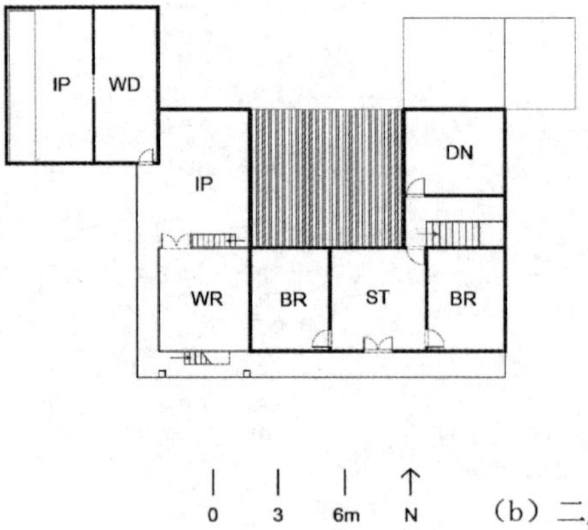

（b）二层平面

LR 堂屋/客厅
BR 卧室
GR 客房
DN 餐厅
KC 厨房
TL 厕所
BN 阳台
TR 茶室

IP 初加工室
RP 精加工室
FR 发酵室
WR 传统萎凋室
TD 传统烘焙室
ST 仓库
RR 品评室
WD 茶工宿舍

样本 18	桐木正韵茶厂	测绘人：黄华青	日期：2016.04

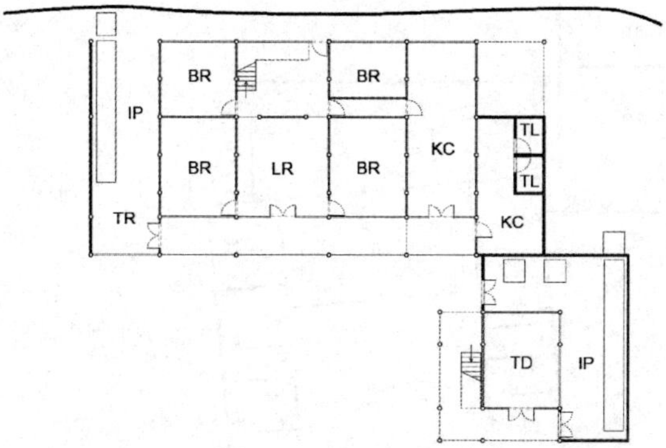

（a）一层平面

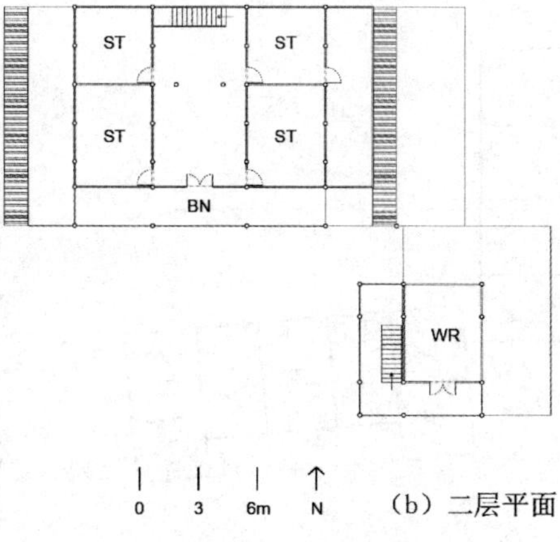

（b）二层平面

LR 堂屋/客厅
BR 卧室
GR 客房
DN 餐厅
KC 厨房
TL 厕所
BN 阳台
TR 茶室

IP 初加工室
RP 精加工室
FR 发酵室
WR 传统萎凋室
TD 传统烘焙室
ST 仓库
RR 品评室
WD 茶工宿舍

样本19	伊氏茶厂	测绘人：黄华青	日期：2016. 09

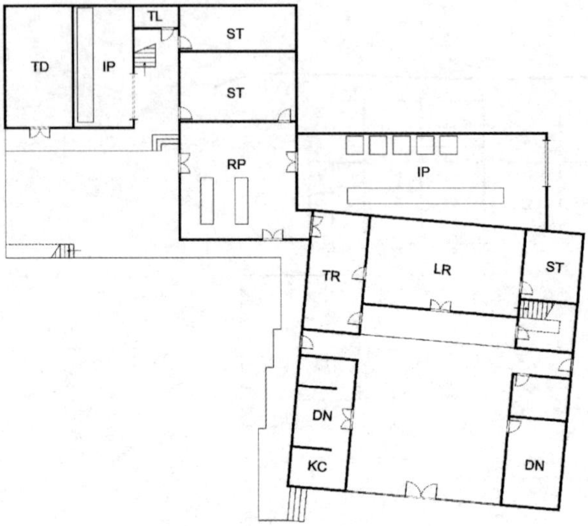

（a）一层平面

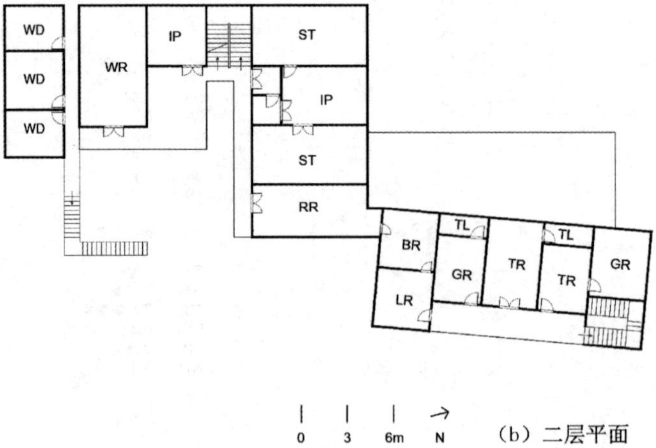

（b）二层平面

LR　堂屋/客厅
BR　卧室
GR　客房
DN　餐厅
KC　厨房
TL　厕所
BN　阳台
TR　茶室

IP　初加工室
RP　精加工室
FR　发酵室
WR　传统萎凋室
TD　传统烘焙室
ST　仓库
RR　品评室
WD　茶工宿舍

样本 20	胡必发宅	测绘人：黄华青	日期：2016. 09

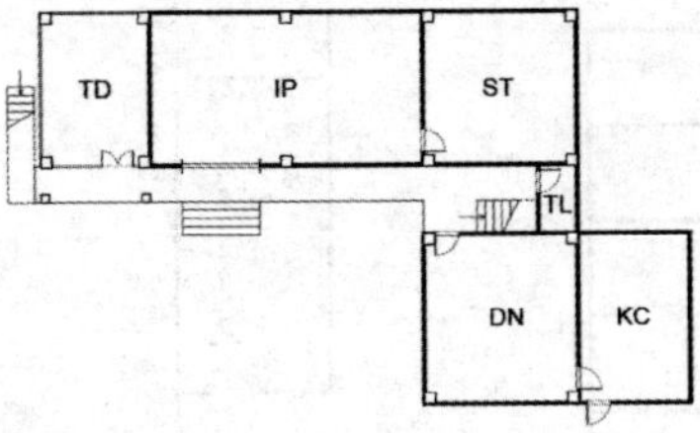

（a）一层平面

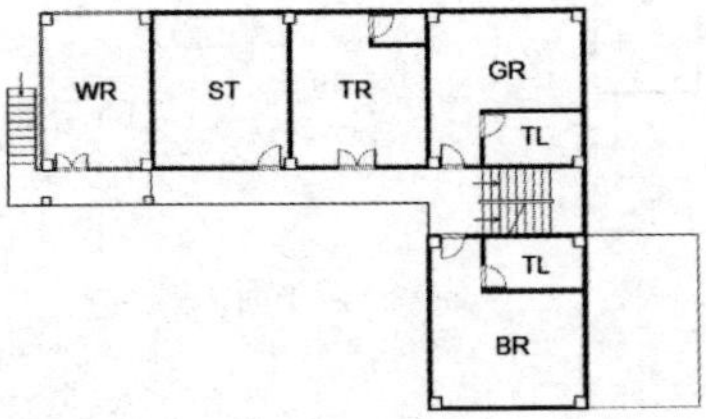

（b）二层平面

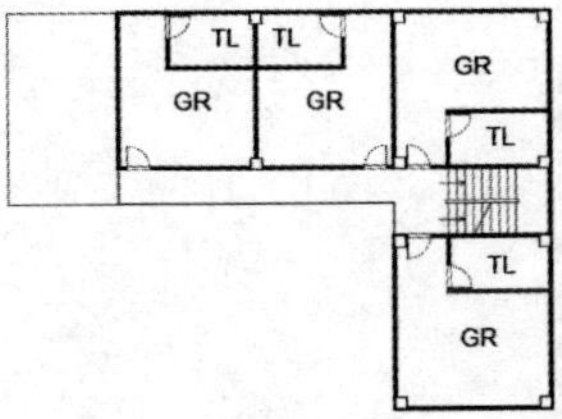

（c）三层平面

LR　堂屋/客厅
BR　卧室
GR　客房
DN　餐厅
KC　厨房
TL　厕所
BN　阳台
TR　茶室

IP　初加工室
RP　精加工室
FR　发酵室
WR　传统萎凋室
TD　传统烘焙室
ST　仓库
RR　品评室
WD　茶工宿舍

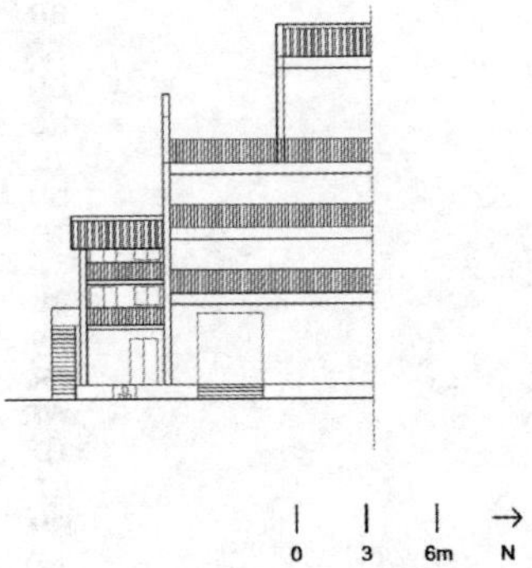

（d）立面局部

样本21	胡必忠宅	测绘人：黄华青	日期：2016.09

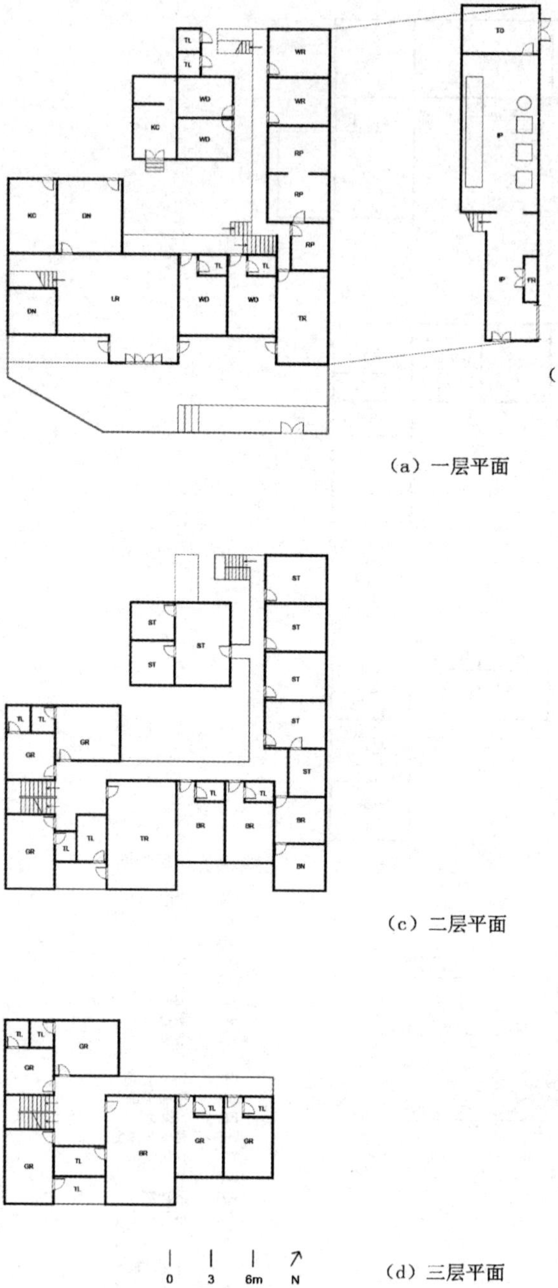

（b）半地下平面

（a）一层平面

（c）二层平面

（d）三层平面

LR 堂屋/客厅
BR 卧室
GR 客房
DN 餐厅
KC 厨房
TL 厕所
BN 阳台
TR 茶室

IP 初加工室
RP 精加工室
FR 发酵室
WR 传统萎凋室
TD 传统烘焙室
ST 仓库
RR 品评室
WD 茶工宿舍

样本22	胡永飞宅	测绘人：黄华青	日期：2016.09

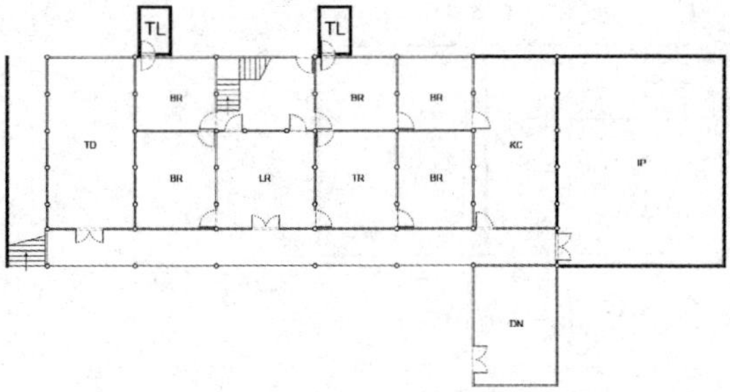

（a）一层平面

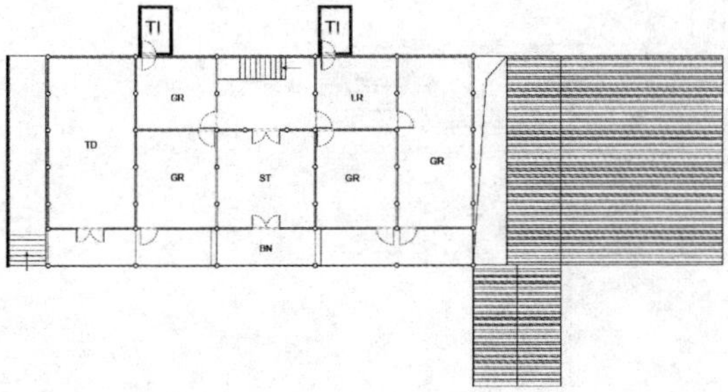

（b）二层平面

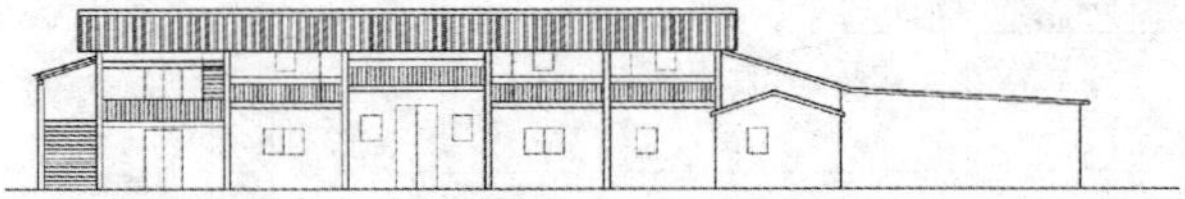

0　3　6m　N　（c）立面

LR　堂屋/客厅
BR　卧室
GR　客房
DN　餐厅
KC　厨房
TL　厕所
BN　阳台
TR　茶室

IP　初加工室
RP　精加工室
FR　发酵室
WR　传统萎凋室
TD　传统烘焙室
ST　仓库
RR　品评室
WD　茶工宿舍

样本 23	茗茶岸坊	测绘人：黄华青	日期：2016. 09

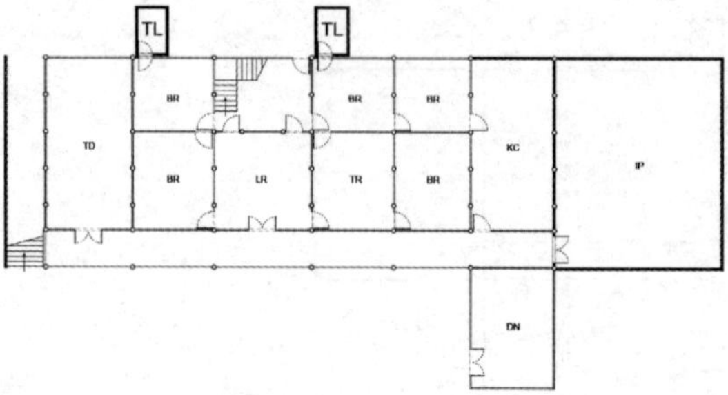

（a）一层平面

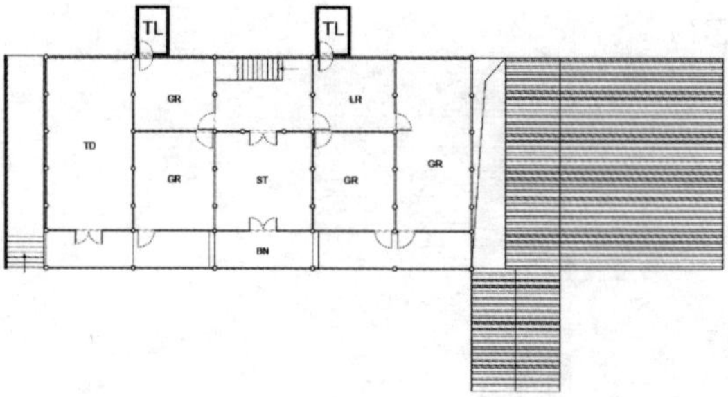

（b）二层平面

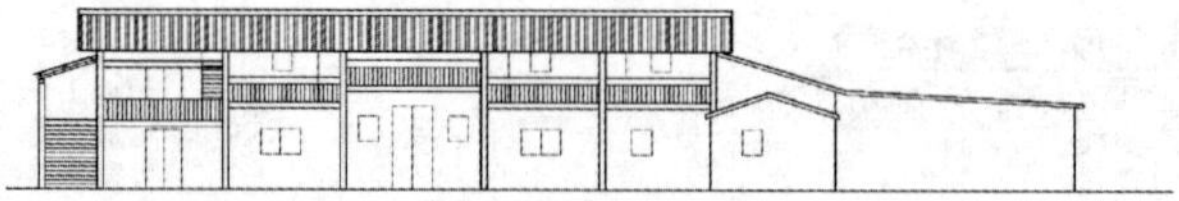

0 3 6m N （c）立面

LR 堂屋/客厅
BR 卧室
GR 客房
DN 餐厅
KC 厨房
TL 厕所
BN 阳台
TR 茶室

IP 初加工室
RP 精加工室
FR 发酵室
WR 传统萎凋室
TD 传统烘焙室
ST 仓库
RR 品评室
WD 茶工宿舍

样本 23	茗茶岸坊	测绘人：黄华青	日期：2016.04

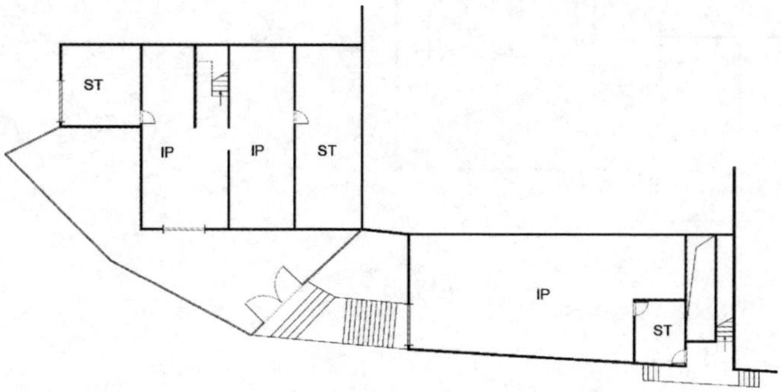

（a）一层平面

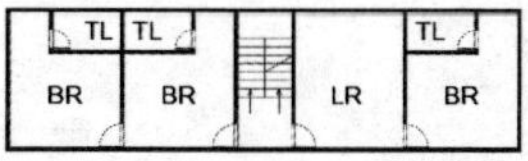

（b）二层平面

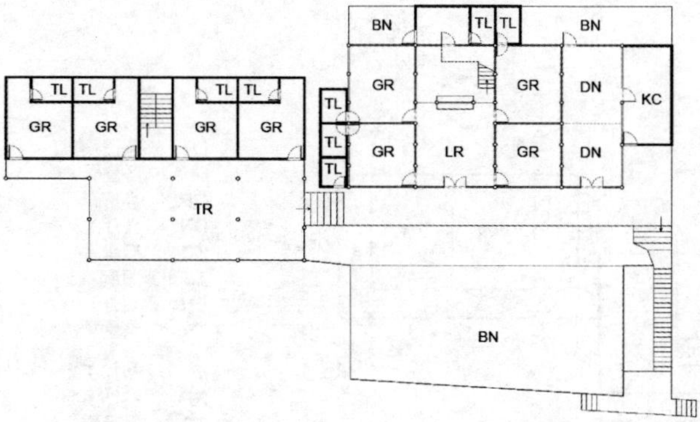

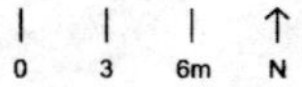

（c）三层平面

LR	堂屋/客厅
BR	卧室
GR	客房
DN	餐厅
KC	厨房
TL	厕所
BN	阳台
TR	茶室
IP	初加工室
RP	精加工室
FR	发酵室
WR	传统萎凋室
TD	传统烘焙室
ST	仓库
RR	品评室
WD	茶工宿舍

样本 24	有德茶庄	测绘人：黄华青	日期：2016. 04

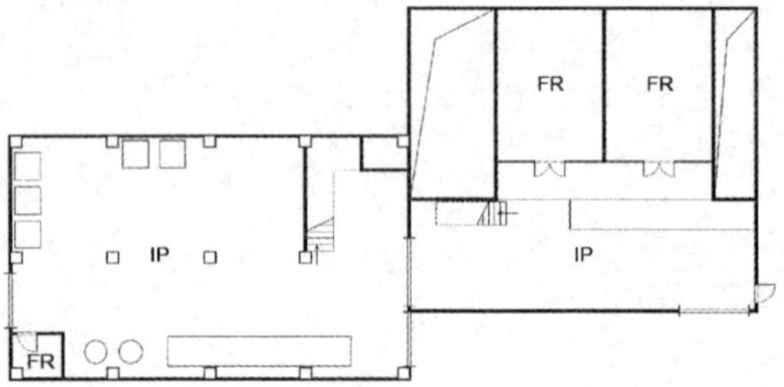

（a）一层平面

（b）二层平面

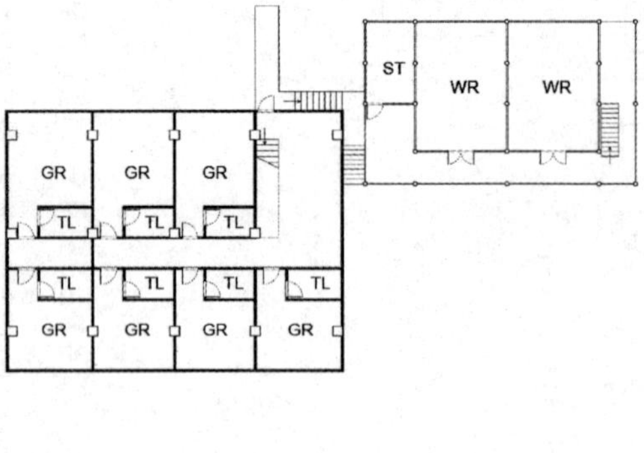

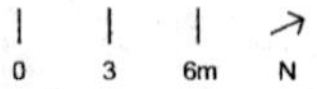

（c）三层平面

LR 堂屋/客厅
BR 卧室
GR 客房
DN 餐厅
KC 厨房
TL 厕所
BN 阳台
TR 茶室

IP 初加工室
RP 精加工室
FR 发酵室
WR 传统萎凋室
TD 传统烘焙室
FR 燃烧室
ST 仓库
RR 品评室
WD 茶工宿舍

样本 25	朱氏茶厂	测绘人：黄华青	日期：2016. 04

附录二　桐木村传统红茶制作技艺考察

关于武夷山地区红茶生产的记载，尤其是中华人民共和国成立以前的茶叶生产，国内只见少量泛泛描述。① 这类文献一则粗糙概略，缺乏细节；二则没有对其生产地、品类做细分。相比之下，西方科学考察者在19世纪至20世纪初撰写的大量指导茶叶生产的书籍，如波尔的《中国茶叶种植及生产技术考察》、福琼的《两访中国茶乡》、乌克斯《茶叶全书》等，提供了丰富的茶叶物质文化资料。此外，本书结合田野调查中听当地人回忆的场景，以及当地茶人在相关茶叶科普读物中做出的叙述，对上述西方文献进行校验。当然，各类文献都有其偏颇之处。将以上文献综合起来，相互校准，或可大致构筑起19世纪至20世纪初武夷山的茶叶生产物质文化的图景，为理解当代桐木村的生产空间变迁建立重要的背景和前提。

综合各类文献的描述，历史上武夷山地区的红茶初制工序大致包括：采摘、萎凋/晾青、初揉、发酵、过红锅/炒青、复揉、复炒、熏焙、筛分。

1. 采摘

采摘是茶叶加工关键的第一步。采茶首要讲究时机，次之讲采摘标准。在武夷山地区，“采摘以清明后谷雨前为头春，立夏后为二春，夏至后为三春。头春香浓味厚，二春无香味薄，三春颇香味薄……采时宜晴不宜雨，雨则香味减”（彭泽益，1957）[303]。这与茶农的描述相似，不过今天，很多追求更高质量的茶

① 如彭泽益的《中国近代手工业史资料（1940－1949）》记载：“做红茶，雨前摘取茶叶，用晒垫铺晒，晒软合成一堆，用脚轻踩，去其苦水，踩后又晒。至手拈不粘，再加布袋盛贮筑紧，需三时之久，待其发烧变色，则谓之上汗。汗后仍晒，以感为度。”（1957）[44]

农一年只采摘一季；而在19世纪茶叶出口的鼎盛期，多季采摘也情有可原。①

2. 萎凋/晾青

萎凋或称晾青，包括日光萎凋和加温萎凋两种。日光萎凋中，新鲜摘采的茶青经过简单分堆，被摊在“晒垫”或竹筛上，放置在竹条编制的架子上晾晒。竹筛的直径约为2.5英尺（0.75米），竹架子高度约为2英尺（0.6米），每个竹架子上可以摆放2～3排竹筛。竹架朝向太阳大约有25°倾斜，以加大青叶的受光量。质量较差或是在雨天采摘的茶青，则需采用加温萎凋的方式：盛放茶叶的竹筛会被放入烘干室，架在大约6英尺（1.8米）高的竹架子上，下方用陶土盆子装的炭火加温。无论是哪一种萎凋过程，茶青都要经常用双手进行翻动，并抛扬至空中，以防止过度发酵。这一过程，持续到叶梗变得柔韧，青叶上镶嵌着红色。（Ukers，1935）[302]日光萎凋的时间至少要数小时，若是傍晚采回的茶叶，有时会一直放到第二天上午。（Fortune，1848）[238]

波尔也有类似描述，同时他提到，无论是武夷山核心地区的岩茶和小种茶（souchong）、还是桐木所在地区所产的工夫茶（congou），都采取相近的萎凋方法。他绘制了晾青的竹架子（附图2.1），和相应的萎凋房。此外，顶级的茶叶通常放在“一座狭长的木楼中萎凋，楼中由竹子编织的多层萎凋架沿着两侧5～6米高的墙面摆放”。（Ball，1848）[106]

(a) (b) (c)

附图2.1（a）萎凋席；（b）萎凋架、萎凋楼；（c）今日的萎凋架

来源：（a）（Ukers，1935）[302]；（b）（Ball，1848）[106]；（c）作者摄

① 19世纪中叶从中国引进茶种及技术种植的大吉岭茶，同样沿袭了这种多季划分：首季茶（3月中旬至4月中旬）、第二季茶（4月中旬至5月）、季风季茶（6月至8月）、秋季茶（9月至11月）。其中前两季茶香味最为悠长丰富，价格也最高，相当于中国的“头春”；季风季相当于“二春”，味道最差；而秋季茶则如“三春”，茶叶生长更久，香味同样很醇厚（Besky，2014）。种种迹象表明，印度大吉岭等曾经的英国殖民地的茶叶生产工艺及空间，是对19世纪武夷山地区茶产业很好地参照。

3. 初揉

萎凋之后，茶青放在竹筛上冷却。待茶青散发出淡淡的香气，用双手对茶青进行约十分钟的轻微揉捻，揉捻结束后对茶青进行与萎凋类似的翻扬。揉捻和翻扬交替进行三到四轮，大约三四十分钟，直到茶青变暗、变软，初揉才算完成（Ukers，1935）[302]。（附图 2. 2）福琼的描述与此类似，其更准确地指出了初揉结束的时机："茶叶变得松软，被分堆安放一个小时或更长的时间，直到茶叶看起来颜色有些微改变，并变得柔软而潮湿，散发出芳香的气味。"（Fortune，1848）[238]

附图 2. 2 茶青的揉捻

来源：（Ukers，1935）[303]

4. 发酵

关于发酵的时机、时长和顺序，西方文献（反映 19 世纪）和当地文献（反映 20 世纪）差别较大。在乌克斯、福琼等人的记录中都未提及"发酵"的过程，不过初揉结束后，茶叶颜色变暗，并散发芳香，说明已发生一定程度的发酵；而在邹新球的记录中，茶青"呈红褐色，并带有清香味"（2006）[105]是进入下一步过红锅的标志。两者的区别，是过红锅前后发酵的程度的不同。福琼提到，过红锅之后"让茶叶被再次放在竹筛中，安放在室外的竹架上，大约三个小时"（Fortune，1848）[239]，这就是个缓慢发酵并结合风干的过程。实际上，茶叶的发酵，从茶青被采摘下来的一刻开始，直到熏焙终止，一直都没有停止，也是最难以控制的。波尔就曾指出，劣等的小种茶往往是红色与绿色相间，说明当时的红茶和绿茶之间的发酵程度没有很明显的界定，因此发酵的过程更多是在制茶过程中自行推进的。而今天，发酵工序的独立，则是生产效率、规模提升后的技术理性表现。

5. 过红锅/炒青

“过红锅”是桐木村的传统说法，从其工具和操作方法来看，与武夷山其他地区的岩茶制作过程中的“炒青”没有本质差别，是加速茶叶失水的一种方式。波尔将这一烘烤过程称为“烘青”或“炒青”。(Roasted/ Chao)(Ball，1848)[130]

第一轮烘烤大约只需 5 分钟，茶青被放在一口浅铁锅上。铁锅是圆形的，没有把手，放在砖砌的灶台上。灶台通常向操作者倾斜，火口位于另一端，这样烧火的人就不会干扰过红锅的工作（附图 2. 3）。一次在锅中放入约 2 磅（约 1 千克）茶叶，平整地摊在锅上，双手从各个方向翻动茶叶，确保其均匀受热。操作者必须十分小心，防止茶叶粘锅烧焦，否则会破坏茶的味道。过红锅要持续到茶青发出芳香的气味，而且变得非常柔软。接着将茶青倒入圆形的竹筛上揉捻。接着，还需要仔细地用刷子将锅清理干净，防止留下的叶子烧坏下一锅的青叶。(Ukers，1935)[303]

(a) (b) (c)

附图 2. 3（a）历史中的过红锅方法；（b）岩上岩茶厂中展示的炒青锅；（c）瑞泉岩茶厂展示的炒青锅

来源：（a）（Ball，1848）[123]；（b）（c）作者摄

6. 复揉

“在复揉过程中，工人在竹筛上放置他的双手刚好可以握住的青叶，接着往复揉搓，直到茶叶留出汁水，并呈现出成茶的扭曲形状。在揉捻过程中，工人逐渐将茶叶揉成一团，并挤出青色的汁液，由此进一步缩减青叶的含水度。这种青叶揉成的球状物会被打碎，然后再多次反复。”（Ukers，1935)[304]复揉的过程比初揉要激烈一些，目的是让茶叶定型为紧结的条卷，工具也与初揉有所不同。福琼曾提到在“藤条桌”上进行揉捻（Fortune，1848）[239]，而今天武夷山仍可见一种揉捻用的“藤条竹筛”，在筛子表面编织形成凹凸不平的齿状物，同样是为了加大揉捻时的摩擦。（附图 2. 4）

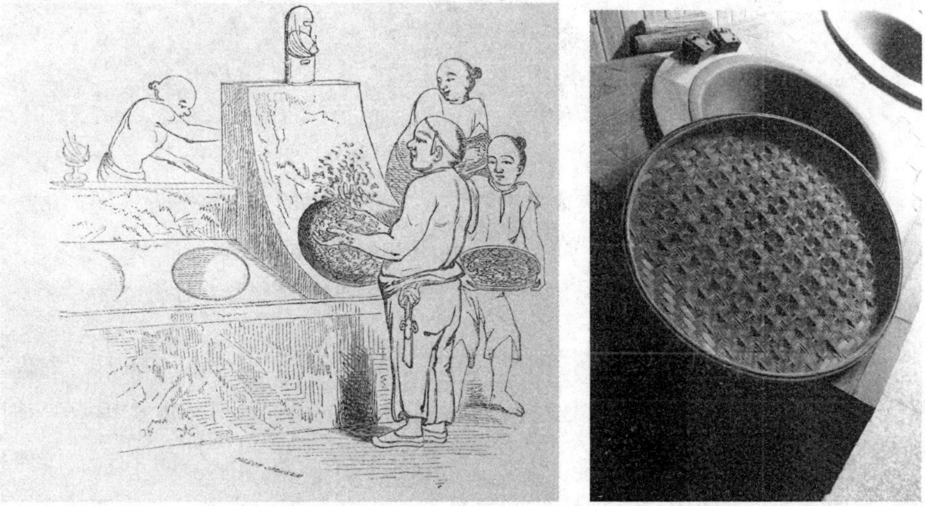

(a)　　　　　　　　(b)

附图 2. 4（a）传统揉捻和炒青交替；（b）传统揉捻竹筛

来源：（a）（Ball，1848）[130]；（b）作者摄

7. 复炒

揉捻过后，茶青再次放入锅中烘焙，不过这次时间比第一次更短，大约只需 3 ~ 4 分钟。接着，过红锅和复揉多次交替，直到揉捻时无法再从青叶中挤出汁水，就可进入最终的熏焙了。（Ukers，1935）[304]（Fortune，1848）[239]

以上的揉捻、过红锅、发酵的几个过程实际上是相互交织的，也会因不同地区、不同制作者而有所差异。这三个步骤需要达成的目标只有两个：一是发酵，二是塑形。过去使用人力，很难一次完成揉捻塑形，因此需要多次反复；而自从采用揉捻机之后，工序就被大大简化为一次揉捻和一次发酵了。

8. 熏焙

“在最终的烘焙环节，茶青被放入一个竹制的焙笼，焙笼的直径约 30 英寸（0. 76m）、高约 3 英尺（1m），上下双面开口。在焙笼中段有一竹匾隔层，茶叶平整地摊放在隔层上。地上挖有炭火坑，焙笼就放在炭火上。这个过程要防止茶叶掉到火中，否则产生的烟气会破坏茶的味道。”（Ukers，1935）[303]（关于各个时期焙笼的形态见附图 2.5）除了焙笼外，较为粗糙的红茶制作也会使用过红锅的方式烘干，和绿茶的“杀青”类似。

(a) (b) (c)

附图 2.5 各个时期的焙笼没有太大变化：（a）波尔绘制的 19 世纪焙笼；（b）乌克斯拍摄的 20 世纪初大型茶厂中的焙笼；（c）瑞泉岩茶厂使用的当代焙笼

来源：（a）（Ball，1848）[132]；（b）（Ukers，1935）[303]；（c）作者自摄

提到熏焙，有必要对桐木村的“松木熏焙法”进行考证。实际上，炭火熏焙方式今天依然保存在武夷山地区的岩茶制作之中，19 世纪印度、锡兰等地的茶叶制作中也可找到类似方法，但都未见到燃烧木头进行烘焙的工艺。按照桐木当地人的说法，使用炭火熏焙的方法是不可能产生正山小种的“桂圆香”的。或可推测，虽然小种红茶历史悠久，且一直是中英贸易的主要产品，但今天所谓“正山小种”的松木熏焙方式，乃至桐木村的“正山小种”独特的制作工艺和香气特征，都是 20 世纪中叶之后才逐步确定下来的，与历史中武夷山地区生产的小种红茶无法等同。同时这也与菁楼的形成息息相关。

9. 筛分

烘焙结束后，就对茶叶进行筛选和分级。其中要使用不同网眼大小的竹筛子，编号有 1～10 号，有时甚至还有更多。（Ukers，1935）[303]各个等级的竹筛子将茶干初步分为不同叶形和完整度的类型，在中国人看来，叶形越完整、越细腻的茶等级越高，最低级的则是晒下来的碎末——1908 年美国人 Thomas Sullivan 发明袋泡茶之后，西方人开始使用这种碎末，产生“红碎茶”这种市场占有率极大的茶叶品类。而在桐木，茶叶碎末至今仍很少有人使用。这种筛分方式一直保持到今天，各种尺寸的竹筛子依然在保持着手工制茶工艺的茶厂中很常见。胡八叔回忆说，桐木村过去做茶的时候有 8 种筛子，但现在只用 4、5 号筛子，筛选出特级和一级。细叶的是特级，较粗的、带梗的茶是一级；曾经有一种最好的茶叫“特级米”，就是叶形又漂亮而又完整的小种茶。

从1943年林馥泉测绘的一栋武夷山碧石岩制茶厂的平面图（附图2.6）中看到，萎凋（晒青/晾青）、炒青、揉捻、发酵、烘焙等功能都在这座茶厂中有所体现。然而如今的武夷山岩茶制作技艺已没有“发酵”这道流程，在同期西方文献中也没有提及，只有萎凋和炒青之间的“做青”（机械化后也叫“摇青”）；相反，发酵是红茶所特有的一道工序。这是否意味着，当时在这座茶厂中制作的并不是今天所理解的红茶或岩茶？碧石岩位于武夷山核心风景区，也是波尔记述的出产最顶级的岩茶和“小种”的内山产区。（Ball，1848）[41-45]既然连寸土寸金的核心产区都同时生产岩茶和作为正山小种前身的“小种”红茶，或可推测，这两种茶类在武夷山拥有类似地位，且普遍共存。

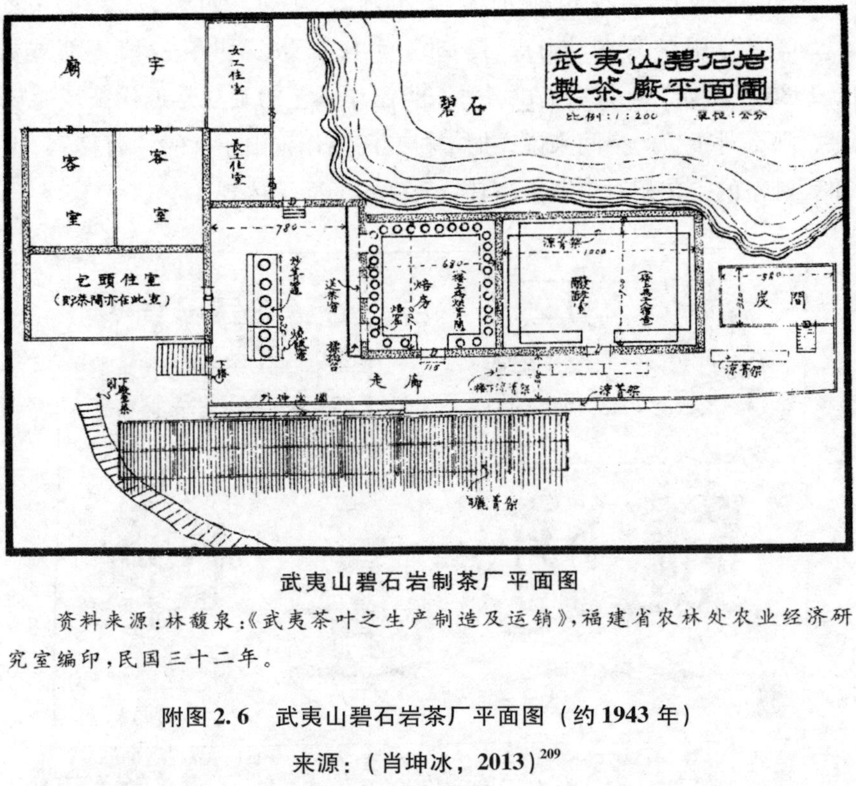

武夷山碧石岩制茶厂平面图

资料来源：林馥泉：《武夷茶叶之生产制造及运销》，福建省农林处农业经济研究室编印，民国三十二年。

附图2.6　武夷山碧石岩茶厂平面图（约1943年）

来源：（肖坤冰，2013）[209]

笔者认为，武夷山地区各种茶类的制作工艺是进入20世纪乃至改革开放之后才逐步确立下来的。19世纪的红茶和绿茶制作工艺的主要差别只在于烘干：红茶用焙笼或竹筛放在炭火上熏焙，而绿茶则用铁锅来烘焙（杀青）；但这两种工艺也经常在红茶或绿茶中交替使用，如武夷山地区的当地人认为，以铁锅烘干红茶是一种“次等的方法”（Ball，1848）[143-144]。（关于早期中国制茶工具的总结见附图 2.7）福琼对于当时个性化生产方式的记录也印证了这一猜想：“崇安或星村的茶商先到周边的村镇和寺庙收购茶青或毛茶，然后将不同品质的茶混合起来……慢慢地，某一品类的茶在出口过程中，会获得更好的名声和更高的价格……某一品类茶的质量在每一年也会有所不同。因此，茶商在茶叶包装好后，往往不会立即贴上茶类的名称，而是由将它带到出口口岸的人，视当时最受欢迎的品类行情，再为它贴上相应的名称标识。”（Fortune，1853）[221]这意味着，个别种植者及生产者间生产方式和质量的差异导致茶叶品类的区别并不明确。此外还应考虑西方进口商的影响——19 世纪出口盛期的武夷茶很多都是在福州口岸的茶栈进一步精制加工方才确定类别，如美国公司 Augustine Heard&Co. 曾与中国买办合作，于 1862 年在福州发明了一种“新式小种”（Hao，1986）[27]。如果承认武夷山各种茶类制作工艺的确立是近代茶产业规模化的结果，那么对于生产空间来说，桐木村专门制作正山小种的“菁楼”，也应是正山小种红茶的工艺相对定型后，其物质文化的凝聚体现。

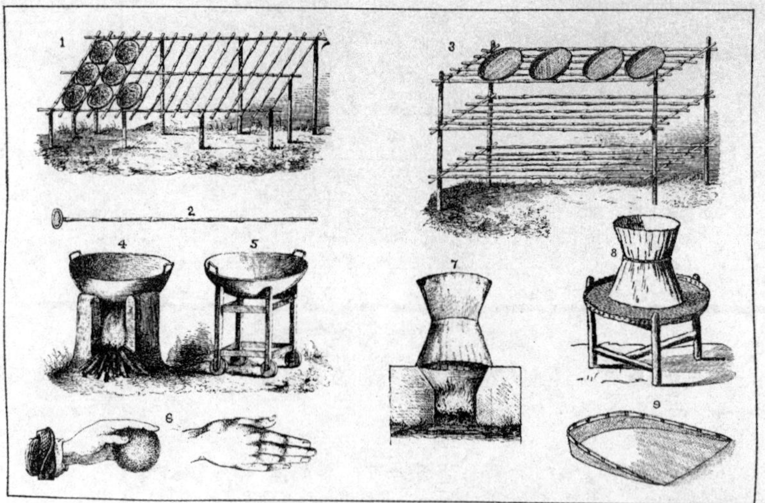

EARLY CHINESE APPARATUS FOR THE MANUFACTURE OF TEA, AND THE FIRST TO BE USED IN INDIA

No. 1—Stand and trays for sun-drying. No. 2—Rod for moving trays up or down. No. 3—Withering stand, set in the shade. No. 4—Cast-iron pan for steaming or "panning" the leaf. No. 5—Trolley transport. No 6—Rolling by hand. No. 7—Basket-firing over charcoal fire. No. 8—Tray for dried or fired tea. No. 9 Hand picking tray. After drawings by C. A. Bruce, 1838, and J. C. Houssaye, 1843.

附图 2.7　乌克斯对早期中国制茶工具的总结，这些工具也曾用于印度

来源：（Ukers，1935）[464]

附录三　桐木村当代茶叶制作机械调查

茶叶机械从人民公社后逐步普及，可分为初制和精制机械两类。正山小种的初制工序包括：茶青、萎凋、揉捻、发酵、过红锅、复揉、熏焙、复火、毛茶；精制工序包括：毛茶大堆、烘焙、筛分、风选、拣剔、松柴熏焙、匀堆、装箱、成品。大部分农民的工序并没有这么复杂，最常见的初制机械为萎凋槽、揉茶机、烘焙机三类；精制机械只在一定规模的标准化茶厂出现，包括风选机、拣茶机、装箱机等。

1. 萎凋槽

萎凋槽一般用木板搭建，也有直接以砖和水泥砌筑，木头的槽方便在非茶季拆卸以节约空间。萎凋槽宽度 1m～1. 2m，长度 6m～10m，以 8m 最常见——与菁楼的纵深很接近。槽中摊放茶青的铁丝网高度大约 0. 8m，其上摊放茶青，作用类似过去的竹筛；铁丝网四周的边缘高约 10cm，这决定了茶青堆积厚度的上限。铁丝网下方是空腔，并安装鼓风设备，按需要可进行加温萎凋。鼓风设备的引入加大了茶叶堆积的厚度。一台面积约 $8m^2$ 的萎凋槽，一次可平铺100～200 斤茶青，这几乎接近一间菁楼可以萎凋的数量，占地面积却只是四分之一左右。

对村民来说，在条件允许的情况下，日光萎凋仍是最佳选择；传统正山小种的松木烟熏萎凋仍要在菁楼中进行。由于茶季桐木经常阴雨绵绵，萎凋槽能够大大提高萎凋效率（附图 3. 1）。为了模拟日光萎凋，萎凋槽最重要的就是加热功能。一侧连接发热设备，发热机分为电热和火热两种。电热萎凋槽，是在铁丝网下方增加一层电热丝网；火热萎凋槽，则是在火热机中烧火，接着由鼓风机将烧火产生的热量均匀吹入萎凋槽。大部分萎凋槽是火、电两用的，有时电力不足温度不够，需要以火力补充。

附图 3.1 桐木村常见的萎凋槽

来源：作者摄

2. 揉茶机

揉茶机是桐木茶农最早接触的茶叶机械。从 20 世纪 70 年代末引进桐木以来，电力揉茶机的原理并未改变。揉茶机的主要区别在于转盘上的“锯齿”：叶片较大、叶梗较多的茶叶，通常使用锯齿比较粗大的揉茶机；而叶片较嫩的，如一芽两叶或一芽三叶的小赤甘，就会采取锯齿细腻的揉茶机。一般锯齿粗大的揉茶机，一次可揉捻的茶青重量也比较大。而对金骏眉这样精贵的“芽头茶”，有的茶农还订制了电动木制揉茶机，在机械驱动的效率和手工揉茶的精致之间取得了较好的平衡。

电力揉茶机大大提升了揉茶的效率。（附图 3.2）过去手工揉茶需多次反复，累计时间至少一两个小时；水力揉茶机的时长基本接近；而自从采用机器揉茶后，一百多斤茶青只需 15 ~ 40 分钟便可完成揉捻。不过，当地人也觉得，手工揉茶的条形比机器揉茶的好看，也更容易控制火候。少量、高端的茶叶仍会使用手工揉茶。

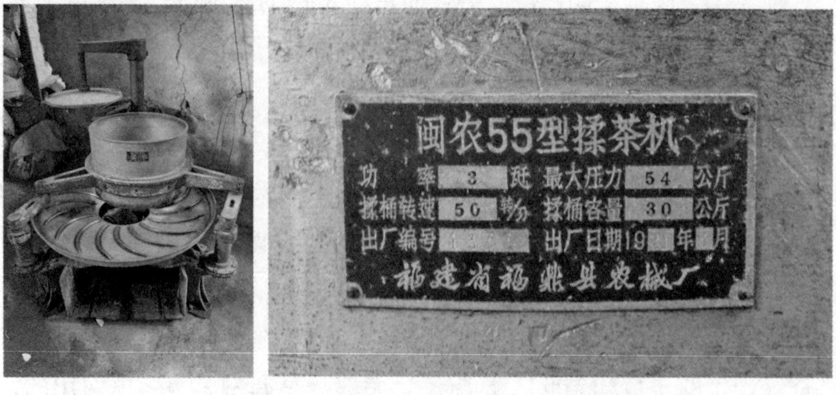

附图 3.2 20 世纪 80 年代使用至今的揉茶机

来源：作者摄

3. 烘焙机

烘焙机进入桐木普通家庭的时间更晚，20 世纪 90 年代中后期才有人使用，近十年来得到普及。原因在于，人民公社以来正山小种烘焙都在菁楼中完成，没必要使用烘焙机。1998 年“天然林禁伐”的规定出台后，当地木材不能再用来制茶，只能去外地购买木材，大大增加了制茶成本，这才有人开始购买烘焙机。不过烘焙机由于不涉及松木烟熏，制出的茶味道完全不同，在当地也常被看作比较“劣等”的方式。

烘焙机普及是在金骏眉发明后，这种口味清淡的红茶不需松木烟熏，茶农和茶企都开始购置烘焙机，专门制作金骏眉。随着金骏眉的流行，类似大赤甘、小赤甘、老枞这些由传统正山小种改进而来的新品种也都转向烘焙机制作。如今，大部分茶农和茶企生产的茶中，只有一小部分的传统正山小种仍在菁楼中熏焙，其他的茶都是采用烘焙机制作的。

烘焙机构造十分简单（附图 3.3），设置 10 ~ 12 层、间隔约 10cm 的铁圈焙架，其中的间隙正好放置铺好茶叶的筛子。铁丝网筛子相较过去的竹筛子通透度更好，有利于烘焙时的热量传递。烘焙机的电热丝只设在上部，为防止受热不均，越接近上方的筛子，铺设的茶叶就会更厚一些；而靠下层筛子中的茶叶必须铺设得又均匀又薄。

附图 3.3　桐木大多数家庭茶厂都配备的烘焙机

来源：作者摄

4. 其他机械

在完成初步烘焙之后，红茶只是完成了初制，称为“毛茶”。之后还有若干精制工序，包括分拣、打堆（拼配）、复焙、包装等，也会用到风选机、拣茶机、装箱机等机械。茶叶精制机械只有较大规模的茶企才会使用，原因是机械成本比较高；而普通茶农在完成初制之后，通过手工拣茶、手工复焙也可勉强达到成茶的要求；或者干脆直接将毛茶卖给较大的生产商。

比较常见的机械如风选机（附图 3.4），替代了过去用不同网眼大小的筛子进行筛分的过程。茶叶在进入机器传送带之后，内部鼓风利用重力设备将茶叶中的碎末、碎屑、不同大小的叶片、叶梗自然分离，从不同的通道输出。这大大简化了筛分过程。

附图 3.4　较大型的厂宅中拥有风选机等茶叶精制设备

来源：作者摄